Treasures for Scholars Worldwide

国家社会科学基金重大招标项目
民族文字出版专项资金资助项目

中国西南少数民族地区濒危文字文献调查研究丛书
赵丽明 主编

他留人铎系文献整理与解读

赵丽明 杨如刚 蓝绍增
李居政 张雪梅 梁静远 编著

GUANGXI NORMAL UNIVERSITY PRESS
广西师范大学出版社
·桂林·

TALIUREN DUOXI WENXIAN ZHENGLI YU JIEDU

项目统筹：鲁朝阳		助理编辑：赵　楠	
项目管理：肖爱景　肖承清		责任校对：张亚朋	
责任编辑：刘　扬　肖爱景		责任技编：王增元	
马艳超　黄婷婷		书籍设计：徐俊霞	
郭展炜		王玲芳［广大迅风艺术］	

图书在版编目（CIP）数据

他留人铎系文献整理与解读 / 赵丽明等编著. —桂林：广西师范大学出版社，2021.10

（中国西南少数民族地区濒危文字文献调查研究丛书 / 赵丽明主编）

ISBN 978-7-5598-4097-4

Ⅰ．①他… Ⅱ．①赵… Ⅲ．①彝语－研究 Ⅳ．①H217

中国版本图书馆 CIP 数据核字（2021）第 151583 号

广西师范大学出版社出版发行

（广西桂林市五里店路 9 号　邮政编码：541004
　网址：http://www.bbtpress.com ）

出版人：黄轩庄

全国新华书店经销

广西广大印务有限责任公司印刷

（桂林市临桂区秧塘工业园西城大道北侧广西师范大学出版社集团有限公司创意产业园内　邮政编码：541199）

开本：880 mm × 1 240 mm　1/16

印张：32　　　字数：751 千字

2021 年 10 月第 1 版　2021 年 10 月第 1 次印刷

定价：1200.00 元

如发现印装质量问题，影响阅读，请与出版社发行部门联系调换。

清华大学中国西南地区濒危文化研究中心
云南省永胜县他留文化研究中心

编委会

赵丽明　杨如刚　孙宏开　宋兆麟　周德才　简良开

张顺彩　蓝绍增　李居政　张雪梅　梁静远　徐可可

陈金云　海发清　海品章　蓝金荣　蓝新发　陈绍才

蓝云生　王云德　蓝有清　蓝绍章

总　序

清华大学赵丽明教授和我共同主持了国家社会科学基金2010年度立项的重大招标项目"中国西南地区濒危文字抢救、整理与研究"（批准号10&ZD123）。[1] 此项目的子课题由纳西族东巴文民间文书译注、普米族韩规经书译注、羌族释比经书《刷勒日》译注、彝族他留经书译注、壮族八宝歌书译注、水族水书文献译注、尔苏沙巴经书译注、木雅经书译注、纳木依帕孜经书译注、贵琼公麻经书译注等十多个子项目组成。

早在20世纪50年代，中国科学院和中央民族事务委员会组织了七个工作队，对少数民族语言文字进行全国性大规模的普遍调查，当时的主要任务是通过对全国的少数民族语言文字调查研究，在掌握大量第一手资料的基础上，为无文字的民族创制文字，为文字不完备的民族改革或改进其文字。其中第七工作队主要调查研究藏族以及周边的羌、普米（当时称西番）、嘉绒、门巴、珞巴等族群的语言。在此次调查过程中，我们就已经在四川西部和云南西北部发现了这一带宗教活动者手里有一些经书。这些经书是民主改革时期未被没收、焚烧的遗留。在那个时代，人们往往把这些经书当作宗教祭祀者从事迷信活动的"道具"加以歧视，并"不屑一顾"。

"文革"中，这些保存经书的祭祀者们再一次遭受劫难，他们往往被当成"牛鬼蛇神"加以批斗，他们正常的宗教活动往往被当成"迷信"而加以禁止，他们手里残存的经书往往被当成"四旧"加以没收、焚烧，以至于一些祭祀者们不得不将这些经书藏在山洞里、阁楼上，有的甚至深埋

---

[1] 孙宏开提出因中国社科院创新工程，退出项目。全国哲学社会科学规划办公室2012年11月6日《关于重大项目变更事项的批复》："经研究，同意孙宏开同志不再担任该项目首席专家，由赵丽明一人主持。"

在地下。

粉碎"四人帮"以后，通过拨乱反正，各条战线陆续清算了极左路线。过去被当成"四旧"的东西，包括宗教活动时使用的经书在内，也陆陆续续恢复了名誉。人们从山洞里、阁楼上把这些长期不见天日的珍贵文献又请了出来，恢复了正常的祭祀活动，使我们这些民族语文调查研究者们能够一睹为快。

差不多与此同时，结合改革开放以后国家开展的民族识别工作，自1976年至1982年，我们在这一带新发现了九种过去少数民族语言普查时期未发现或者未深入调查的语言（它们是贵琼语、木雅语、尔苏语、扎巴语、却域语、纳木依语、史兴语、尔龚语、拉乌戎语），更深入调查研究了这些语言内部的方言差异。费孝通先生高度评价了这一带新发现的语言和族群，他在《关于我国民族的识别问题》（《中国社会科学》1980年第1期）一文中说："我们以康定为中心向东和向南大体上划出了一条走廊。把这走廊中一向存在着的语言和历史上的疑难问题，一旦串联起来，有点像下围棋，一子相联，全盘皆活。这条走廊正处在彝藏之间，沉积着许多现在还活着的历史遗留，应当是历史与语言科学的一个宝贵的园地。"费先生根据语言学和民族学调查研究的新成果总结出的"藏彝走廊"理论，成为近十多年地区研究的一个热点，成为境内外人类学、民族学、考古学、历史学、宗教学、语言学研究者们的乐园。

通过少数民族语言调查研究取得的初步成果所提供的线索，我们从这一带操各语种的祭师们手里保存的经书入手，请他们讲解经书的基本内容，然后用国际音标原原本本记录下来，进行对译和意译，以保持该经书原汁原味的面貌。通过初步研究，我们认识到这项研究的意义在于：

语言学方面的价值。我们在这一带发现的经书，大都是祭祀者祖祖辈辈许多代人保存流传下来的。有的说有20多代，有的说有10多代，还有的说他们与诸葛亮打仗的时候就有了。有的像图画，有的已经步入文字门槛，还有不少是用藏文符号记录的当地少数民族语言，其中有的也夹杂着许多图画。在记录和翻译各族群经书过程中，首先我们要了解这种语言和方言的基本特点，记录2000—3000个常用词，在这个基础上整理出这个调查点的语音系统，并大体了解这种语言的基本语法特点，否则无法翻译这种语言经书的意义。这样我们就基本上掌握了这种语言各子系统的结构特点，揭示了这种语言语音、词汇、语法的基本面貌，为语言学提供了一份新鲜的资料。

文字学方面的价值。文字是记录语言的符号，历史上各民族的祭师们为了将自己认识到的各种自然现象和社会现象记录下来，以便从事祭祀活动的时候提示自己，开始用图画来帮助自己的记忆，久而久之，图画逐渐简化，形成了图画文字。本项目涉及的语言文字有彝语支、藏语支和羌语支的语言文字，记录宗教活动的文献有藏文、彝文、纳西东巴文等已知文字，新发现的文种有尔苏沙巴文、彝族铎系文字等比较原始的文字，还有羌族的释比图经等。这些文字有的有悠久的历史，如藏文、彝文、纳西东巴文等，有的是近几年才陆续被解读，性质也比较原始。从文字的性质来看，多样性显而易见：有比较完善的拼音文字，如藏文；有比较系统的表意文字，如原有彝文（或称老彝文）。更多的是比较原始的图画性质的文字，如纳西东巴文和尔苏沙巴文等，还有完全图画性质的长卷羌族释比图经《刷勒日》。从图画到图画文字再到表意文字和拼音文字，我们看到了一条非常丰富多样的文字产生、发展和演变链，它展现了一幅文字从表形到表意再到表音的学术画卷，成为研究文字产生普遍规律的一个明显的例证。此外，从文字学的角度看，什么样的图经算文字，什么样的情况只能够算图画，也就是说图画与文字的界限与区别在哪里，这一带的许多文献也向我们提供了许多研究的实例。

宗教学方面的价值。执行这个项目，开展广泛调查研究过程中，课题组接触到的有藏传佛教和藏族的苯教，更多的是原始多神教和大量的自然崇拜，包括彝族的毕摩、羌族的释比、纳西的东巴、普米的韩规、尔苏的沙巴、纳木依的帕孜、贵琼的公麻等等以及他们保存的大量经书。我们接触到许多祭师们的宗教活动，这些宗教活动许多带着一定的神秘性。拨开某些迷信色彩的东西，我们不难发现大量通过宗教祭祀活动所表现出来的对自然界的敬畏和崇拜，驱鬼祭神的各种活动又展现出一些民间治病的技艺和秘方。几千年来，他们就是依靠这种活动慰藉人们的心灵，医治人们的疾病，抚慰人们的伤痛。在仔细研究他们古老经典的过程中，我们不难发现，许多经典包含了一些模糊的哲理、人生的经验和度人苦难的精神安慰。这些经典反映的仪轨既受藏传佛教尤其是苯波教的影响，也有许多汉族佛教的渗透，尤其受汉族六十甲子思想的深刻影响。

历史学方面的价值。我们从祭师们娓娓道来的送魂经中，从许多包含在经典释读的历史故事中，分析出他们经历过大量族群迁徙、征战以及与自然界灾难的抗争。虽然这些文字中包含着一些荒诞不经的情节，但是，剥去一些离奇古怪的神话后留下的一些耐人寻味的史料，与正史记载的史实相印证，为我们打开了了解这一带族群历史来源的另一扇窗户，尤其从分析这些族群使用语言的分化情况、远近关系的情况、互相接触的情况，我们可掌握大量解开这一带族群历史来源的重要证据。

考古学方面的价值。本项目调查研究的是居住在岷江、大渡河、雅砻江、金沙江、澜沧江、怒江流域各族群所保留的文字及其文献。在这一地区，近几十年发掘了许多遗址，其中包括三星堆遗址、金沙遗址、营盘山遗址……这一地区还是古蜀道的必经之地，也是藏缅各民族迁徙的走廊。目前居住在这一带的族群多数是使用羌语支语言的族群，根据正史记载，他们应该就是周秦以来在这一带定居的古氐羌的后裔，经过了大浪淘沙，保留到现在，他们与早先居住在这一带的人群是什么关系？纵观西南地区的族群，基本上是汉族与藏缅语族两大族系，而藏缅族系是这一带最古老的族系之一，他们曾经通过这条民族走廊向南、向西迁徙，一直到喜马拉雅南麓，形成现在定居在喜马拉雅南麓的200多个藏缅语族各支系。因此对这一带语言文字及其文化的调查研究，为解开许多考古之谜提供了许多新的线索。

文学方面的价值。在记录和解读文字和文献的过程中，我们记录了大量诗歌、故事、寓言、神话、历史传说、唱词……有些神话故事，情节曲折动人，引人入胜，不亚于《西游记》；有的叙事长诗不亚于藏族的《格萨尔》，有描写征战的，有描写爱情的，有弘扬战胜邪恶的，有歌颂真善美的；有的寓言，哲理丰富，令人回味无穷……我们边调查，边感慨，这些文学素材，也许是制作动漫的好思路、好素材。创作这些文学素材的，是根植于民间并经历了千千万万个苦难的劳苦大众，他们仅仅依靠自己最原始的记录方式——图画或类似图画的文字，有的靠口耳相传，一代一代延续至今。今天，发掘这些埋没了多少代的文学作品，是我们这一代学人义不容辞的责任。

民族学、人类学方面的价值。分布在这一带的族群，其中多数是依附于人口数量大的民族的一些小族群。费孝通1980年发表的关于民族识别的那篇重要文章，以及同时期国家民委一系列有关民族识别的文件，没有能够把他们推上中华民族之林的舞台。但是他们的历史、文化是无法也是不应该被埋没的，近几年大量境内外民族学与人类学学者的调查研究，陆续揭开了蒙在他们头上几千年的面纱。他们的建筑、他们的服饰、他们的音乐舞蹈、他们的风俗习惯、他们的节日、他们的喜怒哀乐……一切的一切，受到了学者们的关注。他们也是中华民族灿烂文化的一个"小小的"组成部分，有权利在中华民族多彩文化大家庭这个园地中占有一席之地。

保护非遗方面的价值。语言文字与非物质文化遗产有密切关系，根据联合国教科文组织的看法，语言本身就是非物质文化遗产的重要组成部分。我们所要记录的这些文献承载着这一带族群大量非物质文化遗产的口头作品、表演艺术以及大量记忆遗产。我们把这个课题叫作濒危文字及其文献保护研究，主要出自两个基本事实：第一，我们要调查研究的对象基本上都是新发现的小语种，使用人口不多，而且越来越少，有的已经处在极度濒危状态；第二，几乎所有的宗教文献都是中华人民共和国成立以前就已经存在，经过多次劫难，保留至今，已经实属不易。原文献持有者几乎都已经过世，他们的后代中，能够释读这些文献的祭师已经越来越少，有的文献已经无人能够解读。因此，记录、释读这些经典已经是十分迫切的事情了。否则记录该文献的语言消失了，能够释读这些文献的祭师过世了，这些文献也就成了废纸一堆。

要说的话还有很多，最好由读者来评判吧！

开展此项调查研究的基本队伍主要是清华大学的师生及广西师范大学出版社派出的编辑，也包括地方院校和科研机构的一些学者，尤其是一些本民族的学者。他们从接受记录少数民族语言的专业培训，到深入实地寻访各种文献的持有者，动员他们将文献公之于世，开展解读和记录工作，经历了难以想象的困难，克服了许多意想不到的阻力。能够完成这样一套抢救性记录的丛书，而且从一开始的数种增加到现在的十多卷，个中酸甜苦辣，只有亲身经历过的人才能切实地感受到。我对这样一支边训练、边工作，在实际工作中不断提高自己专业素质的队伍感到由衷的钦佩，他们完成了一项在中国文化史上具有重要历史意义的工作。我对他们能够完成这样一件重大的文化工程给予高度评价，对他们付出的艰辛表示崇高的敬意！

广西师范大学出版社的领导和编辑们，独具慧眼，对此项调查研究和丛书出版给予了有力的支持。更难得的是亲自组织队伍，深入山区与课题组一道开展调查研究。初稿完成后，编辑们对书稿进行了细致的校核，对书稿质量的提高起到了重要的作用。本套丛书最终能够与读者见面，与他们付出的劳动和财力上的支持是分不开的。他们无愧于出版家（而不是出版商）的称号。在此，向他们表示衷心的感谢！

中国社会科学院荣誉学部委员　孙宏开

序于安贞桥寓所

2013年1月15日

略论他留文字的性质
(代序)

　　2011年寒假，参加国家社科重大项目"中国西南地区濒危文字抢救、整理与研究"项目组的清华同学，急不可待地想要把赖静如老师"发音语音学"课上学到的国际音标，用到语言调查实践中。他们各自提交完各专业期末考卷，分七批赶到宁蒗。原本计划分兵两路，一支去盐源前所，一支去木里依吉。1月16日，一场突如其来的大雪，封路！封山！学生要回家过年啊，于是想办法找车马上突围。又是分兵两路，一路返回丽江；一路向四川攀枝花挺进，去西昌，和纳木依、木雅的老师会面。

　走进他留山

　　班车停运，我们中途在永胜换另一辆私家车。因为来之前曾向来过这里的张小军老师了解了一下，所以开车前三分钟，我们决定耽搁一两天，先到永胜去调查一下他留文字。队长徐可可自告奋勇愿意留下，跟我一起去。

他留人是哪个民族？

走进他留山，首先要感谢简良开、杨如刚两位老师，他们都是把一生的热情和才华献给了家乡文化的当地专家。

我们先找到简良开老师。他是永胜的文化名人，写了《神秘的他留人》（云南人民出版社，2005年）。该书全面地介绍了他留山的古堡、碑林、祖籍来历、"青春棚""过七关"的奇特婚俗，等等，对我们最有吸引力的是他留文字。

简老师直接带我们到六德乡，在六德乡他留文化站见到杨如刚主任，我们先参观他留文化展。通过图片实物和杨如刚、简良开两位老师的介绍，我们大致了解到，他留人是彝族的一支，但是有自己独特的语言、奇特的民俗，尤其还有独特的他留铎系文字。

都是急性子，杨如刚老师马上带我们赶到双河村，拜见一位老铎系（他留祭司）陈金云老人家。杨老师很有心，事先准备好了几块木板。

与老铎系合影

要戴上奇特的白尖帽才能写铎系文

老人家坐下来，兴致勃勃地给我们现场展示如何写他留文。他先让家人拿出一个半成品的白布筒，亲自一针一线缝制一顶帽子，老人要告诉我们怎么原汁原味地制作尖帽。

最后把缝好的帽子反过来，凸显出有两只角！两只角代表父母，原来这是个孝帽。而且他一再强调，缝白布圆筒的缝是有规矩的，一定是亲儿子缝要放在旁边，旁儿子（侄子、外甥）缝一定放在中间。

他说在葬礼上，本家要用反过来的箩，上面放上这个帽子，给铎系戴上，铎系才能动笔写铎系文字。参加葬礼的亲友都要戴帽子，但一般人是用带有细彩条麻布制成的花帽，铎系戴的一定是纯白本色的麻布白帽。老人缝好了，讲明白了，就戴上小白帽开始写。

铎系缝白尖帽

铎系写他留文字

一边写一边唱

老铎系一边写一边唱。他先在类似平行四边形的长板（一边长1米左右，一边长0.33米左右）外周画上祥云波浪式曲线，代表天、地，双线代表云。中间由上到下，分别画了太阳、月亮（有时月亮画在另一端）、三星、七兄妹（北斗七星）、启明星等。这是第一块板，所写内容好像是适合所有人听的"创世通论"。第二块板分男女性别不同，画的图案也不同。男人要画一些他生前用过的农具，犁头、锯子、爬犁、砍刀等。女人也要画一些她生前使用过的麻绩、纺车、绕线器、纺锤等。他留铎系文写的文章，是天地万物的起源，是人生的总结。

清华百年，他留人亮相北京

当年杨如刚、简良开和蓝绍增亮相北京。2011年5月，他们参加了在清华大学举办的"清华百年——西南地区濒危文字文献展暨研讨会"。

研讨会上的情景

调查他留文字,每次都是全体铎系的研讨会

接着项目组专门成立了他留文字课题组,而后寒暑假先后多次来到他留山。杨如刚老师每次都把能找到的铎系老师全部请来,在他留文化中心或他留山管委会主任蓝绍增老师家里,一工作就是连续多天。大家把各自使用的图符,一个一个地反复认真讨论,取得共识,都同意的就认可通过;有争议的则存疑搁置。一遍又一遍,最后清华大学课题组李居正做成电子版,大家再在屏幕上逐个字符审校一遍,最终公认的他留铎系文字有101个。在整个调查过程中大家多次充分讨论,相当于对他留文字进行了一次规范整理。

研讨他留铎系文字

亲历葬礼,原来铎系文章发表在这里

接到一个电话,杨如刚老师马上用摩托带着我去参加一个葬礼。翻过几道山,便看见人们从不同方向陆陆续续走向一个山坡。大家都是奔向一个素白的地方。一位老人去世了,儿女亲友以及村里人都来到逝者的家里,表示悼念、慰问。我们向本家打过招呼,表示慰问。本家招呼我们喝茶,便又忙着招呼别人,我们则在一旁默默地看着一切。

葬礼很隆重。一会儿逝者的女儿来了,带来一头牛。把牛献给逝者后,铎系带着她和众乡亲围着棺材跳丧。还有个老铎系在念,在唱,边唱边画。画完之后,写满铎系字的两篇文章(两块木板)分别放在棺材的两边(如果是四块,则放在前面两边、后面两边)。葬礼结束后,写满铎系文的木板就烧掉了。原来铎系文字写的文章发表竟然如此短暂,它们就这样瞬间随着逝者乘云驾雾而去,却化作永恒,永远铭刻在他留人的记忆中。

他留人的葬礼

一 他留文字的性质

传统对成熟文字的定义是，能够完整记录语言，无论是实词虚词，都能毫无遗漏地记录；有固定的形音义，文字符号可以重复使用。甲骨文就是成熟文字的代表。然而，文字的产生、发展是一个比较漫长的历史过程，随着人们的思维不断进化，文字由最原始的图画、刻符，不断丰富，日益缜密。随着人们对客观世界，对各种事物的认知程度不断深入，以及记录语言的工具的不断改进，文字即在不断抽象化、简化的经济原则下不断走向成熟。他留文，具备文字的功能，记录了他留人生活的方方面面，堪称"百科全书"。

他留文是什么文字？

一种文字，具有多种属性：自然属性、发生学属性、社会属性等，最本质的属性，是和记录的语言的关系，记录语言的方法。

首先，看文字的自然属性。记录什么人群说的什么语言，就是什么文字，如英文、法文、德文、中文等。这种他留人使用，记录他留话，用他留话念诵的，即他留文字。

其次，看他留文的发生学属性。整个文字体系的图符字形，无不出自他留人身边的物象——除了每天看到的天地星云等自然天象地理，还有男耕女织每天必备的生产生活资料，人们必须小心避开的怪异物象，等等。它完全是自源文字，没有任何借鉴借用移植，甚至与地理位置较近的东巴文字都没有任何交集。

最后，看他留文字的社会属性。它是民间祭司书写的文字，但为他留人民所用。它主要在葬礼上使用，专用仪式感很强，其他祭祀场合基本不用。这种文字每个他留人一生都要多次使用到，在他留人内部具有全民性。

他留文功能有五。

功能一：赞颂逝者，追忆其一生的艰辛劳动，对子女的付出，充分肯定，予以赞颂。

功能二：教化生者，特别是对后代进行孝道教育，教育人们牢记、感恩父母。陈金云老铎系的话很经典："小的时候是亲情，长大了是感情，老了是恩情！"

功能三：史诗性地记录叙述一代一代反复传承的集体记忆。这种文字是百科全书式传承认知、传授技艺的科普大课堂。它蕴含有关创世纪、万物起源，以及人类各种生产生活经验、技能的丰富信息。

功能四：寄托了积极向上、躲避灾祸、祈福平安的人生诉求。铎系文字中有一部分是画了一些所谓不好的事情，一些禁忌物象。他留人认为人之所以生病去世是碰上了一些不吉利的怪异现象。铎系文字对生老病死的原因有了似乎合理的解释，这既是一种安抚、安慰，也是一种提示、警示，告诫人们要注意躲避灾祸，表现出对国泰民安美好生活的向往。

功能五：他留文是具有凝聚力和权威性的民间文字。虽然书写者是祭司铎系，但使用者是民众。每次葬礼上的书写、颂念，唱经，都是全体族人信仰大自然，敬畏大自然，敬畏祖先，坚信万物有灵的庄重仪式。他们并不强调神鬼，只是敬畏祖先、大自然，并没有宗教，没有固定的偶像，这体现出他留人朴素的世界观、价值观、人生观。他留人具有一种原始信仰。

他留文是一种早期原始文字。这种文字多用于葬礼祭祀先人，表达着人们对逝者的缅怀、感恩、求其护佑之情，葬礼上即焚烧化之，通告天地。他留文字既有即时性，又有永恒性。

他留文字的本质属性的讨论

关于他留文字的本质属性（即文字和语言的关系）可以这样表述：他留文字记录的只是词、词组，最大是句子，不能完整记录语言，只是提示性的关键词或者比兴主题。他留文是原始图符文字。

1. 他留文字与云南富宁壮族的坡芽歌书属于同一类型。

云南富宁壮族坡芽歌书

坡芽歌书是一个符号唱一首歌。81个符号，81首歌，成为一个组歌。坡芽歌书是爱情组歌，而他留文字是用101个图符形成的创世组歌、人生组歌的史诗。

曾经有人说坡芽歌书是"篇章文字"，在表面上看来似乎有道理，一个图符唱一首歌。但是从文字学原理上认真考察，一个图符，确切记录的是一个物象一个概念，语言单位是词或词组，最大单位是动宾结构、联动式的词组构成的句子。如：

坡芽歌书的第1个符号 是月亮。唱辞是月光下，一个男孩子唱歌表达思念。"月亮"就是一个词。由月亮起兴唱出《月亮歌》。怎么唱可以各自发挥。

第2个图符 是一堆小圆圈。一开始很容易由月亮联想到它当是星星。我们看到最初的翻译手稿，即是把这几个小圆圈圈解释为星星。后来深入调查，按照实际唱的歌，原来这几个小圆圈圈画的是小石头，它所表达的是：男孩子感到很孤独，每天只能自己玩小石头，他希望有个女孩来陪他。这是一种求偶的意象。那么这堆小圆圈，就要翻译成"石头"，它是一个确定的物象名词，引发男孩唱起《石头歌》。

81首歌，前两首都是男孩子唱，后来女孩子回应，男女一唱一和。

第5个图符 画的就是鹧鸪鸟。它却引出女孩唱道："哪里鹧鸪叫，哪里鹧鸪闹，哪里野鸡啼，哪里小伙到。对边谁唱歌？唱得妹心跳。"完全是一种比兴。

第27个图符 画的是两个人从相遇到相知，到相爱之后，女孩表示愿意"跟你走"。这里出现了合体会意字符。一条腿下面有条线代表"路"。这是个动词。

第29个图符 是"晕死的人"，是女孩唱，想你想得"死去活来"。这是个复句性连动词组，引起女孩唱了极度思念之歌。

第36个图符 则是男孩子唱"抬脚去妹家"。我们已经看到有重复使用的符号"脚"。同样有动词。这就是个句子了。

第58个图符 画的是一个人坐在凳子上，意思是"妹坐凳数钱"。这是连动词组，可以看成是句子。它引发唱起了对两个人美好生活的憧憬。

第79个图符 、第80个图符 、第81个图符 画出来的分别是"院中花""手牵手""双生笋"。女孩唱"花开在院里，花开在房中。同住成一家，相守到白发……"，男孩唱"咱俩在一起，一起谋生计……"，最后合唱"两棵树同长，两棵笋共生……忧愁相对看，忧愁你先死，你死我伶仃……"，设想一方离世、一方痛苦的情景。歌声荡气回肠，催人泪下。字符就是一个物象，或一个词，或一个词组，引发出来的是长篇动人的生死之歌。

凡动宾、连动式的词组都可以构成句子。所以，坡芽歌书不是篇章文字，是一个词或词组，表达一个或一组完整概念。在这里，文字记录语言的最大单位是句子，而不是篇章。坡芽歌书都是记录词、词组或句子的文字，它们不记录语段、篇章。我们称之为"引导字符"，它仅仅记录关键词、文件名，起到比兴作用，引发一段唱词或一篇经文（参见赵丽明《"坡芽歌书"的符号是文字吗？》，《文史知识》2009年第7期；《"坡芽歌书"是什么文字？》，《中华读书报》2009年2月18日；《"坡芽歌书"的文字学解读》，《民族古籍研究》第一辑，中国社会科学出版社2012年；

《〈坡芽歌书〉是另一部女书吗？》，《中国社会语言学》2008年第1期）。

同样，他留文记录的是词或词组，而不是语段。字符本身只是一个事物的概念，记录的是一个词。所谓唱段不是字符本身记录的，是由此引发联想出来的讲述、叙事。即他留文字作为引导字符，引出唱段。

如本书第五章所录唱经第四十八《人是地养的》，字符画的只是地上长些植物。它可以看成是会意合成词或词组"地里的庄稼/长着庄稼的田地"，引发出一首"农作歌"。这首歌唱出了世世代代、年复一年的农耕劳作的艰辛，告诫后代不要忘了"人们在田地里劳动干活，田地把人养活。千年千代来，田地是人的生命"。歌中传承了这样朴素的人生道理。字符就是个物象概念，没有那么多内容。内容是物象概念引发出来的篇章唱辞。字符、唱辞如下：

汉字拟音	罗木秘哪
国际音标	lo^{31}mu^{55}mi^{55}na^{33}
直译	庄稼地

唱辞："人在天底下生存，人在地面上生存。人是天养的，人是地养的。人们生活在地面上，要干十二样的农活。太阳还没出来，就已经做着活了；月亮出来了，还没有停止干活。手做农活做到星星出，田边地角都做圆。农活干了几个月，干到收获的时节。收获的东西满庭院，粮食堆满仓柜。用收获物饲养牲畜，牲畜满庭院，成为富裕家的名声就得到了。死者你辛苦一生做的事，教给了你的儿子和你的姑娘。你这一代过去了，又一代在干活生存。人们在田地里劳动干活，田地把人养活。千年千代来，田地是人的生命。"

再如本书第五章所录唱经第四十九《水漫顶天了》，字符画出的仅仅是一个葫芦。这个字符表达的就是一个物件"葫芦"，但是却引发人们唱出了一个著名的水漫顶天的洪水传说——《葫芦歌》。字符、唱辞如下：

汉字拟音	阿皮卡
国际音标	a^{33}p^{h}i^{31}k^{h}a^{31}
直译	葫芦

唱辞："天形成后，地形成后，因为人不会死，人满顶天了。水涨起来，水满顶天了，人都淹死了。最后只剩下两兄妹。他们二兄妹就钻进葫芦里躲起来。洪水终于退下去了，打开葫芦蒂出来，看见天亮了。他们转了一条山梁，看不见人。转了两条山梁连狗都不见一条。转完三条山梁也仅仅只见他们二兄妹。火烟合成为一条，石磨合成为一副，兄妹二人要合成为一双，两兄妹做了一家人。儿子越传越旺，姑娘越传越多，人就这样传满了村村寨寨。"

2．依次顶针字符组连环叙事是他留文字的重要特点

他留文字的一个字符记录是一个词，却可以引导唱出一段故事。此外，它还有一个重要特点，即几个字符、一组词，却有机组成连环画、连环词，引导出前后有序的一段叙事。

如本书第五章所录唱经第四十《把麻剥成一缕缕》，这是一组字符，要依次顶针连环合起来叙述一段话，一篇文章。这组词都是名称关键词，由铎系加进动词，递进连环唱出这组字符之间的逻辑关系，讲述一个完整的故事。字符、唱辞如下：

汉字拟音	级	丫嘎	属朔	刷喇	务入	闭图	卓耳	压保
国际音标	$dz\eta^{31}$	$ia^{31}ka^{31}$	$\mathrm{su}^{31}\mathrm{su}\alpha^{55}$	$\mathrm{sua}^{31}la^{31}$	$vu^{55}zu^{31}$	$pi^{55}t^hu^{31}$	$tsu\partial^{33}\partial^{33}$	$ia^{31}pa^{31}$
直译	麻	纺麻签	量线杆	纺车	纺针	纺线针筒	绕线锤	绕线板

唱辞："把麻剥成一缕缕，撕开麻并绕在竹签上。从竹签上揭开麻绕成线，要绕在量线杆上绕好，绕上粗麻，线就做好了。先煮再洗，细纱线就形成了。把细纱线绕成线球，把线球解开，把细纱线一圈圈绕好。"

再如本书第五章所录唱经第四十一《绕好线搭在织布架上》，这组字符，也是要依次顶针连环，似乎要紧接着前面唱经第四十回的字组，接续性叙述，记录一个完整的生产流程，形成一篇文章。字符、唱辞如下：

汉字拟音	压灶	压尼	压么	卓哭
国际音标	$ia^{31}tsa^{55}$	$ia^{31}\eta i^{31}$	$ia^{31}mu^{33}$	$tsu\partial^{33}k^hv^{31}$
直译	织布架	提线器	紧线板	梭子

唱辞："绕好线搭在织布架上，把提线器吊在织布架上，把紧线板放在织布架上，把线从提线

器递出来，把纱线从紧线板接过来，把纱线绕起来装到梭子里，踩踏脚棍线就织出来了，手再推拉（紧线板）就变成了锦丝布。"

这两组12个字符，悉数纺纱织布的所有工具，一一道来，俨然就是从工具到工艺流程的教科书。这些生产工具和技术操作是人们赖以生存的基本物件、基本常识。每逢有人离世，铎系都要细细讲一遍，唱一遍，这就是总结，就是传承。这是他留文字记录语言的一种方式：顶针连环字组叙事。其中记录工具的每个字符，都可以作为引导字，铎系延伸讲述它是怎么制作的，如何上山选木材，如何打铁造工具，如何请工匠制作。这样追根溯源，几乎把所有的生产流程都传承了一遍。铎系讲述的一个庞大的知识体系，世世代代流传使用。

3. 他留文字引导出的文本的内容

他留文单个字符就是引导字，引导出文本。他留文字引导出的文本一般分四种：

第一种是万物起源，创世史诗。用基本关键字符如天、地、云、日、月、七星（七兄妹）、三星、启明星等，引导出民族史诗。例如本书第四章所录唱经第一《天地——天窄地宽，偷地补天；银河，高山，河谷，泪井》。只是两条简单的曲线，就能唱出"天地——天窄地宽，偷地补天"，讲述一段造天造地的故事，以及银河、高山、河谷、湿地、水井的来历。字符、唱辞如下：

汉字拟音	明地么	密那么
国际音标	min^{31}dzi^{55}mu^{33}	mi^{55}na^{31}mu^{33}
直译	天	地

唱辞："没有比上天更大的，没有比地更大的。铎系我若不讲天的话，怕天的恩德会薄掉。若不讲地的话，怕地的恩德会薄掉。造出天来要七十天，造出地来要七十昼夜。造天的是三个人，造地的是两个人。造天的三个人人多胆量大，做活时嘻嘻哈哈，边玩边做。造地的那两个人担心人少，哭丧着脸，十分专心地做活。他们连饭都来不及煮吃，吃生饭地造地；菜也来不及煮吃，吃生菜地造地。造地的二人，人少胆量小，白天不睡，晚上也不睡地干活。造天的那三个人，晚上去睡不干活，白天也是边睡边干活。造天的那三个人，嘻嘻哈哈，边笑边做地干活，干一阵活休息一阵，干一阵活坐一阵，一日三顿都煮熟了吃。第一个月他们边睡边做，第二个月他们边玩边做。一热就歇凉，一冷就取暖。三个造天的人就来看造地的情况，地造得太大太宽了，从头看去看不见尾，从尾看去看不见头。这三个造天的人这时才吓了一跳。天盖地，盖不严地了。三个人胆大后心变坏了，想到要做小偷去偷地来补天。在鸡还不叫的时候，去偷地来补天。三个人卷起袖子，搂起地的筋，三人六捧把地筋捧上去补天。天补宽了，补着的接缝印子，就变成了天上的银河。鸡一叫，狗一叫，昼夜睡不好的造地人，早早起来去看地。发现原本的平地凹的凹下去了，地筋凸的凸

起来了，造地的两个人都伤心透了，二人都气瘫了。一眼看去吧，地凹陷下去的地方，形成了很深的箐沟。一眼看去吧，地筋波折起来的地方，就变成了九层高的大山。造地的二人伤心得流泪了，泪流到箐凹中，变成了潮湿的地。泪再流到潮湿地上，潮湿地上就变成了井。有井了，井里就有了龙。大龙顺着大箐走，龙就把整个大地都走圆了。"

　　源自铎系唱经的经文在民间又演绎成更加丰富生动的传说故事，在他留群众中广为流传。再如本书第七章所录唱经第一《造天地日月》。唱辞如下：

　　"亿万万年前，没有天地日月，世界像一个无物无声的孤寂的大洞。七作星（北斗七星）是七兄妹就商量着说：'让我们来造天造地造日月吧！'于是就进行分工。三个哥哥造天，两个妹妹造地。两个妹妹是女人，干活细致，丝毫不敢疏忽，她们一刻不停歇地忙碌着。三个哥哥是男人，他们无所畏惧，干活很随心，一边吹牛一边工作，干一阵又玩一阵。时间到了，天地终于造好了，可是由于两个妹妹不停干活却将地造宽了，相反三个哥哥却将天造窄了，天盖不住地了，没办法只好把地抓拢来，天终于盖住了地，但是原本一马平川的大地却有了高山和深谷。

　　"天地造好了，没有太阳和月亮，世界像一块黑暗寒冷的大石头，七座星还剩下两兄妹（一说是两姐妹），就商量着说：'让我们来做太阳和月亮吧。'妹妹对哥哥说：'夜里出去，我胆子小，我害怕，可是白天出去，我年轻，看我的人多，我害羞，怎么办呢？'哥哥就拿出一颗针来插在妹妹的头发上对她说：'这回好了，你白天出去，人们不敢看你了，我夜里出去。'哥哥夜里出来就成了月亮，妹妹白天出来就成了太阳。哥哥是男人爱贪玩，爱开玩笑，有时玩昏了头，忘记出来当值，有时磨磨蹭蹭慢慢吞吞地出来，这样人们有时看不见月亮，有时是下半夜才看得见，有时只看见一条缝，那是他在开玩笑呢！妹妹是女人细心踏实，天天出来当值，人们仰头看的时候，感到光芒刺眼，不敢多看一秒，因此看不清她的真面目，这是因为她把哥哥给她的针抛撒了下来扎人们的眼睛的缘故。

　　"天地日月就这样造好了。"

　　再如：本书第六章字表第9 〰 画的是水，可引导出的是《公龙母龙打雷下雨》唱经："公龙咬着獠牙，母龙眨着眼睛。公龙咬着獠牙，就打雷了；母龙眨着眼睛，就打闪电了。山顶山脚都有雨，水冲下来洼子都满起来。"（第五章　第八）

　　第10 ● 画的是火石，11 ♦ 火镰，12 ✦ 火草，引导出一个人类重大发明："铁和石头摩擦时火草上就冒火，就可以烧熟东西吃。"（第五章　第九）

　　第二种是男人一生使用的工具字符，引导出相关系列事物的工艺制造专业史。例如本书第五章所录唱经第三十四《三种树砍好》，⊥ 只是一个犁的字符，引导出："在长着朱木的坡和洼里，去找做犁杆的树木，三种树砍好了，就已准备好让牛来犁地了。"

　　本书第五章所录唱经第三十五《套在牛脖上》，∩、⌒、✝ 这样一组字符，引导出："某天去长映山红的箐沟里，去找牛藤索等三件东西，做好了套了牛脖子上，再安上做好的犁就能犁地了。"

本书第五章所录唱经第三十六《劈开成四瓣》，▭，是一个耙犁字符，可引导描述出一段工艺："去到山坡上的朱木林，（看到）从根到尖都是直的树，把树砍断了，劈开来成了四瓣，每个瓣凿上孔，把四瓣连起来了，耙就做好了。"

本书第五章所录唱经第三十八《看到打铁的三家》，、、、、这样一组字符，引导出："衣服口袋里装了银子，跑去到街头，看到打铁的三家，他买了铁，木工工具就能做了。"

第三种是女人用具字符，引发制造相关一系列事、物（见前例）。

第四种是避讳字符。举一些怪异现象，警示生者。"毛虫趴 "是指一群毛虫趴在炕床沿上戳人眼睛；"山上碰到鱼 "是指去山坡上的树林，碰到水坑中完好的鱼；"碰到完整的麂子 "是指早出晚归去做活的地方，在去村子的半路上，碰到完好的（未见受伤就死）的麂子；"井口虫成串 "是指在村子里的水井处，用木桶来挑水，在水井的井口，看见路面上成串的虫子；"双蛇纠缠 "是指在院坝里正房的房间里，看到蛇绞在一起过来；"砍柴碰到藤扣 "是指在山林山坡上，去砍柴的地方，砍柴碰到自己绾死结的藤扣。其他如：猫头鹰抽筋似地飞来；有鸟从竹丛中飞来，没有停突然死掉；扯火草时发现火草叶发叉，一定会要戴孝帽，至亲之人将要过世；小鸡吊死在母鸡毛上；在正房的山墙上，蜂来做窝；正房有蛇进来……这些怪异的现象，他留人认为看见的话是预示人死，是忌讳。

我们看到，每一个图符都可以引出长篇叙事古歌。这实际上是口头文学，有创世史诗，有生产技艺的传承。

三 他留文字的价值与现实意义

从他留文字系统可以看出，他留人是一支勤劳、善良的族群。他们感念祖先，敬畏大自然，勤劳淳朴，世世代代在他留山地区过着半牧半耕、自给自足的生活。至今，这些古老的符号还在使用，还有着强盛的生命力。他留文字的价值在于：

一、文字学价值。他留文字是一种来自于泥土的民间自源文字，是一种原始图符文字。他留文字有固定的形音义，不仅一个图形标记确定的一个物象或一个概念，而且常常构成字组依次顶针连环叙述一段文章。当然，这还不是成熟的文字，只能记录物象、概念，还不能一一记录语言，仅仅是标记关键词，作为引导词，提示性引出一段唱词、一个故事、一个工艺生产制造过程，且需要专业人员来完整叙述。它为文字如何记录语言，提供了一个新材料、新文字品种，丰富了西南濒危文字类型，补充了甲骨文之前文字形态的空白。

二、文学价值。他留文字系统有着逻辑关系，绝没有虚无缥缈的神鬼世界。它总体上是写实的记录、描述，但又不失浪漫主义的想象。他留文字关于"开天辟地""日月星辰"等描述，充满对人类未知世界的探索，如同对"天问"的浪漫主义作答，讲述中有对善良勤劳的褒扬和对投机取巧的善意批评。如多人造天因为偷懒而造小了，去偷人少但勤劳而造得很大的地，来补天。拼接的缝隙成了银河，抓起的地筋隆成大山，低处成了大川、湿地、水井。这体现了先民对神奇的日升月落、浩瀚星空的探索。铎系边写边唱的吟唱诵经，三天三夜唱不完。这可以引申为对万物的敬畏和对生命的赞歌，为他留人的口头民间文学提供"变文"式再创造素材库。

三、认知价值。他留文字是一部现实主义的教科书，传承生产生活基本技能手艺，具有知识体系的认知传承价值。他留文字记录的只是他留人自己的生活，其文字符号本身即源于日常生产生活。他留文字用日常生活积累的对天地万物的认识，传承智慧，传承技艺。他留文字记录了千百年不变的生产生活智慧，与老一辈对下一辈的人生传递息息相关。

四、家谱家风价值。他留文字的每次使用，就是一次家谱、家风、伦理教育。每次葬礼上的书写与吟唱，在强烈的仪式感下，成为每个家庭的家谱，追思老人付出的艰辛，教育后代不忘恩不忘本，勤劳家风代代相传。

五、社会学价值。书写他留文字是葬礼上不可缺少的环节。葬礼成为凝聚族人，互帮互助的肃穆神圣的典礼。他留字符记录的都是关键词、警句。它们不仅是唱经的关键词，也是人生的关键词，时刻提醒人们战胜邪秽，向往美好。

虽然他留文写出的文本，只是一次性记录，葬礼后即焚化，但实际上这是一种永恒的纪念，它化作精神财富，化作民族记忆，支撑一代一代传承下去。每次葬礼都是一部民族精神的颂歌，表达了对避秽祈福、勤劳致富、创造安宁美好生活的向往。

这些字符，本来就和他留人的生命连在一起，是一笔非物质文化遗产和宝贵财富。字符和唱辞可以提炼开发为鼓励后代的积极因素。人们也可以将其用作文创资源，配合他留其他有特色的民俗，开展人文旅游，使之为今天他留人造福，为社会更多人分享。古老的他留文字能振兴乡村！

中华民族是个多元一体的伟大民族，56个民族的文化多彩纷呈，这正是我们对人类文明的伟大贡献！他留文字是中华文化中的一朵绚丽奇葩，在我们"中国西南地区濒危文字抢救、整理与研究"国家社科重大项目中，也是一朵充满现实主义和浪漫主义的奇葩！

祝愿他留山更加美丽！祝愿他留人民更加幸福！祝愿中华民族更加兴旺发达！

目 录

前 言 ……………………………………………………………… 1

第一章 他留人概况 ……………………………………………… 7
一、他留人简介 ………………………………………………… 9
二、铎系文化简介 ……………………………………………… 32

第二章 他留语言系统 …………………………………………… 39
一、他留话音系 ………………………………………………… 42
二、他留话语法 ………………………………………………… 48
三、他留话语料 ………………………………………………… 53
四、他留话词汇表 ……………………………………………… 56

第三章 铎系与铎系符号文献 …………………………………… 87

第四章 铎系符号文献解读 ……………………………………… 95
一、天地——天窄地宽，偷地补天；银河，高山，河谷，泪井 97
二、北斗七星——七兄妹造天造地 …………………………… 109
三、云——黑云，白云，黄云 ………………………………… 112
四、葫芦——大洪水，葫芦漂，两兄妹，结夫妻 …………… 114
五、麻——锄地，种麻，晒麻，绩麻 ………………………… 124

六、麻绳——收麻，泡麻，煮麻，搓麻成绳 ……………………… 147

　　七、犁——找树，伐树，削木，钻孔，构架，上街买汉人师傅
　　　　做的犁头和铧板 ……………………………………………… 173

　　八、弩、箭——魂归故土，披荆斩棘，孝子开路 ……………… 188

　　九、竹子——竹林育新竹，越发越旺；父母养儿女，代代兴隆；
　　　　女儿挂孝竹杖来吊丧 ………………………………………… 197

　　十、山上树木——松树，杂木树，刺栗树，朱木树，东瓜树，
　　　　翻白树，黄栗树，清香树，青刚栗树，白桦树，杜处树 … 203

　　十一、放牛鬼——找牛，杀牛，祭祀 …………………………… 213

　　十二、独脚鬼——消灾，驱邪 …………………………………… 222

　　十三、刀——法器，祛病，除秽 ………………………………… 228

第五章　铎系符号唱经选 ……………………………………… 233

　　一、天大地大 ……………………………………………………… 235

　　二、有天就有云 …………………………………………………… 237

　　三、有天就有太阳 ………………………………………………… 238

　　四、月亮冒出来 …………………………………………………… 239

　　五、北斗七星 ……………………………………………………… 240

　　六、天上有三颗星 ………………………………………………… 242

　　七、背着启明星做活 ……………………………………………… 244

　　八、公龙母龙打雷下雨 …………………………………………… 245

　　九、火烧熟东西吃 ………………………………………………… 247

　　十、乌鸦叫着哭 …………………………………………………… 248

　　十一、猫头鹰抽筋飞 ……………………………………………… 249

　　十二、毛虫趴在炕床沿上 ………………………………………… 250

　　十三、山上碰到鱼 ………………………………………………… 251

　　十四、碰到完整的麂子 …………………………………………… 252

　　十五、井口虫成串 ………………………………………………… 253

　　十六、看到蛇绞在一起 …………………………………………… 255

　　十七、砍柴碰到藤扣 ……………………………………………… 256

　　十八、母猪生三崽 ………………………………………………… 257

　　十九、小鸡吊死在母鸡毛上 ……………………………………… 258

　　二十、鸟从竹丛飞来 ……………………………………………… 259

　　二十一、发现火草发叉 …………………………………………… 260

二十二、蜂在山墙上做窝	261
二十三、不达虫在叫	262
二十四、正房有蛇进来	263
二十五、青蛙去卡蛇脖子里	264
二十六、树木朝人倒过来	265
二十七、家竹开花了	266
二十八、看见麦子发叉	267
二十九、看到连蒂瓜	268
三十、不子虫飞来碗篮里叫	269
三十一、线把苍蝇打死了	270
三十二、织布时线乱	271
三十三、正月鹰打鸡	272
三十四、三种树砍好	273
三十五、套在牛脖上	274
三十六、劈开成四瓣	276
三十七、凿上洞装上齿	278
三十八、看到打铁的三家	279
三十九、走去到街尾	281
四十、把麻剥成一缕缕	283
四十一、绕好线搭在织布架上	286
四十二、大仓柜都装满了	288
四十三、人不能离开水	290
四十四、背背子要用绳子	292
四十五、逝者要走的路	296
四十六、竹林育新竹	299
四十七、主人养着马	301
四十八、人是地养的	303
四十九、水漫顶天了	308
五十、天神撒树种	312
五十一、坟门修得管千年	314
五十二、竹条穿过牛鼻打上结	317
五十三、山羊杀死时不闭眼	320
五十四、放牛鬼阿敌	323
五十五、接缝的印子	325

五十六、大门口那里 ………………………………………… 327
五十七、树有十二种 ………………………………………… 329
五十八、用锤子打石头 ……………………………………… 331
五十九、遇到了烂麻 ………………………………………… 334
六十、牲口睡满圈 …………………………………………… 336
六十一、正房是供奉祖先的地方 …………………………… 338
六十二、飞来一枝金花 ……………………………………… 339
六十三、做阿拉油法事 ……………………………………… 342
六十四、鲜血流进土里 ……………………………………… 345
六十五、一个说秤大 ………………………………………… 346
六十六、称满了还说不满 …………………………………… 347
六十七、乌鸦是报信的使者 ………………………………… 348
六十八、叫天子飞天上去 …………………………………… 350
六十九、白天东方有黄牛群 ………………………………… 352
七十、金子堆满堂 …………………………………………… 354
七十一、手拿铁刀 …………………………………………… 356
七十二、专门恐吓人 ………………………………………… 358
七十三、牛群自己回家来 …………………………………… 360
七十四、羊群自己回圈 ……………………………………… 361
七十五、黑猪满院坝走 ……………………………………… 362
七十六、撒粮食给鸡群吃 …………………………………… 364
七十七、稻米堆满仓 ………………………………………… 365
七十八、剪婴儿脐带的剪刀 ………………………………… 367
七十九、蚂蚱上吊死 ………………………………………… 370

第六章　铎系符号基本字表 ……………………………… 373

第七章　铎系唱经中的传说故事 ………………………… 381
一、造天地日月 ……………………………………………… 383
二、洪水冲天 ………………………………………………… 384
三、兄妹成亲 ………………………………………………… 385
四、弟兄分家 ………………………………………………… 386
五、死亡与老鼠 ……………………………………………… 387
六、独脚鬼的由来 …………………………………………… 389

七、独脚鬼为什么会吃人 ········· 390
　八、人变猴与人学猴 ············· 391
　九、上坟的习俗故事 ············· 392
　十、人和苍蝇的故事 ············· 394

第八章　口述史 ················· 395
　一、杨如刚谈他留丧葬仪式 ······· 397
　二、杨如刚谈他留坟林 ··········· 402
　三、路遇凉山彝族人 ············· 406
　四、简单隆重，祭祖佑今 ········· 408
　五、"过七关""串姑娘房（青春棚）" ··· 411
　六、"粑粑节"族人祭祖 ··········· 420
　七、蓝金荣铎系访谈 ············· 424
　八、陈金云老铎系访谈 ··········· 432
　九、张顺彩访谈 ················· 438
　十、九十岁老铎系蓝有清访谈 ····· 445
　十一、最早抢救铎系文化的老同志蓝绍吉访谈 ········· 452

第九章　清华学子走进他留山 ····· 465
　一、他留山调查笔记（一） ······· 467
　二、他留山调查笔记（二） ······· 469

第十章　后　记 ················· 473
　一、从他留山到清华大学 ········· 475
　二、编后语——对他留铎系文献精神价值认识的几点补充 ··· 477

前言

2011年春节前夕的1月17日下午，简良开老师带着国家社科重大项目"中国西南地区濒危文字抢救、整理与研究"首席专家、清华大学中国语言文学系教授、语言教研室主任、中国女书与坡芽歌书研究专家、清华资深教授赵丽明以及徐可可同学前来找我。我带他们上了他留山，去了双河村大洼子的老铎系（祭司）陈金云家。老铎系当场书写了许多铎系图符并进行吟唱。

2011年9月至2012年8月赵丽明教授又带着学生李居政、梁静远、张雪梅，利用寒暑假先后三次来他留山调查。每次来，我们都在村子里集中了他留山健在的所有铎系老师及其学徒，边书写边吟诵，边讨论边研究。白天抢时间，晚上还在昏黄灯下忙到深夜。在这过程中，赵教授几次激动地说，这些字符应该定义为"他留人的文字"、"他留铎系文字"、"他留铎系唱经文字"。我们陆续整理出100多个字符。

2013年，按照赵教授的安排，由我负责，蓝绍增协助，又整理补充了一些文字，我将整理的音频、视频（包括使用铎系文字的葬礼视频）从网络上发给赵教授。本着去粗取精、去伪存真、科学严谨、宁缺勿滥的精神，本书收录的他留铎系文字定为101个。

2014年，本书第一稿完成，赵教授又派她的在英国读人类学的昆明籍的清华学生杨宇豪来六德山找我校对核实书稿中的有关内容。后来有个要去德国留学的学生徐烨也来过。2016年4月，由于出版中碰到了波折，赵教授再次前来和我沟通。

至此，从2010年底到2016年，赵教授不辞辛劳，六次亲自上他留山。时光飞转，转眼间六年过去了，"十月怀胎，一朝分娩"，这本饱含了辛勤汗水、凝结着心血智慧的《他留人铎系文献整理与解读》终于诞生了。最应该感谢的是他留山的所有铎系师傅和学徒们（铎系师傅们的名字见书中，此不赘述），他们无论多困难，无论多忙，只要我们需要，他们总是毫不犹豫地放下手中的活计走十几里的山路赶来。其间也得到了各级领导的关怀支持，以及广大他留山村民老乡的全力支持与协助。在此期间，老铎系蓝新发，八十多岁高龄的蓝绍章，王云德，以及德高望重的蓝绍吉老爷子，相继辞世，他留文字、他留文化事业遭受了巨大的损失。本书也利用了早年辞世的老铎系陈光明、陈文明、海政刚、海政华等人的材料，也大量吸收了蓝绍吉、蓝金成、陈正华、蓝文华等老一辈关于他留文化的材料和说法，他们是第一代研究他留文化的人，在此谨表至诚感谢。毫无疑问，这是一部集体著作，是集体心血和智慧的结晶。毫无疑问，这是一部厚积薄发，在充分吸收利用两三代人数十年他留文化研究累积的资料菁华的基础上诞生的著作。

文字是一个民族跨入文明社会的标志，以往我们对"他留文字"的认识是极为肤浅和幼稚的，对于我们而言它太普通、太平常了，以至于"熟视无睹"，不就是丧事场中的那么几个"图画符号""象形符号"吗？直到2001年7月，张顺彩老师第一个发现并提出他留文字的概念，写了《六德发现他留人图画文字》一文在《永胜报》上发表，才引起了我们的重视。后来，南开大学博士、云南民族大学教授周德才在他的专著《他留话研究》里列举了铎系符号文字。2010年，中央民族大学的黄建明教授及他的学生、后来在云南民族大学工作的王海滨博士前来他留山，在他留坟林管理站，将老铎系们书写的一些文字符号带走，现保存在中央民族大学中国少数民族古文字研究所的博物馆里。2013年至2014年，我们争取到县民族宗教事务委员会的支持，整理、翻译、摄制并内部发行了《云南省少数民族文化保护抢救项目——他留人铎系唱经文字初选本》的光碟和小册子，收录主要铎系文字80个。2015年，王海滨博士带着他的学生再次前来他留山考查他留文字，后来在《民族语文》等国家社会科学刊物上发表了相关学术论文。2016年3月初，中国社会科学院民族学与人类学研究所的木仕华教授前来，对他留文字做了初步的录音录像。木教授有意做进一步的研究。

截至目前，对他留文字研究最透彻、最深入的人是清华的赵丽明教授。她深厚广博的学识学术修养，严谨务实、艰苦朴素、虚怀若谷、孜孜不倦的作风，使我们深为敬佩和感动。我永远难忘，陪伴患有严重骨关节炎、腰椎间盘病和哮喘，连爬楼都困难的赵丽明教授一同坐着小型农用车，走在颠簸不堪的小路上，翻山越岭、进村入户，赶去参加他留老乡的葬礼，去亲自体会和拍摄记录他留铎系文字使用的现场的经历。刚认识不久，赵丽明教授就果断地将他留文字抢救与整理、研究列入了由她担任首席专家的、清华大学牵头的国家重大社科项目"中国西南地区濒危文字抢救、整理与研究"，使之成为其中的十几个子项目之一。虽然项目经费十分有限，但赵教授依然诚恳邀请我们参加，这是他留的大幸，也是我们的大幸。赵丽明教授治学十分严谨规范，重视学术传统、学术品质，也十分重视第一手田野调查材料。为了充分鼓励我们最基层的农村少数民族文化工作者做好本民族、本地方的民族文化研究工作，她特别邀请我们（简良开、蓝绍增、杨如刚）参加了2011年5月的清华大学百年校庆活动之一"清华百年——西南地区濒危文字文献展暨研讨会"。在清华大学老图书馆讲堂，我们带上铎系师傅们写的文字图符，与其他参会的各民族同人一道，现场展示讲解了他留文字和他留文化。从他留山田野走进清华大学讲堂，我们倍感荣幸之余，也深感他留文字至为宝贵，深感他留文字、他留文化的研究任重而道远，时间很紧迫，还需付出艰苦努力。

本书是第一部系统整理研究他留铎系文字的专著，作为编著者之一，本人不揣冒昧地说，时间将证明这将是一部光辉的经典著作。它极大地将他留文化深厚的底蕴和内涵展现出来，将有利于他留文化的发掘、保护、传承、研究、弘扬和开发利用，也将能极大地激发他留人的自豪感、自信心、凝聚力和创造力。

"象形性""图画符号性"是他留铎系文字的特色。文字是"记录语言的书面载体"。铎系文字虽然一个符号记录了一大串有"情节"的"故事"，但却无法把几个符号串联起来明确表达一句话，就如"我是他留人"这样一句简单的话也不能一个字一个词地来记录表达，或者是一个音节一个音节地来记录表达，从这个意义而言，铎系符号似乎是无法被称为"文字"的。汉许慎《〈说文解字〉叙》："盖依类象形，故谓之文；其后形声相益，即谓之字。"按，依类象形，即独体，为文；形声相益，即合体，为字。按这一标准，铎系文字"依类象形"确乎是可以被称为"文"的，而"文"当是最早的文字形式。与成系统的图画或象形文字不同的是，铎系文字至今还停留在单个的图画性上，不能完整记录语言，此则更显出铎系文字的原始性。

铎系文字来源于生产生活，和他留人的生产生活息息相关，铎系文字运用于十分具体的实际场合，有具体明确的指向性。铎系师傅们很少受到正规的学校教育，有的人甚至不认识汉字，当然也无从谈起"绘画"或"美术"教育，全凭师传随手写画。虽然近几年，我们做了一些统一各位铎系师傅写画铎系文字的工作，但收效甚微，同一个文字，不同的铎系师傅写出来，"样子"有时差别很大，或许这正是铎系文字的个性之一，即"铎系文字"是深富书写者个人魅力的文字。如同他留话的表达十分重视具体对象、具体情境一样，铎系文字的书写和运用可谓是"实打实的"。例如粑粑节上用的"字觉"这一个铎系文字，是用木片雕刻为一只飞鸟，再用墨汁或火炭沿着雕边画出鸟形，而铎系师傅们忙的时候，就不画（写）了，因为雕好的木片已经达到了这一文字使用的效果了。以此类推，在丧事上很多使用到的树木等器物，由于它们已到现场了，铎系师傅虽然唱到，但却没有必要再画（写）出来了，因为铎系文字起到帮助记忆和提示长的铎系唱经内容的重要作用，所以现场有实物摆在那里时就不再需要铎系文字来帮助记忆和提示了。例如粑粑节上"尼助姐坝腊"（给鬼神盛食的木盘）已做好在那里，铎系师傅就不用再画（写）出来了。正如已故他留老前辈蓝绍吉所说："铎系文字还很多，只是运用的时候不全写出来而已，要写的话还可以写出来很多。"

鉴于本人知识水平十分有限，难免谬误，在此不再多谈"铎系文字"以及其不凡的价值和意义了，本书自会给大家答案。当然本书内容更多地显现出首次较全面推介的性质，铎系文字的研究还有更广博、更深厚、更细致的领域，期待后来的学者们完成。成书期间，有个小插曲不可不讲。2012年2月，我们在双河二村蓝绍增家整理研究铎系文字，某天上午，我和赵丽明教授去了榨叶桥他留老乡的葬礼现场采访，王云德老铎系师傅突然晕死了过去，呼吸停止了近五分钟，好在清华研究生张雪梅和蓝绍增学过急救，两人赶紧做人工呼吸，其他铎系师傅们帮忙抢救，终于把他从死亡边缘救了回来他躲过一劫，至2016年4月离世，这为铎系文献的整理赢得了五年的宝贵光阴。

另外，我们尤其应该感谢的是赵丽明教授，没有她的到来，就没有这个项目，没有这本书。她拖着高龄病痛的身体一丝不苟地做着这个庞大的学术项目，在西南的崇山峻岭和高寒贫困民族地区艰苦跋涉，来来往往，付出了常人难以想象的努力，克服了出版过程中的各种困难。赵教授不仅耐心指导项目课题，还亲自采访、记录、拍摄，与大家一同整理分析资料到深夜。此外，也特别要诚挚感谢赵丽明教授带来的梁静远、李居政等清华同学（虽然有的同学没有能全程参与完成项目），正是他们的不懈努力此书才得以完成。此书的部分章节也是在赵教授的指导下，由他们收集整理资料并亲自执笔起稿。他们实习和实地调查的视角是本书的一大特色，而本书也是他们调查实践的一个成果，并且获得了清华大学大学生科研特等奖！而他们朴实谦逊的作风，令在场者无不动容。

最后，我们十分有必要对一些长期以来支持关心他留文化事业的各族领导和学者道一声感谢，没有他们的大力支持，他留文化走不到今天，他留铎系文字的研究也做不到今天的程度。他们是：王金龙、蓝金成、蓝金红、蓝金武、海永发、李发岁、关永明、杨学文、唐以明、简良开、张顺彩、蓝绍开、苏学武、罗万学、李发天、子伟梅、黄学清、杨树昌、陈绍平、谭映斌等人，恕不一一列举。因而本书也是一份见证民族团结、共促学术文化发展繁荣的礼单。

杨如刚

2016年9月8日

第一章
他留人概况

他留人简介

（一）自然地理

云南省丽江市永胜县地处长江上游，云南省西北部，滇西北高原与横断山脉交接地带，东离四川省攀枝花市174千米，南距大理市199千米，西到丽江古城103千米，东南至昆明市516千米。地势东北高，西南低。山系自北向南，整体外貌宛如等腰三角形。其边界，傍金沙江东北岸，东接华坪，南接宾川，西与丽江、鹤庆隔江相望，北与宁蒗小凉山山水相连。全县面积为4952平方千米，东西直距92千米，南北长距140千米，最高海拔3963.5米，最低海拔1056米。下辖9镇6乡，分别为：永北镇、仁和镇、期纳镇、程海镇、三川镇、顺州镇、片角镇、涛源镇、鲁地拉镇、羊坪彝族乡、六德傈僳族彝族乡、东山傈僳族彝族乡、光华傈僳族彝族乡、松坪傈僳族彝族乡、大安彝族纳西族乡。居住有彝族、白族、傣族、壮族、苗族、回族、傈僳族、拉祜族、佤族、纳西族、瑶族、藏族、景颇族、布朗族、布依族、阿昌族、哈尼族、锡伯族、普米族、蒙古族、怒族、基诺族、德昂族、水族、满族、独龙族等少数民族。人口40.42万人（2021年）。

他留人是彝族的一支，集中分布在位于六德乡川缅公路丽攀线西北部的他留山区（东经101°，北纬26°33'，距永胜县城45千米，直距18.9千米）。六德傈僳族彝族乡幅员330.8平方千米，境内峰峦迭嶂，横亘连绵，地形以河谷、山地为主，全乡辖8个村民委员会，其中他留人居聚的有4个，又以双河、营山、玉水3个村委会尤为集中。他留山位于他留河上游两岸，高山深谷交错，有河谷区、半山区、山区，统称他留河流域，总面积150平方千米，海拔1500米至2360米，呈温带大陆性气候至寒温带气候阶梯分布，峰峦连绵，森林草场资源丰富，生态环境较好。他留河奔流不息，发源于全县最高的山峰他尔波忍峰（原名他鲁补子山，意为他留人的放羊山，海拔3963米），自北而南向东注入金沙江，丰水年平均流量10.1立方米每秒，为村寨提供了充足的灌溉、饮用、洗浴等生产生活用水，上游有两个天然龙潭，千年古树与优质山泉相映成趣，且水量和落差巨大，二十世纪七十年代建有乡属集体所有制企业双河电厂，现建有6座小型梯级水电站，年发电量为450万千瓦时。他留人多为聚居，其中杂居有少数汉族，总体上汉族、他留人、傈僳族、小凉山彝族居民由低往高呈阶梯状分布居住。

秀丽的他留山风光

（二）永胜文化背景

他留人聚居的永胜地区古称"北胜"，地处滇西北中部、金沙江中上游，历史上辖区范围大致包括今华坪、宁蒗等县地，"界滇跨蜀"，历史悠久，人文丰厚。早在先秦时期，永胜就开始与先进中原文化发生接触，既是民族迁徙的走廊，又是"西南丝绸之路"和茶马古道的关津道口，是四川腹地通往滇西北乃至出境的必经之地，被称为"云南北门，北国胜门"，在冷兵器时期，是兵家必争之地。

明洪武十五年（1382）后，云南虽归入明王朝版图，但各地土酋初归，反叛事件时有发生，各地各族之间也时常发生争夺地域的战斗，威胁明政府统治。基于此般紧迫态势，明太祖朱元璋调云南中卫于北胜州，置"澜沧卫"，寓兵于农，屯田戍边，巩固边防，在一定程度上影响了当地世袭制土酋统领地方的传统与状况。明代以前，云南境内的汉族大都融合于少数民族之中，自明朝以来，先后迁来云南的汉族人口总数远超过当时云南境内人口最多的少数民族，移民屯田而来的汉族世代与当地少数民族朝夕相处，促进了生产技术和边疆文明的发展，形成了独具特色的"边屯文化"，也称"屯边文化"。

所谓"边屯文化"是政府推行"寓兵于农，屯民实边，屯边戍垦"政策的产物，主要指以中原汉文化为核心，以边地土司文化为依托，融汇当地各少数民族文化，又具有典型的屯垦戍边特点的文化现象。边屯文化在其发展与传承的过程中，因文化交流、民族融合的推动，一般都具有多元的色彩，文化本身具有开放性和包容性等特点。"洪武调卫"从根本上改变了永胜的民族结构，中原汉民与当地居民在经济、技术、思想、文化上的大融合，以及屯田制度的全面实施都促进了永胜社会经济文化的发展。永胜不仅以"鱼米之乡"享誉滇西北，而且成为独具特色的边屯文化县。

（三）他留人

他留人，1954年国家民族识别时归为彝族支系，主要居住在云南省丽江市永胜县六德傈僳族彝族乡的双河、营山、玉水三个村委会及附近的村寨里，共4500余人。多聚居，其中杂居有少数汉族。由"王、蓝、陈、海、罗、熊、段、邱、杨"九姓组成，其中"王、蓝、陈、海"是四大姓，占总人口的90%以上。

他留人有自己独特的民族服饰，一般是用他留山中特有的草本植物"火草"的植物纤维和家种的火麻、苎麻一起织成的布料制作的，被称为"火草衣、麻布裙"。解放前，他留人在幼年时期，无论男女均着由火草和苎麻布织成的长衫，下身不着裤子。到了十二三岁左右，他留少女会穿上白色的百褶裙，带着圆形的帽子（称"凉凉帽"），十六七岁成人礼过完七关后，少女便换白裙为黑色百褶裙，"凉凉帽"也换为盖头布。男孩的服装就相对简单很多，基本形制为长衫长裤，成丁礼后也只需打上套头即可。

他留人以他留米为主食，兼食糯米、杂粮。他留米是他留人培育的比较古老的稻谷品种，是当地有名的土特产。常食用的蔬菜有大青菜、白菜、韭菜、西葫芦、土豆、萝卜等。主要经济作物为黄豆和向日葵。主要调味佐料有辣椒、葱、花椒、樟木籽等。通常食用的家禽家畜有鸡、猪、羊、牛等。他留乌骨鸡、他留黑山羊、他留梨是当地著名特产，也是他留人待客必备的肉食和水果。古代他留人喜食他留河里的细嫩鱼、花鳅鱼等，这些现在已十分稀少珍贵。他留人善饮，酒是日常生活、祭祖、节日和婚丧嫁娶、招待朋友的必备品。他留人每天早晨必饮早茶，这种茶的制作方法是：先将米放入茶罐炒至黄熟，放入适量砖茶微炒，倒进开水，用筷子蘸点盐搅拌，烧沸，最后篦出茶水饮用，有时还可以加入炒熟的核桃粉、苏麻粉作调料，这称为清茶；在茶罐中先放入猪油或羊油、牛油制作的叫油茶；既不放油也不放米，仅只在茶罐中放砖茶和盐制作的是苦茶，老年人尤为喜欢。他留人的另一种特色食品是他留粑粑。无论是日常生活，还是在祭祀、节日等重大仪式上，他留粑粑都是必不可少的食品。他留粑粑按原料可以分为糍粑（糯米制作）和饵块（他留米作）两种，有时他留人还会用麦面、玉米面等做成粑粑食用。根据用途的不同，他留粑粑的形状、大小、每盒的数量也各不相同。他留粑粑润滑可口，保存时间长，可煎、烤、烧、炒、煮食，是深受他留人喜爱的传统食品。

他留人共通的语言为他留话，属于藏缅语族彝语支，几乎没有方言的差别，语言内部一致。虽是彝族支系，但语言与小凉山彝族并不相通，他留人在与外界交往的时候，均使用六德乡的云南汉语方言。在永胜县的九个彝族支系中，崀峨、他留、纳咱、他谷四个支系彼此会话基本畅通。他留

错落的他留人家

访谈边屯文化研究者简良开老师

庆典活动中吹奏葫芦笙的他留男子

他留妇女在纺线车上纺线

话细腻、委婉，具有词汇丰富、古今兼用、一物多称、一语多义、一词多用的特点，表达时谦虚、恭敬、无秽语。他留缺乏通用的本民族文字，族内通用汉字，但存在少数祭司——铎系使用的"他留图符"，仅出现在丧葬仪式、祭祀场合和驱鬼敬神的道场上，主要起到提示吟唱经文的作用，具备一定程度的文字功能，但字符不能连接成句子使用。

他留坟林也叫他留大碑林，正式名称为营盘村古墓群，位于双河、营山、玉水三个村委会交界处，二村柱山西侧，占地0.5平方千米，是他留人丧葬文化和珍贵的历史文物的集中展示。坟林保护区篱笆以内有6374家，其中碑刻完好的有3000座，有碑文的占45%以上。时间跨度为明万历年间至民国时期，尤以王、蓝、陈、海四姓坟墓居多，以王姓墓葬为中心分布，规模壮观。墓碑主要分为四种制式：比较矮小的土洞碑以及独石碑、落地碑、进深碑，多为夫妻合葬。碑刻的图案多为中原文化中的吉祥图案，如"麒麟""喜鹊登梅"等，甚至还有反映道家文化的阴阳鱼。碑刻上记录墓主人姓名信息的文字是用汉字写出的他留话直接音译过来的文字，体现了他留民族文化与汉文化的交融。从墓碑造型和镌刻艺术看，大体可分为五个阶段。明中叶至清初为第一阶段，碑形单一、原始，图案粗犷且较少，公认现存最早的有文字和图案的一座为明中叶的断（段）公墓；康熙三十年（1691）后至雍正年间为第二阶段，碑形趋于复杂，图案简朴，镌刻线条总体浅显；乾隆年间为第三阶段，碑形完备，造型美观，雕刻精细；道光年间为第四阶段，小巧别致，数量最多，而且出现家谱式碑文，是碑林文化的一个高峰；光绪年间至民国年间为第五阶段，墓碑普遍增大，格式复杂，少数有纹堂石和墓志。由此可知，他留人吸纳使用汉文化，政治、经济、文化发展几乎与当地汉族同步。他留坟林规模壮观，造型典雅，镌刻精美，具有极高的艺术价值和研究价值，被誉为"民族文化瑰宝，夷（他留）汉融合结晶"，1998年被列为云南省重点文物保护单位，2006年6月被列为全国重点文物保护单位。

他留人的婚恋风俗独特，少男少女要经历"过七关"的成人礼锻炼，才可得自由选择对象的权利，才可随意地"串姑娘房"谈恋爱。确定恋爱关系后，举行订婚礼。他留人重视订婚甚至超过了真正的婚礼，认为这一仪式的举行便意味着夫妻关系的确立，男方便可住在女方的姑娘房中。他留人实行一夫一妻制，父系家庭制，由儿子继承财产和姓氏。日常生活中，男女地位较为平等，共同当家、共同劳动、共同协商解决家庭事务，家中经济可由主妇掌管亦可由丈夫主管。家庭成员之间讲究尊老爱幼，团结和睦，一定程度受到中原儒家文化的影响。女儿在他留人的眼中是十分宝贵的，被视为家中的一枝花，要把全家最好的被褥拿给她在姑娘房里用；招赘女婿及养子视如亲生儿子，享有平等的财产继承权，无丝毫生分。女儿出嫁到贫寒家庭，父母甚至会分予她一定的财产。进门媳妇完全被视为"自家人"，在公婆眼里高于嫁出的女儿，是家庭中真正的女主人。三代同堂、四代同堂的大家庭会受到社会的赞誉。一般家庭，长子结婚后会分家单过，另立门户。分家时

他留坟林

他留坟林碑刻的阴阳鱼图案

房屋、土地、牲畜等财产平分，通常情况是老屋归幼子，父母与幼子一起生活，但也可由兄弟协商赡养。父母年老时则让他（她）单独住一间房子，单独砌个火塘，让他（她）自己做饭吃，自行生活得方便。家庭成员男女分工会有不同，如：犁田使牛、春墙树柱、赶马捆驮、杀猪宰羊、打谷子、打石头等重活为男人做，织麻布、打粑粑、找松毛、插秧、割谷子、带小孩、做针线、做饭、洗衣服等则由女人做，但忙的时候或劳动力不够时可以互相帮忙，一同劳作，男人也可背着娃娃赶集、访友、做活、打跳。对外社会交往和祭祀活动主要由男人负责。然而，在神灵祭祀等场合，对于女人的差别对待依然存在。旧时，女人（除小孩外）不许进大德寺正殿佛堂，不许进堂屋，在堂屋祭祀祖先和其他神灵时也不允许女人（除小孩外）参加，主要是认为女人有不洁，会冲犯佛祖和神灵。

古时的他留人以十二生肖记日，计算日子的属相与汉族农历属相相同。这种历法有以下禁忌：属牛的日子不能铲牛棚的牛粪，不能杀牛；属鸡的日子不能杀鸡，不能卖鸡；属蛇或属猪的日子不能买卖牲畜，不能埋葬家中去世的亲人；属马的日子不能为属马的人送葬等。其他属相依此类推。

他留人的取名也十分有趣，在他们一生的不同阶段可以有不同的名字，作为一种身份的标志。主要有家族名、排行名、乳名、学名、标志名等。家族名又有"姓氏家族名"和"家支家族名"之分。姓氏家族名，如海姓称为"阿刷"。各家支的名字有糯米、南瓜、豆腐、水牛、黄牛、鸡、鸭梨、刀、耙、玉匠、油匠、皮匠、布客、水、次龙、不吃茶等。"排行名"则是根据排行的命名，他留每个小孩从出生到取乳名前都使用排行名。如果排行名叫着顺口，就不再取乳名，而是一直用到为人父母时。但不同于汉族按出生顺序男女混合排行的方式，他留人的排行是男女分开的。若其中一个孩子夭折，后面出生的依然按出生顺序取名，不会顶替死去孩子的排行。男孩的老大叫"故的"，老二叫"故只"；女孩的老大叫"刷姿"，老二叫"刷只"。从第三个孩子开始，孩子的排行名依次为：把、措、萨（岔）、巧、惜、喝、吕（古）。"吕"在他留话中是末尾的意思。一般家庭的孩子最多取到"吕"，也就是老九。如果还有老十的话，那么取名时就折回，从头再开始，或是取其他的名字。也有排行名只取到老八就折回重新取名的情况。他留人的乳名是在排行名使用不顺、小孩十分哭闹或者得了疾病的情况下，才会另外再取。女孩的乳名一般是由外婆家给取，男孩的则由祖父家给取。但有时也会在农历初一或十五的早晨，向某个特定的别家人要个名字。取乳名十分有讲究，男孩的乳名一般取诗、保、斤、家，女孩的名字一般取娣、嫦等。如果小孩出生时，他的爷爷奶奶是四十几岁的话，孩子的乳名就取为"四诗"；若爷爷奶奶是五十几岁，孩子就叫"五诗"。如果是向海姓人要的名字，男孩子的乳名就叫"海保"或"海家"，女孩子的乳名就叫"海娣"或"海嫦""阿陈"等。也有的以出生时的体重来取名，如"四斤""六斤"等。他留人结婚后有了小孩，就会取一个标志名，作为自己已经为人父母的标志。他留人的标志名是根据第一个孩子的名字来取的，如果第一个孩子叫蓝娣，那么父亲的标志名就叫蓝娣伯，母亲叫蓝娣嫫。有了标志名，乳名就不再使用。

他留人能歌善舞，保留有许多自古相传的音乐和舞蹈。音乐类型根据演奏乐器划分主要有：小三弦音乐、葫芦笙音乐、口弦音乐、笛子音乐、唢呐音乐等，主要曲调有《蜜蜂过江》《蜜蜂扇翅》《娱乐调》《散心调》《高山调》《放羊调》《迎客调》《过山调》等。现存舞蹈共计有13套,主要是合脚跳、忙跳、慢跳、龙摆跳、果多切舞等。他留人的舞蹈含蓄地、艺术地反映了他留人迁徙、征战、狩猎、放牧、修渠、薅锄、收割等生产生活场景。民歌、山歌主要有《高山调》《采花调》《赶马调》《哎嗨哟调》《放牧调》《细述皮》《啊寿曲》等。

除音乐舞蹈这类艺术形式以外,他留人还创造了种类数量繁多、内容丰富生动、形象极为丰满的民间口头文学,包括神话、传说、故事、古歌、史诗、祭献辞、谚语、谜语等,主要有《造天地日月》《洪水冲天》《兄妹成亲》等创世神话和《亚邪务义》《就洞格务义》,以及铎系、尼卜唱经,等等。

(四)沿革历史

他留人的名称来自于他留话中的"他鲁苏",其意义说法不一,有人认为意为"外路人",是指在过着游耕生活,随畜迁徙,居无定所的人群。对于现有他留人的来历,主要有三种说法:"洪武调卫"说;"土练演变"说;洪武调卫与土练结合说。

"洪武调卫"说。他留人自称是明朝洪武年间从中原调卫而来的一支军户的后裔。明朝洪武十四年(1381),开国皇帝朱元璋派大将傅友德、沐英、蓝玉率大军击败盘踞云南的残元梁王,将云南纳入大明王朝版图,为稳定和强化对云南的统治,将大批中原汉族将士迁移驻居云南边疆,实行"设卫置屯、寓兵于农、屯田实边"政策,这就是云南历史上影响深远的"洪武调卫"。调卫规模之大为世所罕见,有学者统计,到明代后期,汉族移民的总数"已达300万左右"。洪武二十九年(1396)明王朝在今天的永胜设澜沧卫军民指挥使司(简称澜沧卫)。据万历《云南通志》卷七《兵食志·澜沧卫》记载,当时调入澜沧卫参加军屯的人员共有"三分马步旗军三百九十五名,七分屯田军一千一百二十六名,舍丁一千二百二十一名,军余六千二百六十二名"。加上指挥使、指

他留男子在吹唢呐

热情的他留歌舞

挥同知、指挥佥事、经历、知事、镇抚、千户、百户、仓大使等军官，总数约一万人。军官职田6223.5亩，士兵屯田35539.16亩。这是历史上有明确史料记载的丽江市地域规模最大的一次汉族移民，这些汉族移民在军事组织的庇护下，基本上都在水源、土壤、气候、交通条件较好的坝区和河谷地区驻扎下来，实行屯田实边，拓土躬耕。按照当时明王朝的军屯政策，这些军人鲜有人能返回原籍。随着时间推移，这些人的后裔在广袤的土地上繁衍生息，扩张开来。军屯移民，部分人携带有家眷，是携家带口举家迁移前来，部分人则是独身的青壮年男子，按照"男大当婚""不孝有三，无后为大"的传统，这部分军人就在身边的当地少数民族女性中寻求结婚的伴侣组建家庭，然后生儿育女、传宗接代，客观上促进了民族融合。这些男人占有军人和屯垦的政策优势和经济优势，虽然不一定识字却有来自中原汉族地区的技术和文化的优势，较易俘获当地女子芳心。这也就是在永胜、滇西北地区甚至云南的很多地区广为流传的"夷娘汉老子"的由来。这种说法可以在部分他留碑刻上找到证据，据他留坟林碑文记载，这部分军民主要来自"湖广、江西、三淮"等地。有学者认为通过婚姻关系，部分调卫将士融入他留部落也是极其自然的事情。

"土练演变"说则为他留人的当地原生性提供了解释和支持。这种说法认为，他留人多是由一支名为"他鲁苏"的土练演变而来。永胜在历史上曾是施蛮和顺蛮所居地，施顺部落是古氏羌人的一支后裔，唐宋时称乌蛮之别种，元明清时称罗罗、倮罗、阿裸、腊罗。中华人民共和国建立后在民族划分时归为彝族支系（许多学者认为，施顺二部落为傈僳族前身，也有学者认为施蛮为傈僳族前身，顺蛮为彝族前身）。永胜的彝族支系有9个：他留、纳咱、崀峨、水田、他谷、土家、乡谈、支里、诺苏。其中他留、纳咱、崀峨、水田、他谷、土家、乡谈、支里这8个彝族支系不同于大小凉山的彝族（诺苏），他们通汉语文字，以农业为主，有的兼事畜牧，早在元末明初即进入封建领主经济发展阶段。

元朝末年，永胜（时称北胜）世守、知府高斌祥为维护一方社会稳定，同时也为巩固自己的政治地位，将施蛮之一的游牧部落集中起来，以元代兵制下千户之数360户伍，组建了一支常备武装——亲军，在今永北镇灵源箐口建小吉都兵寨。土司亲军又名土练，他鲁苏是高氏土练的核心力量。据简良开考证，他鲁苏部落从迁徙游牧到定居，从奴隶制到封建制，经历了两大转变。他鲁苏土练在小吉都兵寨经过严格训练，成为一支能征善战的精锐武装，与红巾军作战，立下大功。明初，北胜世守归顺朝廷后，他鲁苏土练相继参与构筑北胜州城和滇西北军事重镇澜沧卫城（今永胜县城）等事务。万历初年，世守高承祖奉朝廷调遣，数次率土练出征作战，屡立战功，两次得万历皇帝钦赐赏银，并被颁给"报国忠贞"匾。当时，他留山（时称营盘）既是茶马古道的重要驿站，又是重要军事据点。高承祖将土练整体移驻营盘，到清朝时他留土练又与朝廷左营步战守兵一道驻守，实行屯垦，并将营盘扩为兵寨，"数年后化为农桑"。然而不幸的是清咸同年间他留城堡毁于战火，目前仅有城堡的遗址残留在他留山中。

他留土练兴于元末，随着世守高氏的兴盛而兴盛，随着他留城堡的消失和高氏的衰落而趋于向当地民间团练转化。他留人的尚武传统和团练传统一直沿袭下来，清末至民国一直是永胜抗击凉山黑彝奴隶主武装（盘匪）的一支重要力量。解放战争中，杨枝藩率领的以他留团练为核心的地方武装是解放永胜县城的主要力量之一。他留人在进入小吉都兵寨时开始接受汉文化,在明初参与兴建北胜州城和澜沧卫城期间,与中原汉人接触、相处、融合,为后来兴建他留城堡和坟山碑林积淀了极为丰富的文化底蕴。高斗光率他留人建城堡时又请了汉族文人学士和工程技术人员。

"洪武调卫与土练结合"说则是对前两者的结合,认为现在的他留人是由两部分组成,一部分是明朝洪武调卫而来的中原汉族将士,据他留坟林碑文记载有"江西""湖广""三淮"等地人,另一部分(大部分)便是当地的土练。这种说法得到了他留学者和当地居民比较普遍的认可。

三种说法解释的是他留人的沿革历史,但都不同程度地反映出了他留人与中原汉族之间紧密的联系。他留人长期与汉民族相处、融合,接受汉文化,并将之与当地文化有机结合起来,创造出辉煌的历史和灿烂的民族文化。同时,保留了一个相对独立的社会群体,基本生活方式和民风民俗仍保持着较为原始的民俗社会(以小型部落封闭、不够开化等为基本特征的社会形态)特征,直到1949年前。

(五)宗教信仰

他留人的宗教信仰复杂,融合了他留人和汉族的传统思想,具体可分为鬼神崇拜、祖先崇拜等原始宗教信仰和道教、佛教信仰。他留人原始宗教信仰的传承者是铎系(祭司)和尼卜(巫师),铎系唱经和尼卜唱经代代口传心授,铎系、尼卜依据它施行完成各种仪式。铎系、尼卜唱经不仅仅包含祭献辞,还包含了天文、历法、历史、地理、医药,以及生产生活的各种知识,内容极为丰富,可以说是一部他留人的古代百科全书。铎系和尼卜在主持各种仪式的场合也同时将这些知识进行吟唱传播,这成为他留人原始宗教信仰中一个很大的特色。

1. 鬼神崇拜

他留人有鬼的概念,认为各种不好的现象,如下冰雹、吵架等都是鬼在作祟,他们认为除了神以外的各种超自然力量都是鬼。这些鬼一般没有来源,通常也没有完整的形象,只是他留人观念中的一种超自然存在,但是它的影响力或者说破坏力却十分巨大。一旦有人生病或发生自然灾害,如果经占卜确认是鬼在作祟,就要请尼卜来驱鬼。在他留人的信仰中,有一种带初步形象的鬼(如老变婆,它长着一对棒状的乳房和满头白发),这种鬼的力量不如前面提到的鬼的力量大,人只要注意到了,凭自己的力量就完全可以战胜它(如:对老变婆,人只要向它吹气或制造出巨大的声响就可以将其赶跑)。还有一些驱鬼避鬼的方法,例如:妇女背小孩行走,在背带外面别几棵刺或一把剪刀就可以避野鬼;外出或野外睡觉,只要把胸前扣子全解开,然后用木工墨斗在周围弹上墨线,就可以避独脚鬼或野鬼等。

2. 自然崇拜

他留人的自然神崇拜主要有:猎神崇拜、粮神崇拜、财神崇拜、山神崇拜、土地神崇拜、灶神崇拜和动物崇拜等。

（1）猎神崇拜

他留人认为，猎神是由所有被打死的猎物的灵魂形成的。人如果打猎太多，猎神就会使他患病，症状为口吐白沫。出现此种症状需请人占卜，如果是猎神所为，就要请"铎系"来祭祀猎神。具体仪式为：由铎系选择村后较高但无人放牧的山头，带领患者全家人在山头上找一棵小树，树前插三根三叉状的松树枝，上挂一个弓箭，然后在树枝前铺上松针，上放三个用栗树叶子做的杯子，分别盛上酒、茶、米饭，三个杯子前各插一炷香。接着铎系杀死一只大公鸡，烫好后把头、翅反绑在一起献在松针上，边献边唱，大意是：献给你饭、酒、茶和鸡，请你快回去吧，不要到人间乱闯。祭祀完成后，将这只鸡吃掉。家里人从山上到家里都不能讲话，带去的食物吃不完也不能带回家。猎神崇拜体现了他留人对大自然的崇敬以及维护生态平衡的观念。

（2）粮神崇拜

在他留人的传说中，有一天人上山去打猎，一不小心打断了粮神的腿，非常害怕。粮神告诉人，只要在田边祭祀它，就可以免受惩罚。这就是粮神及其祭祀的由来。他留人祭祀粮神的活动一般一年举行两次，每年正月初七在院里肥堆上插上香和松枝，摆上汤圆，烧纸献祭。初七过后，再由妇女到田边，摆上粑粑祭祀。

（3）山神崇拜

他留人的山神可分为"公山神"和"小山神"。"公山神"是指全村人共同祭祀的山神，一般在每年农历六月二十四日以前祭祀，祈求保佑五谷丰登、六畜兴旺。如果村里有瘟疫或其他灾害，经占卜后确定是公山神影响，就由各家凑钱祭祀。"小山神"崇拜是他留人山神崇拜中最有特色的一面，每家都有一名"小山神"，只保佑自己的家人，并不保佑其他人。小山神位一般安放在各户的房屋后面。他留人结婚生子分户后，建房屋，房屋建好后，在后面找一棵树，在树下建小山神位。先从分家前原来的老屋中取一块锅庄石和一块原来老屋后山神位上的石头来，建一个新的小山神位，表示小山神分家。由铎系用五片石头垒起山神位，前立锅庄石，然后铎系再将一只大公鸡杀死，取出内脏，洗净后放回鸡腹中，头、翅反绑摆在山神位前，与祭猎神时相似，这样小山神就安放好了。平时无事并不祭它，只有在大年三十晚上，在山神位前杀鸡烧纸祭祀。但是当家中有突发事件，占卜到为小山神所为时，则立即举行祭祀。家中进财添喜时，如产下骡马幼崽等，许愿和还愿一般也要祭祀，祭祀过程同三十晚上差不多。小山神在他留人心中，不只是简单的山神，而是他们最为亲切的寄托，除了具备保护神功能外，它还涵盖了汉族家中"财神"崇拜的某些职能，也含有树神崇拜的意义。

（4）土地神崇拜

土地神崇拜在他留人中相当普遍，多数时候土地神的职责与山神相同。1949年以前，他留四大姓（即王、蓝、陈、海）过宗支节时都要先祭祀土地。"文革"前，他留山区多有土地庙，香火极盛。土地神崇拜现在已没有专门的仪式，但观念还是深入人心的。

（5）灶神崇拜

灶神是他留人必须祭祀的神之一，几乎每家堂屋神位上都有它的位子。其灶神信仰与汉族大致相同，即期望家族丰衣足食、平安幸福、年年有余。

（6）动物崇拜

他留人的动物崇拜，最典型的形象是猴子。铎系唱经对铎系来源有详细叙述：猴子比人聪明，铎系是猴子教出来的。而铎系在他留人中享有极高的地位，因而猴子备受人尊敬和宠爱。在他留人关于人类起源的传说中，人最早是由猴子褪掉毛后变成的。在他留坟林里，镌刻有猴子图案的墓碑多是铎系墓，就是说只有铎系死后才享有这一荣誉，可见猴子在他留人心目中的地位。

3．祖先崇拜

他留人祖先崇拜（或者说祖灵崇拜）的意识十分强烈。他们认为：人死后灵魂虽与肉体相分离，但灵魂不灭，亡灵变成鬼魂独立存在。与肉体分离的灵魂虽然生活在另一个世界里，但仍然与活人或自己的氏族、家庭保有某种联系，它可以在暗中保护或监视着自己的亲人，同时参与亲人及家庭的某些活动。对祖先的崇拜是他留民众宗教意识的核心，深深地影响着社会生活的诸多方面。

他留人将自家住房正房中间的一间设为堂屋供奉祖先的牌位，称为"中堂供祭"，这是一种受到汉文化影响的供祖形式。中间供祭的是天地君（国）亲师神位，旁边依次放有历代的祖先牌位。

他留人祭祀祖先的牌位

平时堂屋的门紧锁，无大事不能轻易进入。

在他留人的灶房里还存在着供奉祖先的形式，叫做"娃大尼"，是他留人最初供奉祖先的形式，有着十分长久的历史。在炕床上方的墙上挖一个土洞，用栗枝、竹壳等扎成一束，靠在墙上供奉去世三代以内的祖先。还必须为祖先准备特定的篮子，篮子里放上各自的木碗、木盅等，供祭的酒和茶，以及汤圆等食物都须放在各自的食具中。当第三代去世时，便将第一代的用具换下，拿到祖坟上焚烧，然后为第三代换上新的用具。每年六月二十三日、二十四日粑粑节或者春节时，都要将栗枝、竹壳等扎成一束的供祭牌位更换成新的并进行祭拜。在炕床上方的火塘周围为家中的长辈留出最好的位置，以示孝意，待老者死后，后人一般不能坐其位。他留人对于祖先亡灵的崇拜从他们隆重的丧葬仪式中可以略见一斑，他留人的丧葬仪式是所有人生礼仪中最隆重的，婚姻礼及成年礼在仪式的各个方面都不能与之相比。最隆重的传统节日粑粑节的主要内容和仪式也都是源自祭祖。在日常生活中有许多行为上的禁忌，这些行为被认为是对祖先的大不敬，因而会引起祖宗的不悦，导致疾病或灾祸。相反，家庭幸福、五谷丰登、六畜兴旺、发财致富、事业有成等则被认为是祖宗保佑的结果。从他留人日常生活的许多细微小事上都可以看出对祖宗的敬畏和信仰的虔诚程度。祖先崇拜成为了他留人民族文化的核心和主线之一。

4. 道教信仰

受到汉族文化的影响，他留人的信仰中存在着较为广泛的道教信仰的因素。从他们崇拜灶神、太上老君等道教的神祇，他留坟林陵墓上多雕刻阴阳鱼图案并有"阴阳术正"的题刻，在旧时举办大德寺庙会等重大庆典时还请来端公（也叫高公、斋公，为民间道士、方士、术士一类）"打醋汤"、作法场等活动，都体现了他留人的道教信仰。他留坟林里出现的阴阳鱼图案与中原道教的阴阳鱼图案仍存在一定区别，例如他留碑刻上的阴阳鱼会把鱼鳃、鱼尾都精细地画出来，形象更加具体逼真，较之中原道教中抽象化的鱼的形象，具有地方民族特色。

5. 佛教信仰

国家级文物单位他留古城堡遗址中的他留大德寺体现了他留人宗教信仰中重要的一部分——佛教信仰。他留大德寺始建于明代中叶，清咸丰年间毁于战火，连同他留古城堡被一并烧毁，现存建筑为光绪十二年（1886）二月重建，土木结构，清代建筑风格，大德寺哈弥佛正殿原供哈弥铜佛一尊，高约1米，重约50千克，是一尊手抱婴儿的菩萨形象，底座刻"南岳哈弥佛"字样，惜毁于二十世纪五十年代。据考证，明正德年间，北胜土司高氏修建鸡足山传灯寺，前往移供峨嵋佛像，其中一尊铜佛像滞留他留当地，当地群众及高土司建庙供奉，后来发展为他留大德寺。关于这尊佛像的滞留，一说是遭遇明正德十年（1515）的大地震滞留下来，民众们则更相信是"菩萨自愿留下不走的"，后来就演绎成了"他留"称谓的来历。他留人非常崇信哈弥佛，自视为哈弥弟子，每年的大年初一（春节）都要到大德寺祭佛，耍狮子并将狮子耍出寺门，在此后的一年中才能到其他地方去耍。他留人不定期到大德寺烧香拜佛，还会定期举行盛大的庙会。旧时大德寺由专职的庙祝进

他留大德寺山门

行管理,庙祝由一名终身不婚的他留男子担任,身份类似带发修行的头陀。现由他留坟林管理站工作人员负责管理。

6. 禁忌与避讳

像大多数文化一样,他留文化中有很多自己的禁忌及避讳。例如,农历大年初一,刀、斧头、镰刀都要收起来,放到看不见的地方;在过去一年中向别人借的东西也要在大年初一之前归还;初一至初六不能下地劳动,初七以后(旧时是十五以后)才可以干活。还有许多关于妇女怀孕时的禁忌,如不能摸果树,否则果子就会死掉;也不能摸锅底灰,否则生出的孩子身上就会有黑色的斑块;看见彩虹的时候,只能看不能用手指,若指了,生出的小孩儿会有六指;在喂猪时不能用东西敲猪食槽,或是用刀砍猪食槽和门槛,如果违反,生出的孩子就会变成豁嘴。同时,怀孕妇女的丈夫也有很多禁忌,如不能参加建桥的活动;周围有人去世时,若去帮忙,不能背垒坟的石头,不能挖土,不能抬棺。除此之外,他留人还有很多避邪物和护身符。如:家中有小孩得天花的时候,就在门外插一根柏树枝,用这种方法防止不干净的东西进入,别人看见柏树枝后,也就不会进这家的门;若某人得病久治不愈,或是有人因突发事件受了惊吓,他留人就认为是丢了魂,这时就用黑、白、红三种颜色的几根线编在一起,戴在这个人的脖子上,男子戴九根,女子戴七根,等等。

(六)服饰民居

1. 他留人服饰

他留人有自己独特的民族服饰,是采用他留山中生长的多年生草本植物"火草"和家种的火

火草麻布

他留成年女子着黑色百褶裙

他留成年男女服饰

麻、苎麻织成的，被称为"火草衣、麻布裙"。每年的农历六七月间，火草勃发时，他留人将火草的叶片采来，洗净稍焐，将叶片背面白色的绒层撕下搓成线，连同苎麻纺成的线一起用原始的木制织布机织成布，即为"火草麻布"。火草麻布一般用来做服饰的上装、长衫和未成年少女的裙装。成年他留女性的裙子用火麻或者苎麻纺线织布制成，再用橡树果熬汁染黑，叫做"麻布裙"，裙子仅及膝盖。他留男子戴头巾，叫做"打套头"，成年女子戴头帕，叫"戴盖头布"，头巾和头帕都用黑色棉布（他留人称为"汉布"或者"大布"）做成，并饰以刺绣和彩色丝绦。妇女上装也有用天蓝色或绿色、黑色汉布制作的。他留服饰以黑白两色为主，间有其他颜色。这种火草麻布缝制的衣服结实耐穿、冬暖夏凉。旧时，绝大部分他留人无论男女在幼年时均着一件火草麻布织成的小长衫。现在只有在节日喜庆、婚丧嫁娶等特殊的场合，他留人才会穿戴民族服装。他留女性从小到老至少要有四套衣服：一是童装（"过七关"之前），火草麻布的右衽圆领滚边短衣一件，内衬火草麻布的白色汉布花边裙子一条，腰间系黑底绣花腰带，头饰为绣花头套（圆形帽，又称"凉凉帽"）。二是青年装（"过七关"之后），绿色、蓝色或黑色的汉布或者火草麻布右衽短衣一件，袖口及领口处滚边，黑色麻布的百褶裙一条，头饰为黑色汉布的盖头。这种盖头布最少叠6块，每块布长2.5尺—3尺，宽1尺，一端缝有花边，花边的样式块块不同，摞好后折成三折，用发辫固定，有花边的一端要在头的左侧或右侧。火草麻布腰带对折，系在上衣外。也可穿火草麻布的短衣，佩戴黑色汉布的腰带。三是成年装（礼服），汉布右衽短衣一件，大开领对襟的滚边汉布长装一件，火草麻布的对襟大开领长装一件，黑色麻布的百褶裙一条，穿着时要将汉布长装的花边领和袖口翻盖在火草麻布长装之外，火草麻布腰带系于火草麻布长装上，头戴盖头布，赤脚穿绣花翘尖布鞋，这套服装是他留女青年结婚时的礼服，也是已婚妇女在节庆时穿的盛装。四是丧服，火草麻布的长装反穿在外，盖头布上加盖一块白布，遮住花边，穿丧服时，盖头布有花边的一端应放在后边，而不是左右两侧。他留女装的穿戴顺序是：先穿裙子，然后穿短装、长装，系好腰带，最后戴盖头布。他留妇女的首饰多为银饰。他留男性的服装一般为三套：一是短装，圆领、右衽滚边的火草麻布上衣一件，头缠"套头"。"套头"是一条长为二丈四的黑色汉布带，两端绣有花纹，并且缀有穗子。缠"套头"时，先在头上包好一块毛巾，然后按住带子的一头，按从左到右的逆时针方向绕头缠紧，花纹、穗子要露出来，以起到美观的作用。二是礼装，右衽滚边的火草麻布长装一件，缠套头布，腰间系黑色汉布带。礼装是他留男子结婚、节庆时穿的。三是丧服，火草麻布的孝帽一顶，对襟的火草麻布长袍一件，无纽扣，无腰带。丧服要反穿，而且不能洗涤。

他留人房屋

他留炕床

2. 他留民居

他留人聚族而居，历史上由于经济基础较为雄厚，加之深受汉文化影响，所以自明朝中叶以来，住宅以青瓦白墙的四帖柱、二帖柱土木结构房屋为主（他留古城堡遗迹中大量规则的石基、柱墩石、下水道、瓦砾等可以证明）。这与1949年以前云南许多少数民族都住茅草屋、木楞房有很大不同。住宅基本分正房（设堂屋）、厢房或耳房、对面房、圈房、碓房等。宅基选择背山面河，旁有山泉，地势稳固，通风向阳的地方。样式有"两方两围""两方一照壁""三方一照壁""四合院"等，古代实力雄厚的人家建有"四合五天井"的宽宅大院。相传由于古代朝廷规定他留人的住宅中柱不能超过1.49丈（1丈约合3.33米），因而他留人的

用炕床炒他留米饭

住宅楼很低，间较阔，显出低楼宽宅的特点。正房一般顺深3.6丈，进深1.86丈，间阔1.2丈。现在则没有这样的限制，中柱最高可突破2丈。

他留人住宅正房中间一间一般为堂屋，另一间设为炕床间，剩余一间为父母住房。炕床间的大半被一张炕床占据。"炕床"也是十分具有他留民族特色的物件，他留话叫做"轴嘎"。炕床高80厘米，用粗实圆木搭成，铺上一层竹篱笆，再铺上草席，床中心靠外砌一座火塘，火塘上方吊一张方形竹席，用于熏烤食物。炕床下堆放杂物，炕床旁放置木柜、炊具，炕床上方墙上挖一个土洞，叫"娃大尼"，是他留人把栗枝、竹壳、松叶等扎起来靠在墙上以供奉祖先的地方。这种供祭方式类似于文山彝族的"刻小人"的传统，每次只供奉最近三代的逝者，在供祭时须给祖先各准备一个小篮筐，里边要搁上他们的木碗、木勺、木盅，供祭的时候，供酒供茶以及食物都要放在这些木制容器中，每年初一或者粑粑节的时候，须将这些枝叶进行更换，当有第三代人去世时，需将第一代请走，换上新的木制容器。炕床吃住合一，可摆三桌酒席和铺三张床，火塘烧万年火，从不熄灭，夜晚老人或客人可打开行李睡在炕床上，媳妇和青年姑娘不上炕床，在炕床下做饭菜。他留人的炕床起到厨房、客厅和卧室的作用，是家庭生活与聚会的中心。虽然都是火炕，但他留人使用的炕床不同于我国北方的炕床，我国北方的炕床采用火在炕下烧，将整个炕床都烘暖这种形式，而他留人使用的炕床却是在表面砌坑，火烧在明面上，现在炕床上贴瓷砖，并不会被整个烤热。这样的火炕主要作用为防潮，同时避免了着麻布及膝裙装的他留妇女坐下时的不便，她们只需站在炕床下就可以炒菜做饭。此类火炕的第三重深意在于猪鸡等家禽家畜即便进入厨房也不会直接跳上人吃饭的炕床，而是钻进炕床下方。他留炕床为他留人所特有，家里人吃饭或者有客人到访时，都会在这炕床上吃饭聊天，围着暖暖的一方火，主客之间、家人之间也似乎染上层层暖意。

他留人还必须在院子的侧边搭建一间专供家中的成年女孩谈情说爱直至订婚、出嫁的小房子，叫做"姑娘房"。姑娘房一个女孩一间，他留话叫"榭个阳"，本意为姑娘睡觉的房子，古时搭建在院门外，后来建在了院里，一般建在耳房、对面房或圈房旁，位于既远离父母住房又靠近院门的地方，便于前来串姑娘房的小伙子进出，又不打扰父母。姑娘房通常是一间简陋的土木小瓦房，面积7—8平方米，门有1.6—1.7米宽，屋顶距地面2.5米左右，楼顶架以横梁，上面覆以树枝。屋内摆设极简单，放一小张木板床、一张小桌、一口木箱即可，而四壁则会用服饰、鸟羽、野花等装扮得花花绿绿。姑娘房是他留姑娘接待男友的特殊的闺房，有的房里还会设有一个小窗和一个直接通到屋内的墙洞，专供前来串房门的小伙子和屋内的姑娘传递信息。

（七）独特风俗

他留的文化迥异于凉山彝族文化，为当地彝族九个支系中一个奇异的族群，在发展的过程中保持了独特的本族群风格，尤其是迄今保留着的一些民俗风情，较为完整地体现了本族群的原始色彩。

1. 婚恋习俗——过七关、串姑娘房

婚恋习俗是他留人风俗习惯中的一抹亮色。少男少女在成人后须经过一个名为"过七关"的程序，之后才可以通过"串姑娘房"来自由选择自己一生的伴侣。自由开放的婚恋形式背后，体现的是他留人直率热情与本民族道德礼仪约束相融合的民族性格。

他留人在童年的时候，无论男女都仅穿由麻布缝制的小长衫，不着裤子，姑娘到了八九岁或者十一二岁的时候开始穿白裙，到了十六七岁，当生理开始发生变化（一说是经历月经初潮后），家中女性长辈会给她举行换装仪式的成年礼。姑娘由白裙子改穿黑裙子。同时，要到本村较有威望的老年妇女那里，请老年妇女帮少女重新梳头，将原先的单发辫发式改为双发辫，少女时代戴的名为"舞拓"的圆形帽（又名"凉凉帽"）也须换成盖头布，这就是一个姑娘的成年礼。女孩的换装，尤其是由白裙改为黑裙，都是在"过七关"前进行，表示该女子已经成年，待过完七关，就可以在自己的姑娘房里自由接待异性了。男孩的成人礼则简便很多，父兄视他发育成熟后，给他打上套头举行成丁礼，之后才开始联系女生安排"过七关"。

"过七关"，他留话称为"查无逮"，"查"的意思即为过关。他留女孩长到十六七岁成年以后，便住进家人专门为她盖起的姑娘房里"过七关"：由女孩的堂姐之类的亲戚作为介绍人与另一个曾过过七关的男青年（即男方的介绍人）联系，负责组织七个已经过了七关的男青年来串她的房子，连续七晚上，这就是过七关。完成之后该女孩就可以打开姑娘房，迎接串房子的小伙子，自由恋爱择偶。男孩过七关则相反，成丁礼后，一般由过过七关的兄长作为介绍人与过了七关的女孩（女方的介绍人）联系，事先约定好七个过过七关的姑娘，他将连续七晚上去串这些姑娘的房子，完成后视为过了七关，取得了自由串姑娘房的资格，可以去串姑娘房，自由恋爱择偶。过七关时，介绍人一般由过关人的已经过了七关且未婚的堂表姐或堂表哥担任，一方介绍人A把过关人介绍给另一方介绍人B，第一关就由B带过关人过。此后六关由B按照过关人的要求负责给过关人介绍六个异性给过关人过关。过七关前，双方介绍人会达成一个协定，相互会给对方一定数量的抵押物，如麻布衣裳、挂包等，A必须保证过关人连续七天过七关，最多可以隔一个晚上，同时，过关人如果在过七关的过程中违反规则，出现了不当的语言或越矩的令对方不悦的行为，则抵押物归B，且过关人声誉扫地，以后将无法体面地在姑娘房中选择对象，也会受到社会的鄙视、抛弃，危害自身婚恋前程；而B必须保证帮过关人寻找七名符合标准且品行长相较好的对象，帮他（她）顺利过完七关，如过不完，则抵押物归A，并且过关人的亲戚会前来挑理。在过七关中，无论男女方，无论闯关者还是设关、守关者，若出现违规的情况，违规当事一方会被宣扬出去，声名扫地，会受到社会的鄙视、抛弃，危害自身婚恋前程。

"过七关"体现的是一种成人礼的考验，是他留男女取得自由结交异性的社交权利的传统婚恋风俗及道德认可的通行手续。过不完七关的姑娘，没有人串她的姑娘房，过不完七关的小伙子，也不会有姑娘接待他。在过七关的时候，多采取男女谈天的方式，有时还会低吟具有韵律的诗歌。主要是由过过七关的男女为过关人传授男女间交往的有关事项。过关人则学习单独接触、了解、交往异性的相关知识。

左侧房间为姑娘房

换上黑裙的他留少女

"过七关"中每一关都有各自的"名字"。第一关叫"查广最",意为独木桥;第二关叫"查阿著",意为筷子;第三关叫"查锅罗",意为锅庄石;第四关叫"查牙造",意为妇女的织布架子;第五关叫"查密牙",意为葫芦笙;第六关叫"查刷拉",意为纺线的纺车;第七关叫"查逮秋",意为秋千架。这些名称在过七关的考验中,都表示不稳定,过独木桥表示形单影只;筷子用完后一起洗,下一顿饭用的与这一顿饭用的就不会是原先匹配的两支,意味着换来换去;锅庄石三块指异性关系复杂;四个角的织布架子哐哐当当表示不稳;葫芦笙五个音各吹各的调;纺车转来转去;秋千摇来晃去。因此过到七关的任何一关,关系都不会稳定,只有过完七关后开始的婚恋才会成熟稳定。"过七关"的风俗在过去相当严格,必须连续七个晚上过完,但近代却不那么严格,有时七关也没有连着过。受一些历史因素的影响,"过七关"在年轻人中已几乎不存在。以前亲身经历"过七关"传统习俗的人已是七八十岁的老人了。随着民族文化保护工作的加强,恢复"过七关"习俗逐渐成为共识,也得到了一定程度的恢复。比如出现了初中毕业回家,未过过关的男孩女孩相约一起共同"过七关"的新情况。

在"过七关"时一个十分重要的场所便是"姑娘房",以前也曾译为"青春棚",他留话表示"姑娘房"的词有三个。一是"如麻樹个",意为年轻姑娘睡觉的地方。二是"嚓腊嫫樹个","嚓腊嫫"意为未婚的姑娘,"樹个"意为"房子",合起来就为年轻姑娘睡觉的房子。第三个词是"樹个阳","阳"意为玩耍,合起来即为玩耍的房子。姑娘房是他留人专门为家中的成年姑娘搭建的一间简陋的土木小瓦房,是专供年轻的他留男女谈情说爱、寻找伴侣的地方。他留人的姑娘小伙成年后,姑娘便入住姑娘房,开始过七关,过完七关后,小伙子则开始串姑娘房。小伙子每晚出门串姑娘房之前,先要到同村自己的堂姐妹的姑娘房里坐一会儿,表示对亲情的尊重和礼仪,也可打听到一些其他姑娘的情况,然后才到同村或是外村的姑娘那里去串姑娘房。古代他留小伙子是吹着葫芦笙或笛子、树叶,弹着小三弦或口弦去,由于个人的水平和音韵不同,隔着山野,姑娘就会知道是自己中意的人来了，早早的开门迎接。男女双方如果是白天在共同劳动中或是相遇时事先约定好的，小伙子则可以按约会信号比较顺利的通过敲门、捅窗户眼、捅墙洞眼、敲墙等方式叫开姑娘房的门。如果预先未约定则需要费一定的功夫来敲开姑娘的门，姑娘会提出一些问题来考验小伙子的聪明机智，决定是否开门。例如，男孩子敲门的时候女孩子会在姑娘房里说："怎么你会来我这里？"男孩子答："蜜蜂采花来路远，不看蜜蜂看路程。我是像蜜蜂一样飞了很远的路程来到你这朵鲜花这里的。"女孩子就接着挖苦男孩："你这蜜蜂采花到处乱飞，是迷了路才飞到我这里的吧。"接着男孩需要继续凭借自己智慧的回答来化解并打动女孩，直到女孩开门接待他。这是极富生趣的。一般情况下姑娘都会打开门接待小伙子，显示她的礼貌和友好，特别是对初次到访的小伙子，但遇到姑娘生病等特殊情况的时候她就不会开门了。午夜12点之前，在姑娘房里，姑娘可同时接待多个小伙子，甚至还没过过七关的小男孩也可以随着兄长一起来玩耍，但午夜之前必须离开。以前姑娘房里有个小火塘，串房子的小伙子们把自己的火把放在火塘边，如果姑娘把谁的火把退出，这个小伙子就会知趣地离开，重新去串别的姑娘的姑娘房。当然，小伙子觉得姑娘不满意也会借故抽身离开。姑娘选出对象后，其他人都纷纷离开姑娘房，两个人合衣睡在床上谈恋爱，一般各睡各的枕头，各盖各的被子，他留人谈恋爱的方式就是"睡"着谈，形同亲密的小夫妻，有时还会低吟甜蜜的诗歌当做情话。姑娘可选择不同的小伙子和她"睡在床上谈"，直到相互中意。确定恋爱关系后，小伙子即请媒人提亲，喝过订婚酒，"认过门槛"后，民族传统即确定他们为"合法"夫妻，不必急于举行婚礼。订了婚后，姑娘便不再打开姑娘房接待其他小伙子，除非有特殊的情况。该小伙子风雨无阻每晚必到，直至生下儿女，经常是儿女长到一两岁时才举行结婚仪式，之前孩子由女方家照顾，这被认为是一种光荣。串姑娘房时，男女不可大声喧哗嬉戏，以免影响父母等其他家人休息，若意外或回避不及遇到姑娘的父母等家人，小伙子低头走过便是，不用互相打招呼。姑娘的男性长辈亲戚、长辈村邻以及婚配在室的男人，无论白天晚上若无特殊事情不进姑娘的姑娘房。

2. 丧葬习俗——人生最隆重的礼仪

他留人十分重视丧葬，葬礼极其隆重。他们认为去世是人生中最重要的一件事，逝者从现实的世界中离去，回到祖先们居住的地方，是一种超脱的回归，完成了人在世间的一切活动，得到宁静的升华。同时，办丧事也是他留人之间进行互相联系的一种特殊的方式，通过丧葬这一盛大的仪式，他留人可以聚到一起交流感情和工作经验、传授晚辈本民族的传统知识、聊聊家常，以便加强了解、促进亲情友谊。死者促进了生者的团结。

他留人的丧葬形式为棺木土葬，仪式繁复，参与人数众多，花费巨大，可持续几天甚至更长时间。流程主要包括：接气、报丧、洗尸、入棺、搭青棚、行白、悬白、家祭（杀羊一只）、族祭、路祭、跳丧、放长孝、签点、引路、出殡、上山、下世垒坟、上坟吃太平酒等。在老人弥留之际，亲人守在身旁，断气后，鸣枪报丧，通知亲戚朋友。村邻亲友闻信，无论是亲是故，只要是晚辈或者年龄小于死者的人，都要自穿孝服，前来奔丧。同时，要派人去请"铎系"和先生，他留人

他留人的丧葬场面隆重浩大

逝者的亲友在跳丧

的铎系主要负责主持丧葬仪式，而古代时先生多是汉族，丧礼中凡涉及汉族礼仪、作祭文、念祭文、写对联、记账收礼、做神主、签点等都由他负责。洗尸是在报丧之后，孝子用陶器取来清水，由家中年龄最长的男子用三个石头将陶器支撑于火塘上，烧火温水。水热后，用葛麻丝蘸水擦洗死者身体。若死者为男性，要由孝子为他剃头；若为女性，要由孝女为她梳头。用过的陶器和梳子，要送到村外丢掉。穿上寿衣，收拾停当之后便是入棺装殓，装殓时要在逝者的口内和肛门里放入一小坨银锭。棺材木制，棺身漆黑色，两头漆红色。有的人家早已制好棺材压寿，有的备好棺木，只需请木匠应急制作。棺材前首写有"寿"字，两侧立有"属牌"（也有叫碑牌、苦牌的），上有铎系或书或画的象形符号（称铎系文、铎系图符），主要有天地、日月星辰以及十二种禁忌符号"次尼格"。若死者是男性，还有犁、耙、刀、斧等工具的符号；若是女性，则有织布机、纺线机、剪刀等物的符号。寿衣一般为对襟长袍，要穿三套入棺。盖棺时忌铁，只能用木楔。入棺完成后则需要搭建青棚。众人将棺材抬到庭院中间，大头朝堂屋放在两条板凳上，棺前放一方桌，桌上燃香，点长明灯，摆上供品。靠棺两侧，竖4棵约2米高的松柱，上端缠红、黑两色绸缎，外再缠一层由死者儿媳纺织的火草麻布，留下一截在灵柩前扎成一朵球形的花。柱顶搭树杆，放一块竹席，席上撒一些松叶、栗叶，这样青棚就搭成了。随后，丧家要请人吹唢呐，铎系开始念祭词，大意是尊敬死者、赞颂生前辛劳、悲伤挽留。铎系念完祭词后，进入堂屋设置灵位，即"神主"。神主是由刺柏制成的长一尺左右的木牌，可分两扇。他留人神坛上供奉着三代祖先的灵位，当新死的第四代人的神主摆上神坛时，第一代的神主就必须拿走，在宗支节时送往宗支山焚去。宰牛行祭，牛是肥壮的黄牛，是财富的象征，有不杀牛无以成行祭大礼之说。困难家庭则只杀猪，相应礼仪从简。牛由死者长子牵至院中，未等它站稳，就要把它杀死。杀牛时，铎系念经祭牲，牛肢解后，铎系需用牛肉在灵柩前敬献一番，遂将肋骨、四肢、头尾、舌头或放或挂在灵柩四周及棚柱上。办丧事的第一天要"悬白",也叫放长孝,即将一块白火草麻布升于房前屋后所竖松树尖端上。"悬白"用篾条编成一个圆球,下面悬挂一条长约50米的火草麻布,麻布上扎两朵花。如果两朵花平系在一起,表示家中父母双亡;如果两朵花一高一低,表示还活着一人,高的代表在世者,低的象征新故者。旧时,只有杀牛办丧的人家才悬白,现在有的人家杀猪办丧也悬白。接下来的步骤是跳丧,由铎系在前敲锣诵经,众人垂着手,伴随锣声,围绕棺柩,按逆时针方向有节奏地跳,向前一步躬身,后退一步鞠躬。来奔丧的人,只要凑足三五人就要跳一次。热闹时,跳丧的人多达百人。每次跳丧,孝子和儿媳必须参加,孝子孝女要执一根杨柳或竹棍,名曰"杵丧棍",在众人身后跳,媳妇则持一根竹竿同大家一块跳。办丧事的第二天要举行签点仪式。签点仪式由汉族先生主持,签点人必须是男性,如果死者是父亲,签点人为孝子伯叔中年龄最长之人;如果死者是母亲,签点人必须是长舅。在第二天深夜举行的"引路"仪式由铎系主持,铎系敲响铜锣,口念"引路"词,参加丧礼的人手持香烛随锣声跳丧。死者长子要扛锄头、粪箕,次子身背砍刀,儿媳执竹棍在人群外跳。"引路"词以一问一答的形式向死者亡灵陈述。铎系念完,孝子走在前,众人走在后,悄然出门来到村外,将香插在路旁,然后悄然返回。进屋时,孝子要殿后。是夜,大家轮番跳丧,直到天明。"离箸子"仪式又叫阴阳分家,第三天早晨,亲朋在灵柩前杀一只小猪后撤去青棚,铎系一边念送魂经一边在棺木上撒一层松叶,死者的长子、儿媳及其他至亲依次将孝带从头到尾搭在棺材上。然后,铎系抱来一只挂着钥匙串的生蛋母鸡,用来行祭。铎系继续念送魂经,并将栗叶拴在孝带上,将松叶裹入孝带中,递给抱母鸡跪在灵前的孝男孝女。孝男孝女接过孝带,走进厨房,把孝带中的树叶放在火塘右侧的墙角处。随后,铎系边念经边将供桌上的猪肉、酒、茶等供品分给死者的晚辈,然后再放入一个被认为装有死者灵魂的陶罐中。陶罐由铎系交给死者儿媳,装入她纺织的一个挎包中。出殡时,供品要沿路撒掉。

旧时,他留人只在农历冬月(十一月)举行葬礼。这个月称为"吊丧月",他留话叫"麻闷烘"。只有年轻人和婚后未育的人,才兴亡后即葬。老人如果不在冬季死亡,入殓后,就要停放在堂屋一角,用土基封砌,每日点香敬饭,待冬季来临,再择日下葬。老人如果在外面意外死亡,一般不抬回家中,而是在村子附近找一块避雨的岩壁,入殓封停,到冬季再进行安葬,上山垒坟。他留人的葬礼至少要举行三天,第三天出殡,这天清晨,丧家要去死者父母坟前杀只小猪祭祀,如果死者父母各葬一方,需要杀两头小猪。所杀之猪是让死者带到阴间去孝敬父母的见面礼。早餐后,孝子托酒,跪在地上请村邻上山掘墓,掘墓人最少要四人。人员请好后,铎系开始鸣锣吟诵《送魂经》,孝子扛锄头、粪箕,媳妇执竹棍,随众人围棺跳丧,跳丧一停,铎系接过竹棍折断,宣布设堂祭奠结束,孝子即率人上山掘墓。墓址按死者生前意愿请铎系或尼卜烧羊肩胛骨卜定,一般背靠山梁,前对远山。孝子在父亲的墓址上动土九锄(如果是母亲的墓址则挖七锄)之后就返回家中。出殡仪式由先生(旧时系汉族先生)主持。送葬人最后一次跳丧后,所有戴孝的人跪在棺材周围,请先生念祭文,祭文念毕,众人将棺木用绳拴好,由孝子背出大门,停棺路祭,再送往坟地。到坟地时,还要举行一次祭奠。棺木缓缓放入墓穴后,孝子向铎系要来九捧新土(女性逝者则用七捧),用衣襟挽上,绕棺撒一周,众人遂填土垒坟,杀羊祭奠。铎系口吟《送魂经》,将一栗树枝裹在孝布中，交给死者长甥，又将羊头和四肢分成两份，一份留给自己，一份装入箩中交给死者长甥。回归途中，长甥身背箩筐，怀抱孝布，凡过沟过箐都要朝墓葬方向叩头。进屋后，要把栗树枝放在火塘右侧墙角边。晚上，家族分支的血缘亲戚每家拿一个鸡蛋来到丧家。鸡蛋必须凑足九个或者七个（死者为男性用九个，女性用七个），不够的由丧家补足。鸡蛋全部炒成一个蛋饼，上插九双或七双筷子（死者为男性用九双，女性用七双），将蛋壳罩在筷子上。此时铎系提来一只刚会鸣叫的公鸡，用水闷死，在翅膀上开一个口，取出翅膀上的骨头，从开口处往里吹气，鸡如同活鸡，不仅会作啼鸣状，还会作食状。随后铎系念送魂经，将鸡去毛，整鸡下锅煮熟，再从筷子上把蛋壳取下，串在栗树枝上并放在房檐瓦下，不能让老鼠吃到。鸡肉、蛋饼分给家族分支的血缘亲戚当家的男人和死者的儿子、儿媳吃掉。至此，他留人的丧葬礼仪结束。

（八）重要节日

他留人最隆重的节日是粑粑节。1958年以前，粑粑节每年都会举行两次，在每年农历正月和六月各举行一次，每次持续三天。正月的这一次开始于初九，而农历六月的这一次，是要等他留山梯田里有两穗稻谷成熟结了饱满的颗粒以后，把这两穗稻谷采下来，由铎系和尼卜通过烧羊板骨来确定举行粑粑节的具体日子，一般是在二十四日前后。受"破四旧"等运动的影响，这一风俗受到了较严重的打击，一直处于中断状态，直到1983年粑粑节才得以重新恢复。刚恢复时，由于时间仓促，又考虑到彝族的火把节等都在六月二十四日，其时汉族、傈僳族也会参与，所以就将把六月份的粑粑节定在了六月二十四日。后来，又根据他留的祖制风俗习惯，将六月的粑粑节定在二十三日、二十四日两天，其中二十三日祭粑粑，所有他留人一起参加，二十四日就各自上坟祭祖。正月的粑粑节通常是祈求祖先给整个他留山寨的民众带来一年的平安，六月的时候就是祈求祖先保佑各种农作物的丰收。另外，粑粑节还是一个所有头人聚集商讨重大事宜的契机，正月的头人会议会安排全年修理谷田、引水灌溉等生产作业的计划，六月的头人会议则更多商讨关于他留山寨的治安联防问题。如今的粑粑节由三个行政村轮流举办，头人由各村推举产生。节日的时候，他留人打粑粑、酿米酒、杀小猪、杀羊、杀牛祭祀祖先，全员出动，场面热闹非凡，许多出门在外的他留人也赶回来参加。粑粑节的缘起是为纪念洪武调卫中远来的360户伍祖先以及他们的功绩，感谢祖先魂灵的保佑。过节时，每户用糯米制作一个塔形粑粑，塔形粑粑由十二张薄饼由下而上垒叠而成，最上面的最小最圆，象征一年十二个月都缅怀祖先。户主（不分男女）身着民族盛装端起塔形粑粑，在族长（村长）的带领下来到他留坟林前的大草坪，列队向祖先敬献粑粑，插360根松树枝组成敬献台象征初来的360户伍祖先。节庆活动由族长主持，祭祀、敬献仪式则由铎系主持，族长（村长）提供三大坛米白酒，铎系搭栗枝林作道场，杀小猪，"打醋汤"，杀羊，吟唱祭祀词、祈祷词来沟通人神。敬献队伍在铎系带领下穿过栗枝林，净身驱邪后，在铎系的吟唱和葫芦笙的伴奏声中缓步向祖先敬献粑粑。仪式结束时，将祭祀过祖先的羊肉、牛肉和米白酒分与各户。各户拿着祭品连同各自的粑粑到坟林里祭祀自己的祖坟并加工食用。粑粑节时还举行他留山大会（源于古代的部落大会）商讨生产生活事宜；举行赛马、打秋千、耍狮子、耍龙等文体活动，进行文娱汇演；举行民族大打跳；开展经济物资和文化交流，周边的汉族、傈僳族以及各地客商也纷纷前来参加，人山人海，十分热闹。节庆活动在民族大打跳中结束，到场的人都可以参加，和着笛子、葫芦笙的节拍，手挽手跳起欢快的他留舞蹈，参舞的人数以千计，场面蔚为壮观。

除了传统的粑粑节以外，另一个受到他留人重视的节日便是春节。在腊月二十八日至二十九日，他留人便开始为春节做准备，对房屋进行彻底的大扫除，扫去一年的灰尘与不好的事物。大年三十的时候，各家会宰杀一只公鸡供祭每家的山神，即"小山神"，更换立在灶房的供祭祖先的竹壳、松枝等，然后便是一家人聚在一起吃年夜饭。年夜饭里边除了有肉外，必须要有菜类、葱蒜类的食物。到了大年初一，还要一起去给去世未满三年的亲戚上坟，上坟时要带上一个塔形粑粑、一盒普通粑粑，以及油、盐、茶、米、香烛等。旧时，他留人要在大年初一给祖父母及以上的老长辈磕头拜寿，一般不给父母磕头，老长辈身穿火草麻布长衫，坐在堂屋八仙桌前的靠椅上，孙子辈在下面行三作揖三叩首的礼，老人则发给行礼的小孩糖吃。初二晚上开始，大家会组织起来进行打跳等庆祝活动，初三到初六各家自由走访亲友。初七被他留人认为是人的本命日，所有的人都要停止劳作，尽情放松娱乐，大家在白天的时候就聚集在一起进行打跳、舞狮等活动。旧时这些庆贺活动会一直延续到大年十五，而如今，由于外出打工、做农活等原因，大多数家庭在初七过后就算是把春节过完了。在过去还有一个讲究，就是正月十五以前可以吹葫芦笙打跳，到了正月十五以后，就得把葫芦笙收起来不准吹。一直要到六月二十四日前后那次粑粑节的那一天才能把葫芦笙拿出来吹，可以吹到下一年的正月十五。

在过去，另一个比较隆重的节日便是宗支节。宗支节是以同姓亲族集团为单位举行的祭祖活动，地点是他留宗支山，主要是由王、蓝、陈、海四大旺姓家族单独进行。过宗支节的时间分别是：王氏家族在五月十七日，蓝氏家族在六月十七日，陈氏家族在七月十七日，海氏家族在八月十七日，每个姓氏家族过宗支节的时间刚好相隔一个月。每年农历的这一天，本姓氏家族各家各户，以户为单位带上香条纸火、伙食，自觉按时来到茔区集中，在族长主持下过宗支节。仪式庄严

为粑粑节搭的架子

他留人敬献粑粑

肃穆，非本氏门中人不得参与这项活动。据说，王氏家族始祖最先到达此地，蓝、陈、海等姓氏家族始祖随后来到，故按先来后到顺序，由王氏家族首先开始，蓝、陈、海氏家族随后依次过宗支节。为缅怀祖先入主此地，结庐为寨，开拓创业，躬耕求食，为后人开创这块基业，因而由各个姓氏家族集体祭祖，过宗支节。这一节庆在1949年后停止。

除了这些比较隆重的节日以外，他留人也过清明节，清明这一天要上坟扫墓，而且有一个独特的风俗——在上坟的时候需在祖坟的顶部、碑的两边插上柳叶柳枝，因为据传说他留人的先祖是从湖南调卫过来的，坟林中也有碑记载是来自湖南柳树湾，因此需要在祖先的坟头插上柳枝表达对故土的怀念。旧时的他留人还会过"七月半"，七月半的时候要做一些纸去烧，农历七月十四日或十五日的时候供祭祖先，供品主要有锡箔、香纸、香烛、水果等，然后到了十七日或十八日再将这些供品送出去，拿到岔路口烧了。

可以看出，他留人的节日是相对较少的，且大部分都与祭祀祖先有着紧密的联系，从另一个方面印证了他留人的祖先崇拜传统。

二 铎系文化简介

铎系（又作"多系""朵系""朵系"）是他留人的祭司，是负责宗教活动的神职人员，类似纳西族的东巴、藏族的喇嘛，是他留人原始宗教信仰方面的专家，负责主持各种宗教祭祀活动，同时也是他留文化的继承者、传播者。

铎系的"铎"，意为咏诵法经的人，"系"本意为死，可直译为"与死相关，与灵魂有关"。"铎系"整个词合起来，直译为"咏诵与生死、灵魂有关的法经的人"。他留人认为万物有灵，灵魂不灭，去世的人的魂灵会以另一种形式存在于这个世界，并以不同的方式来参与家人的生产生活。铎系便负责将自然崇拜、神灵崇拜和祖先崇拜等结合起来，把它们纳入宗教活动范围之内，渗透于他留人日常生活的方方面面。铎系被他留人认为具有沟通人神、沟通亡灵的能力。

铎系在他留人中享有很高的社会地位，十分受人尊敬。截至2011年底，实地调查得到的数据显示目前他留人族群内共有11名铎系，均为男性。师承关系大多是世代祖传，父亲或叔父传给儿子或侄子。成年男子有意者也可以通过拜师学艺成为铎系，但是在老铎系引退前，他不能出山，即使学艺再精，也不可独立主持丧葬仪式。因此，年过花甲还是徒弟的情况也就不足为奇。下表即为我们得到的他留铎系的相关基本信息。

铎系传承人统计表

序号	姓名	生卒年	汉文化程度	师从	住址
1	蓝有清	1924—	小学	蓝朝	营山三板桥村
2	蓝绍章	1933—	小学	王荣发	双河二村
3	王云德	1938—2016	小学	陈光明、陈文明	双河花椒树村
4	陈金云	1940—	小学	王建华、家传，从小学习	双河大洼子村
5	蓝新发	1942—2011.12	小学	蓝有清	营山三板桥村
6	蓝绍增	1949—	高中	蓝荣生、陈光明，1978开始学习	双河二村
7	海品章	1952—	小学	海正明（叔祖）、海正刚（叔祖），9岁放牛时开始学习，51岁独立主持仪式	双河皮牛村
8	蓝云生	1955—	小学	王曾旺（同村），1989年开始学	营山庄上村
9	陈绍才	1955—	小学	陈志龙（父），1970年（15岁）开始学，2004年独立主持仪式	双河娃岔村
10	海发清	1956—	初中	海正才、陈金云	双河皮牛村
11	蓝金荣	1962—	初中	海发清、蓝新发、蓝有清	营山三板桥村

铎系所从事的宗教文化活动没有固定的场所，主要职责：在氏族传统节日（例如粑粑节）或重大事件发生时为氏族祭祀祈祷；为氏族成员祈求儿女，保佑兴旺；为氏族成员跳神，占卜"治病"。简而言之，铎系主要担任丧葬等礼仪的祭司，以及担任他留人传统节日祭龙节、粑粑节、宗支节等集体祭祀活动的祭司。铎系平常同样从事农业生产生活，他们的人际经验和实践经验极为丰富，博学多识，多才多艺，精通民族乐器，能歌善舞，是深受青年农牧民尊敬的导师。他们一方面过着寻常的家居生活，养儿育女、耕田放牧、勤俭持家，一般是村寨中厚道殷实之家；另一方面从事神圣的祭司工作作为副业。古代战争时，铎系有时还担任军师这一重要角色，也肩负药剂师和兽医等工作。

铎系与东巴的最大区别在于：其一，铎系只敬奉远祖神灵，一般不侍候鬼怪恶魔，虽然也搞占卜神算，也做驱鬼敬鬼的经唱，但不专业从事类似巫祝的诅咒、衔犁头驱鬼净化等活动，也从不与他们在一起主持法场仪式。根据洛克等人的著述，纳西东巴会通过狂舞、舌舔烧红的犁铧来驱赶作祟的邪恶鬼怪，有时还会"走阴"（进入狂迷状态的阴魂附身"显灵"的吕波，是纳西族名副其实的巫师），与巫师共同主持仪式。他留人的铎系却不同，上述活动是由"尼卜"（一译"尼婆"，他留人名副其实的巫师，有男有女，法器是铃子）来完成。铎系与尼卜（婆）分工很明确：铎系祈祷求福（事善），尼卜（婆）驱邪消灾（事恶）。铎系专心司职祭祀传述活动，不允许尼卜（婆）

染指。尼卜（婆）的社会地位也稍次于铎系。其二，东巴拥有举世闻名的东巴文和东巴经。东巴文被誉为"活着的象形文字"。而铎系书写的图画文字是符号，仅止于单个的符号，虽然同属于口语的补述，却无法连接起来表达一个完整的语句，仅起到提示经文的作用，不在他留人之间广泛使用。其三，东巴文与爨文（彝文）及其他少数民族文字一样，表达的内容是方方面面、包罗万象的。铎系图符尽管在唱经中所表达内容涉及面很广泛，但作为图符而言形式比较单一。

这里值得注意的是，也存在集铎系及尼卜（婆）于一身者，也存在铎系做法场如"挂大闭"中的"阿啦油"时刀劈木牌驱鬼的情况，但这与传统所说的口衔烧红的犁头撵鬼、跳神、"放阴"撵鬼、撵恶鬼的概念是不一样的。他留话里鬼和神都是用"尼"这个词来表达，某种意义而言，敬神也是敬鬼，却又不是"敬鬼神而远之"，这类鬼源自物化和人化，并不带多少恶意，人性和物性多而"尼"性少，比如"裹衣固录、阿敌、计尼"之类，甚至在他留话的直译里，并没有直接说某个鬼神就是"尼"，很多时候只是感觉到是某种精灵，是"尼"。这样在相应的场合祭祀它、赶走它就行。对于铎系和尼卜（婆）而言，他留人有比较传统的认识，普通民众及铎系自身都认为尼婆比较迷信一些，而铎系是不迷信的，是传承民族传统和知识的，铎系和尼婆的区分是明显的，铎系主要主持丧葬和节日等祭祀活动，尼婆则主要是撵鬼。当然二者均有一定"道术"，而所谓的有关的"道术"，尼卜（婆）似乎更高更多更玄乎也更倚重，而铎系更注重生产生活经验的总结。这方面的情况比较复杂，也有待深入研究，特别是它关联了他留人的鬼神世界和鬼神文化体系，迄今为止尚未有人作出过系统的整理研究。

1. 铎系图符

他留人重视丧葬仪式，所以我们最常见到铎系的场合（也是铎系的主要工作场合）便是葬礼。在写属牌的程序中，铎系头戴"岗杜"（纯麻制成的羊角孝冠），使用铓锣、柴刀、葫芦笙、竹节等法器，在灵场上边奏边敲边舞边唱。唱的经文称为"铎系唱经"（普通他留群众用当地汉语方言

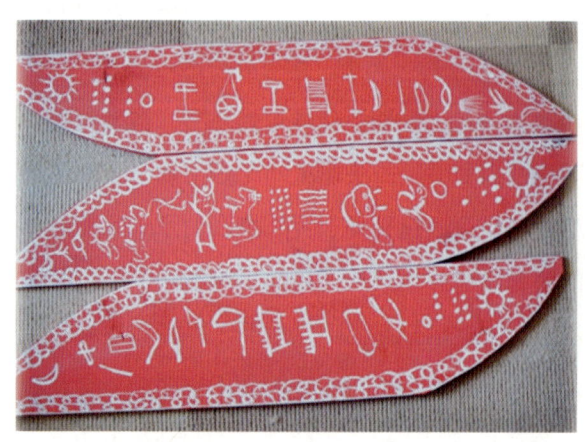

铎系书写的属牌实物

铎系书写的属牌实物

称为"铎系唱腔"），写在属牌上的便是图画性极强的铎系图符。属牌为四块长条状木板，被裁割成刀状或圆条状，好似鱼形，两长两短，长者约100厘米，短者约50厘米，宽约15厘米，表面不上色或涂上红色、黄色，用白色粉笔、熟石灰、火炭或黑色毛笔书写。每写上一个图符，铎系都要咏唱出这个图符的来龙去脉及与其相关的全部内容。该图符起到提示的作用，具体的完整经文全靠铎系自己的记忆。整个仪式上，铎系不停地吟唱，主要内容：超度亡灵，评述亡人，讲述民族传统、神话传说、伦理道德、生产生活知识，等等。出殡时，写着铎系图符的属牌随逝者一同送出后遗弃烧毁。

铎系图符并不是他留人的通用文字，仅为他留铎系所使用。经过首次的系统收集，我们共收集到图符101个，除去可分拆的共计60个，其中最常用的有30个—40个。每个符号代表的含义十分丰富，可能是一段传说故事，也可能是一种天地规律。铎系图符按内容主要可分为天文地理类、禁忌（忌讳）类"次尼格"、男用具类、女用具类、鬼神类、事物认识类和传统观念教育类等。其中天文地理类图符有12个，禁忌类24个，男用具11个，女用具10个（男女共同用具3个：剪刀、柴刀、绳子）。

在专家学者们实地调查过程中，当问及他留人的文字和铎系经书时，当地人的回答是"很早很早以前有，写在猪皮上的"。传说，古时候他留人的文字写在猪皮上，在调卫的过程中，由于饥饿就把猪皮煮吃了，所以就没有文字了，因此留下了"汉人的文字写在纸上，他留的文字写在猪皮上"的说法。猪皮能煮了吃，他留人把猪皮吃进肚子里，记事就记在心里了，因此又留下了"汉人记事记在纸上，他留人记事记在心里"的说法。从这个传说可知，在很早以前，他留人可能是有原始文字和经书的。

2. 铎系唱经

铎系图符的作用主要是提示唱经。铎系在写属牌的过程中，一边书写铎系图符一边咏诵铎系唱经，现在由于举办丧事的时间相对古代来说缩短了，限于既定的出殡、下葬的时辰的规定，铎系都是在吟唱前就将所有文字都先写好，而后才唱。唱经为一代代铎系口传心授传承下来的古老唱段。唱经由铎系以他留话唱出，包含很多古词古语，内容包罗万象、博大精深，囊括了神话传说、人生过程、生产生活等各个方面，全部咏诵是三天三夜也唱不完。有些图符（如"天""地"等）在唱经的时候有两种唱法，一种是简易的形式，一种则为更加详细的版本，铎系在唱经时会根据办丧事的人家的要求，结合时间等具体的因素进行选择和调整。他留人自己往往把铎系唱经用六德当地汉话方言称呼为"铎系唱腔"。

根据铎系图符的分类方法，也可将唱经分为几类。

（1）天文地理类。图符主要包括日月星辰水火等自然元素，铎系唱经时会讲述与这些符号相关的传说故事。在这部分的唱经中，有很多独具他留特色的传统神话故事，反映出古他留人对于天地形成及自然现象的理解。例如，图符 ∼∼∼（天）∼∼（地）☀（太阳）☽（月亮）⁖⁖（北斗七星/七兄妹）就共同讲述了他留文化中关于造天地日月的传说（传说源自古老的铎系吟唱，经过非铎系的民间世代故事讲述者的自我理解和加工，变得十分精彩生动和口语化，而与铎系们的较为直接和逐句翻译的内容有所出入，但大体能保持一致）。相传在亿万万年前，没有天地日月，世界像一个无物无声的孤寂的大洞。北斗七星是七兄妹，就商量着说："让我们来造天造地造日月吧！"于是就进行分工。其中的三个哥哥造天，两个妹妹造地。两个妹妹干活细致，丝毫不敢疏忽，她们一刻不停地忙碌着。三个哥哥天性自由，干活很随心，一边吹牛一边工作，干一阵又玩一阵。时间到了，天地终于造好了，可是两个妹妹不停干活将地造得无比宽广，如此对比却显出三个哥哥造出的天太窄了，天盖不住地，万般无奈之下，哥哥们想出了一个办法，偷地来补天，把地筋抓断了，一把把地抓拢了，这下天终于盖住了地，但是原本一马平川的大地却产生了高山和深谷。天地造好了，却没有太阳和月亮，世界像一块黑暗寒冷的大石头，七作星（北斗七星）还剩下两兄妹（一说是两姐妹），就商量着说："让我们来做太阳和月亮吧。"妹妹对哥哥说："夜里出去，我胆子小，我害怕，可是白天出去，我年轻，看我的人多，我害羞，怎么办呢？"哥哥就拿出一颗针来插在妹妹的头发上对她说："这回好了，你白天出去，人们不敢看你了，我夜里出去。"哥哥夜里出来就成了月亮，妹妹白天出来就成了太阳。哥哥是男人贪玩，爱开玩笑，有时玩昏了头，忘记出来当值，有时磨磨蹭蹭慢慢吞吞地出来，这样人们有时看不见月亮，有时是下半夜才看得见，

铎系主持葬礼时的穿着（孝服、羊角帽）

有时只看见一条缝,那是他在开玩笑呢。妹妹是女人细心踏实,天天出来当值,人们仰头看的时候,感到光芒刺眼,不敢多看一秒,因此看不清她的真面目,这是因为她把哥哥给她的针抛撒了下来扎人们的眼睛的缘故。天地日月就这样造好了。

除此之外,还有洪水冲天、死亡与鼠等有趣而富有想象力的传说。图符与唱经中记录的这些古老的神话是他留文化的"活化石",通过铎系之口代代相传,由此可以证实,在丧葬场合的这种唱经画符,具有一定程度的文化传承效用,因为他留人十分重视丧葬,这一场合能够聚集较多的同族人,有些后辈便可以通过听唱经来了解祖先的文化与思想。

(2)禁忌类(他留话"次尼格")。图符主要描绘的是他留人的一些避讳和禁忌,常为动物的形象,如乌鸦、猫头鹰等等,表现的是他留人对于命运的解读和凶吉的阐释。唱经中常会提到逝者并不是突然离去的,而是在此之前已经遭遇到这些不祥却没有注意,所以今天的离开其实是命数已到,该回到自己原来的故乡去了,因为不是意外,所以亲人朋友不必太过伤心,多有抚慰生者的涵义和作用。例如,🐖 代表"老母猪生三崽",在铎系唱经中就会提到,家里的老母猪一窝生两个崽子没关系,生十个八个崽子没关系,但是有一天,老母猪一窝生了三个崽子,这就是很不吉利的了,死者就是因为之前在家里看到了老母猪生三崽,今天才会这样离开我们的。至于为什么母猪生三崽就是不吉利,这是因为他留人有着自己的禁忌文化。在他留人去世时,需在棺材旁放上三块锅庄石,在祭祀的时候也要在墓碑前放三块石头,而母猪如果一窝生下三个崽,就好像在代表这三块锅庄石,可以算作对死讯的一种暗示,因此是不吉利的。还有 🐦 的含义是乌鸦,唱经中会体现,乌鸦飞到屋子上方不停地叫,已经是在报死信,看到这种不吉祥的场面,死者的离去并不是突然的。而这一个小小的符号又能引出他留人一段古老的神话传说。相传远古的时候,人和动物都是长生不死的,人和猴子等动物都是亲家、好朋友,他们能相互通话。有一个老倌在山崖边种了一片荞地,山崖上住着一群猴子,总是下山来偷荞子吃。老倌多次制止,猴子不仅不听,反而嬉皮笑脸地嘲笑他。老倌心里很生气,打定主意要收拾收拾这群猴儿。这一天,天还没亮,老倌早早来到荞地,悄悄躺在地中央,不一会饥肠辘辘,他顺手摘下一把荞粒嚼吃,乳白的浆汁和黑的粒壳涂得满嘴唇都是。天亮了,猴子们下山来正准备偷吃,走到地中央突然看见老倌一动不动躺着,吓了一跳,猴子们合计说:"哎呀,我们真是太大意了,原来这个老倌早就死了,看他的嘴巴都生蛆了(猴子误把老倌嘴唇上涂的白荞汁当成了蛆)。我们把他扔到山谷底去吧。"猴儿们七手八脚抬起老倌,准备把他扔下深谷。由于躺在潮湿的地上时间长了,肠胃不舒服,老倌忍不住放了几个响屁。猴子们感到十分奇怪,说道:"背时了,这个老倌死了好几天,还会'嘟嘟嘟'打屁呢!"抬到山崖顶正准备往下扔,老倌突然站起来大吼一声,猴子们吓得四处乱蹦,不幸一只小猴子失足跳下山崖摔死了,人和猴子都感到十分悲伤,大家商量着为它举行盛大的葬礼安埋它,把它装进上等木料做成的棺材里,给它穿上七层麻布衣服。人们又是杀牛杀羊杀猪杀鸡,还捕来鲜鱼。村子里所有的人都来参加,邀请所有的猴子都参加,又是敲锣打鼓又是吹芦笙唢呐,还要打跳,跳"耶——耶——耶"的集体舞,场面十分热闹。锣鼓喧天的气氛很快就惊动了天上住的务敌(天神),务敌便派乌鸦下来调查情况。乌鸦来到人间,人和猴子都喝醉了酒,呼呼大睡。锅边掉着许多碎肉,乌鸦贪吃碎肉在锅边转来转去，忘记了回天上报告，结果乌鸦全身都被锅底抹黑了。这就是乌鸦为什么全身都是黑色，而且会预卜死亡的来历。现在他留人听到乌鸦叫就推测死亡会发生，这是因为乌鸦是务敌首先派下来凡间充当死亡信使的。后来务敌又派雄鸡、喜鹊、黄莺下来打探……整个神话故事非常长，铎系都会一讲到底，小小的一个乌鸦的图符便会引得铎系唱出一大段的唱经。

（3）男用具类和女用具类。铎系根据逝者的性别分别选择相应的符号写在其木板上，男用具主要有犁、耙、刀、斧等耕作工具，女用具主要为织布机、纺线机、剪刀等纺织工具，描述的是他们在世时的生产劳动生活，有告慰逝者之意。除此之外，这部分的唱经还可以很好地教授下一代丰富的生产生活知识，例如，当提到 "犁"这个图符时，铎系会在唱经中以问答的形式唱道："等你长到一定的年岁，你的父亲就教你去犁田，这个田要怎么犁呢？那个犁架子要怎么做呢？首先，你要从山中砍下合适的树来做这个犁架子，那么山里面哪一种树才能做这个犁架子呢？这样的树不行，那样的树不行（此时，铎系会唱出很多树的种类并加以简略介绍），然后终于找到了老人们所说的朱木（音译）树，砍这个犁架子。做犁架子的时候，直的行不行？不行，要弯曲的才可以。要弯曲成什么样呢？要弯曲成像我们看到的这种样子。"仅一个"犁"的符号，铎系就会引申出许许多多的内容来，为前来参加葬礼的年轻人普及他留人生产生活的一些技术和知识。

铎系文化是他留人所特有的珍贵的民族文化，反映出了他留人信仰、文化、生活、生产等方方面面的信息，从古至今，代代相传，是极其珍稀且内涵丰富的非物质文化遗产。随着研究的深入进行，我们不断挖掘其中蕴含的关于他留人的大量信息，尤其是铎系唱经中各种各样的或似曾相识或令人耳目一新的神话传说、民间故事，其瑰丽的想象和生动的表述，带着原始的气息扑面而来，让人仿佛越过数世纪感受到了古老他留人的所思所想和喜怒哀乐。铎系文化是一座巨大的宝藏，等待着更多研究者的深入挖掘和保护。相信在不久的将来，铎系文化将成为祖国多样的民族文化中一抹璀璨的亮色。

（本章主要执笔者：杨如刚、赵丽明、梁静远、简良开）

（摄影：杨如刚、赵丽明等）

第二章 他留语言系统

他留人自称"他鲁苏"，属于彝族的一个支系。他留话即在他留人这个族群中使用的语言。他留人世代居住在云南省永胜县他留山上，以双河、营山、玉水三个村委会为中心。在绵延起伏的地势下，他留山上的他留人与外界联系相对较少，他留话保留较完整。而另一方面他留人和军屯戍边有很深的历史渊源，本身就包含着民族融合的色彩，所以他留话中有不少汉语借词，在村寨家居的日常生活中他留人一般使用他留话，而外出时一般使用当地汉语方言。

关于他留话最早且最系统的介绍是云南民族大学的周德才教授的《他留话研究》一书，书中从语音、词汇、语法系统以及他留话的历史地位几个方面对他留话进行了分析。与周德才教授的研究成果相比，我们此次调查的结果有一些新的发现和变化。例如此次调查发现他留话中辅音清化现象明显减弱，甚至很少出现。例如"茶"在周教授研究中是清化边音/ɬu^{31}/，而此次调查发现该词变为了/lu^{55}/。另外，对于一些概念的理解的改变很大程度上影响着表示该概念的词语与语音的对应关系。例如"奶奶"一词，周教授的书中记为/a^{55}iu^{31}/。据发音人所说，/a^{55}iu^{31}/是一种较早的叫法，最初是对年老女性的通称，不一定是血缘关系连接的辈分关系。后来他留老人逐渐习惯认为/a^{55}iu^{31}/是老夫妻之间老夫对老妻的称呼，而/na^{55}iu^{31}/才表示有血缘关系的"奶奶"的意思。

此次语言系统信息主要是依据编著者们的田野调查资料整理而来。在清华大学赵丽明教授带领下，李居政、梁静远同学于2011年9月及2012年8月三次下到云南省丽江市永胜县六德乡他留山双河二村，在当地他留人的配合下共记录并核对了2054个词（包括汉语借词）。整理出他留话的音系表、句型和词汇表。以下是主要发音人以及核对人的具体信息：

主要发音人：

蓝绍增，男，1949年生，高中文化水平，现居云南省丽江永胜县六德乡双河二村，1978年开始师从蓝荣生、陈光明学习铎系图符及铎系丧葬事宜，主要对铎系文化进行研究整理，自1992年成立他留坟林管理所开始担任坟林管理站站长。会他留话、汉语普通话和云南方言。

王俊国，男，1974年生，初中文化水平，现居云南省丽江市永胜县六德乡玉水村委会树柏佐村22号，一直在他留山务农，未外出工作或居住过。2005年加入他留坟林管理所，成为他留坟林管理员，会他留话、汉语普通话、云南方言。

辅助核对人：

蓝恒发，男，1964年生，共产党员，文化程度初三水平，现居云南省丽江市永胜县六德乡营山村委会三板桥村，从未外出工作或居住过，从1992年他留坟林管理所成立起就加入其中成为坟林管理员，会他留话、汉语普通话和云南方言。

蓝金山，男，1974年生，群众，文化程度初三水平，现居云南省丽江市永胜县六德乡双河二村，从未外出工作或居住过，一直在家务农，会他留话、汉语普通话和云南方言。

一 他留话音系

此次调查共记录整理出他留话辅音39个、元音37个，主要声调3个。

（一）辅音

1. 他留话共有辅音39个，包含37个单辅音，2个双辅音。列表如下：

（1）单辅音表

发音方法		发音部位							
		双唇音	唇齿音	齿音	龈音	龈后音	卷舌音	龈硬腭音	软腭音
爆发音（塞音）	清	p pʰ		t	tʰ			K	kʰ
	浊	b		d					g
塞擦音	清			ts	tʃ	tʂ	tɕ		
				tsʰ	tʃʰ	tʂʰ	tɕʰ		
	浊			dz	dʒ	dʐ	dʑ		
擦音	清		F	s		ʂ	ɕ	X	
	浊	β	V	z		ʐ	ʑ		
鼻音	清								
	浊	m	N					ɲ	ŋ
颤音	浊								
近音	浊	w							
边音	清								
	浊				l				

（2）双辅音表

pʂ	pʰʂ

2. 说明：

（1）他留话清浊严格对立。

（2）当/b/与/ʋ/相拼读时，会产生嘴唇颤动。

（3）他留话在爆发音和擦音的实际音值中存在极少数小舌音，由于不构成明显对立，因此将其归并为软腭音。

（4）此前的研究中他留话辅音存在着先喉塞音，即在辅音前有一个声门音。此次调查中先喉塞音现象极不明显，故不予列出，但并不排除他留话中存在先喉塞音的可能性。

（5）他留话有鼻音韵尾n和ŋ。他们同时也作为声母。

（6）"雪"一词记为/wu³¹/，实际音值摩擦较小。

3．辅音例词

单辅音声母	例词一	例词二
p	/pɣ⁵⁵/ 堆	/pu³³/ 包
pʰ	/pʰɑ³³/ 绑	/pʰʋ⁵⁵/ 金
b	/bi⁵⁵tu⁵⁵/ 山头	/bɑ̠³¹/ 鸭
t	/a⁵⁵to³¹/ 火	/kɑ⁵⁵ti³¹/ 后来
tʰ	/ia⁵⁵tʰu³¹/ 西时	/tʰɑ³¹lu⁵⁵/ 兔
d	/da⁵⁵wo³¹/ 下	/do³¹nu⁵⁵/ 疮
k	/kuɑ⁵⁵/ 星	/kʋ³³tsʋ³¹/ 茄子
kʰ	/kʰu³¹pʰɑ⁵⁵/ 灰尘	/kʰʋ³¹sɛ³¹/ 春节
g	/go³¹dɑ³¹/ 以前	/gʋ⁵⁵dzɿ⁵⁵/ 身体
ts	/tsɿ⁵⁵tsʰu⁵⁵/ 云	/lʋ⁵⁵tso³³/ 骡子
tsʰ	/tsʰuɑ³³/ 锡	/tsʰo³¹biu⁵⁵/ 蜜蜂
dz	/dzʋ³¹/ 凿子	/lɑ³¹dzɿ³¹/ 锥子
tʃ	/tʃa⁵⁵la⁵⁵/ 背篓	/kɤ⁵⁵tʃa³¹/ 喜鹊
tʃʰ	/tʃʰya³¹/ 六	/tʃʰɿ³¹xu⁵⁵/ 一月
dʒ	/lɑ³¹dʒi³¹dʒi³¹/ 锥子	/dʒɿ⁵⁵dy³³/ 叠
tʂ	/tʂuɛ³¹mə⁵⁵/ 雾	/ŋu³¹tʂo³³/ 泥鳅
tʂʰ	/tʂʰu⁵⁵mi⁵⁵/ 田	/tʂʰi³¹tʰu³¹/ 戌时
dʐ	/dʐu³¹/ 银	/dʐu³³kʰa⁵⁵/ 牲口
tɕ	/a⁵⁵tɕa³³/ 水	/tɕi³³/ 填
tɕʰ	/tɕʰu⁵⁵/ 劝	/tɕʰiɛ³¹/ 摘
dʑ	/dʑɿ⁵⁵tɕy³¹/ 乘	/i³¹dʑɑ⁵⁵/ 可怜
β	/βiɛ³¹/ 猪	/βiɛ³¹tʰu³¹/ 亥时
f	/mɑ³¹fu⁵⁵/ 亲家	/fɑ³³/ 捂
v	/kʰo³¹vʋ³¹/ 上半年	/vʋ⁵⁵/ 肠子
s	/kʰʋ³¹sə³¹xu⁵⁵/ 正月	/sɿ³¹kʰo³¹/ 蚌
z	/my³¹zi³¹/ 闪电	/ia³¹za⁵⁵/ 织布机
ʂ	/ʂɿ³¹xu³³/ 七月	/ʂu⁵⁵/ 水獭
ʐ	/zə³¹gɑ³¹/ 卧室	/ʐɿ⁵⁵pʰɑ³¹/ 洒
ɕ	/ʂo⁵⁵ɕi⁵⁵/ 蜈蚣	/tɕɑ³¹ɕy³¹/ 爪子

续表

单辅音声母	例词一	例词二
ʑ	/ʑ̩⁵⁵ ŋə³¹tua³¹/ 波浪	/ʑo³¹ty⁵⁵/ 弹（反弹）
x	/xu⁵⁵ bu⁵⁵/ 月亮	/xɤ̠⁵⁵ ʑ̩⁵⁵/ 海
m	/mi⁵⁵ na⁵⁵ mu³³/ 地	/my³¹ɲi⁵⁵/ 太阳
n	/nu⁵⁵ nɛ³³/ 后年	/a⁵⁵ na³³mu³³/ 马
ɲ	/my³¹ɲi⁵⁵/ 太阳	/nɛ³¹tsʰ ɿ³¹/ 土
ŋ	/ŋu³¹ty⁵⁵/ 家乡	/ŋu³¹tʂə³³/ 泥鳅
w	/wu³¹/ 雪	/da⁵⁵ wo³¹/ 下
l	/la⁵⁵/ 箐	/la³¹uɑ³¹/ 左
pʂ	/a³¹pʂɿ⁵⁵/ 鸽子	/pʂi³¹li³¹/ 笛子
pʰʂ	/pʰʂɿ³¹dʊ⁵⁵/ 钥匙	/pʰʂi⁵⁵/ 解

（二）元音

1. 他留话元音共有12对单元音（松紧成为一对），13个双元音，具体列表如下：

（1）单元音表

| ɿ/ɿ̠ | ʅ/ʅ̠ | i/i̠ | y/y̠ | ɛ/ɛ̠ | a/a̠ | ɑ/ɑ̠ | ə/ə̠ | ɤ/ɤ̠ | ʊ/ʊ̠ | o/o̠ | u/u̠ |

（2）双元音表

ia	iɑ	iɛ	iu	io	in	iŋ	yɛ	əu	ua
uɑ	uŋ	ɑŋ							

（3）单元音舌位图

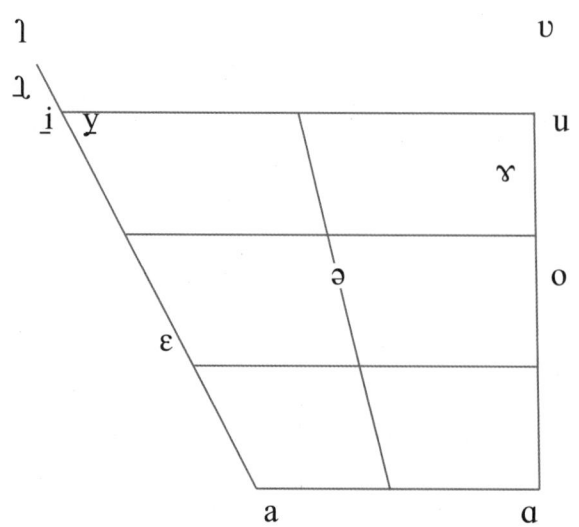

2．说明：

（1）/ʋ/元音，实际音值是唇齿近音。

（2）/ua/、/uɑ/在齿龈塞音后实际音值更接近/ʋa/、/ʋɑ/，即元音/u/齿化。

（3）/iɑ/在/tʃʰ/、/tʃ/后的实际音值为/yɑ/。

（4）以元音起首的音节，元音前面均有一个声门音。

（5）他留话中/a/和/ɑ/对立。

（6）单元音松紧元音对立现象明显，双元音中元音紧化现象不明显。

（7）他留话中存在着元音松紧对立现象。暂未发现松紧元音各自出现的必然规律，但有以下三点影响因素：元音松紧受与之搭配的辅音影响，例如在辅音"k、g"后面出现紧元音的频率较高；元音松紧受音节结构影响，CV音节结构中元音紧化频率远远高于其他音节结构（具体关于他留话音节结构的信息参看下面音节结构分析一项）；元音松紧受声调影响，声调因素是三个影响因素中对元音松紧影响最大的，紧元音出现频率最高的是低降调[1]，高平调发音比较急促时也常出现元音紧化现象，而在中平调中很少出现紧元音。

（8）元音有鼻化现象，如"聋"[biɛ³¹]。但不同词中元音鼻化程度有大有小，如"短"[ĩ³¹]，实际发音就只带有少许鼻音。

（9）实际元音音值存在[e]，大部分靠近/ɛ/，归入/ɛ/中，少部分靠近/i/，归入/i/。

（10）与国际音标表中的元音舌位图相比，单元音舌位图中/ɛ/的实际音值介于[e]和[ɛ]之间，更靠近[ɛ]；/a/的实际音值舌位偏后；/ɤ/实际音值舌位偏高；/o/实际音值舌位偏低。

3．元音例词

元音	例词一	例词二
ɿ	/tsɿ⁵⁵ ŋa³¹/ 乌云	/zɿ⁵⁵ bu³¹/ 河
ʅ	/my⁵⁵ dzʅ³¹/ 火花	/tsʅ³¹/ 关节
ʅ	/dzʅ³¹/ 铜	/tʃʰʅ³³/ 粪
ʅ̰	/dzʅ̰³¹/ 柜子	/ʂʅ̰³¹/ 瞪（眼）
i	/my⁵⁵ ti³¹/ 盖子	/mi⁵⁵/ 名字
ḭ	/ḭ⁵⁵/ 霜	/kɑ⁵⁵ dḭ³¹/ 后
y	/my³¹ni⁵⁵/ 太阳	/ɕy⁵⁵ ʂʅ³¹/ 落花松子
y̰	/my̰³¹/（价格）涨	/tsʰɿ⁵⁵ ny̰⁵⁵/ 鞋子
ɛ	/ɲi⁵⁵ pʰɛ³³/ 外面	/nɛ³³/ 心
ɛ̰	/nɛ̰³¹tsʰi³¹/ 土	/bɛ̰⁵⁵/ 说
a	/ka³³/ 闪	/a⁵⁵ tɕa³³/ 水
a̰	/tsɿ⁵⁵ ŋa̰³¹/ 乌云	/o³¹da̰³¹/ 前

---

[1] 此处要注意声调下降与元音紧化的区别。低降调中出现元音紧化时，发音常常低沉、厚重、短促、有阻碍感，如果发音较轻松、清脆，则说明没有元音紧化。

续表

元音	例词一	例词二
ɑ	/ʐɿ⁵⁵ tʂɑ⁵⁵ tʂɑ⁵⁵/ 旋涡	/ŋɑ⁵⁵ ŋua³¹/ 水牛
ɑ̠	/ũ³¹kɑ̠⁵⁵ tsɿ³¹/ 阴天	/bɑ̠³¹/ 鸭
ə	/tʂuɛ³¹mə⁵⁵/ 雾	/kə⁵⁵ lɑ⁵⁵/ 中间
ə̠	/ũ³¹kə̠³¹/ 枕头	/tɑ³¹ə̠⁵⁵ xiu³³/ 信
ɤ	/kɤ⁵⁵ li³¹/ 青蛙	/kɤ⁵⁵ tʃa³¹/ 喜鹊
ɤ̠	/xɤ̠⁵⁵ ʐɿ⁵⁵/ 海	/a³¹gɤ̠³¹pu³¹zu³¹/ 小男孩
ʊ	/kʰʊ⁵⁵/ 喊	/pʰʊ⁵⁵/ 金
ʊ̠	/bɤ⁵⁵ vʊ̠³¹/ 猫头鹰	/sʊ̠³¹/ 血
u	/nu³¹βiɛ³¹/ 野猪	/tsʰu³³/ 按
u̠	/dʐu̠⁵⁵/ 麻雀	/nu̠³¹/ 停
o	/do⁵⁵ ta³¹/ 顶嘴	/kʰo³¹/ 劈（柴火）
o̠	/bo̠³³/ 塑	/tsʰɑ⁵⁵ no̠⁵⁵/ 好人
in	/min³¹dzi⁵⁵ mu³³/ 天	/i³¹lin³¹i⁵⁵ lin³¹bia⁵⁵/ 冰
iŋ	/xa³³liŋ⁵⁵ li⁵⁵/ 永远	/la³¹tiŋ⁵⁵ tsɿ³³/ 拳头
ua	/a⁵⁵ to³¹tʂua³¹/ 火镰	/xuã⁵⁵ tʰu³¹/ 子时
uɑ	/kuɑ⁵⁵/ 星	/xɤ̠³³tuɑ³¹su⁵⁵/ 铁匠
iɑ	/bi⁵⁵ piɑ⁵⁵/ 山坡	/xa³¹liɑ⁵⁵/ 未来
ia	/ɲi⁵⁵ xia³¹/ 时间	/mia⁵⁵ dʊ³¹/ 眼睛
iɛ	/βiɛ³¹tʰu³¹/ 亥时	/my³¹ziɛ⁵⁵/ 口水
io	/da⁵⁵ mio³¹/ 猴	/mio³³/ 快
iu	/biu³¹/ 蜂	/sɿ³³pʰiu⁵⁵/ 树叶
yɛ	/xɤ̠⁵⁵ zyɛ⁵⁵/ 锯子	/tyɛ⁵⁵/ 捧
əu	/mu³³ləu³¹/ 高粱	/ka⁵⁵ tsəu³¹li⁵⁵/ 燕子
uŋ	/uŋ³¹/ 鱼	/a⁵⁵ ɕy³¹i³¹luŋ³¹/ 姓
ɑŋ	/tɑŋ³¹ku⁵⁵/ 鼓	/lo³³kʰɑŋ³¹ta⁵⁵/ 台阶

（三）声调

1. 他留话中基本声调有3个，如下表所示：

调名	调值	调符	例词		
中平调	33	˧	/xo³³/ 蛆	/tɕa³³/ 耙	/fa³³/ 捂
低降调	31		/sʊ̠³¹/ 血	/zu³¹/ 儿子	/biu³¹/ 糖
高平调	55	˥	/i̠⁵⁵/ 霜	/xɤ̠⁵⁵/ 铁	/ʂua⁵⁵/ 蛇

2．说明：

（1）低降调一般发得比较低沉而厚重。

（2）表格中所列三种声调是他留话中最常用声调。在实际发音中还会有低平调11和高降调51，如"方向"/ɑ⁵⁵miɛ⁵¹nɛ¹¹/，但数量较少，且不与表格中所列声调构成对立。

（3）受云南地方方言的影响，一些外来词的声调与西南官话相近，如"共产主义"/kuŋ³¹tsʰæ²¹⁴tsu³³ʑi³¹/。

（四）音节结构

他留话音节结构包括声母、韵母和声调三个部分，韵母中包含韵头、韵腹、韵尾三部分。韵腹和声调为他留话音节必备部分。双元音中能充当韵头的是[i]、[u]、[ʊ]、[y]。声调由两个调素组成，主要有三个组合方式（即第三节中讲到的三种音调）。下面以"星"/kuɑ⁵⁵/为例分析他留话音节结构：

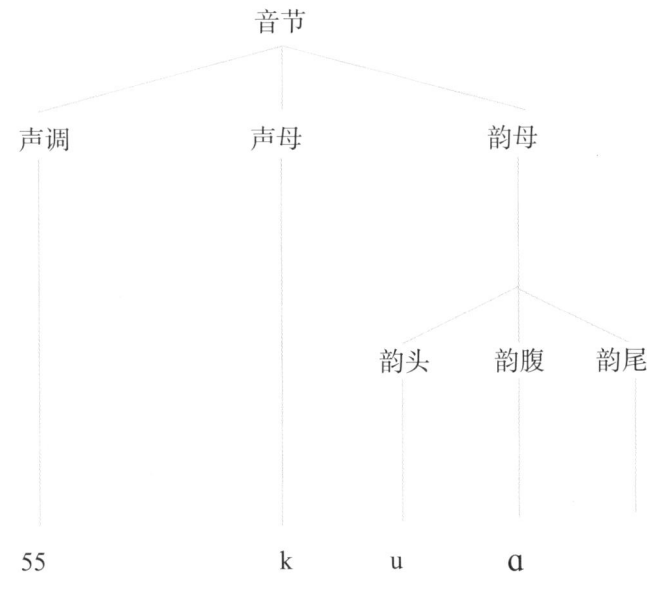

根据图示的形成机制，可分析出他留话的8种音节结构，列表如下：

音节结构	例词
V	/ɦ⁵⁵/ 看
VC	/uŋ³¹/ 鱼
VVC	/tsɿ⁵⁵uɑŋ³¹uɑ³¹/ 胆量
C[1]	/ŋ̩³¹dzua³³/ 坏
CV	/nu⁵⁵/ 听
CVV	/lua³¹/ 舔
CVVC	/xiuŋ³¹/ 象
CCV	/pʰʂi⁵⁵/ 解

---

[1] 指辅音自成音节或称辅音音节化。

他留话语法

（一）他留话单句的句子成分及语序

他留话单句的句子成分与汉语很相似，包括表示动作主体的主语、表示动作的谓语、表示被动方的宾语，以及表示性状的定语、状语、补语等。但语序、句子的组成方法等与现代汉语又有很多不同。

1. 主谓句

他留话中的主谓句语序与汉语相同，为主语在前谓语在后。根据谓语的功能可分为动词性谓语句、名词性谓语句和形容词性谓语句。

（1）动词性谓语句

tsɑ⁵⁵ tɕu³¹ ŋɑ³¹
桌子　　晃
桌子在晃。

a⁵⁵ tɕa³³ pʰʂʅ³¹ i⁵⁵
水　　泼　　（助词）
水洒了。

他留话中表述天气现象时多采用主谓句句型。例如：

ɑ⁵⁵ tsʰʋ⁵⁵ do³³ ʐʅ³¹
太阳　出　（助词）
出太阳了。

a⁵⁵ xu⁵⁵ dzo³¹
雨　　下
下雨了。

（2）名词性谓语句

ŋu⁵⁵ ya³³tʂʅ⁵⁵
我　　老师
我是老师。

（3）形容词性谓语句

xa³³mu⁵⁵　ʂʅ³¹piɛ⁵⁵　kʰɑ³¹
这个　　草　　苦

这棵草苦。

tʃʰi⁵⁵　xɤ̠⁵⁵　piɑ³³　miu³¹
他　　钱　　多

他的钱多。

名词性谓语句和形容词性谓语句可统一为主系表句。他留话中主系表句通常指以"ŋa⁵⁵（是）"为系动词的句子，语序为主语—表语—系动词。例如上面举到的例子"我是老师"可表述为：

ŋu⁵⁵　ya³³tʂʅ⁵⁵　ŋɑ⁵⁵
我　　老师　　是

我是老师。

实际使用时系动词"ŋa⁵⁵"常常省略。如：

dzʅ̠³¹　tʃʅ³¹mu⁵⁵　pʰɑ³¹i³³mu³³
柜子　　那个　　红色的

那个柜子是红色的。

2. 主谓宾句

他留话中的主谓宾句语序为主语—宾语—谓语。例如：

ȵi⁵⁵　dzu̠⁵⁵　dzu³¹　i⁵⁵
你　　饭　　吃　（助词）

你去吃饭。

ia⁵⁵mu³³　ia⁵⁵fʋ⁵⁵　pʰʋ³³　dzɑ⁵⁵
母鸡　　　蛋　　生　（助词）

母鸡生蛋了。

3. 主谓补句

他留话中的主谓补句语序与现代汉语一致，为主语—谓语—补语。但他留话句子的谓补之间一般不使用类似于汉语中"得"的助词。例如：

ȵi⁵⁵　pi⁵⁵　dzua³³
你　　做　　好

你做得好。

4. 双宾语句

带有双宾语的句子的语序为主语—间接宾语—直接宾语—谓语。例如：

tʃʰi⁵⁵	ʂɿ³¹nɛ³³	ŋu⁵⁵	ũ³¹pʂɿ³¹	tʃʰʐ³¹pa³¹	gɤ³¹
他	前年	我	梳子	一把	送

他前年送给我一把梳子。

ŋu⁵⁵	lo⁵⁵ te³¹su⁵⁵	guɑ³³tʃʰʐ³¹mu⁵⁵	a³¹gɤ⁵⁵	tʃʰʐ³¹pa³¹	vʋ³¹	gə³¹
我	石匠	那个	锄头	一把	卖	（助词）

我卖给那个石匠一把锄头。

5. 兼语句

他留话中兼语句语序与不带宾语补足语的主谓宾句不同，同汉语兼语句语序相同。例如：

ŋu⁵⁵	bə³¹	tʃʰi⁵⁵	ʂə³¹
我	认为	他	错

我认为他不对。

有时，兼语句也被表达为复句。

6. 定语的位置与顺序

他留话中句子的定语一般放中心语之后，定语顺序除有时会根据语感有一些不规则变化外，一般为：中心语＋（副词）形容词＋代词＋数量词。例如：

zu³¹ma³³	dzuɑ³³dzuɑ³³	xa³³mu⁵⁵	ŋu⁵⁵	zu³¹ma³¹	ŋa⁵⁵
姑娘	漂亮	这个	我	女儿	是

这个漂亮的姑娘是我的女儿。

ŋu⁵⁵	lu⁵⁵	lu⁵⁵ȵi³¹mu³³	sa⁵⁵	sɿ³¹	da⁵⁵	dzɑ⁵⁵
我	茶	热的	三	杯	喝	（助）

我喝了三杯热茶。

7. 状语的位置与顺序

他留话中状语置于谓语之前，顺序一般为时间状语＋地点状语＋状态状语/程度状语，例如：

tʃʰi⁵⁵	i³¹ȵi³³	xi⁵⁵ kuɑ⁵⁵ kuɑ⁵⁵	la³¹	u³¹ti³³sa³¹ti³³	pʰia⁵⁵	tsʰɿ³¹	tsʰɿ³³
他	今天	院子	（助）	辛苦地	衣服		洗

他今天在院子里辛苦地洗衣服。

表示某人某物所在处所，现代汉语中多表示为动补，在他留语言的句子中一般表示为状动，例如：

tʂʰi⁵⁵	xi̠⁵⁵ kuɑ⁵⁵ kuɑ⁵⁵	ni⁵⁵	pʰɛ³³	kuɑ³¹	xɛ³¹
他	院子	外面	（助词）		站

他站在院子外面。

在他留话中，时间状语、部分语境下的地点状语等可以选择置于主语的前面或后面，与现代汉语相似，例如"洗衣服"句还可表述为：

i³¹ni³³	tɕʰi⁵⁵	xi̠⁵⁵ kuɑ⁵⁵ kuɑ⁵⁵	lɑ³¹	u³¹ti³³sɑ³¹ti³³	pʰiɑ⁵⁵ tsʰŋ³¹	tsʰŋ³³
今天	她	院子	（助）	辛苦地	衣服	洗

今天她在院子里辛苦地洗衣服。

（二）他留话名词与代词的性、数、格

1. 性

他留话的所有名词、代词没有性的区别或变化。

2. 数

他留话的名词没有可数与不可数之分，在词形上也没有数的变化。

他留话的代词中仅人称代词有数的变化，这种变化是通过改变声调实现的，由单数到复数，声调由高平调变为低降调。如：

ŋu⁵⁵	ni⁵⁵	tʂʰi⁵⁵
我	你	他

ŋu³¹	ni³¹	tʂʰi³¹
我们	你们	他们

但代词数的变化不影响句子谓语等的形式的变化，因此也可认为他留话中代词数的变化不是一种语法变化，将数不同的代词作为含义不同的词语来看待。

3．格

他留话的名词没有格的变化。他留话的人称代词有格的变化，其他代词没有发现格的变化。

他留话的人称代词有三个格的变化，即作主语时的主格、作宾语时的宾格以及表示所属时的所有格。其具体变化为：

ŋu^{55} 我（主格）	ŋua^{33} 我（宾格）	ŋu^{33}ʐʅ^{33} 我的（所有格）
ȵi^{55} 你（主格）	ȵa^{33} 你（宾格）	ȵi^{33}ʐʅ^{33} 你的（所有格）
tʃʰi^{55} 他（主格）	tʃʰa^{33} 他（宾格）	tʃʰi^{33}ʐʅ^{33} 他的（所有格）
ŋu^{31} 我们（主格）	ŋua^{31} 我们（宾格）	ŋu^{31}ʐʅ^{33} 我们的（所有格）
ȵi^{31} 你们（主格）	ȵa^{31} 你们（宾格）	ȵi^{31}ʐʅ^{33} 你们的（所有格）
tʃʰi^{31} 他们（主格）	tʃʰa^{31} 他们（宾格）	tʃʰi^{31}ʐʅ^{33} 他们的（所有格）

（三） 他留话复句的结构

他留话的复句的构成可分为两大类：纯粹由单句拼接成的复句和有明确连词的复句。

1．纯粹由单句拼接成的复句

他留话的复句中有很多不使用连词，只是将两个或多个单句简单地拼接在一起，如：

ĩ^{31}ȵi^{55}	ɑ^{55}ti^{31}	tsʰu^{55}	mi^{31}vʊ^{33}	ɑ^{55}ti^{31}	dzɑ^{33}kə^{33}
白天	很	热	晚上	很	冷
白天很热，晚上很冷。					

有时为了加强单句间的连接性，会使用一些助词来加强紧密性，如：

ŋu^{55}	my^{31}tyɛ^{31}	dzɑ^{55}	tʃʰi^{55}	xu^{31}tʂʰʅ^{31}
我	忘记	（助词）	他	记得
虽然我忘记了，但是他记得。				

但如上例句中的助词不是表示转折关系的连词。

2. 有明确连词的复句

多表示并列、条件或是递进关系，例如：

| tʃʰi⁵⁵ tsʰɑ⁵⁵ dɑ³¹ my⁵⁵ ŋu³¹sɑ³¹ dɑ³³ n̠i⁵⁵ |
| 他　人　也　高　力气　也　大 |
| 他不但高，而且有力气。 |

| n̠i⁵⁵ dɑ³¹ i⁵⁵ ŋ̍³¹ tʃʰi⁵⁵　ŋu⁵⁵ dɑ³¹ i⁵⁵ ŋ̍³¹ tʃʰi⁵⁵ |
| 你　也　去　不　（助词）　我　也　去　不　（助词） |
| 你不去我就不去。（只有你去，我才去） |

| ŋu⁵⁵ bi⁵⁵ tu⁵⁵ tʰa³¹ta⁵⁵ sɿ³¹miɑ⁵⁵ liɑ⁵⁵ sɿ³¹miɑ⁵⁵ dzɑ³³kə³³ |
| 我　山头　上面　越　走　越　冷 |
| 我越往山上走，越是冷。 |

另外，他留话在实际的使用中，对于具体的字词并不是严格按照单个的字词所对应的形式，而多会受语境、语气、说话人的状态以及字词间的影响，采用更为复杂的形式，如"热"的简单的表达方法为 /tsʰu⁵⁵/，但是在例句中表达为 /lu⁵⁵n̠i³¹mu³³/。再如白 /pʰʋ⁵⁵/ 在语句中表达为 /pʰa³¹pʰʋ⁵⁵mu³³/，大 /uɑ³¹/ 表达为 /uɑ³¹uɑ³¹mɑ⁵⁵/ 等。

 他留话语料

（一）问答三则

| xɛ³¹kɑ³³ tʂʰʅ³¹n̠y⁵⁵ n̠y³³wɑ³³，ɑ⁵⁵mi³³ tʃʰʅ³¹tɕi³³ŋ̍³¹lu³¹ |
| 肚子　很臭　　　　什么　什么东西 |
| ——有一个东西肚子很臭，这是什么东西？ |

| xɑ³¹mu³³ɑ³³ ʐæ⁵⁵kuŋ³³ |
| 这个　　　烟杆 |
| ——这个是烟杆。 |

a⁵⁵ tɕa³³ tɕi³³ tɕi³³ ŋ³¹pʂɿ³³, a⁵⁵ mi³³ tʃʰɿ³¹tɕi³³ŋ³¹lu³¹
水　装　不满　什么　什么东西
——有一个东西装多少水也装不满，这是什么东西？

xa³¹mu³³a³³ zɿ⁵⁵ tʂʰɿ⁵⁵ a³¹tʂɿ⁵⁵
这个　　山上　鸟窝
——这个是山上的鸟窝。

i⁵⁵ va⁵⁵　wa⁵⁵ sɿ³¹wa⁵⁵ tsɿ³³, liɛ³¹lu⁵⁵　mia³¹pʂɿ⁵⁵ mia³¹wa³¹, a⁵⁵ mi³³ tʃʰɿ³¹tɕi³³ŋ³¹lu³¹？
去（的时候）笑眯眯的　回来（的时候）眼泪汪汪　什么　什么东西
——有一样东西去的时候笑眯眯的，回来的时候眼泪汪汪的，这是什么东西？

xa³¹mu³³a³³ sɿ³¹la³¹tsʰʊ³¹ a⁵⁵ tɕa³³piu³¹ i⁵⁵
这个　　木桶　　挑水　去
——这个是去挑水的木桶。

（二）粑粑节祭祖时使用对联两则

tʂuə³³ŋo³¹　ʂua⁵⁵ zu⁵⁵　　a³³pʰi³¹　a³³pu⁵⁵　la³¹　bɛ³³ʂɿ³¹ bɛ³³u⁵⁵ xu⁵⁵
春节祭祖　六月二十四祭祖　列祖　爷爷　（助词）富裕　平安　要
春节和六月二十四祭祖时，向列祖列宗祈求富裕平安；

tʂa⁵⁵ io³³　tʰa³¹zi³¹　ɕu⁵⁵ ʑi³³　dzu³³　tʂa³³su³³ ma³³tʂu³³　ȵɛ³³mu³³ tsu³³
塔形粑粑　纸钱　香条　带　有着的后裔　　心　表示
我们这些活着的后人，带着塔形粑粑、纸钱、香条来表示我们的心意。

my³¹ȵi⁵⁵　pia³¹pia³¹
太阳　光耀的样子
太阳很亮；

xu⁵⁵ bu⁵⁵　zi³¹zi³¹
月亮　明亮的样子
月亮很亮。

（三）祭祖碑文

tʰa³¹lu⁵⁵　a³¹pʰi³¹　a³³pu³³　ɤ³¹ka⁵⁵
他留　列祖　爷爷　供奉的地方
供奉他留人列祖列宗的地方。

（四）青春棚对诗两则

ŋuŋ³¹　pʰiu⁵⁵　ka⁵⁵　ŋuŋ³¹　i⁵⁵　zɿ⁵⁵　pʰiu⁵⁵　ka⁵⁵　zɿ⁵⁵　i⁵⁵
鱼　　喜欢　地方　鱼　　去　水　喜欢　　地方　水　去
鱼去鱼喜欢的地方，水去水喜欢的地方。

tʂʰʅ³¹ɕi⁵⁵　a⁵⁵　tu⁵⁵　piɛ³³　zu³¹　piɛ³³　zu³¹　liɛ³¹　i⁵⁵
跳蚤　　　跳着　　跑　儿子　跑　儿子　回去
跳蚤跳着跑，我跑着回去。（这句话前半句是比兴。以前有学者翻译成"我像跳蚤一样跑着回去"，闹出了笑话。）

四 他留话词汇表

词	国际音标	词	国际音标
天（天地）	min³¹dzi⁵⁵mu³³	河	ʐ̩⁵⁵bu³¹
地（天地）	mi⁵⁵na³¹mu³³	河水	ʐ̩⁵⁵bu³¹a⁵⁵tɕa⁵⁵
太阳	my³¹ɲi⁵⁵	海	xɤ̠⁵⁵ʐ̩⁵⁵
月亮	xu⁵⁵bu⁵⁵	海水	xɤ̠⁵⁵ʐ̩⁵⁵a⁵⁵tɕa⁵⁵
星	kuɑ⁵⁵	露水	tʂu³¹
三排星	kuɑ⁵⁵sɑ⁵⁵tʰʊ³¹	湖	ʐ̩⁵⁵xɤ̠⁵⁵
启明星	kuɑ⁵⁵zi³³mu³³	湖水	ʐ̩⁵⁵xɤ̠⁵⁵a⁵⁵tɕa⁵⁵
扫帚星	kuɑ⁵⁵mi⁵⁵so⁵⁵	井（第一种读法）	a⁵⁵tɕa³³ʐ̩⁵⁵dʊ³¹
银河	mi³³gʊə³³	井（第二种读法）	ʐ̩⁵⁵dʊ³¹
晴天	ʔũ³¹kɑ̠⁵⁵bʊ³³	井水	ʐ̩⁵⁵dʊ³¹a⁵⁵tɕa⁵⁵
阴天	ʔũ³¹kɑ̠⁵⁵tsʅ³¹	瀑布	a⁵⁵tɕa³³xua³¹tʃʰʅ⁵⁵
云	tsʅ⁵⁵tsʰu⁵⁵	波浪	ʐ̩⁵⁵ŋə³¹tʊa³¹
白云	tsʅ⁵⁵tsʰu⁵⁵pʰʊ⁵⁵	旋涡	ʐ̩⁵⁵tʂa⁵⁵tʂa⁵⁵
乌云	tsʅ⁵⁵ŋa̠³¹	池塘	a⁵⁵tɕa³³ʐ̩⁵⁵tʰi³¹
风	mi³¹xi⁵⁵	岸	ʐ̩⁵⁵bu³¹pʰiɑ³¹
雨	a⁵⁵xu⁵⁵	坝	ʐ̩⁵⁵xɤ̠⁵⁵tʃʰu³¹
闪电	my³¹zi³¹	山头（山尖）	bi⁵⁵tu⁵⁵
雷	my³¹tʰy³¹	山顶	bi⁵⁵tu⁵⁵ŋ̩³¹kɑ̠³¹
彩虹	bʊ³¹sʅ⁵⁵i⁵⁵na⁵⁵tʊa³¹	山脚	bi⁵⁵tu⁵⁵tʃʰʅ³³tɕi³³
雪	u³¹	山腰	bi⁵⁵tu⁵⁵lo³¹tsɑ³¹
冰	i³³lin³¹i⁵⁵lin³¹piɑ⁵⁵	山坡	bi⁵⁵piɑ⁵⁵
雾	tʂuɛ³¹mə⁵⁵	山谷	bi⁵⁵tɕu³¹
霜	i̠⁵⁵	田	tʂʰu⁵⁵mi⁵⁵
水	a⁵⁵tɕa³³	田埂	dzi³¹kʰʊ⁵⁵
热水	a⁵⁵tɕa³³zɛ⁵⁵tsʰu⁵⁵	地点	m̩³¹ty⁵⁵
凉水	a⁵⁵tɕa³³zɛ⁵⁵tsʅ³¹	高原	my⁵⁵kɑ̠⁵⁵di³¹kɑ̠⁵⁵
开水	a⁵⁵tɕa³³tsʊ⁵⁵lu³¹mu³¹	平原	di³¹kɑ³³pa̠³³

词	国际音标	词	国际音标
金	pʰʊ⁵⁵	三月	sɑ³¹xu⁵⁵
银	dzu̥³¹	四月	zʅ³¹xu⁵⁵
铜	dzɿ³¹	五月	ŋu³¹xu⁵⁵
铁	xɤ˗⁵⁵	六月	tʃʰo³¹xu⁵⁵
锡	tsʰuɑ³³	七月	ʂʅ³¹xu⁵⁵
石头	lo³¹dzi⁵⁵	八月	xiɛ³¹xu⁵⁵
火石	a⁵⁵ to³¹dzuɑ³¹lo³³dzi⁵⁵	九月	kʊ³¹xu⁵⁵
火镰	a⁵⁵ to³¹tʂuɑ³¹	十月	tsʰʅ⁵⁵ xu⁵⁵
石膏	nuŋ³³dzə̥³³pi⁵⁵ xiu³³lo³¹dzi˗⁵⁵	十一月	tsʰʅ⁵⁵ tʃʰʅ³¹xu⁵⁵
碎石	lo³¹dzi⁵⁵ iɑ⁵⁵ la⁵⁵ zu³¹	十二月	tsʰʅ⁵⁵ ȵi³¹xu⁵⁵
沙子	lo⁵⁵ m̩⁵⁵ ȵi⁵⁵	闰月	xu⁵⁵ bu⁵⁵ tsʰʅ³¹m̩³³tu⁵⁵
土	nɛ˗³¹tsʅ³¹	闰年	xu⁵⁵ bu⁵⁵ tu⁵⁵ lu³¹m̩³³kʰo³¹
灰尘	kʰu³¹pʰɑ⁵⁵	今年	tsʰʅ³¹nɛ³³
火	a⁵⁵ to³¹	明年	nuŋ³¹xia³¹
火花	my⁵⁵ dzʅ³¹	后年	nu⁵⁵ nɛ³³
火药	xu³¹iu⁵⁵	去年	ã³¹nɛ³³
方向	a⁵⁵ miɛ⁵¹nɛ¹¹	前年	ʂʅ³¹nɛ³³
前	o³¹dɑ˗³¹	大后年	ʂʅ³¹u³¹nɛ³³
后	kɑ⁵⁵ di˗³¹	大前年	ʂʅ³¹u⁵⁵ nɛ³³
左	la³¹uɑ³¹	新年	kʰo˗³¹ɕɛ³¹
右	la³¹iu⁵⁵	春节	kʰʊ³¹ɕɛ³¹
上	pʰɑ⁵⁵ tsʅ³¹	时间	ȵi⁵⁵ xia³¹
下	dɑ⁵⁵ wo³¹	时候	a⁵⁵ tʰu³¹tsʰʅ³¹kʰo³³zu⁵⁵
旁边	bu³¹tʃɑ³³	时代	a⁵⁵ tʰu³¹tsʰʅ³¹kʰo³³
中间	kə⁵⁵ la˗⁵⁵	岁	a⁵⁵ mi⁵⁵ kʰo³¹
附近	tɕu˗⁵⁵ ta³¹zu³¹	一天	tsʰʅ³¹ȵi⁵⁵
顶端	ŋ̍³¹kɑ˗³¹pɑ³³la³¹	今天	ĩ³¹ȵi⁵⁵
角落	tɕu³¹la⁵⁵ la³¹	昨天	ã³¹ȵi⁵⁵
里面	ti³¹kʰʊ⁵⁵ la³¹	前天	ʂʅ³³ȵi³³
外面	ȵi⁵⁵ pʰɛ³³	明天	a³¹gə⁵⁵ ȵi³³
表面	tʰa³¹dɑ³¹	后天	tsʰɛ⁵⁵ pʰɛ³¹ȵi³³
正月	kʰʊ³¹sɛ³¹xu⁵⁵	大前天	ʂʅ⁵⁵ u³¹ȵi³³
一月	tʃʰʅ³¹xu⁵⁵	大后天	a⁵⁵ u³¹ȵi³³
二月	ȵi³¹xu⁵⁵	上半月	xu⁵⁵ go³¹dɑ³¹tsʰʅ³¹tsʅ³³

词	国际音标	词	国际音标
下半月	xu⁵⁵ kɑ⁵⁵ di³¹tʂʰʅ³¹tsʅ³³	尿	zḽ³¹
上半年	kʰo³¹vʋ³¹	黄牛	ɑ⁵⁵ ȵi³¹
下半年	kʰo³¹mɑ̠⁵⁵	水牛	ŋɑ⁵⁵ ŋua³¹
凌晨	i⁵⁵ miɛ⁵⁵ zʅ³³	牛犊	ɑ⁵⁵ ȵi³¹zu³¹
上午	dzu⁵⁵ tʃʰʅ³¹ŋ³¹dzu³¹	马	a⁵⁵ na³³mu³¹
中午	dzu⁵⁵ tʃʰʅ³¹du³¹tʰu³¹	小马	a⁵⁵ na³³mu³¹zu³¹
下午	dzu⁵⁵ tʃʰʅ³¹dzu³¹tʃa̠⁵⁵	骡子	lʋ⁵⁵ tso³³
晚上	mi³¹tʃʰa³¹	驴	tʰɑ³¹lə⁵⁵ mu³¹
半夜	mi⁵⁵ vʋ³³kə⁵⁵ lɑ̠⁵⁵	猪	βiɛ³¹
白天	ȵi³³vʋ³³kə⁵⁵	公猪	βiɛ³¹bu³¹
2点2分	ȵi³¹du³³ȵi³¹mu⁵⁵	母猪	βiɛ³¹mu⁵⁵
2点	ȵi³¹du³³	山羊	a⁵⁵ tʃʰʅ³¹
子时	xua⁵⁵ tʰu³¹	绵羊	iɑ³¹
丑时	ɑ⁵⁵ ȵi³¹tʰu³¹	猫	nu⁵⁵ ȵi³³
寅时	lu³¹mu⁵⁵ tʂʰʅ³¹	狗	ɑ⁵⁵ nu³¹
卯时	tʰa³¹lu⁵⁵ tʰu³¹	兔	tʰɑ³¹lu⁵⁵
辰时	lu³¹mu⁵⁵ tʰu³¹	野猪	nu³¹βiɛ³¹
巳时	ʂo⁵⁵ tʰu³¹	象	xiuŋ³¹
午时	a⁵⁵ na³³mu³¹tʰu³¹	猴	da⁵⁵ mio³¹
未时	iɑ⁵⁵ tʰu³¹	狼	tʃʰʅ³¹lɑ³¹
申时	mi³³ŋo³¹tʰu³¹	熊	i⁵⁵
酉时	ia⁵⁵ tʰu³¹	鹿	ɑ⁵⁵ tʂʰʅ⁵⁵
戌时	tʂʰʅ³¹tʰu³¹	豹子	zɑ³¹mu⁵⁵
亥时	βiɛ³¹tʰu³¹	麂子	ɑ⁵⁵ lu³³
现在	xa⁵⁵ tsʰa⁵⁵	穿山甲	tʰa³¹kʰuɑ⁵⁵
刚才	a³¹mə³³sʅ⁵⁵	鼠	xuã⁵⁵
以前	go³¹da³¹	水獭	ʂu⁵⁵
古代	a³¹nɛ⁵⁵ ʂʅ³¹niɛ⁵⁵	鸡	ia³³
今后	kɑ⁵⁵ tiɛ⁵⁵	鸭	ba̠³¹
未来	xa³¹liɑ⁵⁵	鸽子	a³¹pʂʅ⁵⁵
后来	ka⁵⁵ ti³¹	鹅	õ̠⁵⁵
永远	xɑ³³liŋ⁵⁵ li⁵⁵	鸟	ã⁵⁵
牲口	dzu³³kʰa̠⁵⁵	鸟窝	ã⁵⁵ tʂʰʅ³³
粪	tʃʰʅ³³	老鹰	dzi⁵⁵ mu³³

续表

词	国际音标	词	国际音标
大雁	io³¹io¹¹tʊ³³tʊ⁵⁵	蚂蟥	yɛ³¹
猫头鹰	bɤ⁵⁵vʊ̠³¹	蛆	xõ³³
乌鸦	a⁵⁵na̠³³	不达阿达	bu³¹ta³¹a⁵⁵ta³¹
八哥	a⁵⁵dʐʅ³¹	蜗牛	a³¹vʊ⁵⁵kɤ³¹ua³¹
喜鹊	kɤ⁵⁵tʃa³¹	蛋	ia⁵⁵fʊ⁵⁵
布谷鸟	ã⁵⁵pʰa⁵⁵	翅膀	dʊ⁵⁵la³¹
燕子	ka⁵⁵tsəu³¹li̠⁵⁵	毛	tsʰy⁵⁵
啄木鸟	sə⁵⁵kʰʊ̠³¹ã⁵⁵	爪子	tɕa³¹ɕy³¹
蝙蝠	biu⁵⁵ŋ̍⁵⁵tʃi⁵⁵li⁵⁵	蹄子	tsʰi⁵⁵βiɛ³¹
麻雀	dzu̠⁵⁵	牛角	bu⁵⁵tʂʰʅ⁵⁵
蝌蚪	ŋu⁵⁵zɿɛ³³	皮	xiu³¹dzi⁵⁵
青蛙	kɤ⁵⁵li³¹	筋	dzʊ̠³¹
蚌	sɿ³¹kʰo³¹	肉	xu³¹
黄鳝	ma³¹iu̠⁵⁵	尾巴	ma³¹
鱼	uŋ³¹	树	sɿ³³bʊ³³
螺蛳	a³¹vʊ⁵⁵kə³¹	树林	sɿ³³tʂʰʅ⁵⁵
泥鳅	ŋu³¹tʂə³³	树叶	sɿ³³pʰiu³¹
蛇	ʂo⁵⁵	树枝	sɿ³³ka³¹
蜂	biu³¹	树皮	sɿ³³ko³³
蜜蜂	tsʰo³¹biu³¹	树干	sɿ³³pu⁵⁵
蜂窝	biu³¹tʂʰʅ⁵⁵	树根	sɿ³³tɕi³³
蝴蝶	a³¹la³¹ŋ̍³¹ty⁵⁵	木头	sɿ³³du⁵⁵
蟋蟀	bu³¹la³¹ŋ̍³¹tsɿ⁵⁵	柴火	sɿ³³tɕa³¹
蜻蜓	zɿ⁵⁵tsʰɿ³¹zɿ⁵⁵li⁵⁵la³¹	松树	tʰa³¹bʊ⁵⁵
蝉	bu³¹dzo³¹	松叶	tʰa³¹ɕi⁵⁵
萤火虫	bu³¹sɿ³¹ŋ̍³³to⁵⁵	桃树	su³¹vʊ³¹bʊ⁵⁵
蚂蚁	bo³¹lo³³	桑树	a⁵⁵dzɑ⁵⁵nia³¹bʊ⁵⁵
蜘蛛	ia³¹mu⁵⁵	棕榈树	ɲi⁵⁵pʰɛ³¹bʊ⁵⁵
跳蚤	tʂʰʅ³¹ɕi⁵⁵	竹子	mu⁵⁵du⁵⁵
蜈蚣	ʂo³³ɕi⁵⁵	竹笋	mu⁵⁵zu³¹
蚯蚓	bu³¹dzi⁵⁵mia³¹mi⁵⁵	水稻	tsʰu⁵⁵
蚊子	pə³¹sɿ⁵⁵	高粱	mu³³ləu³¹
苍蝇	ia⁵⁵my³¹	小麦	ʂu⁵⁵
蛾子	a³³bi³³	小米（稗子）	y⁵⁵

词	国际音标	词	国际音标
小米（北方）	ɑ⁵⁵ nu³¹mə³³ʂə³¹	枣子	sə⁵⁵ suɑ³¹i̠⁵⁵ li⁵⁵ zu³¹
油菜	tsʰuɑ⁵⁵ iɑ³¹	芭蕉	mɑ⁵⁵ suɑ³¹
玉米	ɑ⁵⁵ nɑ⁵⁵ ʂu⁵⁵	青草	ʂɿ³¹i⁵⁵
葵花籽	tʂə⁵⁵ lɑ³¹tʰʊ³¹ʂɿ³¹	烟（抽的）	ɑ³¹kʰʊ³¹tɑ⁵⁵ xiuŋ³³
麻	dzɿ³¹	花	yɛ³³lə³³
土豆	ȵiɛ̠³³so³³lɑ³¹	花瓣	yɛ³³lə³³bɑ³¹
花生	ti³³kɑ³³mi⁵⁵ kʰu	蘑菇	mi³¹lu³³
山药	mɑ³¹	木耳	pʰɑ⁵⁵ nɛ³¹tʂo³¹
黄豆	no³¹pʰʊ⁵⁵	果核	sɿ³³kuɑ³³ȵɛ̠³³mu⁵⁵
豌豆	dzy³¹tʃʰy³¹no³³	芽	ny⁵⁵
绿豆	tʰɑ³¹tsʰɿ⁵⁵ no³³	山茶花	ɑ⁵⁵ dy³¹yɛ³³lu³³
豆腐	no³³dzuɑ³³	刺	tʂʰʊ³¹
南瓜	ɑ⁵⁵ tʰy³¹tɕyɛ⁵⁵ lɑ³¹	火草	tsu³¹mɛ³³
黄瓜	ɑ⁵⁵ tɕi³¹	干草	ʂɿ³¹xuɑ³³
蔬菜	iɑ³¹	身体	gʊ⁵⁵ dzɿ⁵⁵
茄子	kʊ³³tʂʊ³¹	头	n̩¹¹kɑ³¹
青菜	iɑ³¹i⁵⁵	头发	mu³¹tʃʰy⁵⁵
白菜	iɑ³¹pʰʊ⁵⁵	辫子	mu³¹pʰi³¹
韭菜	ʂu³¹iɑ³¹	额头	n̩³¹kɑ̠⁵⁵ tiɛ³³
苦菜	iɑ³¹kʰu³¹	脸	pʰiɑ³¹bu³¹
芹菜	iɑ³¹dzɿ³¹ȵɛ⁵⁵	太阳穴	miɑ⁵⁵ dʊ³¹kɑ̠⁵⁵ tiɛ³¹
藕	nɛ³¹kʰʊ³¹iɑ³¹tʂʰɿ⁵⁵	眼睛	miɑ⁵⁵ dʊ³¹
萝卜	iɑ³¹tʂɿ⁵⁵	鼻子	nu³³tʂʰo³³
荷花	zɿ⁵⁵ tʰi³¹yɛ³³lə³³	嘴	kʰɑ³¹pʰiɛ³¹
蒜	kʰu³¹ɕy⁵⁵	嘴唇	kʰɑ³¹pʰiɛ³¹dzi⁵⁵
辣椒	lɑ⁵⁵ tsɿ³³	舌头	lu⁵⁵
生姜	tʰɑ³¹pʰi⁵⁵	牙	ɕi³¹
花椒	dziɛ³¹	眉毛	miɑ³³dzɿ³³tɕʰy⁵⁵
水果	sə⁵⁵ suɑ³¹	耳朵	nu³¹pɛ⁵⁵
核桃	u⁵⁵ du⁵⁵	下巴	nu⁵⁵ tsʰɿ³¹tʃʰɿ⁵⁵ kʰuɑ³³
桃子	su³¹vʊ³¹	胡子	mi³¹tsʰuɑ³³
柿子	dzi³³ly³¹uɑ³¹	下巴骨	mi³¹tsi⁵⁵
石榴（引进语，作"石榴"）	ʂi³⁵ljoʊ⁵⁵	脖子	li⁵⁵ bi⁵⁵
梨	xiu³³ziɛ³³	肩	uɑ⁵⁵ tɕʰy³¹

续表

词	国际音标	词	国际音标
嗓子	tʂʰʋ³¹bi⁵⁵	人	tsʰɑ⁵⁵
手	lɛ³¹pʰɛ⁵⁵	男人	tsʰɑ⁵⁵ pu³¹mɑ³¹
手腕	lɑ³¹tsɿ³¹	女人	tsʰɑ⁵⁵ mɑ³¹
手指	lɑ³¹i⁵⁵	成年人	tsʰɑ⁵⁵ uɑ³¹
手心	lɑ³¹kɑ̠⁵⁵	老人	mɛ³¹i⁵⁵ su⁵⁵
手背	lɑ³¹nu⁵⁵ pʰɑ³³	小孩	ɑ⁵⁵ di³¹zu³¹
手指甲	lɑ³¹ɕy³¹pʰi³¹	老头	ɑ⁵⁵ bu⁵⁵ mɛ³¹zu³¹
脚	tsʰɿ⁵⁵ vʋ³¹	老太太	ɑ⁵⁵ iu⁵⁵ mɛ³¹zu³¹
脚腕	tsʰɿ⁵⁵ tsɿ³¹	长辈	dzɑ⁵⁵ uɑ³¹su̠⁵⁵
脚趾	tsʰɿ⁵⁵ i̠⁵⁵	晚辈	dzɑ⁵⁵ ia⁵⁵ su̠⁵⁵
脚指甲	tsʰɿ⁵⁵ ɕy³¹pʰi³¹	小男孩	ɑ³¹gɤ̠³¹pu³¹zu³¹
胸	ɲiɛ³¹tə⁵⁵	小女孩	ɑ³¹gɤ̠³¹mu⁵⁵ zu³¹
背	kɑ⁵⁵ pɛ⁵⁵	新郎	mɛ³³vʋ⁵⁵ sɿ̠³¹
胳膊	lɛ³¹pʰɛ⁵⁵ iɛ³¹pu³¹	新娘	tʂʰɿ³¹mu⁵⁵ sɿ̠³¹
肚子	xɛ³¹mu⁵⁵	朋友	tʂʰɛ³¹pɛ⁵⁵
腰	lo³³tsɿ³¹	熟人	tsʰɑ⁵⁵ piɑ³¹suɑ³¹
腿	tʋ⁵⁵ ti⁵⁵	陌生人	tsʰɑ⁵⁵ piɑ³¹ŋ³¹suɑ³¹mu⁵⁵
大腿	tʋ⁵⁵ ti⁵⁵ uɑ³¹	邻居	dzʐ⁵⁵ tʂʰʐ³¹su⁵⁵
小腿	tsʰɿ⁵⁵ tsɿ³¹ia⁵⁵	师傅	mu³¹su⁵⁵
膝盖	pʋ⁵⁵ pa⁵⁵ to³³	徒弟	tsʰɑ⁵⁵ su⁵⁵
腋	lɑ³¹dzɿ³¹ɲi⁵⁵ kʰʋ³³	客人	tsʰɑ⁵⁵ iu³³
皮肤	tsʰɑ⁵⁵ dzɿ³¹tʂo³¹	工作	miɑ³³ɲi³¹
骨头	xu³¹to³³	木匠	sɿ³³kʰə³¹su⁵⁵
血	sʋ̠³¹	铁匠	xɤ³³duɑ³¹su⁵⁵
肠子	vʋ⁵⁵	石匠	lo⁵⁵ tɛ³¹su⁵⁵
胃	xɛ³¹mu⁵⁵	富人	tsʰɑ⁵⁵ bɛ⁵⁵
心	ɲɛ⁵⁵ mu⁵⁵	穷人	tsʰɑ⁵⁵ xiɑ³¹
肺的肉	tʂʰa³¹xu³¹	官员	uɑ³¹uɑ³¹pi⁵⁵
肝	xu³³sə³¹	政府	tsʰɑ⁵⁵ vʋ³¹də⁵⁵ kɑ⁵⁵
胆	tsɿ⁵⁵	士兵	nɛ³¹di³¹zu³¹
胆量	tsɿ⁵⁵ uɑŋ³¹uɑ³¹	商人	uɑ⁵⁵ lɑ³¹pi⁵⁵ su⁵⁵
口水	my³¹ziɛ⁵⁵	农民	miɑ³¹mu⁵⁵ tʂʰu⁵⁵ tɑ⁵⁵ su̠⁵⁵
痣	xuã⁵⁵ tsɿ³¹	厨师	dzʋ⁵⁵ pi⁵⁵ su̠⁵⁵
关节	tsɿ³¹	好人	tsʰɑ⁵⁵ no̠⁵⁵

词	国际音标	词	国际音标
坏人	tsʰa⁵⁵ bia³³	丈夫	tsʰa⁵⁵ pu³¹
和尚	bʊ³¹xi⁵⁵ fʊ⁵⁵ su̱⁵⁵	亲家	ma³¹fu⁵⁵
道士	ɲi³¹pi⁵⁵ su̱⁵⁵	夫妻	tsʰa⁵⁵ pu³¹tsʰa⁵⁵ mu³³
铎系	du³¹ɕi̱⁵⁵	儿子	zu³¹
土司	tsʰa⁵⁵ vʊ³¹pi⁵⁵ su̱⁵⁵	女儿	zu³¹ma³¹
医生	no⁵⁵ tsʰɿ³¹gʊ⁵⁵ su̱⁵⁵	儿媳	zu³¹tʂʰʅ³¹mu³³
学生	tʰa³¹zɿ³¹sa⁵⁵ su̱⁵⁵	女婿	mɛ³¹vu⁵⁵
小偷	kʰʊ³¹pu³¹	孙子	zɿ³¹zu³¹
乞丐	tsʊ³¹mɛ³¹su̱⁵⁵	孙女	zɿ³¹mu³³
民族	a⁵⁵ my⁵⁵ ɕy³¹ɕy³³tsʰa⁵⁵	亲戚	tsʰa⁵⁵ sɿ³¹
他留	tʰa³¹lu⁵⁵ su̱⁵⁵	家	xi̱⁵⁵
汉族	ɕi³¹	房子	xi̱⁵⁵ tsʰɿ³¹tɕa⁵⁵
白族	ma⁵⁵ pʰʊ⁵⁵ su̱⁵⁵	楼	xi̱⁵⁵ ɲi³¹tiɛ³³
藏族	la³³ma³³	大门	a⁵⁵ tɕʰi³¹ua³¹
彝族	ŋə³¹ka⁵⁵	门	a⁵⁵ tɕʰi³¹
傈僳族	zɿ⁵⁵ su̱⁵⁵	庭院	xi̱⁵⁵ kua⁵⁵ kua⁵⁵
傣族	mi⁵⁵ xiu³¹su̱⁵⁵	屋檐	xi̱⁵⁵ lu³¹ta⁵⁵ dza⁵⁵
祖先	a³¹pʰi³¹a⁵⁵ pu⁵⁵	楼梯	da⁵⁵ tsʰɿ⁵⁵
后代	a⁵⁵ zu³¹la⁵⁵ mu⁵⁵	柱子	sə³¹du⁵⁵ du⁵⁵ su⁵⁵
爷爷	ɲia⁵⁵ pu³³	梁	xi̱⁵⁵ la⁵⁵
奶奶	ɲa⁵⁵ iu³¹	门槛	a⁵⁵ tɕʰi³¹ua⁵⁵ laŋ³¹pa³³
姥爷	ɲia³¹vʊ⁵⁵ pu⁵⁵	窗户	mi³¹xi⁵⁵ dzu⁵⁵ ga⁵⁵
姥姥	ɲia³¹vʊ⁵⁵ iu³¹	厨房	dzu⁵⁵ pi⁵⁵ sa³¹ga⁵⁵
爸爸	ɲia³³bu³¹	卧室	zə³¹ga⁵⁵
妈妈	ɲia³³mu³³	厕所	tsʰɿ³¹xi³¹ga⁵⁵
哥哥	xuã³³dzɛ³¹	青春棚	xi̱⁵⁵ ka⁵⁵ xia³¹ga⁵⁵
姐姐	mu³¹tsɿ⁵⁵	炕	tʂu³¹ga⁵⁵
弟弟	nu⁵⁵ ɲia⁵⁵ zu³¹	床	zə³¹ga⁵⁵
妹妹	ɲia⁵⁵ mu³³	桌子	tʰa³¹zɿ³¹ba⁵⁵ ga⁵⁵
嫂子	mu³³lu³¹	椅子	ɲi⁵⁵ ka⁵⁵ ka⁵⁵ di³¹zu⁵⁵ da⁵⁵ mu⁵⁵
姐夫	xua³³tsɿ³³	凳子	ɲi⁵⁵ ka⁵⁵ ia⁵⁵ la⁵⁵ zu³¹
妹夫	ɲia⁵⁵ mu³³tsʰa⁵⁵ pu³¹	砖头	ɲɛ³³tsʰɿ³¹tsʰʊ⁵⁵ da³³lu³³mu³³ɲɛ³¹tʂu⁵⁵
弟媳	ɲia⁵⁵ zu³¹tsʰa⁵⁵ mu³³	瓦片	xua³³tɕʰu³¹
妻子	tsʰa⁵⁵ mu³³	钉子	xɤ̱⁵⁵ tʂʰʊ³¹

词	国际音标	词	国际音标
火钳	xɤ˧˩⁵⁵ xiɛ⁵⁵	粥	dʐu⁵⁵ xia³¹
钩子	a⁵⁵ kʰo⁵⁵ lo⁵⁵	粑粑	a⁵⁵ pia³³
链条	xɤ˧˩⁵⁵ tʃu³³pa³³	酸菜	ia³¹tʂu³¹
铁丝	xɤ˧˩⁵⁵ kə³¹tʃʰʅ⁵⁵	盐	tsʰo³¹bə³³
村子	tsʰa⁵⁵ kʰua⁵⁵	醋	xiu³¹zʅ³¹tʂu˧˩⁵⁵
县城	sʅ³¹pu³¹da⁵⁵ ga⁵⁵ dzʅ³¹gua⁵⁵	猪油	βiɛ³¹tsʰua⁵⁵
牛棚	a⁵⁵ ɲi³¹by⁵⁵	豆油	no³³tsʰua⁵⁵
羊圈	a⁵⁵ tʃʰʅ³¹by⁵⁵	糖	biu³¹
鸡窝	ia³³by⁵⁵	白糖	biu³¹pʰʊ⁵⁵
背包	tɕa⁵⁵ pʊ³¹tɕi³³bu³¹ka˧˩⁵⁵ ta⁵⁵ li⁵⁵	红糖	ʂʊ⁵⁵ pu⁵⁵ biu³¹
帽子	du³¹tsʅ⁵⁵	茶	lu⁵⁵
衣服	pʰia⁵⁵ tsʅ³¹	茶叶	lu³¹pʰiu³¹
裤子	lu³¹tsʰʅ³¹	烤茶	lu³¹tʂa³³do³³lu⁵⁵ mə³³
裙子	xɤ˧˩⁵⁵ tsʰʅ³¹	酒	zʅ⁵⁵ pʰa³¹
袜子	tsʰʅ⁵⁵ tʰʊ³¹	牛肉	a⁵⁵ ɲi³¹xu³¹
鞋子	tsʰʅ⁵⁵ ny˧˩⁵⁵	猪肉	βiɛ³¹xu³¹
袖子	pʰia⁵⁵ la³¹	羊肉	a⁵⁵ tʃʰʅ³¹xu³¹
头巾	ũ³¹ka³³pu⁵⁵ tʊ⁵⁵	肥肉	tsʰua⁵⁵ piu³³
扣子	xɤ˧˩⁵⁵ su³³	瘦肉	xu³¹na³¹tʂʅ⁵⁵
耳环	nu³¹dzə³³	斧头	a⁵⁵ tsʰo³³
被子	lu³¹pi³¹	柴刀	sʅ³³tɕa³¹tʂʰʅ⁵⁵ a⁵⁵ tʰu³¹
枕头	ũ³¹kə˧˩³¹	菜刀	ia³¹i⁵⁵ a⁵⁵ tʰu³¹
床单	kʰa³¹da⁵⁵	镰刀	mi³¹tsʰo⁵⁵
席子	ʂʅ³¹bi³¹kʰa³¹da⁵⁵	锄头	a³¹gɤ⁵⁵
布	ma⁵⁵	耙	tɕa³³
庄稼	lo³³mɤ³¹	犁	sʅ⁵⁵ go³¹
粮食	tsu⁵⁵	锤子	lo⁵⁵ tɛ³¹xiu³³xɤ˧˩⁵⁵ tsʰua³¹
米	tʂʰu⁵⁵ pʰʊ⁵⁵	锯子	xɤ³¹zyɛ⁵⁵
糯米	tʂʰu⁵⁵ ɲia³¹	刨子	sʅ³³kʰə³¹xiu³³xɤ˧˩⁵⁵ nua³¹
面	dzu⁵⁵ mi³³	凿子	dzʊ³¹
饭	dzu˧˩⁵⁵	锉子（第一种读法）	xɤ˧˩⁵⁵ zʅ³¹sua³¹xiu⁵⁵
早饭	dzu³¹dza³¹	锉子（第二种读法）	xɤ˧˩⁵⁵ zʅ³¹sua³¹xiu⁵⁵ tu⁵⁵
午饭	dzu³¹tʂʰʅ³¹	锵	tɕa⁵⁵ la³¹tʂʰua³¹
晚饭	dzu⁵⁵ tʂʰu⁵⁵	簸箕	u˧˩⁵⁵ mu³³

词	国际音标	词	国际音标
扫帚	mi^{55} so^{33}	桶	la^{31}ts^{h}ua^{31}
牛丫	liɛ^{31}go^{31}	盆（第一种读法）	pia^{55} t^{h}ʋ^{31}
牛打脚	ua^{55} da^{31}	盆（第二种读法）	pɑ^{31}tɑ^{31}
织布机	ia^{31}za^{55}	盖子	mi^{55} ti^{31}
纺车	ʂua^{31}la^{31}	缸	a^{55} tɕa^{33}tɕi^{31}tɑ^{33}gɑ^{33}
经线	ia^{31}mu^{31}	坛子	ŋu^{55} ty^{33}
纬线	ia^{31}po^{31}	瓶子	bia^{55}
梭子	dzo̱^{33}k^{h}ʋ^{31}	碗	gua^{55} sɿ^{31}
绕线板	ia^{31}pɑ^{31}	酒瓶	zɿ^{55} bia^{55}
绕线竹	pi^{55} t^{h}ʋ^{31}	壶（无单独表示壶的词，只能根据制作原料来说）	
绕线针	vʋ^{55} zu^{31}	铁壶	xɤ̱^{55} t^{h}ʋ^{31}
量线杆	ʂu^{31}ʂua^{55}	铝壶	kua^{55} t^{h}ʋ^{31}
戴在手上绕麻工具	ia^{31}ka^{31}	镍壶	xɛ^{55} t^{h}ʋ^{31}
绳子	xiu^{33}tʂu̱^{33}	铜壶	dʑi^{31}t^{h}ʋ^{31}
锥子	la^{31}dʐɿ^{31}dʐɿ^{31}	杯子	lu^{31}tɕi^{33}ta^{55} ka^{31}
针	piɛ^{31}	筷子	a^{55} dzʋ^{33}
线	kə^{31}tʃ^{h}ʅ^{55}	勺子	io^{31}
棍子	sɿ^{33}pu^{33}	盘子	ba^{55} la^{31}
拐杖	da^{31}dzʅ^{31}	草墩	ʂɿ^{31}bi^{31}ni^{55} ka^{55}
鞍子	a^{55} na^{33}mu^{31}tɕɛ^{33}xiuŋ^{55}	草堆	ʂɿ^{31}bi^{31}
筛子	ŋuŋ^{55} tɕi^{55}	梯子	da^{55} ts^{h}ɿ^{55}
磨	lo^{31}tʂa^{55}	柜子	dzʅ̱^{31}
杵子	la^{31}tʂ^{h}y^{31}	箱子	dzʅ̱^{31}ia^{55} la^{55} zu^{31}
箩筐	tɕi^{55} tʋ^{55}	盒子	lʋ^{31}dzɿ^{55} dy^{33}
扁担	a^{55} tɕa^{33}piu^{31}du^{55}	镜子（第一种读法）	a^{55} zo̱^{31}i^{55} tʋ^{55}
背篓（第一种读法）	tʃa^{55} la^{55}	镜子（第二种读法）	a^{55} zo̱^{31}i^{31}xiu^{55}
背篓（第二种读法）	bu^{55} lu^{31}	梳子	ũ^{31}pʂɿ^{31}
背篮（第一种读法）	k^{h}a^{55} dy^{31}	扇子	mi^{31}xi^{55} ə^{31}to^{55}
背篮（第二种读法）	k^{h}a^{55} t^{h}u̱^{31}	刷子	dza^{55} ku^{55}（ts^{h}ɿ^{31}na^{31}）tʃ^{h}ɿ^{31}dʋ^{55}
锁	su^{55} t^{h}ʋ^{31}	剪刀	dzɿ^{31}ta^{55}
钥匙	p^{h}ʂɿ^{31}dʋ^{55}	旗子	dzɿ^{55} ka^{31}
锣锅	a^{55} lə^{31}	雨伞（第一种读法）	a^{55} xu^{55} bi^{31}dʋ^{55}
铁锅	xɤ̱^{55} ts^{h}ua^{31}		
灶	lu^{55} tsu^{31}		

续表

词	国际音标	词	国际音标
雨伞（第二种读法）（最常用）	a⁵⁵ xu⁵⁵ tɕu³¹bi³¹du⁵⁵	故事	ũ⁵⁵ zɿ⁵⁵
雨伞（第三种读法）	a⁵⁵ xu⁵⁵ tɕu³¹kʰo³¹du⁵⁵	讲故事	ũ⁵⁵ zɿ⁵⁵ tsu³³
肥皂	pʰia⁵⁵ tsʰɿ³¹tsʰɿ³¹du⁵⁵	对联	a⁵⁵ tɕʰɛ³¹nua³¹xiu³³
毛巾	pʰia⁵⁵ bu³¹ʂua⁵⁵ du⁵⁵	笛子	pʂɿ⁵⁵ li⁵⁵
灯	a⁵⁵ to³¹miɛ⁵⁵ xiu³³	笙	mu⁵⁵ ia³¹
木炭	sua³¹ɲi³¹	口哨	ɕy⁵⁵
炭	sua³¹ɲi³¹	鼓	taŋ³¹ku³³
火炭	a⁵⁵ to³¹sua³¹ɲi³¹	锣	tɕi⁵⁵ la³¹
火柴	a⁵⁵ to³¹tsʰɿ³³du⁵⁵	镲	xɤ⁵⁵ bia³¹
肥料（用在地上的农家粪）	mi⁵⁵ na⁵⁵ tɕi³¹xiu³³tsʰɿ³¹	秋千（第一种读法）	da³¹tɕʰu⁵⁵ ka⁵⁵
垃圾（专指扫地时的垃圾）	ʂɿ³¹bi³¹po³³lo³¹	秋千（第二种读法）	da³¹tɕʰu⁵⁵ zɿ³¹
垃圾	po³¹lo³¹	药	no³³tsʰɿ³¹
路	du³¹dzu⁵⁵ o³¹tʂɿ³¹	话	ʂu³¹tʰy⁵⁵
桥	kuaŋ³¹tɕy⁵⁵	声音（听见的声音）	nu³¹bu³¹dzu⁵⁵
船	tʂʰɿ³¹tʰʊ⁵⁵	光（发光）	mia⁵⁵ da³³mu³³
集市	tʂɿ⁵⁵ kua⁵⁵	画	yɛ³³lu³³bo³³
商店	dʐa³¹ku⁵⁵ vʊ³¹ga⁵⁵	影子	a³³zyɛ³³
钱	xɤ⁵⁵ pia³³	力气	ŋu³¹sa³¹
价格	ua⁵⁵ la³¹a³³mia³³zu⁵⁵	运气	ʂɿ³¹xu⁵⁵
讨债	xɤ⁵⁵ pia³³bʊ³³	罪恶	ŋ³¹da³³mu³³iɛ³¹tsʰʊ⁵⁵
租金	mi⁵⁵ ũ³¹pʰʊ³¹	病	nu⁵⁵
工资	mia³¹ɲi³¹pi⁵⁵ pʰʊ³¹	记性	nɛ³³mu³³dzua³³
纸	tʰa³¹zɿ³¹	礼物	la³¹ʂʊ⁵⁵
笔	bo⁵⁵ du⁵⁵	脾气	nɛ³³mu³³nuŋ³¹n
毛笔	bo⁵⁵ du³¹	名字	mi⁵⁵
书	tʰa³¹zɿ³¹pi³¹	姓	a⁵⁵ ɕy³¹i³³luŋ³¹
字	tʰa³¹zɿ³¹tsɿ³¹	痱子	tsʰu⁵⁵ sɿ⁵⁵
文章	tʰa³¹zɿ³¹bo³³do³³	感冒	tsʰu³¹ua³¹nuŋ⁵⁵
信	ta³¹ə⁵⁵ xiu³³	疤	nu⁵⁵ do³³
印章	tʂʰɿ⁵⁵ du⁵⁵ ɛ³¹du³¹	疮	do³¹nu⁵⁵
歌	gu³³gu³³xiu⁵⁵	梦	zə³¹miɛ³³
学山歌的地方	ɕi³¹gu⁵⁵ dzɿ⁵⁵ ga³³	东西	dʐa³³ku³³
唱山歌	ɕi³¹gu⁵⁵ gu⁵⁵	颜色（无单独）	bo³³lo³³ŋ³¹lo³³
		红色	pʰa³¹i³³mu³³

续表

词	国际音标	词	国际音标
黑色	pʰa³¹nɑ³³mu³³	小旋风	tsʰʊ³¹βiɛ³¹ʂɻ³¹
白色	pʰa³¹pʰʊ³³mu³³	大旋风	mi³¹xi⁵⁵na⁵⁵ʂɻ³¹
蓝、绿	i³³tsʰɻ³¹mu³³	黑霜	i̠⁵⁵na³³
黄色	bu³¹ʂo³³mu³³	白霜	i̠⁵⁵pʰʊ⁵⁵
花纹	bo³¹lo³³dʊ³³	瀑布	a⁵⁵tɕa³³tsʰi⁵⁵zɻ⁵⁵
做梦	zə³¹miɛ³³kʰa³³	旋涡	zɻ⁵⁵tʂɑ⁵⁵
记号	dʊ³³pi⁵⁵tu³¹o³³	小坝（河中间拦水的）	zɻ⁵⁵ka³¹sɻ³¹
脚印	tsʰɻ⁵⁵dʊ³³	小坝（第二种读法）	zɻ⁵⁵tsɻ³³tsɻ³³
脚	tsʰɻ⁵⁵vʊ³¹	山	sɻ³³tʂʰɻ⁵⁵
鬼神	ni³¹sɻ³¹	山头	bi⁵⁵tu⁵⁵
凶鬼	ni³¹tʂʰa³¹	山洞	mi⁵⁵kʰu³¹
魂	xu⁵⁵	崖洞	ŋua³¹kʰu³¹
棺木	xi⁵⁵tʰʊ³¹	金	ʂuɑ⁵⁵
庙	bʊ³¹xi⁵⁵	后来被当成铝的金属	kuɑ³³
香	xiu⁵⁵zɻ⁵⁵	沙子（第二种读法）	xu³¹tʂua⁵⁵
碑	lo³¹xi⁵⁵tʰʊ³¹	附近	dzu⁵⁵tua³¹
咒语	tʂʰu⁵⁵tsʰɻ³¹	里面的角落	ti³¹kʰʊ⁵⁵kə⁵⁵tɕu³¹
诅咒	tʂʰu⁵⁵	外面的角落	ȵi⁵⁵pʰɛ³¹kə⁵⁵tɕu³¹
生日	dzɑ⁵⁵ȵi³³	角落	tɕu³¹la⁵⁵/kə⁵⁵
车	tʂa³³lu³³	闰月（第二种读法）	xu³³zu⁵⁵
汽车（用油烧的车）	tsʰua⁵⁵dzu³¹mu³³tʂa³³lu³³	闰年（第二种读法）	xu³³zu⁵⁵kʰo³¹
拖拉机（铁牛）	xɤ̠⁵⁵a⁵⁵ŋua³¹	半夜	mi³¹tʃʰi³¹kɑ⁵⁵la⁵⁵
天气	min³¹dzi⁵⁵mu³³pʰia³¹bʊ³¹	老虎	lu³¹mu⁵⁵
棉花	ɕi³¹ma⁵⁵tʂʰua³¹su⁵⁵ʙu³¹uɑ³¹xiu³³yɛ³³luʒ³³pʰʊ⁵⁵	麂子	a⁵⁵tʂɻ⁵⁵
敌人	tsʰa⁵⁵tɕa³³	獐子	a⁵⁵lu³³
藕	a⁵⁵ŋua³¹nu⁵⁵ka³³	蜂箱	biu³¹tʰʊ³¹
荷花	a⁵⁵ŋua³¹nu⁵⁵ka³³yɛ⁵⁵	蝴蝶	a³¹la³¹my⁵⁵
水葫芦	mo³¹tʰʊ³¹ia³¹	蚂蚁	bo³¹lo³³
胆量	ȵɛ⁵⁵ua³¹ȵiɛ⁵⁵iɑ³³	松子（不食）（落花松）	ɕy⁵⁵ʂɻ³¹
胆大	ȵɛ⁵⁵ua³¹	松子（食）（长毛松）	tʰa³¹ʂɻ³¹
胆小	ȵɛ⁵⁵iɑ³³	竹笋	mu⁵⁵ȵi³³
肺	bu³¹mu³³	葵花籽	my³¹ȵi⁵⁵xu³¹bu⁵⁵ʂɻ³¹
阳光	a⁵⁵tsʰʊ⁵⁵	绿豆	no³¹i̠⁵⁵
北斗星	kuɑ⁵⁵zi³¹mu⁵⁵		

词	国际音标	词	国际音标
水芹	lu⁵⁵ iɑ³¹	桶	lɑ³¹tʃʰuɑ³¹
芹菜	lu⁵⁵ iɑ³¹tsɿ³¹	杯子（酒）	tʂʅ⁵⁵ sɿ³¹
花	yɛ⁵⁵	杯子（茶杯）	lu³¹sɿ³¹
花朵	yɛ⁵⁵ lu³³	碗	kuɑ⁵⁵ sɿ³¹
芽	dzo³³	肥料（统称所有的农家肥）	dzu³¹kʰa⁵⁵ tʂʅ³¹
眼睛	mia⁵⁵ tʊ³¹	歌曲（歌谱）	sa³¹xi³¹gu³³xiu⁵⁵
下巴（第一种读法）（合成词）	nu⁵⁵ tʂʰʅ³¹tʂʅ⁵⁵ kʰʊ³³	唢呐（第一种读法）	vʊ³¹ʂʊ³¹
下巴（第二种读法）	my³¹tsɿ⁵⁵	唢呐（第二种读法）	li⁵⁵ lɑ³¹
肩膀	o⁵⁵ pʰiɛ³¹	口弦	tʂʰʊ³¹tʂʰʊ³¹
胳膊	βiɛ³¹pu³¹	声音（发出的声音）	sa³¹xi⁵⁵
邻居	tʂʰʅ³¹kuɑ⁵⁵ zu³¹	光	zyɛ⁵⁵ duɑ³¹
隔壁	kə⁵⁵ bu³¹	回声	sa³¹xi⁵⁵ ti³¹liɛ³¹
头人	tsʰa⁵⁵ du³¹kuɑ⁵⁵	没有道德	ŋ⁵⁵ ɕin³¹tɑ³¹
主人	du³¹kuɑ⁵⁵	神	sɿ³¹
富人	tsʰa⁵⁵ byɛ³³	野鬼	ni³¹tʂʰa³¹
穷人	tsʰa⁵⁵ ʂu³¹	吓人的鬼影	pʰia³¹sɿ³¹
官	uɑ³¹uɑ³¹pi⁵⁵ su⁵⁵	看	ĩ⁵⁵
土皇帝	miɛ³¹vʊ⁵⁵ ti³¹	闭（眼）	miẽ⁵⁵
和庆白族支系	pə³¹zʅ³¹	闭（嘴）	dzʊ³¹
姐姐	ȵia³³tsɿ³³	睁（眼）	pʰʊ⁵⁵
弟媳（第二种读法）	a⁵⁵ mu³³ia³¹	瞪（眼）	sɿ³¹
两口子	ȵi⁵⁵ mɛ³³la³¹	眨（眼）	tsʰɿ⁵⁵
房子	xi⁵⁵	眯（眼）	sɿ⁵⁵
堂屋	xi⁵⁵ ka³³la³³	听	nu⁵⁵
屋檐	xu⁵⁵ pʂʅ³¹tsa³³zʅ³³to³¹ka⁵⁵	吃	dzu³¹
柱子（第一种读法）	xi⁵⁵ dzʊ³³mu³³	喝	dɑ⁵⁵
柱子（第二种读法）	xi⁵⁵ zʅ³³mu³³	喂	dzu³¹
门槛	ka⁵⁵ tɕʰiŋ³¹tsʰu⁵⁵	倒水	ĩ³¹
推刨（木）	sʅ³³lua³¹	（狗、兽）咬	kʰə³¹
推刨（铁）	xɤ⁵⁵ lua³¹	（蛇、鸡）咬	tʰo³³
磨铁物	xɤ⁵⁵ sua³¹tʊ⁵⁵	舔	lua³¹
墨斗	sʅ³³dzua³¹dʊ⁵⁵ kə³¹tʃi³³	啃	kʰə³¹
绳子（用于背被子）	tʂu³³pa³³	嚼	gu³¹
锥子	la³¹dzʅ³¹	含	my⁵⁵

词	国际音标	词	国际音标
炼铁	xɤ̠⁵⁵ tʂa³¹	握	ȵia³¹
吞	na⁵⁵	摘	tɕʰiɛ³¹
吐（四声）	pʰiɛ³¹	搓	ɕyɛ³³
吐东西（含着东西吐出来）	ia⁵⁵ do⁵⁵ lu⁵⁵	撕	tʂʰʅ⁵⁵
（从胃里）吐出来	pʰiɛ³¹ do⁵⁵ lu⁵⁵	拾	gua³³
漱口	kʰa³¹ pʰiɛ³¹ la³¹	拧	ʂʅ³¹
吹	miɛ⁵⁵	捉	ma³³
咳嗽（感冒）	tsʰu³¹ ua³¹ tsʋ³¹	裂开	xa³¹
（一般情况的）咳嗽	tsʋ̠³¹	掰	tsʰʅ³¹
说	bɛ⁵⁵	撒	bia³¹
读	sa⁵⁵	扔（随便丢出去）	pʰia³³
讲	tʰy⁵⁵	用力甩出去	ə³³
喊（喊人过来）	kʰʋ⁵⁵	伸（手）	zu⁵⁵
喊（叫喊）	za̠³¹	举手	ŋ̍³¹ ka⁵⁵ ia³¹ dzu³³
闻	xi⁵⁵	招（手）	miɛ³¹
拍手	la³¹ ka³³ tʰu⁵⁵	缩（手）	ty⁵⁵
指	tʂʰu⁵⁵	拉	ga⁵⁵
抓	tɕa⁵⁵	推	dy³¹
捧	tyɛ⁵⁵	划（船）	gua⁵⁵
搀（拉、牵着走）	ga⁵⁵ gɤ³¹	撬	ã³¹
靠	zu⁵⁵	揉	ɕyɛ³³
掺（往……里加，如斟酒）	tɕa³³	拖	tʂʅ³³
掺杂	tʂʰa³³	搅	gua⁵⁵
捂	fa³³	掀（第一种读法）	pʰʋ⁵⁵
压	ẽ̠³¹	掀（第二种读法）	pʰa⁵⁵
按	tsʰu³³	提	piu³¹
挤（多个人拥挤）	ẽ̠³³	卷	dy³³
两个人相互拥挤	tiɛ³³	拔	tsʅ⁵⁵
躲	zy³¹	抖（床单）	ku⁵⁵
走（亲戚）	ɕy³¹	抖（发抖）	ʐʅ⁵⁵
交（朋友）	tʂu⁵⁵	捣（碎）	tʰy³³
秃	lua³¹	捣（一直戳下去）	tsʰua⁵⁵
脱	ʐʅ̠³¹	摸	mu⁵⁵
		折	tʃʰʅ³¹

续表

词	国际音标	词	国际音标
（用手指）弹	tʰə³³	（价格）跌	tsʰi⁵⁵
弹（反弹）	ʑo³¹ty⁵⁵	（价格）涨（第一种读法）	my̠³¹
弹（琴）	tɕʰɛ³³	（价格）涨（第二种读法）	tʊ⁵⁵i³¹
勒	tʰy³¹	爬（山）	dɑ³³
戳	tsʰua³³	靠	zu⁵⁵
甩	ə³³	爬	ua³³
绕（绕线）	ʐɿ³³	趴	zu⁵⁵
抠出来	kua⁵⁵ to⁵⁵ ʑi⁵⁵	休息	ə̠⁵⁵ du³¹
撂	sʊ⁵⁵	停（呵令使人停）	nu³¹
抽（烟）	dɑ⁵⁵	睡	ʐɿ³¹
抽（水）	dzʐ³³	小睡	ʐɿ³¹tʰa³³mie̠⁵⁵ kɑ³¹
掏	niɛ³¹	躺	kɤ⁵⁵
（用锄头）挖	tɕua³¹	做梦	ʐɿ³¹
掐	tsʰɿ³¹	睡醒	ʐɿ³¹mɛ⁵⁵ kʰɑ⁵⁵
端	piu³¹	酒醒	iɛ³¹xu³¹tʃʰi³¹
递	dzu⁵⁵	拆	kɑ³¹xu³¹tʃʰi³¹
回	liɛ̠³¹	埋	ty³¹
去	i⁵⁵	竖	tʊ̠⁵⁵
抱	ta³³	冲（水）	bia⁵⁵
搂	ua³³	向前冲	u̠³¹dɑ³¹dzʊ³¹
夹	ẽ̠³³	填	tɕi³³
踮（脚）	tso⁵⁵	刨	dy³³
踢	tʰua³³	炸（爆炸）	pu³³
踩	dzʊ³¹	油炸	tsʰua⁵⁵ tʂa³¹
蹲（不站不坐）	xɛ⁵⁵ ŋ̩³¹xɛ⁵⁵ n̩i⁵⁵ ŋ̩³¹n̩i⁵⁵	锯	zyɛ³¹
踩	dzu³³	凿	tʰʊ⁵⁵
跳	tsʊ³³	钻	du³¹
站	xɛ³¹	锉	sua³¹
骑	dzua³¹	铸	tʂa³¹
走	ɕy³¹	塑	bo³³
跑	pie³³	打架	dzʐ⁵⁵ tɛ³¹
坐	n̩i̠⁵⁵	打枪	tsʰu⁵⁵ tɛ³¹
背	ʙu³¹	打铁	xɤ̠⁵⁵ duɑ³¹
跌（倒）	bi⁵⁵		

词	国际音标	词	国际音标
打记号	dʊ³³pi⁵⁵tu³¹	写	bo³³
打电话	ʂua³¹la³¹ə³³	教	mu³¹
打赌	dzʅ⁵⁵tu³¹	更改	uŋ³¹pʰa³³pu⁵⁵
搬	dzʅ³³	改变	pu⁵⁵
挑（挑选）	sʅ⁵⁵	画	bo³³
挑（水）	piu³¹	铺（第一种读法）	gʊ³³
耙地	mi⁵⁵tɕa³³	铺（第二种读法）	kʰa³¹
犁地	mi⁵⁵mu³¹	摊	pʰi⁵⁵
挖	tɕua³¹	整理	kʊ³³dʐa³³
种	tʊɑ⁵⁵	叠	dzʅ⁵⁵dy³³
锄	mo³¹	煮	tʂa³¹
晒（东西）	lyɛ³¹	盛（饭）	tɕi⁵⁵
晒（人晒太阳）	kɑ⁵⁵	热（饭）	ly⁵⁵
砍	tʂʰʅ⁵⁵	煎	sʅ⁵⁵
浇	xə³³	淘（米）（第一种读法）	la⁵⁵
编	bi⁵⁵	淘（米）（第二种读法）	tʂʰʅ³¹
拴	pʰɑ³³	烤	ka⁵⁵
牵	gɑ⁵⁵	点（火）	to³¹
织	tʂʰuɑ³¹	点（灯）	ta³³
量（长度）	ta³³	烧	tɕi³³
称（重量）	tsʅ⁵⁵	发烧	gu⁵⁵dy³¹tʰa³³
买	ua⁵⁵	燃烧	biu³³
卖	vʊ³¹	打喷嚏	a⁵⁵tʃʰi³³xi³¹
欠	kua³³	打嗝	kə⁵⁵tsʅ³¹iu⁵⁵
借	tʂʰʅ³¹	烫	tʰɑ⁵⁵
租	ũ³¹	照镜子	a⁵⁵zyɛ³¹i⁵⁵
还	liɛ³¹	照亮	mia³¹i³³mia⁵⁵
数	vʊ³³	切	zy⁵⁵
换	pu⁵⁵	拧	sʅ³¹
算	tʂa³³	榨油	iu⁵⁵zʅ⁵⁵tɛ³¹
加	dʐa³³	割	zyɛ³¹
减	tsʰɛ³¹	剁	tʰo³³
乘	dzʅ⁵⁵tɕy³¹	炖	tʂa⁵⁵tu³¹
除	by⁵⁵ka³¹		

续表

词	国际音标	词	国际音标
刮（猪毛）	tsʰo⁵⁵	盖	pzʅ³¹
刮（风）	do³³	挂	o³³
（开水等）脱（毛）	lua³¹	放（开）	fʋ⁵⁵
缝	sʋ⁵⁵	放（摆放）	tu³¹
扎	tsʰua⁵⁵	放（羊）	lo³¹
绣	sʋ³¹	解	pʰʂʅ⁵⁵
砸碎（用器物横着打碎）	dzua⁵⁵	捆	so³¹
砸碎（从高处砸下）	tʰu⁵⁵ xa³¹	包	pu³³
插	tsʰo⁵⁵ my³³	绑	pʰa³³
磨（面）	dzʅ³³	塞	tsʰʋ³³
磨磨	lo⁵⁵ tʂa⁵⁵ tʂa⁵⁵	堆	py⁵⁵
磨（刀）	sua³¹	钉	tʰa³¹
筛	ŋua³¹	要	xu⁵⁵
舂	di³³	收（到）	tsʰʋ⁵⁵
穿（衣）	ɔ³¹	收（拿过来）、（收庄稼）	zu⁵⁵
穿（针）	sʋ⁵⁵	有	dza⁵⁵
穿（鞋）	dye³¹	丢失	pʰʂʅ³¹ta³¹
戴（帽子）	kʰo³³	游泳	a⁵⁵ tɕa³³xua³¹
戴（耳环）	tu⁵⁵	玩（赌）	gu³³
洗	tsʰʅ³¹	赢	xu³¹
打扮	gʋ⁵⁵ dzʅ⁵⁵ pi⁵⁵	输（没赢）	ŋ⁵⁵ xu³¹
晾	lieɬ³¹	唱	gu³³
削（皮）	lua³¹	他留人打跳	kua⁵⁵ pia³¹tɛ³¹
削	ɕo³³	钓鱼	uŋ³¹miu⁵⁵
剔肉	xu³¹ɕy³¹	射	tɛ³¹
梳	pʂʅ³¹	比	ta³³
扫	so³³	比试	ta³³ĩ³³
开（门）	pʰʋ³³	尝试	pi³³ĩ³³
关（门）	tsʰʋ³¹	谢	dzua³³
开（花）	ye³³	轮流	tɕi⁵⁵ li⁵⁵ tʂa³³
敲	tʰu⁵⁵	表扬（第一种读法）	ũ³¹ga³¹xua³³
闩	ka³³	表扬（第二种读法）	piu³¹tʂʰua³¹
锁	su³³	问	mi³¹
揭	pʰʋ³³		

词	国际音标	词	国际音标
答	da³³liɛ³¹	喘（气）	tʂʰo³³
浪费	pʰia³³	气	sa³¹
节约	dza³¹	跟	tʂʰa⁵⁵
送（给）	gɤ³¹	骂	ŋua⁵⁵
送	tsʰa⁵⁵ xua³¹	追	ka³¹
嫁	fʊ⁵⁵	抢	xy³³
娶	tsʰʊ⁵⁵	偷	kʰʊ³¹
怀孕	ɑ⁵⁵ di³¹xiu⁵⁵	哄	kʰɤ³³
生（孩子）	kɑ⁵⁵	瞒	bzʅ³¹
生（小牛）	tsʰy³¹	劝	tɕʰu⁵⁵
生（蛋）	fʊ³³	笑	uɑ³³
生（虫）	tʊ⁵⁵	哭	ŋɤ⁵⁵
作揖	tsu³³zʅ³³	爱	pʰiu⁵⁵
磕头	ũ³¹kɑ⁵⁵ tʰy³¹	喜欢	pʰiu⁵⁵
算命	mi⁵⁵ ȵi³³tʂa³³	疼	nu⁵⁵
许诺	zu⁵⁵	相信	u³³dzʅ³³
告状	dzʅ⁵⁵ tʂi³¹	羡慕	liɛ³¹pʰsʅ⁵⁵
商量	dzʅ⁵⁵ bi⁵⁵ tɛ³¹	叹气	xu³¹tɕʰu³¹
欺负	miɑ⁵⁵ iɑ⁵⁵	嫉妒	liɛ³¹nu⁵⁵
帮助	dzu⁵⁵ gɤ³¹	（相互）认识	dzʅ⁵⁵ ʂua³¹
讨饭	dzu⁵⁵	去认识	ʂua³¹i⁵⁵
请客	iu⁵⁵ kʰʊ³¹	去认识（认识某人、知道某人）	tsʰa³³ʂua³¹
害	pʰia⁵⁵	知道	ʂua³¹
治	gʊ³³	记得	xu³¹tʂʰʅ³¹
分配	dzi⁵⁵ by⁵⁵	讨厌	miɑ⁵⁵ gu³¹ŋ³¹du⁵⁵
分开	by⁵⁵ gɑ³¹	忘	my³¹tyɛ³¹
区分	sʅ⁵⁵ gɑ³¹	恨	pʰi³¹to³¹
赔（偿）	liɛ³¹	生气	sʊ³¹
赚	miɛ³³	忌恨	xɛ³³dzʅ³¹
吃亏	la³¹kʰʊ³¹tsʰɑ³³	害怕	miɑ⁵⁵ tɕo³³
打仗	tʂaŋ⁵⁵ tɛ³¹	惭愧	dzɑ⁵⁵ ŋ³¹ko³¹
等	lɑ³³	丢脸	pʰia³³bu³³ŋ³¹dzɑ⁵⁵
保护	uɑ⁵⁵ tu³¹	担心	liɛ⁵⁵ ə⁵⁵
找	miɛ³³	可怜	i³¹dzɑ⁵⁵

续表

词	国际音标	词	国际音标
撒娇	ȵɛ⁵⁵ go³¹	倒	by³¹
敢	pʂʅ³¹	（水）干	xuɑ³³
像	ʂo³³	（口、河）干	sʅ³¹
会	ko³¹	沾	iɑ³¹
是	ŋɑ⁵⁵	缺（缺口）	kʰua³¹
应该	ku³³li⁵⁵ ŋɑ³³	缺（缺人）	miɛ³¹ȵi³¹
愿意	ku³³li⁵⁵ tɕʰi³¹	缺（缺少）	ŋ̍³¹tʂa³³
过	lɑ³¹	绊	pi³¹
上	da⁵⁵	旋转	tɕi³³li⁵⁵ tʂa³³
下	za³¹	震	zʅ³³
正上方	ũ³¹kɑ³³	摇	ŋɑ³¹
正下方	dɑ⁵⁵ ku³³	颠	ku⁵⁵
斜下方	dɑ⁵⁵ wo³¹	撞	dʋ³¹
出	do³¹i⁵⁵	掉	ty³³
进	liɛ³¹lu⁵⁵	挂	õ³³
退	ti³¹dy³¹	（绳子等）断	tsʰɛ³³
在	tsɑ⁵⁵	（树枝等）断	tʰy³³
天亮	i̠³³miɑ⁵⁵	腐烂完了	pʰʂʅ³¹dza⁵⁵
刺眼	miɑ³³tʂʰua³³	腐坏、腐烂	pʰʂʅ³¹piɑ³³
刺（植物的刺）	tʂʰua³³	泡	tsʅ³³
涌（飘进来）	bu³¹ly⁵⁵ lu³¹	滴	tso³³
打雷	my³¹tʰy³¹	漏	zʅ⁵⁵
水开	tsʋ⁵⁵	洒（水）	bia³¹
流	ʑi⁵⁵	（水）洒（水从容器的缺口里流出来）	pʰʂʅ³¹
淹	zuə³¹	啄	tʰo³³
溅	dza³³	蜕皮（第一种读法）	dzʅ⁵⁵ lua³¹
结（冰）	tsʅ³¹	蜕皮（第二种读法）	dzʅ⁵⁵ pu⁵⁵
结束	dza⁵⁵	驮	tɕɛ³³
结（果子）	ȵiɑ³¹	长（大）	uɑ³¹
溢	pi³³	长（高）	my⁵⁵
浮	bʋ³³	长（草）	do³³
沉	di³³	生病	nu⁵⁵ dʑi⁵⁵
皱	tʂo³¹	感冒	tsʰu³¹uɑ³¹
塌	xo⁵⁵	头晕	ũ³¹mə⁵⁵ ʂʅ³¹

词	国际音标	词	国际音标
抽筋	dzʊ³¹tso³¹	细	ia⁵⁵
出汗	kuɑ³¹do³³	粗（布）	sa³³
死	sɿ⁵⁵	细（布）	nu³¹
飞	piu⁵⁵	厚	tʰʊ⁵⁵
吠	lʊ³³	薄	bu³¹
啼	mə³³	宽	ɕi⁵⁵
嘶	mə³³	窄	ŋ̍³¹ɕi⁵⁵
嚎	bʊ⁵⁵	远	dʐu⁵⁵ʐɿ³¹
（种子）发芽	dzuɑ³³	近	dʐu⁵⁵tua³¹
（树木）发芽	ȵy³³	多	miu³¹
熟	mi³³	少	mɛ³¹ni³¹
迷路	ŋ̍³¹dy⁵⁵tɛ³¹	直	ta³³tʂɿ³³
上霉	ʙʊ³¹	弯	ko³¹
开会	tsʰɑ⁵⁵tsɿ³¹	弯弯曲曲	ko³¹ko³¹lo³¹lo³¹
宣传	bɛ³³kɤ³¹	弯曲	ko³¹lo³¹
成功	pi⁵⁵do³³	滑	ʂua³¹
失败	pi⁵⁵pia³³	竖	di³¹miɛ⁵⁵
批评	pi³³	横	ua⁵⁵la³¹m̩³¹pɑ³³
反对	la³¹ʂə³¹na³³xua⁵⁵	斜	pʰia⁵⁵
大	ua³¹	歪	ua⁵⁵ʂɿ³¹
小	ia⁵⁵	平	dʐɿ⁵⁵tɑ³³my⁵⁵
高	my⁵⁵	陡	na³¹
低	tsʰɿ⁵⁵kʰʊ³³	重	zɿ³¹
矮	lu³¹tiɛ³³	轻	la⁵⁵
凹	la⁵⁵kʰʊ³¹	软	xia³¹
深	na³¹	硬	kɤ³³
浅	ŋ̍³¹na³¹	旱	dzʊ³³
清	dzɿ⁵⁵	涝	niɛ³³
浑	nua³³	红	i⁵⁵
尖,（刀）快	tʰa³³	黄	ʂua⁵⁵
钝	tʊ³³	绿	tsʰɿ³¹
长	ʂɿ³¹	蓝	tsʰɿ³¹
短	ĩ³¹	紫	bu³¹i⁵⁵pʰʊ³¹
粗	ua³¹	黑	na³³

词	国际音标
白	pʰʋ⁵⁵
灰	pʰa⁵⁵ lu³¹
稠	dzʐ³³
稀（饭）	xia³¹
密	dzʐ⁵⁵ o³¹lo³¹
稀（少）	tɕa⁵⁵
漂亮（物）	tʃʰya⁵⁵
漂亮（人打扮得漂亮、物体漂亮）	dzua³³
人长得漂亮、结实	tʃʰya⁵⁵
丑	ȵi⁵⁵ ku³¹ŋ̩³¹tʃʰʐ³¹
碎	my³³
（牲口）肥	tʃʰya⁵⁵
瘦	di³³ka³³
肥沃	mi⁵⁵ tsua⁵⁵
（物）干净	ɕia³³
（人）干净	pʰʋ⁵⁵ la³¹
脏	ȵɛ³³tsʐ⁵⁵
好	dzua³³
坏（第一种读法）	ŋ̩³¹dzua³³
坏（第二种读法）	pia⁵⁵
快	mio³³
慢	di³¹
干	dzʋ³³
潮	dzʐ³¹
早	na³¹
迟	di³¹
忙	ka⁵⁵ zʐ³³
闲	nu³¹
麻	sʐ³¹
胸闷	sa³¹tsʰʋ³¹
天闷	pʋ³¹tsʰu⁵⁵
真	tʂʐ³³mu⁵⁵
假	dʑa³¹mu⁵⁵
贵	pʰʋ³¹kʰa³³
便宜	pʰʋ³¹la⁵⁵
结实	kʰɤ⁵⁵ lu³¹mu³³
不结实	ŋ̩³¹kʰɤ⁵⁵ mu³³
急	ka⁵⁵ zʐ³³
稳	zi⁵⁵
新	sʐ³¹liɛ³¹mu³³
旧	zʐ⁵⁵ li³¹mu³³
难	ʂu³¹
容易	su⁵⁵
宽敞	kɤ³¹
乱	bi³¹ɕ
模糊	i⁵⁵ ŋ̩³¹do³³
清楚	i⁵⁵ do³³
相同	tʂʐ⁵⁵ ʂo³³
（土）松	pʰa³¹
（绳）松	ga³¹
（时间）松	tʃa⁵⁵
（管理）松	kʋ³¹ŋ̩³¹tsua⁵⁵
冷	dʑa³³kə³³
热	tsʰu⁵⁵
暖和	ly⁵⁵
酸	tʂu⁵⁵
酸疼	dʑa⁵⁵ vʋ³¹
甜	tʂʰʐ⁵⁵
苦	kʰa³¹
辛苦	ʂu³¹
辣	dzʐ³³
涩	tsʰʋ³¹
盐苦	tsʰu³¹kʰa³¹
淡	ŋ̩³³lo³¹
浓	tu⁵⁵
新鲜肉	xu³¹sɛ³¹
生肉	xu³¹dzʐ³¹
新鲜菜	ia⁵⁵ sʐ³¹sa³¹

词	国际音标	词	国际音标
香	ɕu⁵⁵ ȵy⁵⁵	十	tsʰɿ⁵⁵
臭	tʂʰʅ³¹ȵy⁵⁵	十一	tsʰɿ⁵⁵ tʃʰʅ³¹
饱	po³³	十二	tsʰɿ⁵⁵ ȵi³¹
饿	mə³¹	十九	tsʰɿ⁵⁵ kʊ³³
渴	sɿ³¹	二十	ȵi³¹tsʰɿ⁵⁵
累	ũ³¹di³³	二十一	ȵi³¹tsʰɿ⁵⁵ tʃʰʅ³¹
痒	iu³¹	九十	kʊ³³tsʰɿ⁵⁵
瞎	ia³¹	一百	tʃʰʅ³¹xiu⁵⁵
聋	biɛ³¹	千	tʊ⁵⁵
聪明	xia⁵⁵	万	dzua⁵⁵
老实	tɑ⁵⁵ tʂɿ⁵⁵	第一个	ũ³¹da³¹tʃʰʅ³¹mu⁵⁵
沉默	ʂu³¹ŋ̍³¹tʰy⁵⁵	倒数第一	kɑ⁵⁵ ti³¹tʃʰʅ³¹mu⁵⁵
小心	ȵɛ³¹ia³³	第二个	ũ³¹da³¹ȵi³¹mu⁵⁵
笨（身体不灵活）	ŋa³³ŋ̍³¹pu⁵⁵	倒数第二个	kɑ⁵⁵ ti³¹ȵi³¹mu⁵⁵
笨（脑子笨）	ũ³¹ȵɛ³¹ŋa³³ŋ̍³¹ko³¹	一半	tʃʰʅ³¹pɑ³¹
糊涂	pə³³ŋ̍³¹do³³	一倍	tʃʰʅ³¹pʰia³¹tu⁵⁵
粗心	pə³³ŋ̍³¹dzɿ³¹	一些	a⁵⁵ mu³¹zu⁵⁵
细心	pə³³tsʰa³³	一个	tʃʰʅ³¹mu⁵⁵
馋	piɑ³¹	一代人	tʃʰʅ³¹dzua⁵⁵ tsʰɑ⁵⁵
勤快	la³³	一家人	tʃʰʅ³¹xi⁵⁵ tsʰɑ⁵⁵
懒	ʙʊ⁵⁵	一间	tʃʰʅ³¹tɕa⁵⁵
富	byɛ³³	一扇	tʃʰʅ³¹pʰia³¹
穷	ʂu³¹	一块	tʃʰʅ³¹dzo³¹
正确	piɛ⁵⁵ xo³¹	一把（刀）	tʃʰʅ³¹pa³¹
错误	ʂə³¹dzɑ⁵⁵	一把（椅子）	tʃʰʅ³¹mu⁵⁵
一	tʃʰʅ³¹	一把（草）（一小把）	tʃʰʅ³¹tɕa³³
二	ȵi³¹	一把（草）（一手拿不下，需要抱着）	tʃʰʅ³¹tsy⁵⁵
三	sɑ⁵⁵	一把草（一大把）	tʃʰʅ³¹pɑ³¹
四	zɿ⁵⁵	一棵	tʃʰʅ³¹bʊ³³
五	ŋu³¹	一枝（花）	tʃʰʅ³¹ka³¹
六	tʃʰya³¹	一朵（花）（第一种读法）	tʃʰʅ³¹mu⁵⁵
七	sɿ³¹	一朵（花）（第二种读法）	tʃʰʅ³¹tʰʊ³¹
八	xiɛ³¹	一支（笔）	tʃʰʅ³¹tsʰɿ⁵⁵
九	kʊ³³		

词	国际音标	词	国际音标
一样	tʃʰʅ³¹dzi³¹	一双（筷子）	tʃʰʅ³¹tɕy³³
一种	tʃʰʅ³¹sʅ³¹	一只（鞋）	tʃʰʅ³¹bu³¹
一头（牛）	tʃʰʅ³¹mu⁵⁵	一条（裤子）	tʃʰʅ³¹tʃʰya⁵⁵
一匹（马）	tʃʰʅ³¹mu⁵⁵	一遍	tʃʰʅ³¹ko³¹
一条（蛇）	tʃʰʅ³¹mu⁵⁵	一圈	tʃʰʅ³¹tsɑ⁵⁵
一袋	tʃʰʅ³¹io⁵⁵nu⁵⁵	亩	ʂu⁵⁵
一碗	tʃʰʅ³¹sʅ³¹	两	lu³¹
一锅	tʃʰʅ³¹xɤ⁵⁵tʂʰuɑ⁵⁵	一升（用于量粮食）	tʃʰʅ³¹ʂu³³
一瓶	tʃʰʅ³¹biɑ⁵⁵	一斗（十升）	tsʅ⁵⁵ʂu⁵⁵
一条（河）	tʃʰʅ³¹tɕo³³	一斤	tʃʰʅ³¹tsʅ⁵⁵
一张（纸）	tʃʰʅ³¹tʂo³¹	一元	tʃʰʅ³¹dzo̩³¹
一身（汗）	tʃʰʅ³¹tsʅ⁵⁵	一千元	tʃʰʅ³¹tʋ⁵⁵dzo̩³¹
一张牛皮	a⁵⁵ȵi³¹tʃʰʅ³¹mu⁵⁵tsʅ⁵⁵	一角	tʃʰʅ³¹tʋ⁵⁵
一张（桌子）	tʃʰʅ³¹mu⁵⁵	一分	tʃʰʅ³¹pʰʂʅ³¹
一本（书）	tʃʰʅ³¹pi³¹	我	ŋu⁵⁵
一句（话）	tʃʰʅ³¹tɕʰi³¹	我的	ŋu³³ʐʅ³³
一面（旗子）	tʃʰʅ³¹tʂo³¹	我们	ŋu³¹
一段	tʃʰʅ³¹tsʅ³¹	我们的	ŋu³¹ʐʅ³³
一堆	tʃʰʅ³¹py⁵⁵	你	ȵi⁵⁵
一颗	tʃʰʅ³¹mu⁵⁵	你的	ȵi³³ʐʅ³³
一阵	tʃʰʅ³¹xuɑ³³	你们	ȵi³¹
一杯	tʃʰʅ³¹tʰo³¹	你们的	ȵi³¹ʐʅ³³
一滴	tʃʰʅ³¹tso⁵⁵	他	tʃʰi⁵⁵
一担	tʃʰʅ³¹piu³¹	他的	tʃʰi³³ʐʅ³³
一桶	tʃʰʅ³¹la³¹tʂʰuɑ³³	他们	tʃʰi³¹
一口（饭）	tʃʰʅ³¹kʰa³¹pʰiɛ³¹	他们的	tʃʰi³¹ʐʅ³³
一件（事）	tʃʰʅ³¹dzi³¹	我自己	ŋu³³ʐʅ³¹ŋu⁵⁵
一件（衣服）	tʃʰʅ³¹tʃʰya³³	你自己	ȵi³³ʐʅ³¹ȵi⁵⁵
一顶（帽子）	tʃʰʅ³¹mu⁵⁵	他自己	tʃʰi³³ʐʅ³¹tʃʰi⁵⁵
一双（鞋）（吹气较多）	tʃʰʅ³¹tɕy³³	大家	ta³¹li⁵⁵
一对（泛指成对的）（吹气较多）	tʃʰʅ³¹tɕy⁵⁵	别人	su⁵⁵
		这	xa³³
一对手镯（两只手镯）	ȵi³¹dzʋ⁵⁵	这个	xa³³mu⁵⁵
一对（耳环）	tʃʰʅ³¹dzɛ³¹	这些	xa³³miɑ³³

词	国际音标
那	guɑ³³
那个	guɑ³³tʃʰɿ³¹mu⁵⁵
那些	guɑ⁵⁵ʑi³³
什么	ɑ⁵⁵mi⁵⁵
哪里	ɑ³¹piɛ⁵⁵lɑ³¹
多少	ɑ⁵⁵miɑ³³zu⁵⁵
谁	ɑ⁵⁵ɕy³¹
为什么	ɑ⁵⁵li⁵⁵pi⁵⁵nɑ³³
经常	xɑ³¹li³³li⁵⁵
马上	tʃʰɿ³¹taŋ⁵⁵go⁵⁵
最好	xɑ³³dzuɑ³¹
差不多（第一种读法）	ɑ³¹luɑ³¹ŋɿ³¹ə³³
差不多（第二种读法）	ɑ⁵⁵li⁵⁵mu⁵⁵ŋɿ³¹kuɑ⁵⁵
偶尔	xɑ⁵⁵tɑ³¹xɑ⁵⁵zu³¹
也	dɑ³¹
又	iu⁵⁵
故意	pɑ³³ʂɿ³³
一定	gu³¹li⁵⁵
可能	to³¹du⁵⁵
而且	dɑ³¹
究竟	ɑ⁵⁵li⁵⁵
越	zɿ³¹miɑ³¹
一边	tʃʰɿ³¹pʰiɑ⁵⁵
已经（包含在完成时中表示已经做了，但不存在单独此词）	
因为	bʊ³³dɑ³³
所以	gu³¹li⁵⁵
但是	ku³³liɑ⁵
如果	tʂɑ³¹ŋɿ³¹bɑ³¹
日食/天狗食日	ɑ⁵⁵tsʰu⁵⁵ɑ⁵⁵nu³¹tsu³¹
月食/天狗食月	xu³¹bu³¹ɑ⁵⁵nu³¹tsu³¹
圆月	xu³¹bu³¹tʂɑ⁵⁵lɑ³¹
东风	bə⁵⁵to⁵⁵mi³¹xi³³

词	国际音标
南风	bə⁵⁵uɑ⁵⁵mi³¹xi³³
西风	bə⁵⁵tɕu⁵⁵mi³¹xi³³
北风	bə⁵⁵pʰɑ⁵⁵mi³¹xi³³
迎面风、逆风（前面吹来的风）	mu³¹xɤ⁵⁵miɛ³³lu³³su³³mi³¹xi³³
顺风（后面吹来的风）	kɑ⁵⁵tiɛ⁵⁵miɛ³³mɛ³¹su³¹mi³¹xi³³
毛毛雨	ɕi⁵⁵li⁵⁵ɕi⁵⁵li³³zu³¹
暴雨	xu⁵⁵nɑ⁵⁵tɕu⁵⁵
雨天	ɑ⁵⁵xu⁵⁵tɕu³¹
洼地	mi⁵⁵tɕuɑ⁵⁵
荒地	mi⁵⁵tɕɑ³³
菜地	iɑ³¹mi⁵⁵
水田	tʂu⁵⁵mi⁵⁵
旱田	mi⁵⁵dzu⁵⁵
泥巴	nɛ³¹tʃʰɿ³¹
渣子	po³¹o³¹
悬崖/峭壁	uɑ³¹tʃʰɿ⁵⁵
铜绿	dʑɿ³¹tʊ⁵⁵
锈	iu⁵⁵mɑ⁵⁵/iu⁵⁵
碱	tɕiæn³¹
山火	zɿ⁵⁵tsʰɿ⁵⁵ɑ⁵⁵to³¹
火灾	xi⁵⁵ɑ⁵⁵to³¹biu⁵⁵
火塘	ku⁵⁵piɛ³¹
火把	tʰɑ³¹piɑ³¹tɕy³¹
（烧火的）烟	ɑ³¹kʊ³¹
泡沫	fʊ³¹
清水	ɑ⁵⁵tɕɑ⁵⁵zɿ⁵⁵dzɿ³³
浑水	ɑ⁵⁵tɕɑ⁵⁵zɿ⁵⁵nuɑ³¹
缅甸	miæ³¹tiaŋ³³
中国	zuŋ³⁵ko³¹
云南	yn³¹næn³¹
四川	sɿ³³tsʰuæn³³
昆明	kʰuŋ³⁵miŋ³¹
丽江	ŋɑ⁵⁵lu³¹u³¹pi⁵⁵tu⁵⁵tsʰɿ⁵⁵kʰʊ³³

词	国际音标	词	国际音标
永胜	dza⁵⁵ dzɿ³¹	历书/黄历	ko³¹tʂa³³tʰa³¹zɿ³¹
六德	lʋ³¹tə³¹	春分	tʂʰun³³fɛn³³
双河	zɿ⁵⁵ bu³¹ȵi³¹tɕo³¹	夏至	ɕa⁵⁵ tʂʅ³³
营山	læ⁵⁵ dzu³¹	秋分	tɕʰu³³fɛn³³
玉水	zɿ⁵⁵ uo³¹	冬至	tuŋ³³tʂʅ³³
华坪	ma⁵⁵ su³³tʂa³³ga⁵⁵	节日（不单独说节日，只说具体的节日）	
宁蒗	u³¹tʂʰu⁵⁵ tʂa³³ga⁵⁵	过节（同上）	
世界	sɿ³¹kai³³	粑粑节	dzɔ⁵⁵ ŋo³¹
地界	mi⁵⁵ tsɿ³¹	岁	kʰo³¹
家乡	ŋu³¹ty⁵⁵	腊月	kʰo³¹ma³³xu⁵⁵
村寨	tsʰa³³kʰua⁵⁵	另日/改日	a³¹kɤ⁵⁵ ȵi⁵⁵
街道	dzu³³ko⁵⁵	每天都、天天都	a⁵⁵ tʰu³¹tsʰɿ³¹ȵi⁵⁵ da³¹
东	bə⁵⁵ to⁵⁵	隔天	tsʰɿ³¹ȵi⁵⁵ kua³³
南	bə⁵⁵ ua⁵⁵	整天	bɤ⁵⁵ zu³¹tsʰɿ³¹ȵi⁵⁵
西	bə⁵⁵ tɕu⁵⁵	甲	tɕa³¹
北	bə⁵⁵ pʰa⁵⁵	乙	ʑi³¹
对面	u³¹da³¹	丙	piŋ³³
正面	u³¹da³¹	丁	tiŋ³³
背面	ka⁵⁵ ti³¹	戊	vʋ⁵⁵
地下	mi⁵⁵ tɕʰa⁵⁵ da⁵⁵ ku⁵⁵	己	tsɿ³¹
地面	mi⁵⁵ tɕʰa⁵⁵	庚	kɛŋ³³
上游	pʰa⁵⁵ tʂʰʅ⁵⁵zɿ⁵⁵ pu³¹tʂʰʅ³¹tsɿ³¹	辛	ɕiŋ³³
下游	da⁵⁵ ua³¹zɿ⁵⁵ pu³¹tʂʰʅ³¹tsɿ³¹	壬	ʑɛn³¹
对岸	go⁵⁵ pu³¹	癸	kui³¹
墙	xi³³kʊ⁵⁵	好日子/吉日	ȵi⁵⁵ tsua⁵⁵
季（指作物种植）	tʰʊ³¹	坏日子	ȵi⁵⁵ ŋ³¹tsua⁵⁵
四季	tʰʊ³¹	属相	a⁵⁵ mi³³kʰo³¹
春天	mia³¹sɿ³¹tʰʊ³¹	收成	lo³¹mɚ³¹u³³
夏天	no³¹mo³¹tʰʊ³¹	丰年	dzua⁵⁵ kʰo³¹
秋天	no³¹zʊ⁵⁵ tʰʊ³¹	灾年	lo³¹mɚ³¹pia⁵⁵ kʰo³¹
冬天	no³¹ʂa³¹tʰʊ³¹	铲子	adzua³¹pʰʂʅ³¹ɕi⁵⁵ lu³¹mu⁵⁵
节气	kua³¹tsɿ³¹	犁架	sɿ⁵⁵ ko³¹
农历	na⁵⁵ ko³¹tʂa³³	犁头	lu³¹tɕʰi³¹
公历	ɕi³¹ko³¹tʂa³³	槽	tʂʰʅ³¹tʰʊ⁵⁵

词	国际音标	词	国际音标
庄稼	lo³¹mə³¹	屋顶	xi⁵⁵ŋ³¹ka⁵⁵piɛ⁵⁵
粮食	dzu⁵⁵	梁	xi⁵⁵la³³
穗子	dzo⁵⁵tsʅ³¹	椽子	xi⁵⁵dʊ³¹
黄叶	sʅ⁵⁵pʰiu⁵⁵ʂo⁵⁵	（竹木条）篱笆	tʃʰu⁵⁵bu³¹
绿叶	sʅ⁵⁵pʰiu⁵⁵i⁵⁵tʃʰʅ³¹	台阶	lo³³kʰaŋ³¹ta⁵⁵
树桩	sʅ³¹tsʰʅ³³tɕi³³my⁵⁵to³¹so⁵⁵	板子	sʅ³¹pʰia⁵⁵
松树	tʰa³¹ʙu⁵⁵	袋子	zo³¹nu⁵⁵
竹竿	mu⁵⁵tu³³ʙu⁵⁵	烟斗	ziɛ⁵⁵kuŋ⁵⁵
果皮	kua⁵⁵tɕʅ³¹	笼子	ɕi³³tʃʰu³³du⁵⁵
藤	dzu⁵⁵	窗帘	tsʰuaŋ⁵⁵liæ³¹
草	ʂʅ³¹	被套	lu³¹pi³¹bu³³xiu³³
花粉	yɛ³³lu³³ti³¹kʰʊ⁵⁵kʰu³¹pʰa³³	抹布	tʃʰʅ³¹dʊ⁵⁵
蘑菇	tʂo⁵⁵my⁵⁵	把子（器物的柄）	vʊ³¹
羊毛	a⁵⁵tʂʰʅ³¹tʃʰy⁵⁵	砧板	tʰo³³tɕʅ³¹
蛋壳	fʊ³³kɤ³¹	渔夫	uŋ³¹tɛ³¹su⁵⁵
蛋白	fʊ³³pʰʊ⁵⁵	小贩	ua³³la³¹pi⁵⁵su⁵⁵
蛋黄	fʊ³³ʂo⁵⁵	傻子	tsʰa⁵⁵di³³
羽毛	dʊ⁵⁵	聋子	nu³¹piɛ³¹
脚蹼	ba⁵⁵tsʰʅ⁵⁵tɕu³¹dua³¹	瘸子	tɕʰʅ³³ti³¹
画眉鸟	tiɛ³³vʊ³¹	强盗	kʰʊ³¹bu³¹
毒蛇	ʂo⁵⁵tʂʰa³¹	土匪	tsʰa⁵⁵xy³¹su³³
壁虎	a⁵⁵tɕʅ³¹ma³¹fʊ⁵⁵	骗子	kɤ³³su⁵⁵
蚕	ʙu³¹ia³³ʙu³¹tsʅ⁵⁵	乳名	a⁵⁵di³³zu³¹mi⁵⁵
茧	ʙu³¹tʰʊ³¹	皱纹	dzʅ⁵⁵dzo³¹
蛹	zʅ⁵⁵	睫毛	mia⁵⁵tsʅ³³tɕʰy⁵⁵
蚕丝	ʙu³¹tsʰʅ⁵⁵	眼泪	mia⁵⁵pzʅ³¹
毛虫	ʙu⁵⁵ma³¹	眼皮	mɪa⁵⁵ko³³dzʅ⁵⁵
癞蛤蟆	gu³¹tʃʰiu³³uŋ⁵⁵pu³¹	耳孔（合成词）	nu³¹sʅ⁵⁵
弓	tʃʰa³³	鼻孔	nu⁵⁵tsʰʊ⁵⁵sa³¹do³³ka⁵⁵
箭	tʃʰa³³tsʅ³¹	拳头	la³¹tiŋ⁵⁵tsʅ³³
牛奶	a⁵⁵ȵi³¹a⁵⁵tsʅ⁵⁵	拇指	la³¹pʰa³¹mu³³
笼子	a³¹py⁵⁵ka⁵⁵	食指	la³¹i⁵⁵a⁵⁵nu³¹kʰə³¹
正屋	xi⁵⁵ka³³la³³	中指	la³¹i⁵⁵ka⁵⁵la⁵⁵
仓库	dzu⁵⁵tɕi³³ga³³	无名指	la³¹i⁵⁵a⁵⁵pʰiɛ³³to³³

续表

词	国际音标	词	国际音标
小指	la³¹i⁵⁵ pu⁵⁵ tie³³liɛ⁵⁵	尝	dzu³¹i⁵⁵
手茧子	la³¹kɤ³¹tʰʊ⁵⁵	喷	e̠³¹to³³i⁵⁵
屁	z̩³¹pu³³	溢（pu, 水/粥从锅里溢出来）	a⁵⁵ lu³¹my⁵⁵ to³³lu⁵⁵
水泡（手上的）	xu⁵⁵ ʂu³¹pu³¹	吮手指	la³¹i⁵⁵ a⁵⁵ tʂʅ³³pi⁵⁵
哑巴	da³³mə³³	哈（气）	ȵy³¹
獠牙	ɕy³¹tɕi³³li³³ʂʅ³¹	张嘴	tɕʰi³¹a³¹
手镯	la³¹dzu⁵⁵	咧嘴	dzʅ⁵⁵ dzʅ³³
项链	li⁵⁵ tsʅ³¹o³³	噘嘴	nu⁵⁵ tsʰʅ³¹tɕʰu⁵⁵
（鼻音）	tʊ⁵⁵	噎	na⁵⁵
簪子	ũ³¹ka³³	呛着	tsʰaŋ³³ma⁵⁵
剩饭	dzu⁵⁵ tɕa³³	憋气	sa³¹dzʅ³¹
面条	ʂu⁵⁵ my³³tsu³³pɑ³³	抬头	ũ³¹ka³³piu³¹
米线/米粉	tʂʰu⁵⁵ pʊ⁵⁵ kɤ³¹tʃʰʅ⁵⁵	低头	ũ³¹kʰo³³i̠⁵⁵
素菜	ia³¹i⁵⁵ ia³¹zʅ⁵⁵	仰头	ũ³¹ka³¹piu³¹
荤菜	xu³¹ia³¹zʅ⁵⁵	点头	ũ³¹tʰo³³
腌菜	ia³¹tsu⁵⁵	摇头	ũ³¹ga³¹ŋa³³
孝衣	ɕo³³pʰia⁵⁵	回头	ti³¹i̠³³
孝帽	gaŋ³¹tu⁵⁵	顶	to⁵⁵
牌子	pʰai³¹tsʅ³¹	松手	la³¹vʊ³¹fʊ⁵⁵
吹匠	my³³kɤ⁵⁵ su³¹	捏	tsʰʊ⁵⁵
神主	sɛŋ³¹tsʊ³¹	扛	biu³¹
坟墓	zʅ³¹tso³³	给	gɤ³¹
佛教	fʊ³¹tɕiɑo³¹	抓痒	ɕi⁵⁵ tɕa³¹
道教	tao³³tɕiɑo³¹	擦	tʃʰʅ⁵⁵
佛	fʊ³¹	掸灰尘	kʰu³¹pʰa³³ka³¹
菩萨	ʙu³³ȵi³¹	跨	tsʰʊ³¹
巫师/师公	ȵi³¹pʰu³¹	跪	mi⁵⁵ tsʅ³¹
走运	ʂʅ³¹xu³³nu⁵⁵	蹭痒	tsʰʅ³³
倒霉	ʂʅ³¹xu³³ŋ³¹nu⁵⁵	跷腿	du⁵⁵ ti³³ka³³
仇人	biɛ⁵⁵ ŋ³¹tsʰa⁵⁵	硌脚	tʃʰʅ⁵⁵ ka⁵⁵ pia⁵⁵ kɤ³³
岔路	dzu⁵⁵ ku³³	打滚	by³¹ly³¹ŋ˳ua³¹
转弯	dzu⁵⁵ ko³¹	转身	ti³¹liɛ³¹
牢房	lo³¹xi⁵⁵	叉腰	na³¹vʊ³¹tso³¹tsɛ³¹ka³³
吸	sʅ³¹	弯腰	dzo̠³¹guɛ³¹

词	国际音标	词	国际音标
挺胸	ȵɛ³³tu⁵⁵tʂʅ³¹	发呆	a⁵⁵li⁵⁵pɤ³³tʰi³¹ŋ³¹sua³¹
闪	zi³¹	犹豫	ʐʅ³¹la⁵⁵ʐʅ³¹kʊ³³
藏（东西）	dzo⁵⁵	想起	pɤ³³kɤ³¹
（鞭）抽	dzua³¹	说谎	ʂu³¹tʂʅ³³ŋ³¹tʰy⁵⁵
擦	dzʅ⁵⁵ta³³	笑话	ua⁵⁵zʅ³³kʰu³³tʰy⁵⁵
架	dza⁵⁵	开玩笑	ua⁵⁵zʅ³³kʰu³³pi³¹
砌	tsʰʊ³³	吹牛/夸口	ɕa⁵⁵pʰʂʅ³¹
挪动	dzʅ³³	插嘴	tɕʅ³¹piɛ³³
（堵）塞	tsʰʊ³¹	顶嘴	do⁵⁵ta³¹
拦	la³³tu³¹	搭茬、搭话	pɛ³³dza³³
楔	tɕa³³	吵架	tɕʅ³³ŋ₀ua⁵⁵
翻	pu⁵⁵	翻译	ʂu³¹u³¹pʰa³³pu⁵⁵
拄（杖）	to³³	变	ŋ³¹ʂo⁵⁵dza⁵⁵
（棍/线）串（物）	tsʰuæ⁵⁵	逗（小孩）	tɕɛ³¹
垫	tsu³³	我（宾格）	ŋua³³
领（物）	zʊ⁵⁵	你（宾格）	ȵa³³
贴（画）	nua³¹	他（宾格）	tʃʰa³³
杀	sɛ³¹	我们（宾格）	ŋua³¹
劈（柴火）	kʰo³¹	你们（宾格）	ȵa³¹
剥	pʰa³³	他们（宾格）	tʃʰa³¹
雕	kʰə³¹	哪个	a⁵⁵ɕy³¹
遮住	tɕu⁵⁵tu³¹	哪些	ko⁵⁵i³³
蒙（眼）	pzʅ⁵⁵	哪年	ko⁵⁵tsʰʅ³¹kʰo⁵⁵
封	nua⁵⁵zi⁵⁵	哪种	ko⁵⁵tsʰʅ³¹ʅ⁵⁵
染	ȵɛ³¹	哪天	a⁵⁵tʰu⁵⁵tsʰʅ³¹ȵi³³
以为	ȵɛ⁵⁵mu⁵⁵pə⁵⁵	（年纪）多大	(a⁵⁵mia³³kʰua³¹)lo⁵⁵lu³¹
懂	sua³¹	谁的	a⁵⁵ɕy³¹ba³¹
后悔	pə⁵⁵ŋ³¹tɕa³¹	什么时候	a⁵⁵tʰu³¹tsʰʅ³¹ȵi⁵⁵ɕa⁵⁵tɕʰɛ³¹
吓（人）	tɕo⁵⁵	怎么（办）	a⁵⁵li⁵⁵pi⁵⁵
娇惯	ka³³tu⁵⁵	（身体）怎样	nu³³ŋ³¹nu³³
迁就	tɕʰi³³pʰiu⁵⁵tɕʰi³³pi⁵⁵	多久	a⁵⁵li⁵⁵zu³³tsʰʅ³¹xua⁵⁵ȵi⁵⁵lu³¹
操心	ȵɛ⁵⁵ʂu³¹	脆	xa⁵⁵ŋ³¹kɤ⁵⁵zu³³
猜	bə³³ma³³tɕa⁵⁵ŋ³¹tɕa⁵⁵	破烂的	xa³¹tɕa⁵⁵
估量/估计	pɤ⁵⁵	齐（整齐的）	tsʅ⁵⁵tɕy³³

续表

词	国际音标	词	国际音标
齐（到齐）	lu⁵⁵ tsʅ³¹	大约	a³¹lua³¹ŋ̍³¹ə⁵⁵
黏	i³¹ʔɑ³¹	超过，不止，起码	ta³³mia³³ŋ̍³¹tsʅ⁵⁵
空（空空的）	gɑ³¹	不到	ŋ³¹tu⁵⁵
空（空着的）	gɑ³¹lɑ³¹	一两个	tsʰʅ³¹ȵi³¹mu⁵⁵
嫩	pʰʋ³¹	十几个	tsʰʅ⁵⁵ mu⁵⁵ ŋ̍³¹tsʰʅ⁵⁵
足够的	luɑ³⁵	百十个	tsʰʅ³¹xiu⁵⁵ mu⁵⁵ ŋ̍³¹tsʰʅ⁵⁵
烂（一小块）的	a⁵⁵ tsʅ⁵⁵ pia⁵⁵	无数	tʂa³³tə³¹tʂa⁵⁵ ŋ̍³¹no⁵⁵
焦	tʂʰʋ⁵⁵ tʂʰʅ³¹	最少	dzi³³mia³³zu³¹
有本事	tsʰa⁵⁵ pu³¹pi⁵⁵	最多	gu³³mia³³mia³³
贪心	kʋ⁵⁵ lu³³uɑ³¹	许多	ku³¹li⁵⁵ zu³¹
小气	tsʰi³³	很可能	ku³¹li⁵⁵ ŋa⁵⁵
大方	ia³¹	一根（针）	tʃʰʅ³¹tsʰʅ⁵⁵
爽快	dzʅ³¹ŋ̍³¹bu⁵⁵	一支/根（烟）（烟本身）	tʃʰʅ³¹tsʰʅ⁵⁵
乖	xia⁵⁵	一支/根（烟）（的时间）	tʃʰʅ³¹mia⁵⁵ tsʰʅ⁵⁵
好玩	ku⁵⁵ tsʰʅ³¹		
调皮	bɛ³³ŋ̍³¹bu⁵⁵	一窝（老鼠）	tʃʰʅ³¹tʂʰʅ⁵⁵
蛮不讲理	lu⁵⁵ ŋ̍³¹ko³³xa³¹xuɑ⁵⁵	一片（树叶）	tʃʰʅ³¹pʰiu³¹
高兴（开心）	pʰiu³¹ tsʅ³¹ŋ̍³¹tyɛ³¹	一串	tʃʰʅ³¹õ³³
称心	ȵiɛ⁵⁵ la³¹tsʅ⁵⁵	一瓣（桔子）	tʃʰʅ³¹tʂʰʅ⁵⁵
发愁	ȵiɛ⁵⁵ ʂu³¹	一丛（草）	tʃʰʅ³¹tʋ⁵⁵
恐怖	kə³³iu³³	一座（一座桥）	tʃʰʅ³¹mu⁵⁵
亮堂	i⁵⁵ mia³³tsuɑ⁵⁵	一座（一座庙）	tʃʰʅ³¹tɕa⁵⁵
（穿着）花哨	tɕi⁵⁵ lipo³³lo³³	一颗（一颗星）	tʃʰʅ³¹mu⁵⁵
穿着不搭配	ȵi⁵⁵ ə³⁵ŋ̍³¹tsua³³	一粒（一粒米）	tʃʰʅ³¹mu⁵⁵
全都	ia³¹xa⁵⁵	一沓（纸）	zi⁵⁵ tɑ³¹（tʂʅ³¹）
总共	xa³³mia³³mia³³dzạ⁵⁵	一股（一股味）	tʃʰʅ³¹bi³¹
单单（只有，必须用在句子中带具体名词）	tiɛ³³tiɛ³³	一股（一股绳）	tʃʰʅ³¹tsʰʅ⁵⁵
		团（一团泥）	tʃʰʅ³¹¹pə⁵⁵
突然	tsʰa⁵⁵ ŋ̍³¹ko⁵⁵	团（一团毛线）	tʃʰʅ³¹ʐʅ⁵⁵
手把手	la³¹vʋ³¹ȵia³³sʅ⁵⁵ ȵi³¹mu³³	一排	tʃʰʅ³¹kuɑ³³
眼睁睁	mia³³i⁵⁵ du³¹	一撮（一撮毛）	tʃʰʅ³¹¹tsʰu⁵⁵
白吃白喝	go³³ta³¹ go³³tsʰa³³	一绺（一绺头发）	tʃʰʅ³¹tsʰʅ⁵⁵
零	tsʰʅ³¹mu⁵⁵ ta³¹ŋ̍³¹tʂa⁵⁵	一泡（尿/屎）	tʃʰʅ³¹bzʅ³³
七成	sʅ³¹ba³¹	一坨（肉）	tʃʰʅ³¹tʰʋa³³

词	国际音标
一门（手艺）	tʃʰʅ³¹tɕi³³ko³³
一剂/副（药）	tʃʰʅ³¹pu⁵⁵
一道（疤/印子）	tʃʰʅ³¹dʋ³¹
一刀（砍一刀）	tʃʰʅ³¹to³³
一趟（走一趟）	tʃʰʅ³¹psʅ³¹
一下（摸一下）	tʃʰʅ³¹ta³³
一顿（打他一顿）	tʃʰʅ³¹ko³³
一拳（打一拳）	tin⁵⁵tɕʅ³³tʃʰʅ³¹ko³³
一脚（踢一脚）	tʃʰʅ³¹ko³³
（哭）哇哇	u⁵⁵xua⁵⁵u⁵⁵xua⁵⁵
（风）呜呜	ʂyɛ³¹li³¹li³¹
（笑）哈哈	xa⁵⁵xa⁵⁵
（喝水）咕噜咕噜	tɕuaŋ³¹tuŋ³¹tɕuaŋ³¹tuŋ³¹
（喘）呼呼	xa³¹
汪汪	xuŋ³¹xuŋ³¹xuŋ³¹
咩咩	mæ³¹æ³³æ³……
喵喵	miɑo³³uŋ³³
（母鸡）咯咯	ku³¹tɛ⁵⁵ku³¹tɛ⁵⁵
勾勾（公鸡打鸣）	o³¹o³³uŋ³¹~
（鸭）嘎嘎	gua³⁵gua³⁵gua³⁵
（黄牛）哞哞	ma³⁵
（水牛）哞哞	u⁵⁵ŋua³¹
（狼）呜呜	uŋ³³uŋ³³uŋ⁵⁵uŋ⁵⁵uŋ³¹
（蜂、苍蝇）嗡嗡	fɛŋ³³
（乌鸦）嘎嘎	ua³¹ua³¹ua³¹
（老鼠）吱吱	tsyɛ³³tsyɛ³³tsyɛ³³
（青蛙）咕咕	kɤ³³li³¹kɤ³³li³¹
（蝉）知了知了	zyŋ³³zyŋ³³zyŋ³³
（树叶）哗哗	ʂua³¹ʂua³¹
（水）哗啦啦	pʰia³¹la³¹la³¹
（雨）哗哗	pʰia³¹pʰia³¹pʰia³¹
（枪）砰砰	tʰua³¹duŋ³¹m³¹
（爆炸）嘭嘭	buŋ³¹m³¹
（敲锣）铛铛	daŋ³³daŋ³³daŋ³³

词	国际音标
（鼓）咚咚	duŋ³¹duŋ³¹duŋ³¹
（马蹄）哒哒	kʰua³³tʂʰua³³kʰua³³tʂʰua³³
（竹、树枝断）噼啪	pʰə³¹
（铃）叮叮	tiŋ³³liŋ³³taŋ³³laŋ³³
（切菜）咚咚	to³³to³³to³³to³³
（雷）隆隆	buŋ³³luŋ³³luŋ³³luŋ³³
（闪电）普擦普擦	bʰia³¹
长毛松	tʰa³¹pu³³
落花松	ny³¹pu³³
十五以前的月亮	xu⁵⁵kua³¹
十五以后的月亮	xu⁵⁵kua³¹i⁵⁵
春节	kʰʋ³¹sʅ³¹
壳	kɤ³¹
蝙蝠	piu⁵⁵luŋ³³tsʅ³³
蜈蚣	ʂua⁵⁵ɕi⁵⁵
青蛙	kə⁵⁵li³¹
鸡窝	ia⁵⁵by⁵⁵kɤ⁵⁵
统称毛毯和垫在被单下的东西	kʰa³¹da⁵⁵
小偷（第一种读法）	mi⁵⁵by³¹
小偷（第二种读法）	mi⁵⁵by³¹pi³³su³³
覆盖，盖住	pzʅ⁵⁵tu³¹
大吵大闹	tɕʅ³³xua⁵⁵tɕʅ³³vʋ³¹tai³¹
长方形的	a³¹na³³sʅ⁵⁵mu³³
正方形	tʂa⁵⁵tʂu³³
子鼠	xuã⁵⁵
丑牛	a⁵⁵ȵi³¹
寅虎	lu³¹mu⁵⁵
卯兔	tʰa³¹lu⁵⁵
辰龙	lʋ³¹
巳蛇	ʂo⁵⁵
午马	a⁵⁵na³³mu³¹
未羊	a⁵⁵tʂʰʅ³¹
申猴	tʂa⁵⁵mio³¹

词	国际音标	词	国际音标
酉鸡	ia⁵⁵	语文	zi⁵⁵ uən³¹
戌狗	ɑ⁵⁵ nu³¹	物理	vʊ³¹li³¹
亥猪	βie³¹	共产主义	kuŋ³¹tsʰæ²¹⁴ tsu³³zi³¹
龙	lʊ³¹	政治	tsɛn⁵⁵ tsʅ³³
蝉	ʙu³¹tsu³¹	书记	su⁵⁵ tɕi³¹
鱼网	uŋ³¹suə³¹du⁵⁵	社会主义	sə⁵⁵ xuɛi³¹tsu³³zi³¹
蜘蛛网	ia³¹mu³³dzu⁵⁵ tʂʅ⁵⁵	民国	min³¹ko³¹
他留人的巫师	ȵi³¹pʰu³¹	解放	kai³³fɑŋ³¹
公司	miɛ³¹ȵi³¹pi⁵⁵ kɑ³³m̩³¹ty⁵⁵	主席	vʊ⁵⁵ ti³¹
工厂	miɛ³¹ȵi³¹pi⁵⁵ kɑ³³	毛主席	mau³¹vʊ⁵⁵ ti³¹
油（汽油、煤油等都统称油）	tʂʰuɑ³³	周恩来	tʂou⁵⁵ ɛn⁵⁵ lai³¹
事业	dzʅ⁵⁵ tsa³³	现代化	ɕæ⁵⁵ tai³¹xuɑ²¹⁴
球	tɕʰu³¹³	电视	ɑ⁵⁵ zyɛ⁵⁵ i̠³³kɑ⁵⁵
皮球（篮球/足球等所有球都称为"皮球"）	pʰʂʅ³¹tɕʰu³¹	冰箱	pin³³ɕaŋ³³
总理	sʅ³¹pʰu³¹	电话	ʂua³¹la³¹ə³³tʊ⁵⁵
发展	pi⁵⁵ nu³³	牙刷	ɕy³¹tʃʰʅ³¹tʊ⁵⁵
省	sɛn³³	牙膏	zɑ̠³¹kau⁵⁵
上海	ʂaŋ⁵⁵ xai³¹	汽车	tʂa⁵⁵ lʊ³¹uɑŋ³¹lɑ³¹
市	ʂʅ³¹	火车	xɤ̠⁵⁵ tʂa⁵⁵ lʊ³¹ʂʅ³³ʂʅ³¹mɑ³¹
沼气	tʃʰʅ³¹sa³¹	飞机	fɛi³³tɕi³³
煤气	nɛ̠³¹tʃʰʅ³¹ʂo⁵⁵ ȵi³¹	轮船	lən³¹tsʰuæ³¹
照相	ɑ⁵⁵ zyɛ⁵⁵ tuɑ⁵⁵	摩托车	mo³¹tʰo³¹
照片（相片）	tʰɑ³¹zʅ³¹ɑ⁵⁵ zyɛ⁵⁵	三轮车	sæ⁵⁵ lən³¹tsʰə⁵⁵
共产党	kuŋ⁵⁵ tʂʰæ³¹taŋ³¹	自行车	taŋ³³tsʰə⁵⁵
集团	tɕi³¹tʰuæ³¹	手机	ʙu³¹tsu³¹ia⁵⁵
经理	tɕiŋ⁵⁵ li³¹	火柴	ɑ⁵⁵ to³¹tʃʰʅ³¹tʊ⁵⁵
产业	tsʰæ³³zɛ³¹	天线	tʰiæ³³ɕæ³¹
清华大学	tɕʰiŋ³³xuɑ³¹tɑ⁵⁵ ɕo³¹	收音机	ʂou³³in³³tɕi³³
小学	ɑ⁵⁵ ti³¹	打火机	ɑ⁵⁵ to³¹tsua³¹
初中	tsʰu³³tsuŋ³³	算盘	ɑ⁵⁵ na³¹xɛ³¹da³¹pa³³tʊ⁵⁵
高中	kau³³tsuŋ³³	电扇	tiæ⁵⁵ mi³¹
大学	ta⁵⁵ ɕo³¹	玻璃	po³³li³¹
数学	su⁵⁵ ɕo³¹	钢	kaŋ³³
		暖水瓶	zə³¹ʂuɛi³¹fʊ³¹

续表

词	国际音标	词	国际音标
机器	tɕi³³tɕʰi³¹	葡萄	pʰu²¹⁴tʰɑu³³
缝纫机	pʰia⁵⁵tʃʰʅ³¹dzʅ³¹tʋ⁵⁵	芭蕉树	ŋɑ³³ʙu⁵⁵
电筒	tiæ⁵⁵tʰuŋ³¹	风俗	fəŋ²¹⁴su³¹
电	tiæ⁵⁵	元宵节	kʰʋ³¹sʅ³¹ma⁵⁵
枪	tsʰʋ⁵⁵	元宵	kʰʋ³¹sʅ³¹ma⁵⁵
轮胎	tʂa⁵⁵lʋ³¹ko³³tɕʅ⁵⁵	端午	tuæ³³vʋ²¹⁴
水泥	lo³³mi³³	国庆节	ko²¹⁴tɕiŋ³³tɕɛ³¹
橡胶	ʐɑ³¹tʋ⁵⁵	二胡	ər⁵⁵fʋ³¹
化肥	vʋ³¹su⁵⁵no³³tʃʰʅ³¹	古筝	kʋ³³tsən⁵⁵
塑料	sʋ³³liɑu⁵⁵	道德	tau⁵⁵tə³¹
农药	nuŋ³¹ʐo³¹	王（姓）	ba⁵⁵la³¹tɕu⁵⁵bə³¹
啤酒	pʰsʅ³¹tɕu²¹⁴	蓝	a⁵⁵xɤ³³
电池	tiæ³³tʂʅ³¹	海	a⁵⁵ʂua³¹
大楼	ta⁵⁵lou³¹	陈	ia⁵⁵kua³¹su⁵⁵
苹果	pʰin³¹ko²¹⁴	罗	tɕiŋ³³tʋ³³i³³
西瓜	a⁵⁵pʰy³¹tɕʅ³¹tsu³¹lu³³mu⁵⁵	邱	a⁵⁵kʰʋ³¹i³³
冬瓜	a⁵⁵pʰy³¹kʰɑ³¹dʐa³¹	杨	a⁵⁵tʂʰʅ³¹i³³
芒果	maŋ³¹ko²¹⁴	熊	y⁵⁵i³³
南瓜	a⁵⁵pʰy³¹næ³¹kua⁵⁵	段（断）	tʂo³¹tsʰɛ³³i³³
丝瓜	a⁵⁵pʰy³¹dzʋ³¹ka⁵⁵nu³¹mu⁵⁵	张	tsaŋ³³
香蕉	ɕaŋ³³tɕau²¹⁴	李	li³¹
雪莲果	ɕɛ³¹liæ³¹ko²¹⁴		

参考文献：

[1] 周德才：《他留话概况》，《民族语文》2002年第2期。

[2] 周德才：《他留话研究》，云南民族出版社2004年版。

（本章主要执笔者：李居政、张雪梅）

第三章
铎系与铎系符号文献

经过我们2011年以来六上他留山调查，他留人族内共有11名铎系，均为男性。师承关系大多是世代祖传，父亲传给儿子或叔父传给侄子。成年男子有意者也可以通过拜师学艺成为铎系，但是在老铎系引退前不能出山，即使学艺再精，也不可独立主持丧葬仪式。因此，即使年过花甲，也还是徒弟的情况也就不足为奇。全部他留铎系的相关基本信息见第一章中"铎系传承人统计表"。下面介绍其中几位铎系的基本情况，以及他们所书写的铎系符号。

铎系海发清

海发清，1956年出生于云南省永胜县他留山区，现居于永胜县六德乡双河皮牛村。初中毕业文化程度。从事铎系工作31年，师从海正才、陈金云。

铎系海发清在展示"牛藤索"

铎系海发清在画图符

海发清手绘图符–前

海发清手绘图符–后

海发清手绘图符–左

海发清手绘图图符–右

铎系海品章

海品章，1952年生，现居于永胜县六德乡双河皮牛村。小学毕业。1977年开始学习铎系知识，师从海正明。从事铎系工作6年，到采访时主持祭祀仪式49场。

铎系海品章

与海发清（左二）海品章（左三）合影

海品章手绘图符–前

海品章手绘图符–后

海品章手绘图符–左

海品章手绘图符–右

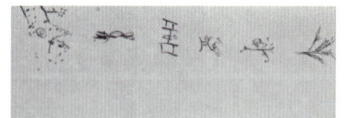

海品章手绘图符–补充

铎系蓝新发

蓝新发（1942—2011.12），生前居于永胜县六德乡营山三板桥村。小学毕业。1983年开始学习铎系知识，师从蓝有清。

铎系蓝新发在讲解图符

与铎系蓝新发（右二）蓝金荣（右三）合影

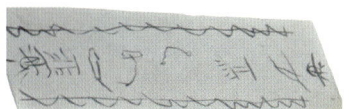
铎系蓝新发手绘图符–前

铎系蓝新发手绘图符–后

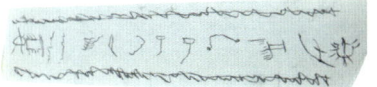
铎系蓝新发手绘图符–左

铎系蓝新发手绘图符–右

铎系蓝金荣

蓝金荣，1962年生，现居于永胜县六德乡营山三板桥村。初中毕业。1982年开始学习铎系知识，师从海发清、蓝新发、蓝有清。从事铎系工作4年，至采访调查时已主持过祭祀仪式24场。

铎系蓝金荣在书写图符

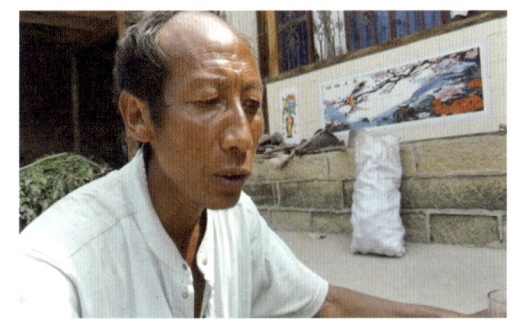
铎系蓝金荣在解释图符含义

铎系蓝金荣手绘图符–前

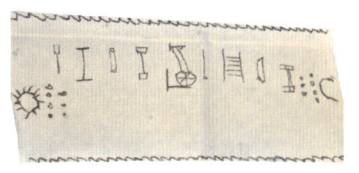
铎系蓝金荣手绘图符–后

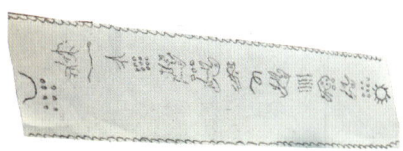
铎系蓝金荣手绘图符–左

铎系蓝金荣手绘图符–右

铎系陈绍才

陈绍才，1955年生，现居于永胜县六德乡双河娃岔村。小学毕业。1970年开始学习铎系知识，师从陈志龙。从事铎系工作8年，到采访调查时主持祭祀仪式6场。

与铎系陈绍才合照

铎系陈绍才在画图符

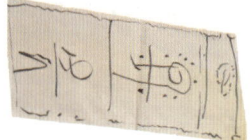

铎系陈绍才手绘图符-1

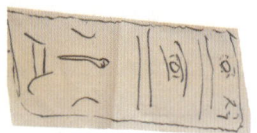

铎系陈绍才手绘图符-2

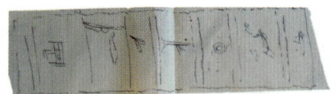

铎系陈绍才手绘图符-3

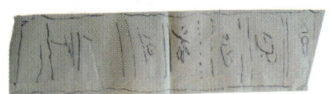

铎系陈绍才手绘图符-4

铎系陈绍才手绘图符-左

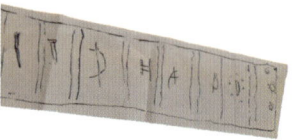

铎系陈绍才手绘图符-右

铎系陈金云

陈金云，1940年生，现居于永胜县六德乡双河大洼子村。小学毕业。始学时间不详，师从王建华。

与铎系陈金云（右二）蓝云生（右三）合影

铎系陈金云在画图符

铎系陈金云手绘图符–前

铎系陈金云手绘图符–后

铎系陈金云手绘图符–左

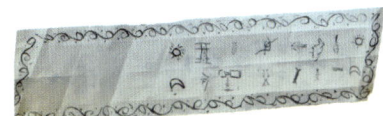

铎系陈金云手绘图符–右

铎系蓝云生

蓝云生，1955年生，现居于永胜县六德乡云山庄上村。小学毕业。1989年开始学习铎系知识，师从王曾旺。从事铎系工作5年，到采访调查时主持祭祀仪式40余场。

铎系蓝云生（中）在唱经

铎系蓝云生手绘图符–前

铎系蓝云生手绘图符–后

铎系蓝云生手绘图符–左

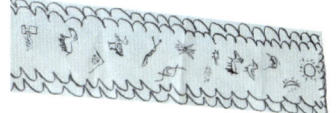

铎系蓝云生手绘图符–右

铎系王云德

王云德（1938—2016），生前居于永胜县六德乡双河花椒树村。小学毕业。1982年开始学习铎系知识，师从陈光明、陈文明。从事铎系工作6年。

与铎系王云德（中）合影

铎系王云德在写图符

铎系王云德手绘图符–前

铎系王云德手绘图符–后

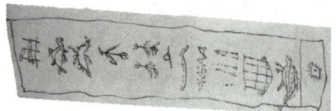

铎系王云德手绘图符–左

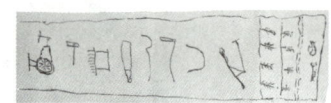

铎系王云德手绘图符–右

铎系书写的属牌实物，2011年初收集于使用现场

（本章整理者：李居政、赵丽明）

第四章

铎系符号文献解读

一 天地——天窘地宽，偷地补天；银河，高山，河谷，泪井

〰〰	明地么	min³¹dzi⁵⁵ mu³³	天
〰	密那么	mi⁵⁵ na³¹mu³³	地

汉字拟音	明	帕	料	娃	嗯	照
国际音标	mi³¹	pʰa⁵⁵	lia⁵⁵	ua³¹	ŋ̩³¹	dzɑ⁵⁵
直译	天	上	（更）	大	不	有
意译	没有比上天更大的					

汉字拟音	密	帕	料	娃	嗯	照
国际音标	mi⁵⁵	pʰa⁵⁵	lia⁵⁵	ua³¹	ŋ̩³¹	dzɑ⁵⁵
直译	地	下	（更）	大	不	有
意译	没有比地更大的					

汉字拟音	哦	明	底	嗯	剃
国际音标	ŋu⁵⁵	mi³¹	ty⁵⁵	ŋ̩³¹	tʰy⁵⁵
直译	我	天	（助词）	不	讲
意译	铎系我若不讲天的话				

汉字拟音	明	乌	不	路	久
国际音标	mi³¹	u³¹	bu³¹	lu⁵⁵	tɕo³³
直译	天	恩德	薄	（去）	怕
意译	怕天的恩德会薄掉				

汉字拟音	密	底	嗯	剃
国际音标	mi^{55}	ty^{55}	ŋ̍^{31}	t^{h}y^{55}
直译	地	说	不	讲
意译	若不讲地的话			

汉字拟音	密	乌	不	路	久
国际音标	mi^{55}	u^{31}	bu^{31}	lu^{55}	tɕo^{33}
直译	地	恩德	薄	（去）	怕
意译	怕地的恩德会薄掉				

汉字拟音	明	纠	习	次	你
国际音标	mi^{31}	tɕu^{33}	sʅ^{31}	tsʰʅ^{55}	ȵi^{55}
直译	天	造成	七	十	天
意译	造出天来要七十天				

汉字拟音	密	纠	习	模	你
国际音标	mi^{55}	tɕu^{33}	sʅ^{31}tsʰʅ^{55}	mɑ^{31}	ȵi^{55}
直译	地	造成	七十	昼夜	天
意译	造出地来要七十昼夜				

汉字拟音	明	磨	明	扫	哦
国际音标	mi^{31}	mu^{55}	mi^{31}	sɑ^{55}	o^{31}
直译	天	做	天	三	个
意译	造天的是三个人				

汉字拟音	密	磨	密	尼	哦
国际音标	mi^{55}	mu^{55}	mi^{55}	ȵi^{31}	o^{31}
直译	地	做	地	二	个
意译	造地的是两个人				

汉字拟音	扫	哦	萨	你	娃
国际音标	sɑ^{55}	o^{31}	sɑ^{55}	ȵɛ^{55}	uɑ^{31}
直译	三	个	三	心	大
意译	造天的三个人，人多胆量大				

汉字拟音	洼	日	洼	压	磨
国际音标	uɑ^{33}	zʅ^{55}	uɑ^{33}	ia^{31}	mu^{55}
直译	笑	哈哈	笑	嘻嘻	做
意译	做活时嘻嘻哈哈，边玩边做				

汉字拟音	密	磨	密	尼	哦
国际音标	mi^{55}	mu^{55}	mi^{55}	ȵi^{31}	o^{31}
直译	地	做	地	二	个
意译	造地的那两个人担心人少				

汉字拟音	恶啦		压啦		磨
国际音标	ŋɤ^{55} la^{31}		ia^{31}la^{31}		mu^{55}
直译	想哭		板脸		做
意译	哭丧着脸，十分专心地做活				

汉字拟音	助	级	足	你	磨
国际音标	dzu^{55}	dzʅ^{31}	dzu^{31}	ȵi^{55}	mu^{55}
直译	饭	生	吃	（了）	做
意译	他们连饭都来不及煮吃，吃生饭地造地				

汉字拟音	压	级	足	你	磨
国际音标	ia^{31}	dzʅ^{31}	dzu^{31}	ȵi^{55}	mu^{55}
直译	菜	生	吃	（了）	做
意译	菜也来不及煮吃，吃生菜地造地				

汉字拟音	尼	哦	呢	你	亚
国际音标	ȵi³¹	o³¹	ȵi³¹	ȵɛ³³	ia³³
直译	二	个	二	心	小
意译	造地的二人，人少胆量小				

汉字拟音	你	嗯	日	密	嗯	日
国际音标	ȵi⁵⁵	ŋ̩³¹	zə³¹	mi⁵⁵	ŋ̩³¹	zə³¹
直译	白天	不	睡	晚上	不	睡
意译	白天不睡，晚上也不睡地干活					

汉字拟音	磨	明	磨	明	扫	哦
国际音标	mu⁵⁵	mi³¹	mu⁵⁵	mi³¹	sɑ⁵⁵	o³¹
直译	做	天	做	天	三	个
意译	造天的那三个人					

汉字拟音	密挪	日	你	磨
国际音标	mi⁵⁵nu³³	zə³¹	ȵi⁵⁵	mu⁵⁵
直译	晚上	睡	（助词）	做
意译	晚上去睡不干活			

汉字拟音	你挪	日	你	磨
国际音标	ȵi⁵⁵nu³³	zə³¹	ȵi⁵⁵	mu⁵⁵
直译	白天	睡	（助词）	做
意译	白天也是边睡边干活			

汉字拟音	明	磨	切	扫	哦
国际音标	mi³¹	mu⁵⁵	tʃʰi³¹	sɑ⁵⁵	o³¹
直译	天	做	他们	三	个
意译	造天的那三个人				

汉字拟音	洼	日	洼	压	磨
国际音标	uɑ³³	zɿ⁵⁵	uɑ³³	iɑ³¹	mu⁵⁵
直译	笑	嬉	笑	哈	做
意译	嘻嘻哈哈，边笑边做地干活				

汉字拟音	侬	拉	腻	拉	磨
国际音标	nuŋ³¹	la³¹	ȵi⁵⁵	la³¹	mu⁵⁵
直译	休息	（助词）	坐下	（助词）	做
意译	干一阵活休息一阵，干一阵活坐一阵				

汉字拟音	萨	足	米	你	足
国际音标	sɑ⁵⁵	dzu³¹	mi³³	ȵi³³	dzu³¹
直译	三	吃	熟	（了）	吃
意译	一日三顿都煮熟了吃				

汉字拟音	七	烘	日	你	磨
国际音标	tʃʰʅ³¹	xu⁵⁵	zə³¹	ȵi⁵⁵	mu⁵⁵
直译	一	月	睡	（助词）	做
意译	第一个月他们边睡边做				

汉字拟音	尼	烘	古	你	磨
国际音标	ȵi³¹	xu⁵⁵	gu³³	ȵi⁵⁵	mu⁵⁵
直译	两	月	玩	（助词）	做
意译	第二个月他们边玩边做				

汉字拟音	醋	露	醋	私	磨
国际音标	tsʰu⁵⁵	lu⁵⁵	tsʰu⁵⁵	sɿ³¹	mu⁵⁵
直译	热	（助词）	热	遮	做
意译	一热就歇凉				

汉字拟音	假	路	假	私	磨
国际音标	tɕa³³	lu⁵⁵	tɕa³³	sɿ³¹	mu⁵⁵
直译	冷	（助词）	冷	解	做
意译	一冷就取暖				

汉字拟音	扫	哦	密	应	以	密
国际音标	sɑ⁵⁵	o³¹	mi⁵⁵	ĩ⁵⁵	zʅ³³	mi⁵⁵
直译	三	个	地	看	（来）	地
意译	三个造天的人就来看造地的情况					

汉字拟音	么	磨	泻	渎
国际音标	mu³³	mu⁵⁵	ɕi⁵⁵	tu³¹
直译	大	做	宽	（了）
意译	地造得太大太宽了			

汉字拟音	无	应	马	嗯	堵
国际音标	uƀ³¹	ĩ⁵⁵	ma³¹	ŋ̍³¹	tu⁵⁵
直译	头	看	尾	不	边际
意译	从头看去看不见尾				

汉字拟音	马	应	无	嗯	拖
国际音标	ma³¹	ĩ⁵⁵	uƀ³¹	ŋ̍³¹	tʰu³³
直译	尾	看	头	不	到
意译	从尾看去看不见头				

汉字拟音	萨	哦	塞	你	除
国际音标	sɑ⁵⁵	o³¹	sɑ³³	ȵɛ⁵⁵	tʂʰu³¹
直译	三	个	三	心	抖
意译	这三个造天的人这时才吓了一跳				

汉字拟音	明	笔	密	嗯	秘
国际音标	mi³¹	pʂʅ³¹	mi⁵⁵	ŋ³¹	my⁵⁵
直译	天	盖	地	不	严
意译	天盖地，盖不严地了				

汉字拟音	撒	你	娃	扁	渎
国际音标	sɑ⁵⁵	ȵɛ⁵⁵	uɑ³¹	bia³³	tu³¹
直译	三	心	大	坏	（助词）
意译	三个人胆大后心变坏了				

汉字拟音	萨	哦	你	扁	路
国际音标	sɑ⁵⁵	o³¹	ȵɛ⁵⁵	bia³³	lu⁵⁵
直译	三	个	心	坏	（助词）
意译	坏了的三个心				

汉字拟音	白	你	滴闭	惹
国际音标	pɤ³³	ȵi⁵⁵	dy³¹pi⁵⁵	zə³³
直译	想	（助词）	偷	要
意译	想到要做小偷去偷地来补天			

汉字拟音	塞	哑	嗯	不	喇
国际音标	sɑ³¹	ia³³	ŋ³¹	pu⁵⁵	la³¹
直译	在	鸡	不	叫	（助词）
意译	在鸡还不叫的时候				

汉字拟音	密	挪	哭	于	恰
国际音标	mi⁵⁵	nu³³	kʰu³¹	y³³	tɕʰa³¹
直译	地	（助词）	偷	用	（助词）
意译	去偷地来补天				

汉字拟音	萨	哦	喇	畜	路
国际音标	sɑ^{55}	o^{31}	la^{31}	ɕu^{31}	lu^{55}
直译	三	个	手	袖	卷起
意译	三个人卷起袖子				

汉字拟音	密	竹	捉	你
国际音标	mi^{55}	dzʋ̩^{31}	tʂo^{31}	ɲi^{55}
直译	地	筋	搂	（助词）
意译	搂起地的筋			

汉字拟音	磨	鹊	加	假	里	吧
国际音标	mu^{55}	tʃʰyɑ^{31}	tɕa^{33}	tɕa^{31}	li^{55}	ba^{55}
直译	做	六	捧	抓	（助词）	（叹词）
意译	三人六捧把地筋捧上去补天					

汉字拟音	明玛	比	泻	渎
国际音标	mi^{31}ma^{33}	psi^{55}	ɕi^{55}	tu^{31}
直译	天	补	宽	（了）
意译	天补宽了			

汉字拟音	比	告	汲	啦
国际音标	psi^{55}	kɑ^{55}	tsɿ^{31}	la^{31}
直译	补	地方	节	（助词）
意译	补着的接缝印子			

汉字拟音	明	骨	堵	妙
国际音标	mi^{31}	guə^{33}	dʋ^{33}	mia^{55}
直译	天	银河	印子	见
意译	就变成了天上的银河			

汉字拟音	渎	塞哑	我路	萨	痴	布	路	吧
国际音标	tu³¹	sa³¹ia³³	u³¹lu³³	sɑ⁵⁵	tʂʅ³¹	pu⁵⁵	lu⁵⁵	ba⁵⁵
直译	（助词）	三只鸡	叫	三	狗	吠	（助词）	（叹词）
意译	鸡一叫，狗一哮							

汉字拟音	密	乌	且	嗯	素	素
国际音标	mi⁵⁵	u³³	zə̩³¹	ŋ̍³¹	su⁵⁵	su⁵⁵
直译	地	人	睡	不	（助词）	（助词）
意译	昼夜睡不好的造地人					

汉字拟音	拿	杜	密	应	哩
国际音标	na³¹	dʋ⁵⁵	mi⁵⁵	ĩ̩⁵⁵	li⁵⁵
直译	早	起	地	见	去
意译	早早起来去看地				

汉字拟音	密	喝	喝	渎	各
国际音标	mi⁵⁵	xə³³	xə³³	tu³¹	kɑ⁵⁵
直译	地	凹	凹	（助词）	（助词）
意译	发现原本的平地凹的凹下去了				

汉字拟音	密	竹	捉	渎	各
国际音标	mi⁵⁵	dzʋ̩³¹	tʂo³¹	tu³¹	kɑ⁵⁵
直译	地	筋	凸	（助词）	（助词）
意译	地筋凸的凸起来了				

汉字拟音	尼	乌	尼	你	狭
国际音标	ȵi³¹	u³³	ȵi³¹	ȵɛ⁵⁵	xiɑ³¹
直译	二	人	二	心	软
意译	造地的两个人都伤心软了				

汉字拟音	尼	乌	尼	你	梦
国际音标	ȵi³¹	u³³	ȵi³¹	ȵɛ⁵⁵	mə⁵⁵
直译	二	人	二	心	瘫
意译	二人都气瘫了				

汉字拟音	七	应	应	哩	吧
国际音标	tʃʰʅ³¹	i⁵⁵	ĩ̠⁵⁵	li⁵⁵	ba⁵⁵
直译	一	眼	看	去	（叹词）
意译	一眼看去吧				

汉字拟音	密	喝	喝	嘎喇
国际音标	mi⁵⁵	xə³³	xə³³	kɑ⁵⁵ la³¹
直译	地	凹	凹	地方
意译	地凹陷下去的地方			

汉字拟音	啦	道	啦	无	拿
国际音标	lɑ⁵⁵	tɑ⁵⁵	lɑ⁵⁵	vʊ³¹	na³¹
直译	箐	尾	箐	头	深
意译	形成了很深的箐沟				

汉字拟音	七	应	应	哩	吧
国际音标	tʃʰʅ³¹	i⁵⁵	ĩ̠⁵⁵	li⁵⁵	ba⁵⁵
直译	一	眼	看	去	吧
意译	一眼看去吧				

汉字拟音	密	竹	捉	告喇
国际音标	mi⁵⁵	dzʊ̠³¹	tʂo³¹	kɑ⁵⁵ la³¹
直译	地	筋	折叠	地方
意译	地筋波折起来的地方			

汉字拟音	捉	你	吧	娃么	古	著	罗
国际音标	tʂo³¹	ȵi⁵⁵	ba⁵⁵	ua³¹mu³³	kʋ³³	tʂo³³	lo³¹
直译	折叠	（助词）	（叹词）	大山	九	层	成
意译	折叠的地筋就变成了九层高的大山						

汉字拟音	渺	闭	无切	打
国际音标	mia⁵⁵	pʂɿ⁵⁵	u³¹tɕʰi³¹	ta³³
直译	眼睛	泪	眼皮	滴
意译	造地的二人伤心得流泪了			

汉字拟音	娃	你	拉道	夜
国际音标	ua³¹	ȵi⁵⁵	la⁵⁵ta⁵⁵	i⁵⁵
直译	流	（助词）	箐凹	去
意译	泪流到箐凹中			

汉字拟音	级	你	玉瓷	别
国际音标	dzɿ³¹	ȵi⁵⁵	zɿ⁵⁵tsʰɿ³¹	pia³³
直译	潮湿	（助词）	潮湿	成
意译	变成了潮湿的地，泪再流到潮湿地上			

汉字拟音	瓷	你	独	标	渎
国际音标	dzɿ³¹	ȵi⁵⁵	dʋ³¹	pia³³	tu³¹
直译	潮湿	（助词）	井	成	（助词）
意译	潮湿地上就变成了井				

汉字拟音	独	照	卢	标	渎
国际音标	dʋ³¹	dza⁵⁵	lʋ³¹	pia³³	tu³¹
直译	井	有	龙	成	（助词）
意译	有井了，井里就有了龙				

汉字拟音	卢	娃	啦	夜	渎
国际音标	lu³¹	ua³¹	la³¹	i⁵⁵	tu³¹
直译	龙	大	箐	去	（助词）
意译	大龙顺着大箐走				

汉字拟音	卢	照	密么	己
国际音标	lu³¹	tʂa⁵⁵	mi⁵⁵ mu³³	z̩³³
直译	龙	转	地	圆满
意译	龙就把整个大地都走圆了			

串讲：

没有比上天更大的，没有比地更大的。铎系我若不讲天的话，怕天的恩德会薄掉。若不讲地的话，怕地的恩德会薄掉。造出天来要七十天，造出地来要七十昼夜。造天的是三个人，造地的是两个人。造天的三个人人多胆量大，做活时嘻嘻哈哈，边玩边做。造地的那两个人担心人少，哭丧着脸，十分专心地做活。他们连饭都来不及煮吃，吃生饭地造地；菜也来不及煮吃，吃生菜地造地。造地的二人，人少胆量小，白天不睡，晚上也不睡地干活。造天的那三个人，晚上去睡不干活，白天也是边睡边干活。造天的那三个人，嘻嘻哈哈，边笑边做地干活，干一阵活休息一阵，干一阵活坐一阵，一日三顿都煮熟了吃。第一个月他们边睡边做，第二个月他们边玩边做。一热就歇凉，一冷就取暖。三个造天的人就来看造地的情况，地造得太大太宽了，从头看去看不见尾，从尾看去看不见头。这三个造天的人这时才吓了一跳。天盖地，盖不严地了。三个人胆大后心变坏了，想到要做小偷去偷地来补天。在鸡还不叫的时候，去偷地来补天。三个人卷起袖子，搂起地的筋，三人六捧把地筋捧上去补天。天补宽了，补着的接缝印子，就变成了天上的银河。鸡一叫，狗一叫，昼夜睡不好的造地人，早早起来去看地。发现原本的平地凹的凹下去了，地筋凸的凸起来了，造地的两个人都伤心透了，二人都气瘫了。一眼看去吧，地凹陷下去的地方，形成了很深的箐沟。一眼看去吧，地筋波折起来的地方，就变成了九层高的大山。造地的二人伤心得流泪了，泪流到箐凹中，变成了潮湿的地。泪再流到潮湿地上，潮湿地上就变成了井。有井了，井里就有了龙。大龙顺着大箐走，龙就把整个大地都走圆了。

二 北斗七星——七兄妹造天造地

符号	过喜磨	kuɑ⁵⁵ ʂʅ³¹mu³³	北斗七星

汉字拟音	明	照	哇	过	喜	我
国际音标	mi³¹	dzɑ⁵⁵	ua⁵⁵	kuɑ⁵⁵	ʂʅ³¹	u³¹
直译	天	有	（呢）	星	七	个
意译	天上呢有北斗七星					

汉字拟音	明	币	哇	切	闭
国际音标	mi³¹	pi⁵⁵	ua⁵⁵	tʃʰi³¹	pi⁵⁵
直译	天	做	（呢）	他们	做
意译	做天是他们做				

汉字拟音	明	币	吧	入	以	胸
国际音标	mi³¹	pi⁵⁵	ba⁵⁵	zu³¹	zʅ³¹	xyɑ⁵⁵
直译	天	做	（的）	男	四	兄弟
意译	做天的是四兄弟					

汉字拟音	以	胸	于	你	娃
国际音标	zʅ³¹	xyɑ⁵⁵	zʅ³¹	nɛ³³	uɑ³¹
直译	四	兄弟	四	心	大
意译	四弟兄胆子大				

汉字拟音	我	日	哇	苗	磨
国际音标	ua^{55}	tʂɿ^{55}	ua^{55}	mia^{31}	mu^{55}
直译	笑	笑地	笑	调皮地	造
意译	嘻嘻哈哈地造				

汉字拟音	命	磨	麻	撒	胸
国际音标	mi^{55}	mu^{55}	ma^{31}	sa^{55}	xya^{55}
直译	地	造	女	三	姐妹
意译	造地的是三姐妹				

汉字拟音	撒	胸	塞	你	要
国际音标	sa^{55}	xya^{55}	sa^{55}	nɛ^{33}	ia^{55}
直译	三	姐妹	三	心	小
意译	三个姐妹胆子小				

汉字拟音	切	命	磨	助	汲	别	你	磨
国际音标	tʃʰi^{31}	mi^{55}	mu^{55}	tsu^{55}	dzɿ^{31}	pia^{31}	ȵi^{55}	mu^{55}
直译	她们	地	造	米	生	捧	（带）	造
意译	她们造地捧着生米吃							

汉字拟音	摇	汲	足	你	磨
国际音标	ia^{31}	dzɿ^{31}	dzu^{31}	ȵi^{55}	mu^{55}
直译	菜	生	吃	（带）	造
意译	吃着生菜				

汉字拟音	恶	啦	遥	啦	磨
国际音标	ŋɤ^{55}	la^{55}	ia^{31}	la^{55}	mu^{55}
直译	哭	想	哭	想	造
意译	想哭想哭地造				

汉字拟音	命	磨	命	泄	读
国际音标	mi^{55}	mu^{55}	mi^{55}	ɕi^{55}	tu^{31}
直译	地	造	地	宽	（了）
意译	把地造宽了				

汉字拟音	明	笔	命	嗯	秘	拔
国际音标	mi^{31}	pʂʅ^{31}	mi^{55}	ŋ̍^{31}	my^{55}	ba^{55}
直译	天	罩	地	不	严	（了）
意译	天罩不严地了					

汉字拟音	命	烛	捉	你	读
国际音标	mi^{55}	dzʊ^{31}	tʂo^{31}	n̠i^{55}	tu^{31}
直译	地	皱	凹凸不平	（成）	（了）
意译	地变得凹凸不平				

汉字拟音	辣道	辣无	九	你	读
国际音标	la^{55} ta^{55}	la^{55} vʊ^{31}	tɕu^{33}	n̠i^{55}	tu^{31}
直译	河谷	高山	形成	（成）	（了）
意译	形成了河谷高山				

串讲：

天上呢有北斗七颗星，造天的呢是那四兄弟。四兄弟的胆子呀很大，嘻嘻哈哈调皮地造天。造地的呢是三个姐妹，三个姐妹的胆子很小。她们造地啊非常辛苦，只吃生米和生菜地造，太累了常常想哭地造，就把地造得很宽很宽。可是天就罩不严地了，只能把地撮得小一些。地皱了变得凹凸不平，就形成了河谷和高山。

(三) 云——黑云，白云，黄云

	季绰	tsʅ⁵⁵ tʂʰu⁵⁵	云
	季哪	tsʅ⁵⁵ na³³	黑云
	季瀑	tsʅ⁵⁵ pʰʋ⁵⁵	白云
	季朔	tsʅ⁵⁵ ʂuɑ⁵⁵	黄云

汉字拟音	娃密	古	级
国际音标	uɑ³¹mi⁵⁵	kʋ³³	tsʅ³¹
直译	山崖	九	节
意译	山崖有九节长		

汉字拟音	娃密	古	箸
国际音标	uɑ³¹mi⁵⁵	kʋ³³	tʂo³³
直译	山崖	九	层
意译	山崖有九层高			

汉字拟音	季	瀑	谷	底	路
国际音标	tsʅ⁵⁵	pʰʋ⁵⁵	kʋ³³	ti⁵⁵	lu⁵⁵
直译	云	白	九	层	来
意译	山崖顶上厚厚的白云飘来了九层				

汉字拟音	季	哪	谷	箸	路
国际音标	tsʅ⁵⁵	na³³	kʋ³³	tʃu⁵⁵	lu⁵⁵
直译	云	黑	九	条	来
意译	厚厚的黑云飘来了九条				

汉字拟音	季	朔	古	箸	路
国际音标	tsʅ⁵⁵	ʂuɑ⁵⁵	kʋ³³	tʃu⁵⁵	lu⁵⁵
直译	云	黄	九	条	来
意译	黄云飘来了九条				

汉字拟音	啦应	无	皮	啦
国际音标	lɑ⁵⁵i⁵⁵	uƀ³¹	pʰiɛ³¹	la³¹
直译	南方山	头	丫口	（助词）
意译	从南面山丫口的地方			

汉字拟音	迷	玛	次	世	路
国际音标	mi³¹	ma³³	tsʰʅ⁵⁵	ʂʅ⁵⁵	lu⁵⁵
直译	天	上	脚	长	来
意译	雨就从天上下过来了				

串讲：

山崖有九节长，山崖有九层高。山崖顶上厚厚的白云飘来了九层，厚厚的黑云飘来了九条，黄云飘来了九条。从南面山丫口的地方，雨就从天上下过来了。

四 葫芦——大洪水，葫芦漂，两兄妹，结夫妻

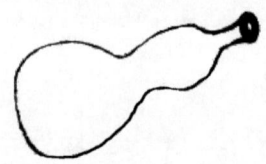

	阿皮卡	a⁵⁵ pʰi³¹kʰa³¹	葫芦

汉字拟音	迷	久	里	秘	久	里
国际音标	mi³¹	tɕu³³	li³³	mi⁵⁵	tɕu³³	li⁵⁵
直译	天	成	后	地	成	（助词）
意译	天形成后，地形成后					

汉字拟音	擦	这	迷	多	哪
国际音标	tsʰɑ⁵⁵	dzɑ⁵⁵	mi³¹	to⁵⁵	na³³
直译	人	有	天	顶	（了）
意译	（因为人不会死）人满顶天了				

汉字拟音	玉	日	迷	倮	路
国际音标	ʐ̩⁵⁵	ʐ̩³¹	mi³¹	lo³³	lu⁵⁵
直译	水	漫	天	接	（助词）
意译	水涨起来，水满顶天了				

汉字拟音	擦	最	尼	腻	最
国际音标	tsʰɑ⁵⁵	zi⁵⁵	ȵi³¹	ȵi³³	zi⁵⁵
直译	人	剩	二	兄妹	剩
意译	人都淹死了，最后只剩下两兄妹				

汉字拟音	切	尼	腻	于	你	皮卡	渎
国际音标	tʃʰi⁵⁵	ȵi³¹	ȵi³³	zy³¹	ȵi⁵⁵	pʰi³¹kʰa³¹	du³¹
直译	他们	二	兄妹	躲	到	葫芦	钻
意译	他们二兄妹就钻进葫芦里躲起来						

汉字拟音	皮卡	岸卢	瓦
国际音标	pʰi³¹kʰa³¹	ŋa⁵⁵lu³¹	uɑ⁵⁵
直译	葫芦	玉龙雪山	大
意译	这个葫芦像玉龙雪山一样大		

汉字拟音	皮	主	哪玉	使
国际音标	pʰi³¹	dzu⁵⁵	na³³zɿ⁵⁵	sɿ³¹
直译	葫芦	藤	江	长
意译	葫芦藤子像金沙江一样长			

汉字拟音	皮	瓢	恨	么	瓦
国际音标	pʰi³¹	pʰiu³¹	xi̠⁵⁵	mu³³	uɑ⁵⁵
直译	葫芦	叶	房	正	大
意译	葫芦叶子像正房一样大				

汉字拟音	皮	实	岸卢	瓦
国际音标	pʰi³¹	sɿ³¹	ŋa⁵⁵lu³¹	uɑ⁵⁵
直译	葫芦	籽	雪山	大
意译	葫芦籽像雪山一样大			

汉字拟音	皮	务	赫玉	瓦
国际音标	pʰi³¹	vʋ⁵⁵	xɤ̠⁵⁵tzɤ̠⁵⁵	uɑ³¹
直译	葫芦	瓢	海	大
意译	葫芦瓢像海子（湖泊）一样大			

汉字拟音	皮	行	秘你	握
国际音标	p^hi^{31}	$x\varepsilon^{31}$	$mi^{55}\, \textnormal{ɲ}i^{33}$	u^{55}
直译	葫芦	肚子	生命	得
意译	在葫芦的肚子里，他们二兄妹保住了生命			

汉字拟音	七	布	倮	摸	拖
国际音标	$tʃ^h\textnormal{ʅ}^{31}$	$pʋ^{55}$	lo^{55}	mu^{55}	t^hu^{33}
直译	一	漂	石	大	到
意译	葫芦一漂漂到大石头上				

汉字拟音	七	布	啦	拿	拖
国际音标	$tʃ^h\textnormal{ʅ}^{31}$	$pʋ^{55}$	la^{55}	na^{31}	t^hu^{33}
直译	一	漂	箐	大	到
意译	一漂漂到箐凹里				

汉字拟音	七	布	活转	拖
国际音标	$tʃ^h\textnormal{ʅ}^{31}$	$pʋ^{55}$	$xuo^{31}tʂua^{55}$	t^hu^{33}
直译	一	漂	沙滩	到
意译	一漂漂到沙滩上			

汉字拟音	玉级	塞	嗯	四
国际音标	$z\textnormal{ɿ}^{55}\, ts\textnormal{ɿ}^{31}$	$ts^h\textnormal{ɿ}^{31}$	$\textnormal{ŋ}^{31}$	$s\textnormal{ɿ}^{55}$
直译	水	落	不	见
意译	但不见水落下去			

汉字拟音	塔夸	扫	夸	以
国际音标	$t^ha^{31}k^hua^{55}$	sa^{55}	k^hua^{31}	$z\textnormal{ɿ}^{55}$
直译	穿山甲	三	个	来
意译	这时，来了三个穿山甲			

汉字拟音	塔夸	秘	独	习
国际音标	tʰa³¹kʰua⁵⁵	mi⁵⁵	du³¹	sʅ³¹
直译	穿山甲	地	钻	习惯
意译	穿山甲是钻地洞的能手			

汉字拟音	塔夸	古	处	渎
国际音标	tʰa³¹kʰua⁵⁵	kʊ³³	tʂʰu⁵⁵	du³¹
直译	穿山甲	九	处	打洞
意译	穿山甲打了九处洞			

汉字拟音	玉	日	古	处	日
国际音标	ʐʅ⁵⁵	ʐʅ⁵⁵	kʊ³³	tʂʰu⁵⁵	ʐʅ⁵⁵
直译	水	漏	九	洞	漏
意译	水从九洞漏下去				

汉字拟音	玉	习	古	处	习
国际音标	ʐʅ⁵⁵	sʅ³¹	kʊ³³	tʂʰu⁵⁵	sʅ³¹
直译	水	干枯	九	处	干涸
意译	洪水终于退下去了				

汉字拟音	皮	挪	活转	挪
国际音标	pʰi³¹	nu³¹	xuo³¹tʂua⁵⁵	nu³¹
直译	葫芦	停	沙滩	停
意译	葫芦停在了沙滩上			

汉字拟音	扫	壳	撒	烘	挪
国际音标	sa⁵⁵	kʰo³¹	sa⁵⁵	xu⁵⁵	nu³¹
直译	三	年	三	月	停
意译	停了三年三月				

汉字拟音	切	尼	腻	皮	实	撒	烘	足
国际音标	tʃʰi⁵⁵	ȵi³¹	ȵi³³	pʰi³¹	ʂʅ³¹	sɑ⁵⁵	xu⁵⁵	dʐu³¹
直译	他们	二	兄妹	葫芦	籽	三	月	吃
意译	他们二兄妹葫芦籽吃了三个月							

汉字拟音	皮	务	萨	壳	足
国际音标	pʰi³¹	vʋ⁵⁵	sɑ⁵⁵	kʰo³¹	dʐu³¹
直译	葫芦	瓢	三	年	吃
意译	葫芦瓢吃了三年				

汉字拟音	麦	你	皮	左	铺
国际音标	mə³¹	ȵi⁵⁵	pʰi³¹	tʂuɑ³³	pʰʋ⁵⁵
直译	饿	（了）	葫芦	蒂	开
意译	吃完了，饿了，打开了葫芦蒂				

汉字拟音	皮	左	浦	多	应	妙	渎
国际音标	pʰi³¹	tʂuɑ³³	pʰʋ⁵⁵	do³³	i⁵⁵	miɑ⁵⁵	tu³¹
直译	葫芦	蒂	开	出	天	亮	（助词）
意译	打开葫芦蒂出来，看见天亮了						

汉字拟音	切	七	主	乍	夜	擦	嗯	妙
国际音标	tʃʰi⁵⁵	tʃʰʅ³¹	dʐu⁵⁵	tʂɑ⁵⁵	i⁵⁵	tsʰɑ⁵⁵	ŋ̍³¹	miɑ⁵⁵
直译	他们	一	条	转	去	人	不	见
意译	他们转了一条山梁，看不见人							

汉字拟音	尼	主	乍	夜	尺	嗯	妙
国际音标	ȵi³¹	dʐu⁵⁵	tʂɑ⁵⁵	i⁵⁵	tʂʰʅ³¹	ŋ̍³¹	miɑ⁵⁵
直译	两	条	转	去	狗	不	见
意译	转了两条山梁连狗都不见一条						

汉字拟音	撒	主	乍	夜	达	切	尼	腻
国际音标	sɑ³¹	dzu⁵⁵	tʂɑ⁵⁵	i⁵⁵	ta³¹	tɕʰi³¹	n̠i³¹	n̠i³³
直译	三	条	转	去	也	他们	二	兄妹
意译	转完三条山梁也仅仅只见他们二兄妹							

汉字拟音	撒	转	应	夜	达
国际音标	sɑ³¹	tʂɑ⁵⁵	ĩ⁵⁵	i⁵⁵	ta³¹
直译	三	转	看	去	（助词）
意译	转了三转看出去				

汉字拟音	秘么	塔达	七	节	嗯	久
国际音标	mi⁵⁵mu³³	tʰa³¹da³¹	tʃʰʅ³¹	tɕi³¹	ŋ³¹	tɕu³³
直译	地	表面	一	样	不	成
意译	地面上一样事物都没形成					

汉字拟音	切	尼	腻	夜	你	啦么	拖
国际音标	tʃʰi⁵⁵	n̠i³¹	n̠i³³	i⁵⁵	n̠i³¹	la⁵⁵mu³³	tʰu³³
直译	他们	二	兄妹	去	（助词）	山脚	到
意译	他们二兄妹去到了山脚						

汉字拟音	七	握	七	箸	阿夺	渺
国际音标	tʃʰʅ³¹	u³³	tʃʰʅ³¹	dzu⁵⁵	ɑ⁵⁵to³¹	mia³³
直译	一	人	一	条	火	烧
意译	一人在一条山梁上放火烧					

汉字拟音	阿哭	尼	捉	迷	打	哩	哩	你
国际音标	a³³kʰʊ³³	n̠i³¹	dzu⁵⁵	mi³¹	ta³¹	li³³	li⁵⁵	n̠i⁵⁵
直译	火烟	两	条	天	上	（助词）	去	（助词）
意译	两条火烟飘上天去							

第四章 铎系符号文献解读　119

汉字拟音	七	捉	罗
国际音标	tʃʰʅ³¹	dʐu⁵⁵	lo³³
直译	一	条	成为
意译	在天上合成为一条		

汉字拟音	切	尼	腻	夜	你	啦么	拖
国际音标	tʃʰi³¹	ȵi³¹	ȵi³³	i⁵⁵	ȵi³¹	la⁵⁵mu³³	tʰu³³
直译	他们	二	兄妹	去	（助词）	山脚	到
意译	他们二兄妹又去到山脚下						

汉字拟音	倮	照	七	则	妙
国际音标	lo⁵⁵	tʂa⁵⁵	tʃʰʅ³¹	tsi³¹	mia⁵⁵
直译	石	磨	一	副	见
意译	看见了一副石磨				

汉字拟音	七	握	七	磨	不
国际音标	tʃʰʅ³¹	u³³	tʃʰʅ³¹	mu⁵⁵	pɤ³¹
直译	一	人	一	扇	背
意译	一人背一扇磨				

汉字拟音	不	你	握库	拖
国际音标	pɤ³¹	ȵi⁵⁵	u³¹kʰu⁵⁵	tʰu³³
直译	背	到	山顶	到
意译	背到了山顶上			

汉字拟音	七	握	七	啦	付
国际音标	tʃʰʅ³¹	u³³	tʃʰʅ³¹	la⁵⁵	fu⁵⁵
直译	一	人	一	边	放下来
意译	二人各自从一条山梁往下放				

汉字拟音	倮	照	鲁	也	啦么	机
国际音标	lo⁵⁵	tʂɑ⁵⁵	lu³¹	i⁵⁵	la⁵⁵ mu³³	tsʅ³³
直译	石	磨	滚	去	山脚	到
意译	石磨滚到山脚下					

汉字拟音	倮	照	七	则	久
国际音标	lo⁵⁵	tʂa⁵⁵	tʃʰʅ³¹	tsi³¹	tɕu³³
直译	石	磨	一	副	合成
意译	石磨自然合拢成一副				

汉字拟音	阿哭	七	着	磨
国际音标	a³³kʰʋ³³	tʃʰʅ³¹	dʑu⁵⁵	mu⁵⁵
直译	火烟	一	条	成
意译	火烟合成为一条			

汉字拟音	倮	照	七	则	久
国际音标	luo⁵⁵	tʂa⁵⁵	tʃʰʅ³¹	tsi³¹	tɕu³³
直译	石	磨	一	副	成
意译	石磨合成为一副				

汉字拟音	擦入	尼	腻	七	觉	磨
国际音标	tsʰɑ⁵⁵ zu³¹	ȵi³¹	ȵi³³	tʃʰʅ³¹	tɕyɑ³³	mu⁵⁵
直译	人	二	兄妹	一	对	成
意译	兄妹二人要合成为一双					

汉字拟音	尼	腻	七	恨	度
国际音标	ȵi³¹	ȵi³³	tʃʰʅ³¹	xi⁵⁵	tu⁵⁵
直译	二	兄妹	一	家	做
意译	两兄妹做了一家人				

汉字拟音	七	秀	入	你	秀
国际音标	tʃʰʐ³¹	xiu⁵⁵	zu³¹	ni⁵⁵	xiu⁵⁵
直译	一	养	儿子	（助词）	养
意译	一回生养了儿子				

汉字拟音	尼	秀	麻	你	秀
国际音标	ni³¹	xiu⁵⁵	ma³¹	ni⁵⁵	xiu⁵⁵
直译	两	养	姑娘	（助词）	养
意译	二回生养了姑娘				

汉字拟音	入	秀	入	摆	渎
国际音标	zu³¹	xiu⁵⁵	zu³¹	bɛ⁵⁵	tu³¹
直译	儿子	养	儿子	旺	（助词）
意译	儿子越传越旺				

汉字拟音	麻	秀	麻	摆	渎
国际音标	ma³¹	xiu⁵⁵	ma³¹	bɛ⁵⁵	tu³¹
直译	姑娘	养	姑娘	旺	（助词）
意译	姑娘越传越多				

汉字拟音	擦	照	挎	比	渎
国际音标	tsʰɑ⁵⁵	dzɑ⁵⁵	kʰuɑ³¹	pṣi³³	tu³¹
直译	人	有	村	满	（助词）
意译	人就这样传满了村村寨寨				

串讲：

天、地形成后，因为人不会死，人满了顶到天了。于是水涨起来，水涨满了顶到天了。人便都淹死了，最后只剩下两兄妹。他们二兄妹就钻进葫芦里躲起来。这个葫芦像玉龙雪山一样大，葫芦藤子像金沙江一样长，葫芦叶子像正房一样大，葫芦籽像雪山一样大，葫芦瓢像海子（湖泊）一样大。在葫芦的肚子里，他们二兄妹保住了生命。葫芦一漂漂到大石头上，一漂漂到箐凹里，一漂漂到沙滩上，但不见水落下去。这时，来了三个穿山甲。穿山甲是钻地洞的能手。穿山甲打了九处洞，水从九处洞漏下去，洪水终于退下去了。葫芦停在了沙滩上，停了三年三月。他们二兄妹葫芦籽吃了三个月，葫芦瓢吃了三年。吃完了，饿了，打开了葫芦蒂出来，看见天亮了。他们转了一条山梁，看不见人。转了两条山梁连狗都不见一条。转完三条山梁也仅仅只见他们二兄妹。转了三转看出去，地面上一样事物都没形成。他们二兄妹去到了山脚，一人在一条山梁上放火烧，两条火烟飘上天去，在天上合成为一条。他们二兄妹又去到山脚下，看见了一副石磨。一人背一扇磨，背到了山顶上，二人各自从一条山梁往下放。石磨滚到山脚下，石磨自然合拢成一副。火烟合成为一条，石磨合成为一副，兄妹二人要合成为一双，两兄妹做了一家人。一回生养了儿子，二回生养了姑娘。儿子越传越旺，姑娘越传越多，人就这样传满了村村寨寨。

五 麻——锄地，种麻，晒麻，绩麻

	级	dzɿ³¹	麻

汉字拟音	弥	久	吸	次	你
国际音标	mi³¹	tɕu³³	sɿ³¹	tsʰɿ⁵⁵	ȵi³³
直译	天	造	七	十	天
意译	造天造了七十天				

汉字拟音	秘	久	吸	墨	你
国际音标	mi⁵⁵	tɕu³³	sɿ³¹	mu³¹	ȵi⁵⁵
直译	地	造	七	十	天
意译	造地造了七十天				

汉字拟音	擦入	弥	磨	读
国际音标	tsʰɑ⁵⁵ zu³¹	mi³¹	mu⁵⁵	tu³¹
直译	人	天	做	（好了）
意译	人做好了天			

汉字拟音	擦入	秘	磨	读
国际音标	tsʰɑ⁵⁵ zu³¹	mi⁵⁵	mu⁵⁵	tu³¹
直译	人	地	做	（好了）
意译	人做好了地			

汉字拟音	菜入	弥	失	格
国际音标	tsʰa⁵⁵ zu³¹	mi³¹	ʂʅ³¹	gɤ³¹
直译	人	天	赐	（给）
意译	天赐给人			

汉字拟音	菜入	弥	墨	格
国际音标	tsʰa⁵⁵ zu³¹	mi³¹	mu³¹	gɤ³¹
直译	人	天	教	（给）
意译	天教会人			

汉字拟音	弥	摸	菜入	索
国际音标	mi³¹	mu³¹	tsʰa⁵⁵ zu³¹	ʂua³¹
直译	天	教	人	知道
意译	天教人知道			

汉字拟音	菜	交	假	露交
国际音标	tsʰa⁵⁵	tɕo³³	dʑa³³	lu⁵⁵ tɕo³³
直译	人	怕	冷	怕
意译	人是会怕冷的			

汉字拟音	菜入	嗯	拜	次	尼	吸	嗯	这
国际音标	tsʰa⁵⁵ zu³¹	m³¹	pɤ³³	tsʰʅ⁵⁵	ȵi⁵⁵	ʂʅ³¹	ŋ³¹	dʑa⁵⁵
直译	人	（随时）	想	翻	（去）	（来）	没	有
意译	人随时翻来覆去想没有想出来							

汉字拟音	次	拜	无	里	罗
国际音标	tsʰʅ⁵⁵	pɤ³³	vʊ³¹	li⁵⁵	lo³³
直译	翻	想	（出）	（来）	（了）
意译	翻来覆去想出来了				

汉字拟音	拜	百	厚	照	索
国际音标	pɤ³³	pɤ³³	xɤ⁵⁵	dzɑ⁵⁵	ʂuɑ³¹
直译	想	想	铁	有	知道
意译	想想知道了有铁				

汉字拟音	厚	米	塞	你	米
国际音标	xɤ⁵⁵	mi³¹	sɑ⁵⁵	ȵi³³	mi³¹
直译	铁	找	三	天	找
意译	找铁找三天				

汉字拟音	厚	驴	私	翅	嗯	弄
国际音标	xɤ⁵⁵	ly³¹	sɿ³³	tʂʰɿ⁵⁵	ŋ³¹	mu⁵⁵
直译	铁	坨	树	砍	不	能
意译	找到一坨铁，砍不了树					

汉字拟音	菜入	又	厚	咪
国际音标	tsʰɑ⁵⁵ zu³¹	iu⁵⁵	xɤ⁵⁵	mi³¹
直译	人	（再）	铁	找
意译	人再找铁			

汉字拟音	咪	咪	止	马	甲
国际音标	mi³¹	mi³¹	tʂɿ³³	ma³¹	tɕɑ³³
直译	找	找	街	尾	（到）
意译	去到街尾找				

汉字拟音	止	马	抱	厚	棵	四	嗯	阿	嗯	照
国际音标	tʂɿ³³	ma³¹	ba⁵⁵	xɤ⁵⁵	kʰo³¹	sɿ⁵⁵	ŋ³¹	ŋa⁵⁵	ŋ³¹	dzɑ⁵⁵
直译	街	尾	（在）	铁	镰刀	其	不	是	没	有
意译	在街尾有铁镰刀卖									

汉字拟音	切	米	止	无	拖
国际音标	tʃʰi⁵⁵	mi³¹	tsʅ³³	vʊ³¹	tʰu³³
直译	他	找	街	头	（到）
意译	他到街头找				

汉字拟音	阿砣	扁	剃	妙
国际音标	a⁵⁵ tʰu³¹	pia³³	tʰi⁵⁵	mia⁵⁵
直译	柴刀	扁	尖	见
意译	见到扁的和尖的柴刀			

汉字拟音	阿砣	扁	剃	妙	娃
国际音标	a⁵⁵ tʰu³¹	pia³³	tʰi⁵⁵	mia⁵⁵	ua³¹
直译	柴刀	扁	尖	见	（了）
意译	见到了扁的和尖的柴刀				

汉字拟音	邪腊	格	露	扫	卢	格
国际音标	ɕi³¹la³¹	gɤ³¹	lu⁵⁵	sa⁵⁵	lu³³	gɤ³¹
直译	汉人	给	出	三	两	给
意译	给了汉人三两银子					

汉字拟音	次	路	塞	次	格	菜入
国际音标	tsʰi⁵⁵	lu⁵⁵	sa⁵⁵	tsʰi⁵⁵	gɤ³¹	tsʰa⁵⁵ zu³¹
直译	钱	出	三	钱	给	人
意译	又给了三钱银子					

汉字拟音	厚切	腊	路	姐	月	你
国际音标	xɤ̠⁵⁵ tɕʰi³¹	la³¹	lu⁵⁵	tɕɛ³¹	i⁵⁵	ni⁵⁵
直译	铁刀	手	拿	（起）	跑	回
意译	人买下了铁柴刀					

汉字拟音	恨摸	漆	达	拖
国际音标	xi̠⁵⁵ mu³³	tɕʰi³¹	ta⁵⁵	tʰu³³
直译	正房	家	（到）	（了）
意译	跑回家中正房			

汉字拟音	厚	恰	腊	路	子
国际音标	xɤ̠⁵⁵	tʃʰa³¹	la³¹	lu⁵⁵	dzɿ³¹
直译	铁	他	手	拿	（着）
意译	他手里拿着铁（刀）				

汉字拟音	嗯	它	捉	利	索
国际音标	ŋ̩³¹	tʰa³³	tʂua³¹	li⁵⁵	sua³¹
直译	不	快	推	（去）	磨
意译	刀不快就推着磨				

汉字拟音	嗯	它	妙	利	索
国际音标	ŋ̩³¹	tʰa³³	mia⁵⁵	li⁵⁵	sua³¹
直译	不	快	翻	（去）	磨
意译	刀不快就翻过来磨				

汉字拟音	厚	索	塞	你	索
国际音标	xɤ̠⁵⁵	sua³¹	sa³¹	ȵi³³	sua³¹
直译	铁	磨	三	天	磨
意译	磨铁（刀）磨了三天				

汉字拟音	桌	索	桌	利	塔
国际音标	tʂua³¹	sua³¹	tʂua³¹	li⁵⁵	tʰa³³
直译	推	磨	推	（来）	快
意译	推着磨得刀变快				

汉字拟音	妙	索	妙	利	塔
国际音标	mia⁵⁵	sua³¹	mia⁵⁵	li⁵⁵	tʰa³³
直译	翻	磨	翻	（来）	快
意译	翻着磨得刀变快				

汉字拟音	切	季	啦	族主
国际音标	tʃʰi⁵⁵	tsɿ⁵⁵	la³¹	tsʰu³¹dzu̯³³
直译	他	茶篓	放	茶盐
意译	他在茶篓里放茶盐			

汉字拟音	切	一	啦	库	姐
国际音标	tʃʰi⁵⁵	zu̯³¹	la³¹	kʰu⁵⁵	tɕɛ³³
直译	他	羊皮口袋	放	口粮	装
意译	他在羊皮口袋中装口粮				

汉字拟音	切	夜	你	塔	抓	必伯	夹	也
国际音标	tʃʰi⁵⁵	i⁵⁵	ȵi⁵⁵	tʰa³¹	tʂua⁵⁵	pi⁵⁵bu³¹	tɕa³³	i⁵⁵
直译	他	跑	去	松	杂树	偏坡	（到）	（去）
意译	他跑到山坡的松树林							

汉字拟音	切	塔切	塞皂	妙
国际音标	tʃʰi⁵⁵	tʰa³¹tɕʰi³¹	sa⁵⁵dza⁵⁵	mia⁵⁵
直译	他	松树枝	一片	看
意译	他看见一片松树枝			

汉字拟音	塔古	塞恰	妙	则	路	扫	嘎	妙
国际音标	tʰa³¹ku³³	sa⁵⁵tɕʰa³¹	mia⁵⁵	za³¹	lu⁵⁵	sa⁵⁵	ka³¹	mia⁵⁵
直译	松权	一片	看	茂盛	（了）	三	种	见
意译	他看见一片松权，见到长势茂盛的三种树							

汉字拟音	漆	嘎	背利	漂
国际音标	tʃʰʅ³¹	ka³¹	bə⁵⁵ li⁵⁵	pʰiɑ⁵⁵
直译	一	种	阳光	照
意译	一种树被阳光照			

汉字拟音	漆	嘎	火利	漂
国际音标	tʃʰʅ³¹	ka³¹	xu⁵⁵ li⁵⁵	pʰiɑ⁵⁵
直译	一	种	月光	照
意译	一种树被月光照			

汉字拟音	切	娃	偏	娃	富	读
国际音标	tʃʰi⁵⁵	uɑ³¹	pʰiɑ³¹	uɑ³¹	fu⁵⁵	tu³¹
直译	他	左	砍	左	放	（在）
意译	他左边砍树枝放在左边					

汉字拟音	又	飘	又	富	读
国际音标	iu⁵⁵	pʰiɑ³¹	iu⁵⁵	fu⁵⁵	tu³¹
直译	右	砍	右	放	（在）
意译	他右边砍树枝放在右边				

汉字拟音	切	闻	华	背利	漂
国际音标	tʃʰi⁵⁵	ŋ³¹	xuɑ³³	bə⁵⁵ li⁵⁵	pʰiɑ⁵⁵
直译	它	不	干	阳光	照
意译	树枝不干就用阳光照				

汉字拟音	切	闻	花	哄	利	漂
国际音标	tʃʰi⁵⁵	ŋ³¹	xuɑ³³	xu⁵⁵	li⁵⁵	pʰiɑ⁵⁵
直译	它	不	干	月	来	照
意译	树枝不干就用月光照					

汉字拟音	切	腊应	哄扎	读
国际音标	tʃʰi⁵⁵	la³¹i⁵⁵	xu⁵⁵tʂa³³	tu³¹
直译	他	手指	数月份	（着）
意译	他用手指数月份			

汉字拟音	哄扎	哄比	露
国际音标	xu⁵⁵tʂa³³	xu⁵⁵pʂi³³	lu³³
直译	数月份	数满	（出）
意译	数满足够的月份		

汉字拟音	切	私切	压	休	末
国际音标	tʃʰi⁵⁵	sʅ³³tɕʰi³¹	ia³¹	tɕʰu⁵⁵	mu⁵⁵
直译	他	树枝	菜	园子	做
意译	他用树枝围作一个菜园子				

汉字拟音	秘	切	汲	秋	末
国际音标	mi⁵⁵	tɕʰi³¹	dzʅ³¹	tɕʰu⁵⁵	mu⁵⁵
直译	地	里	麻	撒	做
意译	要在地里撒麻				

汉字拟音	切	腊应	次	漆	露
国际音标	tʃʰi⁵⁵	la³¹i⁵⁵	tsʰʅ⁵⁵	tʃʰʅ³¹	lu⁵⁵
直译	他	手指	翻	一下	（来）
意译	他用手指翻一下看				

汉字拟音	拔	吃	背	面	露
国际音标	ba³¹	tʂʰʅ³³	pɤ⁵⁵	mia⁵⁵	lu⁵⁵
直译	大枝丫	小枝丫	干透	看见	（来）
意译	大小树枝丫都干透了				

汉字拟音	阿撒	嗯	醋	萨拿	哄
国际音标	a³¹sa³³	ŋ̍³¹	tsʰu⁵⁵	sa⁵⁵na³¹	xu⁵⁵
直译	开年头	不	热	早	月
意译	开年头不热不冷的月份里,春风来得早				

汉字拟音	切	锄哼	撒	切	露
国际音标	tʃʰi⁵⁵	tsʰʋ³¹xy³³	sɑ³³	tɕʰy⁵⁵	lu⁵⁵
直译	它	小旋风	三	连着	来
意译	有三个小旋风连着来				

汉字拟音	着	露	萨	着	露
国际音标	dzuə³¹	lu⁵⁵	sɑ⁵⁵	dzuə³¹	lu⁵⁵
直译	又	来	三	大风	来
意译	又来了三阵大风				

汉字拟音	切	菜入	集私	读	么	跳艾
国际音标	tʃʰi⁵⁵	tsʰɑ⁵⁵zu³¹	dzɿ³¹sɿ⁵⁵	tu³¹	mu⁵⁵	tiɑ⁵⁵ɛ⁵⁵
直译	他	人	不打主意	(在)	(做)	(的啊)
意译	他本人是没在打主意的啊					

汉字拟音	切	把替	集嗯私
国际音标	tʃʰi⁵⁵	pa⁵⁵tʰy⁵⁵	dzɿ³¹ŋ̍³¹sɿ⁵⁵
直译	它	火星	打主意
意译	那些火星却打主意		

汉字拟音	切	锄很	撒	切	露	拔
国际音标	tʃʰi⁵⁵	tsʰʋ³¹xy³³	sɑ³³	tɕʰy⁵⁵	lu⁵⁵	ba³¹
直译	它	小旋风	三	连着	来	(又)
意译	又有三个小旋风连着来					

汉字拟音	阿街	弥	表	露
国际音标	a³¹tɕɛ⁵⁵	mi³¹	piu⁵⁵	lu⁵⁵
直译	火	这小块地	飘	来
意译	火飘到这小块地来			

汉字拟音	阿街	秘	表	露
国际音标	a³¹tɕɛ⁵⁵	mi⁵⁵	piu⁵⁵	lu⁵⁵
直译	火	地	飘	来
意译	火飘到地上来			

汉字拟音	阿街	私	表	读	拔
国际音标	a³¹tɕɛ⁵⁵	sɿ⁵⁵	piu⁵⁵	tu³¹	ba⁵⁵
直译	火	渣	飘	（完）	（了）
意译	火把树枝烧成灰了				

汉字拟音	切	酷护	撒	币	妙	一	把
国际音标	tʃʰi⁵⁵	kʰu³¹xu³³	sɑ³¹	pi⁵⁵	mia⁵⁵	zʅ³³	ba⁵⁵
直译	他	火灰	三	堆	见	（了）	（嘛）
意译	他看见三堆火灰了嘛						

汉字拟音	切	撒	币	妙	则	把
国际音标	tʃʰi⁵⁵	sɑ³¹	pi⁵⁵	mia⁵⁵	za³¹	ba⁵⁵
直译	他	三	堆	见	（了）	（嘛）
意译	他看见三堆火灰了嘛					

汉字拟音	季	啦	族主
国际音标	tsɿ⁵⁵	la³¹	tsʰu³¹dzʅ³³
直译	茶篓	放	茶盐
意译	他在茶篓里放茶盐		

汉字拟音	一	啦	酷	姐
国际音标	$z\underset{\sim}{l}^{31}$	la^{31}	k^{h}u^{55}	tɕɛ^{33}
直译	羊皮口袋	放	口粮	装
意译	他在羊皮口袋中装口粮			

汉字拟音	夜	你	塔	次	必伯	夹	也
国际音标	i^{55}	ȵi^{55}	t^{h}ɑ^{31}	tʂ^{h}ɭ^{55}	pi^{55} bu^{31}	tɕa^{33}	i^{55}
直译	跑	去	松	林	偏坡	（到）	（去）
意译	他跑到松树林的山坡						

汉字拟音	敌道	敌抓	读
国际音标	ti^{55} to^{31}	ti^{55} tʂuɑ^{31}	tu^{31}
直译	柴筒	凑	（好了）
意译	砍断未烧完的柴筒凑拢烧		

汉字拟音	酷哄	撒	币	妙	路	吧
国际音标	k^{h}u^{31}xu^{33}	sɑ^{31}	pi^{55}	mia^{55}	lu^{55}	ba^{55}
直译	火灰	三	堆	见	（来）	（嘛）
意译	只看到三堆火灰					

汉字拟音	阿苏	人	腊国	吧
国际音标	a^{55} su^{55}	zu^{31}	la^{31}ko^{31}	ba^{55}
直译	某个	人	手艺	（呢）
意译	谁是手艺人呢			

汉字拟音	邪入	画	腊国
国际音标	ɕi^{31}zu^{31}	xua^{55}	la^{31}ko^{31}
直译	汉人	精通	手艺
意译	汉人师傅是精通手艺的		

汉字拟音	切	里	上	无	交
国际音标	tʃʰi⁵⁵	li⁵⁵	tʂɿ³³	vʊ³¹	tɕa³³
直译	他	去	街子	头	（到）
意译	他去了街头				

汉字拟音	赫	渎	萨	恰	妙
国际音标	xɤ⁵⁵	tʊɑ³¹	sɑ⁵⁵	tɕʰɑ⁵⁵	mia⁵⁵
直译	铁	打	三	样	看
意译	看到铁打的三样工具				

汉字拟音	赫	切	恰	褥	以
国际音标	xɤ⁵⁵	tɕʰi³¹	tɕʰɑ⁵⁵	zʊ⁵⁵	zɿ³³
直译	铁	其	样	拿	（了）
意译	拿起了那几样铁具				

汉字拟音	切	赫	币	约罗	磨
国际音标	tʃʰi⁵⁵	xɤ⁵⁵	pʂi⁵⁵	io³¹lo³¹	mu⁵⁵
直译	他	铁	片	板锄	做
意译	他用铁片做板锄				

汉字拟音	切	秘	切	汲	秋	切
国际音标	tʃʰi⁵⁵	mi⁵⁵	tɕʰi³¹	dzɿ³¹	tɕʰu⁵⁵	tɕʰi³¹
直译	他	地	其	麻	撒	要
意译	他要在地里撒麻					

汉字拟音	切	厚	币	约罗	磨
国际音标	tʃʰi⁵⁵	xɤ⁵⁵	pʂi⁵⁵	io³¹lo³¹	mu⁵⁵
直译	他	铁	片	板锄	做
意译	他用铁片做板锄				

汉字拟音	漂腊			畜你			磨
国际音标	pʰia⁵⁵ la³¹			ɕiu³¹n̠i⁵⁵			mu⁵⁵
直译	袖子			绾起			做
意译	绾起袖子做活						

汉字拟音	切	级	瀑	尼	加	匾	吔	吧
国际音标	tʃʰi⁵⁵	dzʅ³¹	pʰʋ⁵⁵	n̠i³¹	tɕɑ³³	bia³¹	i⁵⁵	ba⁵⁵
直译	他	麻	公	两	把	撒	（去）	（了）
意译	他撒了两把公麻							

汉字拟音	级	么	扫	着	施	斜	敌
国际音标	dzʅ³¹	mu³³	sɑ⁵⁵	tʂuɑ³¹	ʂʅ³¹	ɕi³¹	ti³¹
直译	麻	母	三	把	种子	撒	（应该要）
意译	母麻应该要撒三把						

汉字拟音	切	级	瀑	尼	加	匾
国际音标	tʃʰi⁵⁵	dzʅ³¹	pʰʋ⁵⁵	n̠i³¹	tɕɑ³³	bia³¹
直译	他	麻	公	两	把	撒
意译	他撒了两把公麻					

汉字拟音	级	么	扫	加	匾
国际音标	dzʅ³¹	mu³³	sɑ⁵⁵	tɕɑ³³	bia³¹
直译	麻	母	三	把	撒
意译	撒了三把母麻				

汉字拟音	娃	抓	娃	密
国际音标	uɑ³¹	tɕya³¹	uɑ³¹	my⁵⁵
直译	左	挖后扒	左	盖严
意译	挖扒左边的土盖严			

汉字拟音	又	抓	又	密	切
国际音标	iu⁵⁵	tɕya³¹	iu⁵⁵	my⁵⁵	tʃʰi⁵⁵
直译	右	挖后扒	右	盖严	它
意译	挖扒右边的土盖严				

汉字拟音	嗯朔	喜哄么	吐	露
国际音标	ŋ̩³¹ʂu⁵⁵	sɿ³¹xu⁵⁵mu³³	tʰu³³	lu⁵⁵
直译	（已到）	七月份	（到）	（来）
意译	已经到了七月份			

汉字拟音	季	哪	谷	底	露
国际音标	tsʰɿ⁵⁵	na³³	kʋ³³	ti⁵⁵	lu⁵⁵
直译	云	黑	九	层	来
意译	黑云来了九层				

汉字拟音	弥	妈	云	世	以
国际音标	mi³¹	ma³³	tsʰɿ⁵⁵	ʂɿ⁵⁵	zɿ³³
直译	田	上	下	雨	（了）
意译	田地上下雨了				

汉字拟音	嗯	吐	库	嗯	照	嗯	脚	辣	嗯	照
国际音标	ŋ̩³¹	tʰu³³	kʰʋ⁵⁵	ŋ̩³¹	dzɑ⁵⁵	ŋ̩³¹	tɕu³³	la⁵⁵	ŋ̩³¹	dzɑ⁵⁵
直译	不	到	山顶	不	有	不	下	山脚	不	有
意译	从山顶到山脚都是雨									

汉字拟音	应施	匾	读	拔
国际音标	i⁵⁵ʂɿ³¹	bia³¹	tu³¹	ba⁵⁵
直译	先前	撒	（好）	（啊）
意译	先前撒好的种子啊			

汉字拟音	应施	应	挤挤	露
国际音标	i⁵⁵ ʂʅ³¹	i⁵⁵	tʃi³¹tʃi³¹	lu⁵⁵
直译	种子	冒尖	齐齐	（来）
意译	种子整齐地冒芽了			

汉字拟音	齐	应	硬	夜	吧
国际音标	tʃʰʅ³¹	i³³	ĩ⁵⁵	i⁵⁵	ba⁵⁵
直译	一	回	看	（去）	（啊）
意译	看一回去啊				

汉字拟音	应施	应	扑扑
国际音标	i⁵⁵ ʂʅ³¹	i⁵⁵	pʰʋa³¹pʰʋa³¹
直译	苗苗	冒尖	嫩嫩
意译	苗苗嫩嫩地冒着芽		

汉字拟音	齐哄	应	夜	吧
国际音标	tʃʰʅ³¹xu⁵⁵	ĩ⁵⁵	i⁵⁵	ba⁵⁵
直译	一月	看	（去）	（啊）
意译	过了一个月再去看啊			

汉字拟音	应施	应	抱抱
国际音标	i⁵⁵ ʂʅ³¹	i⁵⁵	pa⁵⁵pa⁵⁵
直译	苗苗	绿	壮壮
意译	小苗长得又绿又壮		

汉字拟音	齐应	硬	衣	抱
国际音标	tʃʰʅ³¹i³³	ĩ⁵⁵	i⁵⁵	ba⁵⁵
直译	一回	看	（去）	（啊）
意译	再去看一回啊			

汉字拟音	级	次	去约	读
国际音标	dzʅ³¹	tʂʰʅ⁵⁵	tʂʰʅ⁵⁵ io³³	tu³¹
直译	麻	林	树藤	（在）
意译	麻地长了树藤			

汉字拟音	私	足	级	去约
国际音标	sʅ³³	dzu³¹	dzʅ³¹	tʂʰʅ⁵⁵ io³³
直译	树	根	麻	混生
意译	树和麻混生			

汉字拟音	切	赫	棵	腊	路	子
国际音标	tʃʰi⁵⁵	xɤ⁵⁵	kʰo³³	la³¹	lu⁵⁵	tsʅ³³
直译	他	铁	镰刀	手	拿	（起）
意译	他用手拿起铁镰刀					

汉字拟音	赫	棵	私足	一
国际音标	xɤ⁵⁵	kʰo³³	sʅ³³dzu³¹	zyɛ³¹
直译	铁	镰刀	树枝	割
意译	用铁镰刀割断树枝			

汉字拟音	级	次	磨	鸟	读
国际音标	dzʅ³¹	tsʰʅ⁵⁵	mu⁵⁵	ȵa⁵⁵	tu³¹
直译	麻	秆	大小一样	成	（了）
意译	麻秆长到大小一样了				

汉字拟音	级	鸡	货	鸟	读
国际音标	dzʅ³¹	tɕu⁵⁵	xu³³	ȵa⁵⁵	tu³¹
直译	麻	捆	成熟	成	（了）
意译	麻就成熟了				

汉字拟音	切	级	次	应	夜	吧
国际音标	tʃʰi⁵⁵	dzɿ³¹	tʂʰʅ⁵⁵	ĩ⁻⁵⁵	i⁵⁵	ba⁵⁵
直译	他	麻	林	看	去	（啊）
意译	他去麻林里看啊					

汉字拟音	级	瀑	级	无	瀑
国际音标	dzɿ³¹	pʰʋ⁵⁵	dzɿ³¹	vʋ³¹	pʰʋ⁵⁵
直译	麻	公	麻	头	白
意译	公麻头上开满白花				

汉字拟音	级	么	级	无	骨
国际音标	tsɿ³¹	mu³³	dzɿ³¹	vʋ³¹	kʋ³¹
直译	麻	母	麻	头	结果多
意译	母麻头上结满果实				

汉字拟音	切	夜	级	次	喇
国际音标	tʃʰi⁵⁵	i⁵⁵	dzɿ³¹	tʂʰʅ⁵⁵	la³¹
直译	他	去	麻	林	（在）
意译	他去到麻林				

汉字拟音	级	褥	级	瀑	褥
国际音标	dzɿ³¹	zʋ⁵⁵	dzɿ³¹	pʰʋ⁵⁵	zʋ⁵⁵
直译	麻	收	麻	公	收
意译	他去收公麻				

汉字拟音	级	瀑	级	组组
国际音标	dzɿ³¹	pʰʋ⁵⁵	dzɿ³¹	tʂʋ³³tʂʋ³³
直译	麻	公	麻	一组组
意译	公麻成一组组的样子			

汉字拟音	切	级	次	夜	各喇
国际音标	tʃʰi⁵⁵	dzʅ³¹	tʃʰʅ⁵⁵	i⁵⁵	kɑ⁵⁵lа³¹
直译	他	麻	林	去	（地方）
意译	他去到麻林				

汉字拟音	级	褥	级	么	褥
国际音标	dzʅ³¹	zʋ⁵⁵	dzʅ³¹	mu³³	zʋ⁵⁵
直译	麻	收	麻	母	收
意译	他去收母麻				

汉字拟音	切	私切	恰	入	露
国际音标	tʃʰi⁵⁵	sʅ³³tɕʰi³¹	tɕʰa³¹	zʋ⁵⁵	lu⁵⁵
直译	他	藤藤	找	找到	（来）
意译	他找了藤子过来				

汉字拟音	切	级	褥	级	翘翘
国际音标	tʃʰi⁵⁵	dzʅ³¹	zʋ⁵⁵	dzʅ³¹	tɕʰa⁵⁵tɕʰa⁵⁵
直译	他	麻	收	麻	牢实
意译	他把麻扎牢固了				

汉字拟音	级	褥	级	着索	
国际音标	dzʅ³¹	zʋ⁵⁵	dzʅ³¹	tʂuə³¹suə³¹	
直译	麻	收	麻	中间捆扎	
意译	把麻从中间捆扎				

汉字拟音	塔切	伯	货	路	
国际音标	tʰa³¹tɕʰi³¹	puə³¹	xu⁵⁵	lu⁵⁵	
直译	松杆	砍	抬	（来）	
意译	砍了松杆抬过来				

汉字拟音	塔切	级	造	币
国际音标	tʰa³¹tɕʰi³¹	dzʅ³¹	tsa³³	pi⁵⁵
直译	松杆	麻	架	做
意译	用松杆做麻架子			

汉字拟音	闻	花	背利	漂
国际音标	ŋ̍³¹	xua³³	bə⁵⁵ li⁵⁵	pʰia⁵⁵
直译	不	干	阳光	晒
意译	不干就让阳光晒			

汉字拟音	闻	花	哄利	漂
国际音标	ŋ̍³¹	xua³³	xu⁵⁵ li⁵⁵	pʰia⁵⁵
直译	不	干	月光	晒
意译	不干就让月光晒			

汉字拟音	漂	露	七	哄	漂
国际音标	pʰia⁵⁵	lu⁵⁵	tʃʰʅ³¹	xu⁵⁵	pʰia⁵⁵
直译	晒	来	一	月	晒
意译	要晒一个月				

汉字拟音	次	花	无	利	倮
国际音标	tsʰʅ⁵⁵	xua³³	vʋ³¹	li⁵⁵	lo³³
直译	脚	干	尖	（全）	（了）
意译	麻的脚到头全干了				

汉字拟音	切	把次	二不	路
国际音标	tʃʰi⁵⁵	ba³¹tsʰʅ³³	ɣ⁵⁵ pu³¹	lu⁵⁵
直译	他	捆绑	背子	来
意译	他捆起来背上			

汉字拟音	不	你	玉佈	漆	达	吐
国际音标	pu^{31}	$ɳi^{55}$	$ʐɿ^{55}bu^{31}$	$tsʰɿ^{33}$	ta^{33}	tu^{55}
直译	背	到	河	背	（到）	（了）
意译	背到了河边					

汉字拟音	切	玉布	就	了	读
国际音标	$tʃʰi^{55}$	$ʐɿ^{55}bu^{31}$	dzu^{55}	la^{33}	tu^{31}
直译	他	河	路	拦	（了）
意译	他把河道拦上了				

汉字拟音	玉	就	塞	就	了
国际音标	$ʐɿ^{55}$	dzu^{55}	sa^{31}	dzu^{55}	la^{33}
直译	水	路	三	条	拦
意译	拦了三条水路				

汉字拟音	哦	就	撒	就	了
国际音标	$uŋ^{31}$	dzu^{55}	sa^{31}	dzu^{55}	la^{33}
直译	鱼	路	三	条	拦
意译	拦了三条鱼路				

汉字拟音	切	级	季	麦	低	读
国际音标	$tʃʰi^{55}$	$dzɿ^{31}$	$tɕu^{55}$	$mɛ^{33}$	ty^{31}	tu^{31}
直译	他	麻	捆	一捆	埋	（着）
意译	他把麻捆成捆埋起来					

汉字拟音	娃	低	娃	利	一
国际音标	ua^{31}	ty^{31}	ua^{31}	li^{55}	$ʐɿ^{31}$
直译	左	泡	左	（会）	泡透
意译	左边会泡透				

汉字拟音	又	低	又	利	一
国际音标	iu^{55}	ty^{31}	iu^{55}	li^{55}	z̩^{31}
直译	右	泡	右	（会）	泡透
意译	右边会泡透				

汉字拟音	次	级	无	利	倮
国际音标	tsʰ̩^{55}	dz̩^{31}	vʋ^{31}	li^{55}	lo^{33}
直译	脚	麻	尖	（全）	（了）
意译	麻的脚到头全泡透了				

汉字拟音	级	错	就	你	读
国际音标	dz̩^{31}	tsʰuɑ^{33}	tɕu^{55}	n̠i^{31}	tu^{31}
直译	麻	捞	坎坎	放	（好）
意译	把麻捞起在坎坎上放好				

汉字拟音	腊应	级	漆	夜
国际音标	la^{31}i^{55}	dz̩^{31}	tʂʰ̩^{31}	i^{55}
直译	手指	麻	剥	（去）
意译	用手指剥开麻			

汉字拟音	去	确	瓷	路	瓷	组	别
国际音标	tsʰ̩^{55}	tɕʰo^{33}	tsʰ̩^{31}	lu^{55}	tʃʰ̩^{31}	tʂʋ^{33}	bia^{31}
直译	十	匹	撕	（来）	一	组	（好）
意译	十匹可撕成一组						

汉字拟音	去	租	组	路	尘	漆	以	别
国际音标	tsʰ̩^{55}	tʂʋ^{33}	tʂʋ^{33}	lu^{55}	ua^{55}	tʃʰ̩^{31}	z̩^{55}	bia^{31}
直译	十	组	组	（来）	（呢）	一	把	（好）
意译	十组可组成一把							

汉字拟音	级	不	恨么	吐
国际音标	tsɿ³¹	pu³¹	xi̠⁵⁵mu³³	tʰu³³
直译	麻	背	正房	（放好）
意译	背来麻放在正房上			

汉字拟音	恨么	扫	到	读
国际音标	xi̠⁵⁵mu³³	sɑ³¹	tɑ⁵⁵	tu³¹
直译	正房	坎	沿	（好）
意译	在正房的坎沿上放好			

串讲：

造天造地呀一共造了七十天。等天和地都造好了，天便教人知道人是会怕冷的。人时时刻刻记得思考怎么办，但想不出来。人又翻来覆去想，终于想出来了，知道了世界上是有铁的。人找铁找了三天，找到一坨铁。但这坨铁太钝了，砍不了树。人接着找铁，到街上去找，在街头看到有铁镰刀卖。他又到街尾找，见到有扁的和尖的柴刀卖。他给了汉人师傅三两三钱银子，买下了铁柴刀。他手里拿着铁刀，跑回家中正房。发现刀不快就推来推去的磨，发现刀不快就翻过来磨。他磨铁刀磨了三天，终于把刀磨快了。他在茶篓里放好茶盐，在羊皮口袋中装口粮，跑到了长松树林的山坡上。他看到一片松树枝，看到一片松树杈，见到了长势茂盛的三种树。这三种树啊一种能被阳光照到，一种能被月光照到。他在左边砍树枝放在左边，在右边砍树枝放在右边。树枝是湿的就用阳光照，树枝不干就用月光照。他用手指数，数满足够的月份，树枝就干了。他又用树枝围作一个菜园子，要在园地里撒麻。他用手指翻看一下园里先前砍好晒着的树枝，大枝丫小枝丫都干透了。开年头不冷也不热的月份里，春风来得早，有三个小旋风连着来，又来了三阵大风。他本人是没有打放火烧树枝的主意啊，火星却在打主意。又有三个小旋风连着来，火星让火烧起来，飘到了要种麻的园里，火飘到了园地里晒着的树枝上，火把树枝烧成灰了，他只能看见剩下三堆火灰。他在茶篓里放好茶盐，在羊皮口袋中装口粮。跑到了长松树林的山坡上，在要种麻的园地里，把没烧干净的树筒砍断，凑拢来烧，又见到烧成了三堆草木火灰。谁是手艺人呢，汉族师傅是精通手艺的。他去了街头，看到汉人卖的铁打的三样工具。他买下了那几样铁具，用铁片做成板锄。他要在地里撒麻，绾起袖子干活。他撒了两把公麻，那母麻就该撒三把。他撒了两把公麻，撒了三把母麻。刨开左边的土把麻盖严，刨开右边的土把麻盖严。已然到了七月份，黑云来了九层，田地上下雨了，从山顶到山脚都是雨。先前撒好的种子啊，齐齐地冒芽了。过一阵子再去看啊，苗苗嫩嫩地冒芽了。过了一个月再去看啊，小苗长得又绿又壮。再去看一回啊，麻地上长了树藤，树藤和麻混生。他拿起铁镰刀，用铁镰刀割断树藤。麻秆长到大小一样时，麻就成熟了。他去地里看啊，公麻头上开满白

145

花，母麻头上结满果实。他去到麻地去收公麻，公麻成一组组的样子。他又去到麻地去收母麻。他找了藤子过来，把麻从中间捆扎，扎牢固了。他砍了松枝抬过来，用松枝做成了晾麻的架子。麻不干就让阳光晒，麻不干就让月光晒。要晒一个月，麻就从头到脚都干了。他把麻捆起来背上，背到了河边。他把河道拦上了，拦断了三条水路，拦断了三条鱼路。他把麻成捆在水里埋起来，麻的左边会泡透，右边会泡透，从头到脚都会泡透。他把麻捞起来在坎坎上放好，用手指剥开麻。十匹麻可撕成一组，十组麻可组成一把。背来麻放在正房上，就在正房的坎沿上放好了。

六 麻绳——收麻，泡麻，煮麻，搓麻成绳

		级捉	dzɿ³¹tʂu³³	麻绳

汉字拟音	擦入	敌	多	罗磨	夜以
国际音标	tsʰɑ⁵⁵zu³¹	ti³¹	do³³	lo³¹mu⁵⁵	i⁵⁵
直译	人	晚	出	干活	去
意译	人们早出晚归地去干活				

汉字拟音	把次	噩不	捉	腻
国际音标	ba³¹tsʰɿ³³	ɣ⁵⁵pu³¹	tʂuɑ³³	ȵi⁵⁵
直译	捆扎	背背子	绳子	要
意译	捆扎背背子定要用绳子			

汉字拟音	切	月你	止无	夹	里以
国际音标	tʃʰi⁵⁵	i⁵⁵ȵi⁵⁵	tʂɿ³³vʋ³¹	tɕa³³	li⁵⁵
直译	他	跑去	街头	（助词）	（到）
意译	他就跑到街子头上去了				

汉字拟音	阿俗入	喇	国	哇
国际音标	a⁵⁵su⁵⁵zu⁵⁵	la³¹	ko³¹	ua⁵⁵
直译	哪一个人	手艺	会	（呢）
意译	街上哪一个人才会手艺呢			

第四章 铎系符号文献解读　　147

汉字拟音	血人	画	喇	国
国际音标	ɕi³¹zu³¹	xua⁵⁵	la³¹	ko³¹
直译	汉人	精通	手艺	会
意译	汉人师傅精通手艺			

汉字拟音	赫	都	赫	萨	恰	妙
国际音标	xɤ̠⁵⁵	tuɑ³¹	xɤ̠⁵⁵	sɑ⁵⁵	tɕʰɑ⁵⁵	miɑ⁵⁵
直译	铁	打	铁	三	几样	见
意译	他见到了铁匠打的几样东西					

汉字拟音	赫且	恰	入	以	哇
国际音标	xɤ̠⁵⁵tɕʰɛ³¹	tʃʰa⁵⁵	zu³¹	i⁵⁵	ua⁵⁵
直译	铁	它	拿	来	（助）
意译	买回来铁斧、铁刀这些工具				

汉字拟音	赫且	喇	路	子
国际音标	xɤ̠⁵⁵tɕʰɛ³¹	la³¹	lu⁵⁵	dzɿ³¹
直译	铁	手	拿	（助）
意译	他拿起这些铁工具			

汉字拟音	嗯	它	娃	利	索
国际音标	ŋ³¹	tʰa³³	uɑ³¹	li⁵⁵	suɑ³¹
直译	不	快	左	面	磨
意译	刀刃口不快左面磨				

汉字拟音	嗯	它	又	利	索
国际音标	ŋ³¹	tʰa³³	iu⁵⁵	li⁵⁵	suɑ³¹
直译	不	快	右	面	磨
意译	刀刃口不锋利右面磨				

汉字拟音	娃	梭	娃	它
国际音标	ua³¹	sua³¹	ua³¹	tʰa³³
直译	左	磨	左	快
意译	左面磨也磨快了			

汉字拟音	又	梭	又	它
国际音标	iu⁵⁵	sua³¹	iu⁵⁵	tʰa³³
直译	右	磨	右	快
意译	右面磨也磨快了			

汉字拟音	切	季啦	族	主
国际音标	tʃʰi⁵⁵	tsʅ⁵⁵la³¹	tsʰu³¹	dzʅ³³
直译	他	茶箩	盐	准备
意译	他把油盐装进茶箩里			

汉字拟音	一啦	酷	主
国际音标	zʅ³¹la³¹	kʰu⁵⁵	dzʅ³³
直译	羊皮口袋	粮食	准备
意译	把吃食装进羊皮口袋里		

汉字拟音	切	月你	买利玉菊	夹
国际音标	tʃʰi⁵⁵	i⁵⁵ȵi⁵⁵	mɛ³¹li⁵⁵y⁵⁵tɕu⁵⁵	tɕa³³
直译	他	跑去	高山	到
意译	他带着食物、刀、斧、镰刀跑去到高山			

汉字拟音	塔且	撒	藏	妙
国际音标	tʰa³¹tɕʰi³¹	sa⁵⁵	dza⁵⁵	mia⁵⁵
直译	松林	三台	山坡	见
意译	看见了长满松林的三台坡			

汉字拟音	塔	飘	嘎喇	妙
国际音标	tʰɑ³¹	pʰia⁵⁵	ka³¹la³¹	mia⁵⁵
直译	松	叶	枝杈	见
意译	见到松枝、松叶很茂盛			

汉字拟音	七	嘎	背利	漂
国际音标	tʃʰʅ³¹	ka³¹	bə⁵⁵li⁵⁵	pʰia⁵⁵
直译	一	枝	西方	朝向
意译	一枝朝西			

汉字拟音	七	嘎	烘利	漂
国际音标	tʃʰʅ³¹	ka³¹	xu⁵⁵li⁵⁵	pʰia⁵⁵
直译	一	枝	东方	朝向
意译	一枝朝东			

汉字拟音	切	娃	飘	娃	护	渎
国际音标	tʃʰi⁵⁵	uɑ³¹	pʰiɑ³¹	uɑ³¹	fu⁵⁵	tu³¹
直译	他	左	砍	左	放	好
意译	他顺左手边砍下松枝左手边放好					

汉字拟音	又	飘	又	护	渎
国际音标	iu⁵⁵	pʰiɑ³¹	iu⁵⁵	fu⁵⁵	tu³¹
直译	右	砍	右	放	好
意译	右手边砍下松枝右手边放好				

汉字拟音	烘且	级	秋	梦
国际音标	xu⁵⁵tsʰʅ⁵⁵	dzʅ³¹	tɕʰu³¹	mɑ⁵⁵
直译	按月份	麻种子	种	干活
意译	他按季节的月份准备去种麻			

汉字拟音	切	闻	花	背利	哩
国际音标	tʃʰi⁵⁵	ŋ̍³¹	xuɑ³³	bə⁵⁵li⁵⁵	pʰiɑ⁵⁵
直译	它	不	干	太阳白天	照晒
意译	松叶松枝不干要白天太阳晒				

汉字拟音	闻	花	烘	利	哩
国际音标	ŋ̍³¹	xuɑ⁵⁵	xu⁵⁵	li⁵⁵	pʰiɑ⁵⁵
直译	不	干	月	（助词）	照晒
意译	不干要晒个把月				

汉字拟音	切	烘	扎	烘	比
国际音标	tʃʰi⁵⁵	xu⁵⁵	tʂa³³	xu⁵⁵	pʂi³³
直译	他	月	算	月	满
意译	他计算着时间，按月算时间到了				

汉字拟音	阔	扎	阔	比
国际音标	kʰuɑ³¹	tʂa³³	kʰuɑ³¹	pʂi³³
直译	年	算	年	满
意译	按年算日子，时间也到了			

汉字拟音	切	喇	硬	次七吧
国际音标	tʃʰi⁵⁵	la³¹	i⁵⁵	tɕa⁵⁵tʃʰʐ³¹pa³¹
直译	他	手	指	抓一把
意译	他用手指抓一把松枝看			

汉字拟音	巴痴	背面	路
国际音标	pa³¹tsʰʐ³¹	pa³¹mia⁵⁵	lu⁵⁵
直译	大枝丫	小枝丫	干透
意译	大枝丫小枝丫都干透了		

汉字拟音	切	嗯	醋	萨拿	烘	哇
国际音标	tʃʰi⁵⁵	ŋ̩³¹	tsʰu⁵⁵	sa⁵⁵na³¹	xu⁵⁵	ua⁵⁵
直译	它	不	热	早	月	（助）
意译	它今年不冷不热气候来得早					

汉字拟音	族哼	萨	次	路
国际音标	tsʰʋ³¹xy³³	sɑ⁵⁵	tɕʰy⁵⁵	lu⁵⁵
直译	旋风	三	次	来
意译	小旋风接二连三吹来了			

汉字拟音	着啦	萨	着	路	拔
国际音标	dzuə³¹la³¹	sɑ⁵⁵	dzuə³¹	lu⁵⁵	ba⁵⁵
直译	大风	三	回	吹来	（了）
意译	大风吹过来又吹过去，接二连三				

汉字拟音	擦入	级私	渎	哇
国际音标	tsʰɑ⁵⁵zu³¹	dzɿ³¹sɿ⁵⁵	tu³¹	ua⁵⁵
直译	人们	小心	做	（了）
意译	人们很小心地去做（还不想烧榨子）			

汉字拟音	切	族哼	塞	次	路	哇
国际音标	tʃʰi⁵⁵	tsʰʋ³¹xy³³	sɑ⁵⁵	tɕʰy⁵⁵	lu⁵⁵	ua⁵⁵
直译	它	旋风	三	回	来	（了）
意译	它旋风又接二连三地吹起来					

汉字拟音	巴提	级嗯私
国际音标	pa⁵⁵tʰy⁵⁵	dzɿ³¹ŋ̩³¹sɿ⁵⁵
直译	火柴头	不小心
意译	不小心燃着火柴头	

汉字拟音	阿阶	迷	标	路
国际音标	a^{31}tɕɛ^{55}	mi^{31}	biu^{33}	lu^{55}
直译	火	地方	烧	来
意译	火苗烧起来，引燃了砍好松枝的地方			

汉字拟音	阿阶	私	表	路
国际音标	a^{31}tɕɛ^{55}	sɿ^{33}	biu^{33}	lu^{55}
直译	火	柴木	烧	来
意译	接着把松枝榨子也烧了起来			

汉字拟音	哭货	撒地	妙
国际音标	kʰu^{31}xu^{33}	sɑ^{31}ti^{55}	mia^{55}
直译	火土灰	三层	见
意译	见到了烧过后的三层土灰		

汉字拟音	切	月	你	买利玉菊	夹	夜	哇
国际音标	tʃʰi^{55}	i^{55}	ȵi^{55}	mɛ^{31}li^{55}y^{55}tɕu^{55}	tɕa^{33}	i^{55}	ua^{55}
直译	他	跑	去	高山	到	去	（了）
意译	他跑到了烧着火土灰的高山地方						

汉字拟音	哭货	撒地	妙	以	哇
国际音标	kʰu^{31}xu^{33}	sɑ^{31}ti^{55}	mia^{55}	zɿ^{33}	ua^{55}
直译	火土灰	三层	见	（到）	（了）
意译	看见了厚厚的三层火土灰				

汉字拟音	敌道	敌抓渎
国际音标	ti^{55}to^{31}	ti^{55}tʂua^{31}du^{55}
直译	火柴筒	砍断凑来烧
意译	他又把未燃烧尽的大筒的柴木砍断凑来烧	

汉字拟音	私且	级	秋	磨
国际音标	$sŋ^{33}tɕ^hi^{31}$	$dzŋ^{31}$	$tɕ^hu^{55}$	mu^{55}
直译	柴木杆	麻	围篱笆	做
意译	用柴木杆把麻地篱笆围起来			

汉字拟音	密且	级	秋	磨
国际音标	$mi^{55}tɕ^hi^{31}$	$dzŋ^{31}$	$tɕ^hu^{55}$	mu^{55}
直译	园地	麻	挖种	做
意译	围起的园地里要干种麻的活			

汉字拟音	切	季喇	族	主
国际音标	$tʃ^hi^{55}$	$tsŋ^{55}la^{31}$	ts^hu^{31}	$dzʉ^{33}$
直译	他	茶篓	盐	准备
意译	他把盐油放进茶篓里准备好			

汉字拟音	一啦	酷	主
国际音标	$zɿ^{31}la^{31}$	k^hu^{55}	$dzʉ^{33}$
直译	羊皮口袋	粮食	准备
意译	把口粮放进羊皮口袋里准备好		

汉字拟音	月	你	买利玉菊	夹
国际音标	i^{55}	$ȵi^{55}$	$mɛ^{31}li^{55}y^{55}tɕu^{55}$	$tɕa^{33}$
直译	跑	去	高山	到
意译	他带着食物来到了高山			

汉字拟音	赫	闭	约罗	磨
国际音标	$xɤ^{55}$	pi^{55}	$io^{31}lo^{31}$	mu^{55}
直译	铁	板锄	条锄	做
意译	他拿起板锄、条锄来种麻			

汉字拟音	切	级	瀑	尼	加	扁
国际音标	tʃʰi⁵⁵	dzɿ³¹	pʰʊ⁵⁵	ȵi³¹	tɕa³³	bia³¹
直译	他	麻	公	两	把	撒
意译	他公麻撒两把					

汉字拟音	级	么	撒	着	邪
国际音标	dzɿ³¹	mu³³	sɑ⁵⁵	tʂuə³¹	ɕi³¹
直译	麻	母	三	捧	撒
意译	母麻撒三捧				

汉字拟音	娃	家	娃	密
国际音标	uɑ³¹	tɕya³¹	uɑ³¹	my⁵⁵
直译	左	挖	左	盖严
意译	撒了种子，左边盖土也盖严			

汉字拟音	右	抓	右	密
国际音标	iu⁵⁵	tɕya³¹	iu⁵⁵	my⁵⁵
直译	右	挖	右	盖严
意译	朝右面盖土也盖严了			

汉字拟音	切	级	瀑	尼	加	扁
国际音标	tʃʰi⁵⁵	dzɿ³¹	pʰʊ⁵⁵	ȵi³¹	tɕa³³	bia³¹
直译	他	麻	公	两	把	撒
意译	他又公麻补撒两把					

汉字拟音	级	么	撒	加	扁
国际音标	dzɿ³¹	mu³³	sɑ⁵⁵	tɕa³³	bia³¹
直译	麻	母	三	把	撒
意译	母麻补撒三把				

汉字拟音	切	嗯寿	习	烘么	阿
国际音标	tʃʰi⁵⁵	ŋ³¹ʂu⁵⁵	sɿ³¹	xu⁵⁵	ŋɑ⁵⁵
直译	它	雨水	七	月	是
意译	它就到了七月雨水季节了				

汉字拟音	啦硬	货	多	路
国际音标	la³¹i⁵⁵	xu⁵⁵	do³³	lu⁵⁵
直译	南方	雨	出	来
意译	南面的雨下过来了			

汉字拟音	嗯	吐	地	嗯	这
国际音标	ŋ̍³¹	tʰu³³	ti⁵⁵	ŋ̍³¹	dzɑ⁵⁵
直译	不	到	地方	没	有
意译	雨下不到的地方没有了				

汉字拟音	嗯	记	地	嗯	这
国际音标	ŋ̍³¹	tsi³¹	ti⁵⁵	ŋ̍³¹	dzɑ⁵⁵
直译	不	透	地方	没	有
意译	不湿透的地方也没有了				

汉字拟音	切	硬施	扁读素
国际音标	tʃʰi⁵⁵	i⁵⁵ʂɿ³¹	bia³¹tu³¹su⁵⁵
直译	他	麻种子	撒下去的
意译	他撒到地里的麻种子		

汉字拟音	硬施	硬机几	路	烘
国际音标	i⁵⁵ʂɿ³¹	i⁵⁵tʃi³¹tʃi³¹	lu⁵⁵	xu⁵⁵
直译	麻种子	绿油油	出来	月
意译	麻种子出得很整齐很绿了			

汉字拟音	扎	烘	夹	路	阿
国际音标	tʂa³³	xu⁵⁵	tɕa³³	lu⁵⁵	ŋa⁵⁵
直译	算	月	到	来	（了）
意译	他计算的月份到来了				

汉字拟音	硬	施	硬塞	罗	渎
国际音标	i⁵⁵	ʂʅ³¹	i⁵⁵ sa³¹	lo³¹	tu³¹
直译	麻	苗	粗壮	成	（了）
意译	麻苗成长粗壮了				

汉字拟音	硬施	硬塞	罗	路	洼
国际音标	i⁵⁵ ʂʅ³¹	i⁵⁵ sa³¹	lo³¹	lu⁵⁵	ua⁵⁵
直译	麻苗	粗壮	成	（助词）	（了）
意译	麻苗成长粗壮了				

汉字拟音	切	级	次	夜	告喇
国际音标	tʃʰi⁵⁵	dzʅ³¹	tɕʰi³¹	i⁵⁵	ka⁵⁵ la³¹
直译	他	麻	林	去	地里
意译	他去到麻地里				

汉字拟音	级	瀑	级	次	约
国际音标	dzʅ³¹	pʰʊ⁵⁵	dzʅ³¹	tɕʰi³¹	io³³
直译	麻	公	麻	林	长成
意译	公麻长成林				

汉字拟音	级	么	级	菊	约
国际音标	dzʅ³¹	mu³³	dzʅ³¹	tɕy⁵⁵	io³³
直译	麻	母	麻	丛	长成
意译	母麻长成丛				

汉字拟音	级	次	次约渎	哇
国际音标	dzๅ³¹	tʂʰʅ⁵⁵	tʂʰʅ⁵⁵ io³³tu³¹	ua⁵⁵
直译	麻	林	脚底乱草	多
意译	麻林脚底乱草多			

汉字拟音	级	消	消	夜	以
国际音标	dzๅ³¹	zyɛ³¹	zyɛ³¹	i⁵⁵	i⁵⁵
直译	麻	割	薅	去	（助）
意译	要去薅麻除草				

汉字拟音	切	赫	棵	喇	路子
国际音标	tʃʰi⁵⁵	xɤ⁵⁵	kʰo³³	la³¹	lu⁵⁵ tʂʅ³³
直译	他	铁	镰刀	手	拿着
意译	他手拿铁镰刀				

汉字拟音	级	次	次	久	喇	私
国际音标	dzๅ³¹	tʂʰʅ⁵⁵	tsʰʅ⁵⁵	tɕu³¹	la³¹	sๅ³³
直译	麻	林	脚	行间	里	树根
意译	去到麻林行间里					

汉字拟音	租	扁	于	夜
国际音标	dzu³¹	piɑ⁵⁵	zyɛ³¹	i⁵⁵
直译	发芽	苑	剥	去
意译	要把地里树根发出的树芽薅去			

汉字拟音	私	租	扁	嗯	日	吧
国际音标	sๅ³³	dzu³¹	piɑ⁵⁵	ŋ̍³¹	zyɛ³¹	ba⁵⁵
直译	树根	发芽	苑	不	割	（助）
意译	树根芽不割掉的话					

汉字拟音	私	租	级	次	约
国际音标	sʅ³³	dzu³¹	dzʅ³¹	tʂʰʅ⁵⁵	io³³
直译	树根	芽	麻	林	覆盖
意译	树根芽就会把麻树覆盖掉				

汉字拟音	私	租	扁	日	假	拔
国际音标	sʅ³³	dzu³¹	piɑ⁵⁵	zye³¹	tɕa³³	ba³¹
直译	树根	芽	兜	割	（完了）	掉
意译	树根芽割完了					

汉字拟音	级	次	磨鸟路
国际音标	dzʅ³¹	tʂʰʅ⁵⁵	mu⁵⁵ ȵɑ⁵⁵ lu⁵⁵
直译	麻	林	粗壮而直
意译	麻林长得又粗壮又直		

汉字拟音	级	机	货	妙	渎
国际音标	dzʅ³¹	tʂʅ³³	xu³³	ȵɑ⁵⁵	tu³¹
直译	麻	高度	可以	见	到
意译	麻林长高很齐整				

汉字拟音	烘	扎	烘	比	露	哇
国际音标	xu⁵⁵	tʂa³³	xu⁵⁵	pʂi³³	lu⁵⁵	ua⁵⁵
直译	月	算	月	满	到来	（了）
意译	按月算成熟的月份已到了					

汉字拟音	切	夜	你	级	次	夹	夜	吧
国际音标	tʃʰi⁵⁵	i⁵⁵	ȵi⁵⁵	dzʅ⁵⁵	tʂʰʅ⁵⁵	tɕa³³	i⁵⁵	ba⁵⁵
直译	他	跑	去	麻	林	到	去	（了）
意译	他跑到了麻林里看							

汉字拟音	级	瀑	级	无	瀑
国际音标	dzʅ³¹	pʰʋ⁵⁵	dzʅ³¹	vʋ³¹	pʰʋ⁵⁵
直译	麻	公	麻	头	白
意译	公麻头开白花				

汉字拟音	级	么	级	无	骨
国际音标	dzʅ³¹	mu³³	dzʅ³¹	vʋ³¹	kʋ³¹
直译	麻	母	麻	头	结籽实
意译	母麻头结籽实				

汉字拟音	切	级	次	次	纠	喇
国际音标	tʃʰi⁵⁵	dzʅ³¹	tʂʰʅ⁵⁵	tʃʰʅ³¹	tɕy⁵⁵	la³¹
直译	他	麻	林	一	丛丛	里
意译	他到了一丛一丛的麻林里					

汉字拟音	级	缛	级	瀑	缛
国际音标	dzʅ³¹	zʋ⁵⁵	dzʅ³¹	pʰʋ⁵⁵	zʋ⁵⁵
直译	麻	收割	麻	公	收
意译	收麻收割公麻				

汉字拟音	级	瀑	级	组组
国际音标	dzʅ³¹	pʰʋ⁵⁵	dzʅ³¹	tʂʋ³³tʂʋ³³
直译	麻	公	麻	一把一把
意译	把公麻绑成一把把			

汉字拟音	切	级	次	次	纠	喇
国际音标	tʃʰi⁵⁵	dzʅ³¹	tʂʰʅ⁵⁵	tʃʰʅ³¹	tɕu³³	la³¹
直译	他	麻	林	一	行行	里
意译	他到了一行一行的麻林里					

汉字拟音	切	级	缛	级	么	缛
国际音标	tʃʰi⁵⁵	dzɿ³¹	zʋ⁵⁵	dzɿ³¹	mu³³	zʋ⁵⁵
直译	他	麻	收	麻	母	收
意译	收麻收割母麻					

汉字拟音	切	级	么	级机机
国际音标	tʃʰi⁵⁵	dzɿ³¹	mu³³	dzɿ³¹tʃi⁵⁵tʃi⁵⁵
直译	他	麻	母	麻脚整齐
意译	把母麻脚弄整整齐齐			

汉字拟音	鸟且	哇	着	梭渎
国际音标	ȵya⁵⁵tʰy³¹	ua⁵⁵	tʂuɔ³¹	suɔ³¹tu³¹
直译	藤子	（助词）	腰	捆扎
意译	用藤子把麻杆捆扎成捆			

汉字拟音	切	把	次	噩不	塔	次	必剥	夹
国际音标	tʃʰi⁵⁵	pa³¹	tsʰɿ³³	ɣ⁵⁵pu³¹	tʰa³¹	tʂɿ⁵⁵	pi⁵⁵bu³¹	tɕa³³
直译	他	一	背	背背子	松	林	山坡	到
意译	他一背一背地把麻杆背到松林山坡上							

汉字拟音	塔且	塔	萨	偏	路
国际音标	tʰa³¹tɕʰi³¹	tʰa³¹	sa⁵⁵	pʰia³¹	lu⁵⁵
直译	松树杆	松	三	棵	来
意译	砍来三棵松树杆				

汉字拟音	塔且	级	翘翘
国际音标	tʰa³¹tɕʰi³¹	dzɿ³¹	tɕʰa⁵⁵tɕʰa⁵⁵
直译	松树杆	麻	靠上
意译	晒麻要松树杆		

汉字拟音	塔且	级	藏	磨
国际音标	tʰɑ³¹tɕʰi³¹	dzʅ³¹	tsa³³	mu⁵⁵
直译	松树杆	麻	架子	做
意译	松树杆做成晒麻架			

汉字拟音	切	嗯	花	背利	漂
国际音标	tʃʰi⁵⁵	ŋ̍³¹	xuɑ³³	bə⁵⁵li⁵⁵	pʰiɑ⁵⁵
直译	它	不	干	白天太阳	晒
意译	麻杆不干白天太阳来晒				

汉字拟音	嗯	花	烘	利	漂
国际音标	ŋ̍³¹	xuɑ³³	xu⁵⁵	li⁵⁵	pʰiɑ⁵⁵
直译	不	干	月	（助词）	晒
意译	不干要晒个把月				

汉字拟音	背利	渣	路	烘	利	夹
国际音标	bə⁵⁵li⁵⁵	tʂa³³	lu⁵⁵	xu⁵⁵	li⁵⁵	tɕa³³
直译	白天晒	算	到了	月	数	到了
意译	晒够了月数了					

汉字拟音	次	花	无	利	啰
国际音标	tsʰʅ⁵⁵	xuɑ³³	vʊ³¹	li⁵⁵	lo³³
直译	脚	干	头	晒干	到
意译	麻杆从脚干到头				

汉字拟音	切	鸟且	着	梭	渎
国际音标	tʃʰi⁵⁵	ȵya⁵⁵tʰy³¹	tʂuə³¹	suə³¹	tu³¹
直译	他	藤子	腰	捆	（助）
意译	他又用藤子捆好麻杆				

汉字拟音	把次	噩不	四	尼
国际音标	ba³¹tsʰɿ³³	ɣ⁵⁵pu³¹	sɿ³¹	ȵi⁵⁵
直译	一背一背	背背子	是	（助词）
意译	一背一背往家里背			

汉字拟音	榭	么	七达	拖
国际音标	xi⁵⁵	mu³³	tʃʰɿ³¹da³¹	do³³
直译	房	正	这里	到
意译	进了大门，到了正房前的院坝中			

汉字拟音	榭	么	七	达	喇
国际音标	xi⁵⁵	mu³³	tɕʰi³³	ta³¹	la³¹
直译	房	正	这	一块	里
意译	在正房前的院坝里				

汉字拟音	级	读	级	笑笑	以
国际音标	dzɿ³¹	tʋa³¹	dzɿ³¹	ɕa³³ɕa³³	i⁵⁵
直译	麻	打	麻	干净	（了）
意译	把麻杆打干净，把麻叶麻籽打干净				

汉字拟音	次	读	次	笑	读
国际音标	tsʰɿ⁵⁵	tʋa³¹	tsʰɿ⁵⁵	ɕa³³	tu³¹
直译	脚	打	脚	干净	（了）
意译	把麻杆脚打干净了				

汉字拟音	无	读	无	笑	读
国际音标	vʊ³¹	tʋa³¹	vʊ³¹	ɕa³³	tu³¹
直译	头	打	头	干净	了
意译	把麻杆头打干净了				

汉字拟音	级	实	闭	妙	露
国际音标	dzɿ³¹	ʂɿ³¹	pi⁵⁵	mia⁵⁵	lu⁵⁵
直译	麻	籽	堆	见	着
意译	看见麻籽打成了一堆				

汉字拟音	切	级	么	级	几几
国际音标	tʃʰi⁵⁵	dzɿ³¹	mu³³	dzɿ³¹	tʃi⁵⁵ tʃi⁵⁵
直译	他	麻	母	麻	整齐
意译	他把母麻脚杆弄整齐				

汉字拟音	级	瀑	级	组组
国际音标	dzɿ³¹	pʰʋ⁵⁵	dzɿ³¹	tʂʋ³³tʂʋ³³
直译	麻	公	麻	一把一把
意译	把公麻绑成一把一把			

汉字拟音	切	把次	噩不	四	尼
国际音标	tʃʰi⁵⁵	ba³¹tsʰɿ³³	ɣ⁵⁵ pu³¹	sɿ³¹	ȵi⁵⁵
直译	他	一背一背	背背子	是	（助词）
意译	他一背一背的背麻杆				

汉字拟音	夜	你	玉	布	七达	夹
国际音标	i⁵⁵	ȵi⁵⁵	ʐɿ⁵⁵	bu³¹	tʃʰʅ³¹da³¹	tɕa³³
直译	去	到	河水	边	一处	到
意译	背去到河水边					

汉字拟音	玉	徐	玉	就	老
国际音标	ʐɿ⁵⁵	zi⁵⁵	ʐɿ⁵⁵	dzu⁵⁵	lɑ³³
直译	水	流	水	路	拦堵
意译	把河流的水路堵拦起来了				

汉字拟音	玉	就	塞	就	啦
国际音标	zɿ⁵⁵	dʐu⁵⁵	sɑ⁵⁵	dʐu⁵⁵	lɑ³³
直译	水	路	三	路	堵
意译	水流被拦堵了三道				

汉字拟音	嗡	就	塞	就	啦
国际音标	uŋ³¹	dʐu⁵⁵	sɑ⁵⁵	dʐu⁵⁵	lɑ³³
直译	鱼	路	三	路	堵
意译	水中鱼路也被拦堵了三道				

汉字拟音	切	级	机	卖	低	夜
国际音标	tʃʰi⁵⁵	dʐɿ³¹	tɕu⁵⁵	mɛ³³	ty³¹	i⁵⁵
直译	他	麻	捆	浸	泡	去
意译	他把麻捆浸泡在堵拦的水塘里					

汉字拟音	敌	啦	撒	啦	敌
国际音标	ty³¹	lɑ³¹	sɑ⁵⁵	lɑ³¹	ty³¹
直译	埋	处	三	处	埋
意译	麻捆泡了三塘				

汉字拟音	务	低	务	于于
国际音标	u⁵⁵	ty³¹	u⁵⁵	zyɛ³³zyɛ³³
直译	越	埋泡	越	裂开
意译	麻捆越泡麻皮与麻杆越被泡裂开			

汉字拟音	切	撒	你	夹	路	吧
国际音标	tʃʰi⁵⁵	sɑ⁵⁵	ɲi³³	tɕɑ³³	lu⁵⁵	bɑ⁵⁵
直译	他	三	天	到	来	（了）
意译	他三天过后来					

汉字拟音	玉	布	七达喇
国际音标	ʑʅ^{55}	bu^{31}	tʃʰʅ^{31}da^{31}la^{31}
直译	水	河边	这一处
意译	他来到这处河边		

汉字拟音	级	硬	夜	夜	哇
国际音标	dzʅ^{31}	ĩ^{55}	ĩ^{55}	i^{55}	ua^{55}
直译	麻	瞧	瞧	去	（助）
意译	他去瞧瞧麻杆				

汉字拟音	七	确	霞	路	哇
国际音标	tʃʰʅ^{31}	tɕʰo^{33}	xa^{31}	lu^{55}	ua^{55}
直译	一	匹	剥	来	（助）
意译	他剥下一匹麻皮来看				

汉字拟音	次	机	无	利夹
国际音标	tsʰʅ^{55}	tʂʰʅ^{31}	vʊ^{31}	li^{55}tɕa^{33}
直译	脚	剥	头	（到了）
意译	从脚到头可以剥			

汉字拟音	无	机	次	利夹
国际音标	vʊ^{31}	tʂʰʅ^{31}	tsʰʅ^{55}	li^{55}tɕa^{33}
直译	头	剥	脚	（到了）
意译	从头可以剥到脚了			

汉字拟音	切	级	么	级	记	告	路	哇
国际音标	tʃʰi^{55}	dzʅ^{31}	mu^{33}	dzʅ^{31}	tɕu^{55}	ga^{55}	lu^{55}	ua^{55}
直译	他	麻	母	麻	捆	拉	出来	（助）
意译	他把麻杆从水中一捆一捆捞出来							

汉字拟音	杀啦	帕	达	打
国际音标	sɑ³¹lɑ³¹	pʰɑ⁵⁵	tɑ³¹	tɑ⁵⁵
直译	高台阶	上	面	放
意译	把它放到高台阶上面			

汉字拟音	切	级	期	确	缛	夜	渎
国际音标	tʃʰi⁵⁵	dzɿ³¹	tsʰɿ³¹	tɕʰo³³	zu³¹	i⁵⁵	tu³¹
直译	他	麻	剥	匹	拿	去	（助）
意译	他剥下麻皮一匹一匹拿整齐						

汉字拟音	次	确	夹	路	级	组组
国际音标	tsʰɿ⁵⁵	tɕʰo³³	tɕa⁵⁵	lu⁵⁵	dzɿ³¹	tsʊ³³tsʊ³³
直译	十	匹	剥	到	麻	一小组
意译	剥到十匹扎成一小组					

汉字拟音	次	夹	路	级	几	闭
国际音标	tsʰɿ⁵⁵	tɕa⁵⁵	lu⁵⁵	dzɿ³¹	tɕu⁵⁵	pi⁵⁵
直译	十	组	（到）	麻	捆	做成
意译	十小组有了做成一捆					

汉字拟音	切	级	不	榭么	撒大	夹
国际音标	tʃʰi⁵⁵	dzɿ³¹	pu³¹	xi⁵⁵mu³³	sɑ³¹tɑ⁵⁵	tɕa³³
直译	他	麻	背	房子	院坝	到
意译	他把剥下的麻匹背到房子院坝里来					

汉字拟音	榭	么	榭	次	喇
国际音标	xi⁵⁵	mu³³	xi⁵⁵	tsʰɿ⁵⁵	la³¹
直译	房	正	房	山墙	地方
意译	在正房山墙上				

汉字拟音	级	别	级	花	渎
国际音标	dzɿ³¹	pʰia⁵⁵	dzɿ³¹	xuɑ³³	tu³¹
直译	麻	晒	麻	干	（着）
意译	把麻皮在那里晒干了				

汉字拟音	切	把次	噩不	着	腻	哇
国际音标	tʃʰi⁵⁵	ba³¹tsʰɿ³³	ɤ⁵⁵pu³¹	tʂuɑ³³	ȵi⁵⁵	ua⁵⁵
直译	他	捆绑	背背	绳子	要	（助）
意译	他要捆绑东西，背背子要用绳子					

汉字拟音	级	挖	着	妙以
国际音标	dzɿ³¹	uɑ³¹	tʂu³³	mia⁵⁵ i⁵⁵
直译	麻	搓	绳	（这个中得到）
意译	搓绳子的麻皮已经有了			

汉字拟音	切	密挪	撒	波	哇
国际音标	tʃʰi⁵⁵	mi³¹no³¹	sa⁵⁵	po³¹	uɑ³¹
直译	他	晚上	三	排	搓
意译	他晚上搓三排长的				

汉字拟音	你挪	确	波	哇
国际音标	ȵi³³no³¹	tʃʰya³¹	po³¹	uɑ³¹
直译	白天	六	排	搓
意译	白天搓六排			

汉字拟音	撒	你	萨	扁	娃
国际音标	sɑ⁵⁵	ȵi³³	sɑ⁵⁵	mi³¹	uɑ³¹
直译	三	天	三	夜	搓
意译	搓了三天三夜				

汉字拟音	级	挖	着	妙	渎	阿
国际音标	dzʅ³¹	uɑ³¹	tʂu³³	mia⁵⁵	tu³¹	ŋa⁵⁵
直译	麻	搓	绳	见	（着）	（了）
意译	见着了麻皮搓成做绳索用的绳股					

汉字拟音	级	挖	着	妙	读	阿
国际音标	dzʅ³¹	uɑ³¹	tʂu³³	mia⁵⁵	tu³¹	ŋa⁵⁵
直译	麻	搓	绳股	见	（着）	了
意译	见着搓成好的绳股					

汉字拟音	级	主	扎	你以
国际音标	dzʅ³¹	tʂu³³	tʂa³¹	ɲi⁵⁵ i⁵⁵
直译	麻	绳股	煮	要
意译	麻皮绳股要煮透			

汉字拟音	级	主	扎	你渎阿
国际音标	dzʅ³¹	tʂu³³	tʂa³¹	ɲi⁵⁵ tu³¹ŋa⁵⁵
直译	麻	绳股	煮	要好了
意译	麻皮绳股煮好了			

汉字拟音	级	主	七	你	瀑	以
国际音标	tsʅ³¹	tʂu³³	tsʰʅ³¹	ɲi⁵⁵	pʰʊ⁵⁵	i⁵⁵
直译	麻	绳股	洗	要	白	（了）
意译	绳股要清洗白了					

汉字拟音	级	着	哩	你	花
国际音标	tsʅ³¹	tʂu³³	li⁵⁵	ɲi⁵⁵	xuɑ³³
直译	麻	绳股	晒	要	干
意译	洗好的绳股要晒干				

汉字拟音	级	着	打	你	施
国际音标	dzʅ³¹	tʂu³³	tɑ³³	n̠i⁵⁵	ʂʅ³¹
直译	麻	绳股	量	要	长
意译	三股绳股要量得一样长				

汉字拟音	打	教把	干
国际音标	tɑ³³	tɕo⁵⁵pa³¹	kɛn³³
直译	一样	绕公鸡	绞
意译	三股要一样地绞紧（用绕公鸡绞紧）		

汉字拟音	塞	十	撒	补补
国际音标	sɑ⁵⁵	ʂʅ³¹	sɑ⁵⁵	pʊ³¹pʊ³¹
直译	三	绞	三	裹
意译	绞三转裹三裹			

汉字拟音	务	补	务	鸟鸟
国际音标	u⁵⁵	pʊ³¹	u⁵⁵	ȵyo³³ȵyo³³
直译	越	裹	越	均匀
意译	越裹粗细越均匀			

汉字拟音	把次	噩不	着	我
国际音标	ba³¹tsʰʅ³³	ɣ⁵⁵pu³¹	tʂua³¹	ua⁵⁵
直译	捆绑	背背	绳索	有了
意译	这样捆绑东西和背背子的麻绳就搓出来了			

汉字拟音	擦入	敌	多	罗磨	告喇
国际音标	tsʰɑ⁵⁵zu³¹	ti³¹	do³³	lo³¹mu⁵⁵	kɑ⁵⁵la³¹
直译	人们	晚	出	干活	场合
意译	人们早出晚归去干活的场合				

汉字拟音	塞	夜	扫	哩	噩不	诺
国际音标	sɑ⁵⁵	i⁵⁵	sɑ⁵⁵	li³³	ɤ⁵⁵pu³¹	no³¹
直译	三	去	三	回	背背	（可以）
意译	就可以有它（麻绳）背来背去地背东西了					

串讲：

人们早出晚归地去干活，捆扎东西、背背子定要用绳子。他就跑到街子头上去了。街上哪一个人才会手艺呢？汉人师傅精通手艺。他见到了铁匠打的几样东西，买回来铁斧、铁刀这些工具。他拿起这些铁工具，刀刃口不快左面磨，刀刃口不锋利右面磨；左面磨也磨快了，右面磨也磨快了。他把油盐装进茶箩里，把吃食装进羊皮口袋里。他带着食物、刀、斧、镰刀跑去到高山，看见了长满松林的三台坡，见到松枝、松叶很茂盛，一枝朝西，一枝朝东。他顺左手边砍下松枝左手边放好，右手边砍下松枝右手边放好。他按季节的月份准备去种麻，松叶松枝不干要白天太阳晒，不干要晒个把月。他计算着时间，按月算时间到了，按年算日子，时间也到了。他用手指抓一把松枝看，大枝丫小枝丫都干透了。它今年不冷不热气候来得早，小旋风接二连三吹来了。大风吹过来又吹过去，接二连三。人们很小心地去做（还不想烧榨子），小旋风又接二连三地吹起来，不小心吹燃了火柴头。火苗烧起来，引燃了砍好松枝的地方，接着把松枝榨子也烧了起来，见到了烧过后的三层土灰。他跑到了烧着火土灰的高山地方，厚厚的三层火土灰看见了。他又把未燃烧尽的大筒的柴木砍断凑拢烧成火土灰，再用木杆把烧着火灰的麻地篱笆围起来，围起的园地里要干种麻的活。他把盐油放进茶箩里准备好，把口粮放进羊皮口袋里准备好。他带着食物来到了高山，他拿起板锄、条锄来种麻。他公麻撒两把，母麻撒三捧。撒了种子，左边盖土也盖严，朝右面盖土也盖严了。他又公麻补撒两把，母麻补撒三把。就到了七月雨水季节了，南面的雨下过来了，雨下不到的地方没有了，不湿透的地方也没有了。他撒到地里的麻种子，出得很整齐很绿了。他计算的月份到来了，麻苗成长粗壮了，麻苗成长粗壮了。他去到麻地里，公麻长成林，母麻长成丛。麻林脚底乱草多，要去薅麻除草。他手拿铁镰刀，去到麻林行间里，要把地里树根发出的树芽薅去。树根芽不割掉的话，树根芽就会把麻树覆盖掉。树根芽割完了，麻林长得又粗壮又直，麻林长高很齐整。按月算成熟的月份已到了，他跑到了麻林里看，公麻头开白花，母麻头结籽实。他到了一丛一丛的麻林里，收麻收割公麻，把公麻绑成一把把。他到了一行一行的麻林里，收麻收割母麻，把母麻脚弄整整齐齐。用藤子把麻杆捆扎成捆，他一背一背地把麻杆背到松林山坡上。砍来三棵松树杆，晒麻要松树杆。松树杆做成晒麻架，麻杆不干白天太阳来晒，不干要晒个把月。晒够了月数了，麻杆从脚干到头。他又用藤子捆好麻杆，一背一背往家里背。进了大门，到了正房前的院坝中，在正房前的院坝里，把麻杆打干净，把麻叶麻籽打干净。把麻杆脚打干净了，把麻杆头打干净了。看见麻籽打成了一堆，他把母麻脚杆弄整齐，把公麻绑成一把一把。他一背一背的背麻杆，背去到河水边，把河流的水路堵拦起来了。水流被拦堵了三道，水中鱼路也被拦堵了三道。他把麻捆浸泡在堵拦的水塘里，麻捆泡了三塘，麻捆越泡麻皮与麻杆越被泡裂开。他三天过后来，他来到这处河边，他去瞧瞧麻杆。他剥下一匹麻皮来看，从脚到头可以剥，从头可以剥到脚了。他把麻杆从水中一捆一捆捞出来，把它放到高台阶上面。他剥下麻皮一匹一匹拿整齐，剥到十匹扎成一小组，十小组有了做成一捆。他把剥下的麻匹背到房子院坝里来，在正房山墙上，把麻皮在那里晒干了。他要捆绑东西、背背子要用绳子。搓绳子的麻皮已经有了，他晚上搓三排长的，白天搓六排，搓了三天三夜。见着了麻皮搓成做绳索用的绳股，见着搓成好的绳股。麻皮绳股要煮透。麻皮绳股煮好了，绳股要清洗白了，洗好的绳股要晒干，三股绳股要量得一样长，三股要一样地绞紧（用绕公鸡绞紧），绞三转裹三裹，越裹粗细越均匀。这样捆绑东西和背背子的麻绳就搓出来了。人们早出晚归去干活的场合，就可以有它（麻绳）背来背去地背东西了。

七 犁——找树，伐树，削木，钻孔，构架，上街买汉人师傅做的犁头和铧板

	私国	sʅ³¹ko³¹	犁

汉字拟音	擦入	迷妈	帕达	喇
国际音标	tsʰɑ⁵⁵zu³¹	mi³¹ma³³	pʰɑ⁵⁵ta³¹	la³¹
直译	人	地方	田地	（助）
意译	人准备到田地里去			

汉字拟音	敌	多	罗磨	夜	以	拔
国际音标	ti³¹	do³³	lo³¹mu⁵⁵	i⁵⁵	za³³	ba⁵⁵
直译	晚	出	干活	去	要	（助词）
意译	要早出晚归地去干活					

汉字拟音	陆	伯	季	壳	祖	呢
国际音标	lu³¹	bu³¹	tsʅ⁵⁵	kuɑ³¹	dzu³³	ɲi⁵⁵
直译	虎	公	破	开	工具	要
意译	费九牛二虎之力翻开地皮需要工具					

汉字拟音	陆	伯	季	壳	祖	阿	扫	习	撕	呢
国际音标	lu³¹	bu³¹	tsʅ⁵⁵	kuɑ³¹	dzu³³	ŋa⁵⁵	sɑ⁵⁵	sʅ³¹	sʅ³³	ɲi⁵⁵
直译	虎	公	破	开	工具	是	三	种	木	要
意译	这种破开地的工具需要三块木头来做									

汉字拟音	擦人	月你	抓次	必剥	夹	夜
国际音标	tsʰa⁵⁵ zu³¹	i⁵⁵ ɲi⁵⁵	dzua³¹tʂʰʅ⁵⁵	pi⁵⁵ bu³¹	pi⁵⁵	i⁵⁵
直译	人	跑	朱木林	山坡	到	去
意译	人跑去到了朱木树山坡上					

汉字拟音	抓不	阿国	渺	素
国际音标	dzua³¹bʊ³³	a⁵⁵ko³¹	mia⁵⁵	su⁵⁵
直译	朱木树	弯的	看见	（了）
意译	弯的朱木树就看见了			

汉字拟音	切	私	着	不	科	马
国际音标	tʃʰi⁵⁵	sʅ³³	tsuə³¹	bʊ³¹	kʰə³¹	ma³³
直译	它	树	腰	虫	啃	（着）
意译	但它这棵树是被虫子啃着过的					

汉字拟音	楼	伯	季	壳	祖	嗯	阿
国际音标	lu³¹	bu³¹	tsʅ⁵⁵	kua³¹	dzu³³	ŋ̍³¹	ŋa⁵⁵
直译	虎	公	破	开	工具	不	是
意译	就不能用来做翻地的工具						

汉字拟音	切	七	夜	夜夜	吧
国际音标	tʃʰi⁵⁵	tʃʰʅ³¹	i⁵⁵	ĩ⁵⁵i⁵⁵	ba⁵⁵
直译	他	一	眼	瞧瞧	（了）
意译	他（找做犁子的人）一眼看了去				

汉字拟音	达么	阿国	渺
国际音标	da³¹mu³³	a⁵⁵ko³¹	mia⁵⁵
直译	翻白树	弯	看见
意译	弯的翻白树就看着了		

汉字拟音	达么私		渺		素
国际音标	a⁵⁵ ko³¹sɿ³³		mia⁵⁵		su⁵⁵
直译	翻白树		看见		（了）
意译	看见的翻白树				

汉字拟音	切	闭磨	喉	扎	私
国际音标	tʃʰi⁵⁵	pi⁵⁵ mu⁵⁵	xu³¹	tʂa³¹	sɿ³³
直译	它	闭磨祭祀	肉	煮	柴
意译	它是铎系做闭磨祭祀时用来煮肉的柴树				

汉字拟音	楼	伯	季	壳	祖	嗯	阿
国际音标	lu³¹	bu³¹	tsɿ⁵⁵	kuɑ³¹	dzu³³	ŋ̍³¹	ŋa⁵⁵
直译	虎	公	破	开	工具	不	是
意译	不是用来做犁地的工具用的树木						

汉字拟音	切	啦到	七夜	夜夜	吧
国际音标	tʃʰi⁵⁵	la⁵⁵ da⁵⁵	tʃʰɿ³¹ i⁵⁵	ĩ⁵⁵ i⁵⁵	ba⁵⁵
直译	他	洼注	一眼	看看	（助词）
意译	他又来到青注注里，一眼瞧了去				

汉字拟音	抓么		阿国		渺
国际音标	dzuɑ³¹mu³³		a⁵⁵ ko³¹		mia⁵⁵
直译	朱木树		弯		见
意译	看见了一棵弯的朱木树				

汉字拟音	抓	次	不	嗯	克
国际音标	dzuɑ³¹	tsʰɿ⁵⁵	bʊ³¹	ŋ̍³¹	kʰə³¹
直译	朱木树	根	虫	不	咬
意译	树根虫没咬过				

汉字拟音	抓着	不	嗯	克
国际音标	dzuɑ³¹tʂuə³¹	bʊ³¹	ŋ̩³¹	kʰə³¹
直译	朱木树腰	虫	不	咬
意译	树腰也虫没咬过			

汉字拟音	切	抓	么着梭	渎
国际音标	tʃʰi⁵⁵	dzuɑ³¹	mu⁵⁵tʂuə³¹suə³¹	tʊ³¹
直译	他	朱木树	大转圆砍	砍倒
意译	他把这棵大朱木树转圆砍，砍倒了			

汉字拟音	抓不	竹	到采
国际音标	dzuɑ³¹bʊ³³	dzʊ̩³¹	to⁵⁵tsʰɛ³¹
直译	朱木树	筋	砍断
意译	砍断朱木树杆一段		

汉字拟音	无瀑	迷	我	渎
国际音标	vʊ³¹pʰʊ⁵⁵	mi³¹	u⁵⁵	tʊ³¹
直译	犁杆	找	得	（助）
意译	做犁杆的树材就找得到了			

汉字拟音	楼	伯	密	壳	祖	敌	吧
国际音标	lu³¹	bu³¹	tsɿ⁵⁵	kuɑ³¹	dzu³¹	ti³¹	ba⁵⁵
直译	虎	公	破	开	工具	说	（助词）
意译	对于做翻地的工具来说吧						

汉字拟音	扫	斯	得	私	呢
国际音标	sɑ⁵⁵	sɿ³¹	tɑ³¹	sɿ³³	ȵi⁵⁵
直译	三	样	都	木头	要
意译	三根都要用木头来做				

汉字拟音	切	罢翅	必剥	夹	也	吧
国际音标	tʃʰi⁵⁵	pa⁵⁵ tʂʰʅ⁵⁵	pi⁵⁵ bu³¹	tɕa³³	i⁵⁵	ba⁵⁵
直译	他	黄栗树	山坡	到	去	（了）
意译	他去到了生黄栗树的山坡上					

汉字拟音	罢翅	阿国	渺	素	达
国际音标	pa⁵⁵ tʂʰʅ⁵⁵	a⁵⁵ ko³¹	mia⁵⁵	su⁵⁵	ta³¹
直译	黄栗	弯	看见	（着）	（了）
意译	看见了弯得很好的黄栗树				

汉字拟音	麻哪	不	扎	私
国际音标	ma³¹na⁵⁵	bu³¹	tʂa³¹	sʅ³³
直译	妇人	纱线	煮	柴
意译	它是妇人煮麻、纱线时烧的木柴树			

汉字拟音	切	塔	次	必剥	夹	夜
国际音标	tʃʰi⁵⁵	tʰɑ³¹	tʂʰʅ⁵⁵	pi⁵⁵ bu³¹	tɕa³³	i⁵⁵
直译	他	松	林	山坡	到	去
意译	他又去到了长松树林的山坡上					

汉字拟音	塔不	撒古	渺	素	达
国际音标	tʰɑ³¹bʊ³³	sɑ⁵⁵ku³³	mia⁵⁵	su⁵⁵	da³¹
直译	松树	三杈	看见	（着）	（了）
意译	见着了发三杈的松树木				

汉字拟音	萨	期	尼	磨	组
国际音标	sɑ⁵⁵	tʂʰʅ³¹	ɲi³¹	mu⁵⁵	dzu³³
直译	三	代	神鬼	用祭	东西
意译	这是用来祭祀三代的祖神的树材				

汉字拟音	切	背妈	七夜	夜	夜
国际音标	tʃʰi⁵⁵	pɤ⁵⁵ma³³	tʃʰʐ³¹i⁵⁵	ĩ⁵⁵	i⁵⁵
直译	他	山梁尾	一眼	看	去
意译	他顺山梁一眼看下去，看到尾				

汉字拟音	切	背妈	私次	夹
国际音标	tʃʰi⁵⁵	pɤ⁵⁵ma³³	sʅ³³tʂʰʅ⁵⁵	tɕa³³
直译	他	山梁尾	树林	到
意译	他来到山梁尾的树林里			

汉字拟音	背妈	私次	吧	志次
国际音标	pɤ⁵⁵ma³³	sʅ³³tʂʰʅ⁵⁵	ba⁵⁵	tʂʅ⁵⁵tʂʰʅ⁵⁵
直译	山梁尾	树林	（助词）	马桑林
意译	山梁尾的树林是马桑树林			

汉字拟音	阿	志不	私	渺素
国际音标	ŋa⁵⁵	tʂʅ⁵⁵bu³³	sʅ³³	mia⁵⁵su⁵⁵
直译	是	马桑树	树林	见着的
意译	他见着的马桑树林			

汉字拟音	血入	厚	渎	私
国际音标	çi³¹zu³¹	xɤ⁵⁵	tuɑ³¹	sʅ³³
直译	汉人	铁	打	柴
意译	是汉人打铁用来烧的柴木			

汉字拟音	楼	伯	密	壳	祖	嗯	阿
国际音标	lu³¹	bu³¹	tsʅ⁵⁵	kuɑ³¹	dzu³³	ŋ³¹	ŋa⁵⁵
直译	虎	公	破	开	工具	不	是
意译	不是做翻地工具的树木						

汉字拟音	切	背多	夹	夜	吧
国际音标	tʃʰi⁵⁵	bə⁵⁵ to³¹	tɕa³³	i⁵⁵	ba⁵⁵
直译	他	东方	到	去	（了）
意译	他去到了东面上				

汉字拟音	刷不	萨	喇	渺
国际音标	ʂua³¹bʊ³³	sa⁵⁵	la³¹	mia⁵⁵
直译	刷不树	三	箐槽	见着
意译	见着了三大箐槽的刷不树			

汉字拟音	刷补	萨	喇	妙素达
国际音标	ʂua³¹bʊ³³	sa⁵⁵	la³¹	mia⁵⁵ su⁵⁵ ta³¹
直译	刷不树	三	凹箐	见着的
意译	他见着的三大凹箐的刷不树			

汉字拟音	背	苗	背处	私
国际音标	pɤ⁵⁵	mia³¹	pɤ⁵⁵ tʂu⁵⁵	sʅ³³
直译	榨子	烧	埋着烧	柴
意译	是烧榨子用的柴树			

汉字拟音	楼	伯	密	壳	祖	嗯	阿
国际音标	lu³¹	bu³¹	tsʅ⁵⁵	kua³¹	dzu³³	ŋ̍³¹	ŋa⁵⁵
直译	虎	公	破	开	工具	不	是
意译	不是用来做犁地工具的树材						

汉字拟音	切	背多	夹	夜	吧
国际音标	tʃʰi⁵⁵	bə⁵⁵ to³¹	tɕa³³	i⁵⁵	ba⁵⁵
直译	他	东方	到	去	（了）
意译	他顺东方走去				

汉字拟音	吴不	私次	妙
国际音标	vʊ³¹bʊ³³	sɿ³³tʂʰɿ⁵⁵	mia⁵⁵
直译	青刚栗树	树林	见着
意译	见着青刚栗树树林		

汉字拟音	吴补	私次	妙素达
国际音标	vʊ³¹bʊ³³	sɿ³³tʂʰɿ⁵⁵	mia⁵⁵ su⁵⁵ ta³¹
直译	青刚栗	树林	见着
意译	见着的青刚栗树树林		

汉字拟音	塞	鸭	务翘	祖
国际音标	sɑ³¹	ia³³	vʊ⁵⁵tʃɑ⁵⁵	dzu³³
直译	晚上	鸡蛋	串串	工具
意译	是办丧事时晚上串鸡蛋壳用的树枝			

汉字拟音	楼	伯	密	壳	祖	嗯	阿
国际音标	lu³¹	bu³¹	tsɿ⁵⁵	kuɑ³¹	dzu³³	ŋ̩³¹	ŋa⁵⁵
直译	虎	公	破	开	工具	不	是
意译	不是用来做犁地工具的树材						

汉字拟音	切	哩次	必剥	夹
国际音标	tʃʰi⁵⁵	ly³¹tʂʰɿ⁵⁵	pi⁵⁵bu³¹	tɕa³³
直译	他	白桦林	山坡	到
意译	他去到长白桦树的山坡上			

汉字拟音	哩补	妙路达
国际音标	ly³¹bʊ³³	mia⁵⁵ su⁵⁵ ta³¹
直译	白桦树林	见着的
意译	见着的白桦树林	

汉字拟音	系	祖	磨凶	阿
国际音标	ɕɿ⁵⁵	dzu³³	mu⁵⁵xiu³³	ŋa⁵⁵
直译	死	工具	做	是
意译	是做死丧事用的树材			

汉字拟音	楼	伯	密	壳	祖	嗯	阿
国际音标	lu³¹	bu³¹	tsɿ⁵⁵	kuɑ³¹	dzu³³	ŋ̍³¹	ŋa⁵⁵
直译	虎	公	破	开	工具	不	是
意译	不是用来做犁地工具的树材						

汉字拟音	切	啦	娃	萨	啦	夜
国际音标	tʃʰi⁵⁵	la⁵⁵	uɑ³¹	sa⁵⁵	la⁵⁵	ĩ⁵⁵
直译	他	箐	大	三	箐	看
意译	他又到了大箐里去，三个大箐都看过来了					

汉字拟音	无	鸟	次	力夹
国际音标	vʋ³¹	ȵya⁵⁵	tsʰɿ⁵⁵	li⁵⁵tɕa³³
直译	头	标直	根	到
意译	看见一棵从头到脚都标直的树			

汉字拟音	务	夜	务	鸟鸟	抓不私	妙
国际音标	u⁵⁵	ĩ⁵⁵	u⁵⁵	ȵya⁵⁵ȵya⁵⁵	dzuɑ³¹bʋ³³sɿ³³	mia⁵⁵
直译	越	看	越	标直	朱木树	见
意译	他看它越看越标直的朱木树					

汉字拟音	楼	伯	密	壳	祖	必打
国际音标	lu³¹	bu³¹	tsɿ⁵⁵	kuɑ³¹	dzu³³	pi⁵⁵ta³¹
直译	虎	公	破	开	工具	用得上
意译	用来做犁地的工具的树材就是它了					

汉字拟音	无翅	米	妈	渎
国际音标	vʋ³¹tʂʰʅ⁵⁵	mi³¹	mɑ³³	tu³¹
直译	犁片	找	（助词）	（助词）
意译	做犁片的树材找着了			

汉字拟音	切	七	夜	夜	夜	哇
国际音标	tʃʰi⁵⁵	tʃʰʅ³¹	i⁵⁵	ĩ⁵⁵	i⁵⁵	ua⁵⁵
直译	他	一	眼	看	去	（了）
意译	他一眼看了去					

汉字拟音	嗡	国	阿国	罗塔
国际音标	ŋ̍³¹	ko³¹	a⁵⁵ko³¹	lo³¹tʰa³¹
直译	不	弯	又弯	碰见
意译	不弯又弯的树碰见了			

汉字拟音	抓补	国	罗妙
国际音标	dzuɑ³¹bʋ³³	ko³¹	lo³¹mia⁵⁵
直译	朱木树	弯	见着
意译	看见了弯的朱木树		

汉字拟音	抓补	国	罗	无么	妙
国际音标	dzuɑ³¹bʋ³³	ko³¹	lo³¹	vʋ³¹mu⁵⁵	mia⁵⁵
直译	朱木树	弯	见	犁底	见
意译	弯的做犁底的朱木树见着了				

汉字拟音	楼	伯	密	壳	祖	阿
国际音标	lu³¹	bu³¹	tsʅ⁵⁵	kuɑ³¹	dzu³³	ŋa⁵⁵
直译	虎	公	破	开	工具	是
意译	是用来做犁地工具的树材					

汉字拟音	扫	斯	私	五渎
国际音标	sɑ⁵⁵	sʅ³¹	sʅ³³	u⁵⁵ tu³¹
直译	三	样	树材	有了
意译	做犁架子的三根树材都有了			

汉字拟音	扫	斯	私	志	年	咱
国际音标	sɑ⁵⁵	sʅ³¹	sʅ³³	dzʅ⁵⁵	ȵiɑ³¹	zɑ³³
直译	三	根	木材	互相	凑	要
意译	三根用木要互相构结起来					

汉字拟音	阿习	入	喇	国	吧
国际音标	a⁵⁵ su³¹	zu³¹	la³¹	ko³¹	ba⁵⁵
直译	哪个人	男儿	手艺	会	（助词）
意译	会做这样手艺的人是哪一个呢				

汉字拟音	侉么	入	喇	国
国际音标	kʰua⁵⁵ mu⁵⁵	zu³¹	la³¹	ko³¹
直译	村子里	男儿	手艺	会
意译	村子里就有会做犁的师傅			

汉字拟音	次	削	次	你	渎
国际音标	tsʰʅ⁵⁵	ɕo³³	tsʰʅ⁵⁵	ȵi⁵⁵	tu³¹
直译	脚	削	脚	光滑	（了）
意译	把用木的脚削光滑了				

汉字拟音	无	削	无	你
国际音标	tʂʰʅ⁵⁵	ɕo³³	tʂʰʅ⁵⁵	ȵi⁵⁵
直译	头	削	头	光滑
意译	把用木的头削光滑了			

汉字拟音	私切	私	塞	兔
国际音标	sɿ³³tɕʰi³¹	sɿ³³	sɑ⁵⁵	tʰu⁵⁵
直译	木头	木	三	凿洞
意译	用木上凿上三个洞			

汉字拟音	扫	斯	私	租	渎
国际音标	sɑ⁵⁵	sʅ³¹	sɿ³³	tʂuɑ³¹	tu³¹
直译	三	根	木头	凑	（助词）
意译	把三根用木串起来				

汉字拟音	扫	斯	私	粗	都	吧
国际音标	sɑ⁵⁵	sʅ³¹	sɿ³³	dzə³¹	du³¹	ta³¹
直译	三	样	木头	穿拢	起来	（了）
意译	三样用木架构好了					

汉字拟音	扫	斯	私	租都拔
国际音标	sɑ⁵⁵	sʅ³¹	sɿ³³	dzə³¹du³¹ba⁵⁵
直译	三	样	用木	架构好了
意译	木头做的犁架子做好了			

汉字拟音	嗯波	赫	腻	嗯	扁	赫	腻
国际音标	ŋ̍³¹bu⁵⁵	xɤ⁵⁵	ɲi⁵⁵	ŋ̍³¹	bia³¹	xɤ⁵⁵	ɲi⁵⁵
直译	不亮	铁	要	不	不好	铁	要
意译	要用不亮的铁、好铁来做犁头						

汉字拟音	切	月	你	止	无	夹
国际音标	tʃʰi⁵⁵	i⁵⁵	ɲi⁵⁵	tʂʅ³³	vʊ³¹	tɕa³³
直译	他	跑	去	街	头	到了
意译	他就跑到了街子头上去					

汉字拟音	血入		画		喇国	
国际音标	çi³¹zu³¹		xua⁵⁵		la³¹ko³¹	
直译	汉人		精通		会手艺	
意译	汉人师傅会手艺（样样会）					

汉字拟音	切	赫	扎	赫	抓	多
国际音标	tʃʰi⁵⁵	xɤ̱⁵⁵	tʂa³¹	xɤ̱⁵⁵	dzua³³	do³³
直译	他	铁	炼	铁	好	出
意译	他炼铁炼出好铁来					

汉字拟音	赫	咽	嗯	波	赫	多	以
国际音标	xɤ̱⁵⁵	ĩ³¹	ŋ̩³¹	bu⁵⁵	xɤ̱⁵⁵	do³³	i⁵⁵
直译	铁	倒出	不	亮	铁	出	来
意译	铁水灌铸炼出好铁来						

汉字拟音	赫	渣	卢	缺	久
国际音标	xɤ̱⁵⁵	tʂa³¹	lu³¹	tʃʰi³¹	tɕu³³
直译	铁	铸造	犁	头	成
意译	铁水灌铸的犁头做成了				

汉字拟音	嗯	波	赫	妙淀阿
国际音标	ŋ̩³¹	bu⁵⁵	xɤ̱⁵⁵	mia⁵⁵tʋa³¹
直译	不	亮	铁	见着了
意译	不发亮的铁见着了			

汉字拟音	切	嗯	波	阿	波	妙
国际音标	tʃʰi⁵⁵	ŋ̩³¹	bu⁵⁵	ɑ⁵⁵	bu⁵⁵	mia⁵⁵
直译	它	不	亮	又	亮	见着
意译	它（这个铁）看上去不亮又有点亮					

汉字拟音	赫	切	扁剃	妙	赫
国际音标	xɤ̠⁵⁵	tɕʰi³¹	piɑ³¹tʰi⁵⁵	mia⁵⁵	xɤ̠⁵⁵
直译	铁	铧	板	见着	铁
意译	这种铁做的铧板也见着了				

汉字拟音	格	路	扫	卢	格
国际音标	gɤ³¹	lu⁵⁵	sa⁵⁵	lu³³	gɤ³¹
直译	给	拿出来	三	两	给
意译	给出三两银子来买（犁头和铧板），没买好				

汉字拟音	菜	路	扫	菜	格
国际音标	tsʰi⁵⁵	lu⁵⁵	sa⁵⁵	tsʰi⁵⁵	gɤ³¹
直译	钱	拿出来	三	钱	给
意译	又拿出三钱银子来补买，才买好				

汉字拟音	楼	伯	密	壳	祖	五读阿
国际音标	lu³¹	bu³¹	tsɿ⁵⁵	kuɑ³¹	dzu³³	u⁵⁵ tu³¹ŋa⁵⁵
直译	虎	公	破	开	工具	齐全了
意译	这样像公老虎一样力量强大的翻地的工具（整个犁架子）终于都做齐全了					

汉字拟音	楼	伯	密	壳	祖	敌	阿	次	习	得	组	目	以
国际音标	lu³¹	bu³¹	tsɿ⁵⁵	kuɑ³¹	dzu³³	ti³¹	ŋa⁵⁵	tsʰɿ⁵⁵	ʂɿ³¹	ta³¹	dzu³³	mu⁵⁵	i⁵⁵
直译	虎	公	破	开	工具	来说	的话	十	样	都	工具	要	齐全
意译	对于做犁这个工具来说的话，几样器件一样都不能少												

串讲：

人准备到田地里去，要早出晚归地去干活。费九牛二虎之力翻开地皮需要工具，这种破开地的工具需要三块木头来做。人跑到了朱木树山坡上，就看见了弯的朱木树。但它这棵树是被虫子啃过的，就不能用来做翻地的工具。他（找做犁木的人）一眼看了去，弯的翻白树就看着了。看见的翻白树，它是铎系做闭磨祭祀时用来煮肉的柴树，不是用来做犁地工具的树木。他又来到箐洼洼里，一眼瞧了去，看见了一棵弯的朱木树，虫没咬过树根，虫也没咬过树腰。他把这棵大朱木树转圆砍，砍倒了，砍断朱木树杆一段，做犁杆的树材就找到了。对于做翻地的工具来说吧，三根都要用木头来做。他到了生黄栗树的山坡上，看见了弯得很好的黄栗树。它是妇人煮麻、纱线时烧的木柴树。他又到了长松树林的山坡上，见着了发三杈的松树木。这是用来祭祀三代的祖神的树材。他顺山梁一眼看下去，看到尾，他来到山梁尾的树林里，山梁尾的树林是马桑树林。他见着的马桑树材，是汉人师傅打铁用来烧炭的柴木，不是做翻地工具的树木。他去到了东面上，见着了三大箐槽的刷不树。他见着的三大凹箐的刷不树，是烧榨子用的柴树，不是用来做犁地工具的树材。他顺东方走去，见着青刚栗树树林。见着的青刚栗树树林，是办丧事时晚上串鸡蛋壳用的树枝，不是用来做犁地工具的树材。他去到长白桦树的山坡上，见着的白桦树林，是做死人丧事用的树材，不是用来做犁地工具的树材。他又到了大箐里去，三个大箐都看过了，看见一棵从头到脚都标直的树，他看它越看越标直的朱木树，用来做犁地的工具的树材就是它了。做犁片的树材找着了，他一眼看了去，不弯又弯的树碰见了。看见了弯的朱木树，弯的做犁底的朱木树见着了，是用来做犁地工具的树材。做犁架子的三根树材都有了。三根用木要互相构结起来，会做这样手艺的人是哪一个呢？村子里就有会做犁的师傅。把用木的脚削光滑了，把用木的头削光滑了，用木上凿上三个洞。把三根用木串起来，三样用木架构好了，木头做的犁架子做好了。要用不亮的铁、好铁来做犁头。他就跑到了街子头上去，汉人师傅会手艺（样样会），他炼铁炼出好铁来，铁水灌铸炼出好铁来，铁水灌铸的犁头做成了。不发亮的铁见着了，它（这个铁）看上去不亮又有点亮，这种铁做的铧板也见着了，给出三两银子来买（犁头和铧板），没买好。又拿出三钱银子来补买，才买好。这样像公老虎一样力量强大的翻地的工具（整个犁架子）终于都做齐全了。对于做犁这个工具来说的话，几样器件一样都不能少。

八 弩、箭——魂归故土，披荆斩棘，孝子开路

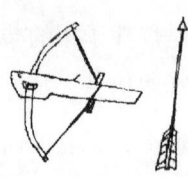

	恰	tʃʰa³³	弩
	恰敌	tʃʰa³³dy³¹	箭

汉字拟音	泼	习	七	觉	渺	裹	素
国际音标	pʰʊ³¹	çy³¹	tʃʅ³¹	tɕya³³	mia⁵⁵	gu³¹	su⁵⁵
直译	逝者	走	一	条	见	着	路
意译	逝者要走，见着的一条路						

汉字拟音	画迷	七搭	喇
国际音标	xua⁵⁵mi³¹	tʃʰʅ³¹ta³³	la³¹
直译	茅草	那一块	（助词）
意译	那里长着一片茅草		

汉字拟音	花	入	扫	则	腊	就
国际音标	xuaɓ⁵⁵	zu³¹	sɑ⁵⁵	dzɛ³¹	la³¹	dzu⁵⁵
直译	老鼠	儿子	三	对	过	路
意译	是三对小老鼠经常过的路					

汉字拟音	泼	习	就	嗯	啊
国际音标	pʰʊ³¹	çy³¹	dʑu⁵⁵	ŋ̩³¹	ŋa⁵⁵
直译	逝者	走	路	不	是
意译	不是逝者要走的路				

汉字拟音	七	觉	渺	嘎	吧
国际音标	tʃʰʅ³¹	tçya³³	mia⁵⁵	ka⁵⁵	ba⁵⁵
直译	一	条	见	（着）	（叹词）
意译	一条见着的路				

汉字拟音	塔	次	必剥	喇
国际音标	tʰɑ³¹	tʂʰʅ⁵⁵	pi⁵⁵ bu³¹	la³¹
直译	松	林	山坡	（在）
意译	在松林的山坡上			

汉字拟音	赤入	喇	就	阿
国际音标	tʂʰʅ⁵⁵ zu³¹	la³¹	dʑu⁵⁵	ŋa⁵⁵
直译	麂子	过	路	是
意译	是麂子过的路			

汉字拟音	泼	习	就	嗯	啊
国际音标	pʰʊ³¹	çy³¹	dʑu⁵⁵	ŋ̩³¹	ŋa⁵⁵
直译	逝者	走	路	不	是
意译	不是逝者要走的路				

汉字拟音	腊	觉	黑道
国际音标	la⁵⁵	tçya³³	xɛ³¹tɑ⁵⁵
直译	箐洼	条	深陷
意译	在一条很深的箐洼里		

汉字拟音	啦	抓	披	就	个	渎
国际音标	la^{31}	dzua^{33}	by^{31}	dʐu^{55}	ka^{55}	tu^{31}
直译	（在）	朱木树	倒下	路	搭	（助词）
意译	一棵自然倒下的朱木树搭成的桥					

汉字拟音	阿初	萨	级	喇	就	阿
国际音标	a^{31}tʂu^{31}	sa^{55}	dzɛ^{31}	la^{31}	dʐu^{55}	ŋa^{55}
直译	松鼠	三	对	过	路	是
意译	是三对松鼠过的路					

汉字拟音	泼	习	就	嗯	啊
国际音标	pʰʊ^{31}	çy^{31}	dʐu^{55}	ŋ̍^{31}	ŋa^{55}
直译	逝者	走	路	不	是
意译	不是逝者要走的路				

汉字拟音	抓	次	必剥	喇
国际音标	dzua^{31}	tʂʰɿ^{55}	pi^{55}bu^{31}	la^{31}
直译	朱木树	林	山坡	（在）
意译	在朱木树林的山坡上			

汉字拟音	七	觉	妙	素	吧
国际音标	tʃʰɿ^{31}	tɕya^{33}	mia^{55}	su^{55}	ba^{55}
直译	一	条	见	（着）	（助词）
意译	见着的一条路				

汉字拟音	塔鲁	萨	级	喇	就
国际音标	tʰa^{31}lu^{55}	sa^{55}	dzɛ^{31}	la^{31}	dʐu^{55}
直译	兔子	三	对	过	路
意译	是三对兔子过的路				

汉字拟音	泼	习	就	嗯	啊
国际音标	pʰʊ³¹	çy³¹	dzu⁵⁵	ŋ̍³¹	ŋa⁵⁵
直译	逝者	走	路	不	是
意译	不是逝者要走的路				

汉字拟音	娃	级	必剥	喇
国际音标	uɑ³¹	dzɿ³¹	pi⁵⁵ bu³¹	la³¹
直译	山岩	半坡	偏坡	（在）
意译	在山岩的半坡上			

汉字拟音	七	觉	久	路	吧
国际音标	tʃʰʅ³¹	tçyɑ³³	tçyɑ³³	lu⁵⁵	ba⁵⁵
直译	一	条	绕	来	（叹词）
意译	绕过来一条路				

汉字拟音	娃属	喇	就	阿
国际音标	uɑ³¹su³¹	la³¹	tçyɑ³³	ŋa⁵⁵
直译	山鸡	过	路	是
意译	是山鸡过的路			

汉字拟音	娃	密	古	级	喇
国际音标	uɑ³¹	mi⁵⁵	kʋ³³	tsɿ³¹	la³¹
直译	山岩	高	九	层	（助词）
意译	在九层高的悬崖上				

汉字拟音	七	觉	妙	素	吧
国际音标	tʃʰʅ³¹	tçyɑ³³	mia⁵⁵	su⁵⁵	ba⁵⁵
直译	一	条	见	（着）	（助词）
意译	见着的一条路				

汉字拟音	采入	喇	机	阿
国际音标	tsʰɛ³³zu³¹	lɑ³¹	tʂʅ⁵⁵	ŋa⁵⁵
直译	岩羊	过	往	是
意译	是岩羊经常过往的路			

汉字拟音	七	觉	久	路	吧
国际音标	tʃʰʅ³¹	tɕyɑ³³	tɕyɑ³³	lu⁵⁵	ba⁵⁵
直译	一	条	绕	来	（助词）
意译	绕过来的一条路				

汉字拟音	尼	多	亚	哩	就
国际音标	ȵi³¹	do³³	iɑ³¹	li³³	dzu⁵⁵
直译	牛	出	羊	回	路
意译	是放牧牛羊牲口的路				

汉字拟音	罗磨	裹菊	喇
国际音标	lo³¹mu⁵⁵	ku⁵⁵dzu³¹	lɑ³¹
直译	干活	常过	（助词）
意译	干活经常过往的地方		

汉字拟音	渺磨	就	阿
国际音标	miɑ³¹mu⁵⁵	dzu⁵⁵	ŋa⁵⁵
直译	干活	路	是
意译	是干活行走的路		

汉字拟音	娃	级	古	著	喇
国际音标	uɑ³¹	tʃʰʅ⁵⁵	kʊ⁵⁵	tʂo³³	lɑ³¹
直译	山	崖	九	节	（在）
意译	在九节相连的山崖上				

汉字拟音	萨	机	别	喇	就
国际音标	sɑ⁵⁵	tʂʰʅ⁵⁵	biu³¹	lɑ³¹	dzu⁵⁵
直译	三	窝	蜂	过	路
意译	是三窝蜂过往的路				

汉字拟音	刷	告	必剥	啦	
国际音标	ʂuɑ³¹	kɑ⁵⁵	pi⁵⁵ bu³¹	lɑ³¹	
直译	铁刺栗树	丫口	山坡	（在）	
意译	在长有铁刺栗树的山坡丫口上				

汉字拟音	七	觉	妙	塔	吧
国际音标	tʃʰʅ³¹	dzu⁵⁵	mia⁵⁵	tʰa³¹	ba⁵⁵
直译	一	条	见	碰	（助词）
意译	碰见的一条路				

汉字拟音	侬	月	萨	级	喇
国际音标	nu³¹	βiɛ³¹	sɑ⁵⁵	dzɛ³¹	lɑ³¹
直译	野	猪	三	对	过
意译	是三对野猪过的路				

汉字拟音	就	玉期	级搭	喇	
国际音标	dzu⁵⁵	zʅ⁵⁵ tsʰi³¹	dzʅ³¹ta³¹	lɑ³¹	
直译	路	水流	湍急	（在）	
意译	在水流湍急的地方				

汉字拟音	七	久	妙	素	吧
国际音标	tʃʰʅ³¹	dzu⁵⁵	mia⁵⁵	su⁵⁵	ba⁵⁵
直译	一	条	见	（着）	（助词）
意译	见着的一条路				

汉字拟音	嗡	入	萨	著	喇	阿
国际音标	uŋ̩³¹	zu³¹	sɑ⁵⁵	tʂo³³	lɑ³¹	ŋa⁵⁵
直译	鱼	小	三	层	过	是
意译	是三层鱼儿过往的路					

汉字拟音	泼	习	就	嗯	啊
国际音标	pʰʋ³¹	ɕy³¹	dzu⁵⁵	ŋ̩³¹	ŋa⁵⁵
直译	逝者	走	路	不	是
意译	不是逝者要走的路				

汉字拟音	啦	无	七	觉	妙	吧
国际音标	lɑ⁵⁵	vʋ³¹	tʃʰɿ³¹	tɕya³³	mia⁵⁵	ba⁵⁵
直译	箐	头	一	条	见	（助词）
意译	在箐的顶端见着的一条路					

汉字拟音	磨	花	萨	级	喇	就	阿
国际音标	mu⁵⁵	xuaƀ⁵⁵	sɑ⁵⁵	dze³¹	lɑ³¹	dzu⁵⁵	ŋa⁵⁵
直译	竹	鼠	三	对	过	路	是
意译	是三对竹鼠过的路						

汉字拟音	你	入	娃素	恰巴	喇	路	子
国际音标	ȵi⁵⁵	zu³¹	ua³¹su⁵⁵	tʃʰa³³pa³³	lɑ³¹	lu⁵⁵	dzɿ³¹
直译	你	儿子	大的	弩	手	拿	（助词）
意译	逝者的大儿子手上拿着弩箭						

汉字拟音	就	帕	于	巴	惹
国际音标	dzu⁵⁵	pʰɑ⁵⁵	zy³¹	pa³³	za³³
直译	路	上	豹	打	（助词）
意译	把路上方的豹子打掉了				

汉字拟音	就	窝	玉	巴	惹
国际音标	dzu⁵⁵	u³¹	ʐy⁵⁵	pa³³	za³³
直译	路	下	熊	打	（助词）
意译	用弩箭把路下方的老熊打掉了				

汉字拟音	阿砣	匾剃	敌
国际音标	ɑ⁵⁵tu³¹	pia³¹tʰi⁵⁵	dy³¹
直译	刀子	刀鞘	带着
意译	大儿子他带着刀鞘和刀子		

汉字拟音	娃	赤	娃	利	渎
国际音标	uɑ³¹	tʂʰʅ⁵⁵	uɑ³¹	li⁵⁵	tu³¹
直译	左	砍	左	放	（好）
意译	左边砍拦路的树刺，左边放好				

汉字拟音	右	赤	右	利	渎
国际音标	iu⁵⁵	tʂʰʅ⁵⁵	iu⁵⁵	li⁵⁵	tu³¹
直译	右	砍	右	放	（好）
意译	用刀子右边砍，右边放好				

汉字拟音	闭利	帕	恰	于
国际音标	bi⁵⁵li⁵⁵	pʰa⁵⁵	tɕʰa³¹	y³³
直译	锄头	肩膀	扛	（助词）
意译	大儿子他高肩膀上扛着锄头			

汉字拟音	切	尼	刮	倮	止	吧	泼	就	止
国际音标	tʃʰi⁵⁵	nɛ³¹	kua³¹	lo⁵⁵	tsʅ³³	ba⁵⁵	pʰʊ³¹	dzu⁵⁵	dzʅ³¹
直译	他	泥巴	刮	石头	搬	（助词）	逝者	路	修
意译	他把拦路的泥土刮平，把拦路的石头搬走，把逝者走的路修好								

汉字拟音	泼	习	萨	漆	皮	自	里	搭
国际音标	pʰʋ³¹	ɕy³¹	sɑ⁵⁵	tsʰʅ³¹	pʰsi³¹	zʅ⁵⁵	li⁵⁵	ta⁵⁵
直译	逝者	走	三	代	祖先	遇	去	（助词）
意译	逝者就可以去见三代祖先了							

串讲：

逝者要走。见着的一条路，那里长着一片茅草，是三对小老鼠经常过的路，不是逝者要走的路。见着的一条路，在松林的山坡上，是麂子过的路，不是逝者要走的路。在一条很深的箐洼里，一棵自然倒下的朱木树搭成的桥，是三对松鼠过的路，不是逝者要走的路。在朱木树林的山坡上，见着的一条路，是三对兔子过的路，不是逝者要走的路。在山岩的半坡上，绕过来一条路，是山鸡过的路。在九层高的悬崖上，见着的一条路，是岩羊经常过往的路。绕过来的一条路，是放牧牛羊牲口的路。干活经常过往的地方，是干活行走的路。在九节相连的山崖上，是三窝蜂过往的路。在长有铁刺栗树的山坡丫口上，碰见的一条路，是三对野猪过的路。在水流湍急的地方，见着的一条路，是三层鱼儿过往的路，不是逝者要走的路。在箐的顶端见着的一条路，是三对竹鼠过的路。逝者的大儿子手上拿着弩箭，把路上方的豹子打掉了，用弩箭把路下方的老熊打掉了。大儿子他带着刀鞘和刀子，左边砍拦路的树刺，左边放好；用刀子右边砍，右边放好。大儿子他高肩膀上扛着锄头，他把拦路的泥土刮平，把拦路的石头搬走，把逝者走的路修好，逝者就可以去见三代祖先了。

九 竹子——竹林育新竹，越发越旺；父母养儿女，代代兴隆；女儿挂孝竹杖来吊丧

	磨杜	mu⁵⁵ tu⁵⁵	竹子

汉字拟音	磨	去	磨	佰	秀
国际音标	mu⁵⁵	tʂʰʅ⁵⁵	mu⁵⁵	bɛ³¹	xiu⁵⁵
直译	竹	林	竹	丛	养
意译	竹林育新竹，越发越旺				

汉字拟音	阿伯	入	秀	泼
国际音标	a³¹pu³¹	zu³¹	xiu⁵⁵	pʰu³¹
直译	父亲	儿子	养	父辈
意译	父母养儿女，代代兴隆			

汉字拟音	哦	月你	磨恰	嗯	剃
国际音标	ŋu⁵⁵	i³¹ȵi³³	mu⁵⁵ tɕʰa³¹	ŋ̍³¹	tʰy⁵⁵
直译	我（铎系）	今天	竹	不	讲
意译	铎系我今天若不唱不讲竹子的话				

汉字拟音	泼系	祖	磨	嗯	诺
国际音标	pʰu³¹ɕʅ⁵⁵	dzu³³	mu⁵⁵	ŋ̍³¹	nu⁵⁵
直译	逝者	用具	做	不	能
意译	这逝者的丧事就不能做				

汉字拟音	磨	去	磨	佰	秀
国际音标	mu⁵⁵	tʂʰɿ⁵⁵	mu⁵⁵	bɛ³¹	xiu⁵⁵
直译	竹	林	竹	丛	养
意译	竹林育新竹，会越发越旺				

汉字拟音	磨	摆	到	我	独	素
国际音标	mu⁵⁵	bɛ³¹	tʋɑ⁵⁵	u³¹	tu³¹	su⁵⁵
直译	竹	苗	栽	（助词）	（助词）	（助词）
意译	栽着的一棵竹苗					

汉字拟音	磨	秀	切	七	佰
国际音标	mu⁵⁵	xiu⁵⁵	tʃʰi⁵⁵	tʃʰɿ³¹	bɛ³¹
直译	竹	养	它	一	笼
意译	它现已长成一大笼				

汉字拟音	擦入	切	七	榭
国际音标	tsʰɑ⁵⁵ zu³¹	tʃʰi³¹	tʃʰɿ³¹	xi⁵⁵
直译	逝者	他	一	家
意译	逝者他这一家人，就像竹子			

汉字拟音	磨	解	萨	啦	泼
国际音标	mu⁵⁵	tɕɛ³³	sɑ⁵⁵	la³¹	pʰʋ³¹
直译	竹	根	三	处	发
意译	一根老竹现已发成三大箐凹				

汉字拟音	擦入	以	作	妙
国际音标	tsʰɑ⁵⁵ zu³¹	y³³	tsuə⁵⁵	mia⁵⁵
直译	这家人	已	代	见
意译	这家人现已发展到四代同堂			

汉字拟音	磨	买	不	足	级巴	系
国际音标	mu^{55}	mɛ^{33}	bʋ^{31}	dzu^{31}	dzɿ^{31}pa^{55}	ɕɿ^{55}
直译	竹	老	虫	吃	节裂	死
意译	现在这棵老竹子被虫吃，节开裂折断，死了					

汉字拟音	月	你	次	级	你	
国际音标	i^{31}	ȵi^{33}	tsʰɿ^{55}	dzɿ^{31}	ȵi^{33}	
直译	今	天	追	悼	天	
意译	今天是追悼他的一天					

汉字拟音	泼	习	皮	自	里	切
国际音标	pʰu^{31}	ɕy^{31}	pʰsi^{31}	zɿ^{55}	li^{55}	tɕʰɛ^{31}
直译	逝者	走	祖先	遇	去	要
意译	逝者要去见他（她）的祖先了					

汉字拟音	哦	阿砣	喇	路	机	
国际音标	ŋu^{55}	a^{55} tʰu^{31}	la^{31}	lu^{55}	tsɿ^{31}	
直译	我（铎系）	刀	手	拿	（助词）	
意译	铎系我手中拿着铁刀					

汉字拟音	夜	你	夏	摆	瓢	路
国际音标	i^{55}	ȵi^{55}	ɕia^{33}	bɛ^{31}	pʰia^{31}	lu^{55}
直译	去	到了	干净	丛	砍	来
意译	去到竹丛前砍来一根最干净的竹子					

汉字拟音	哦	七	瓢	应	应	吧
国际音标	ŋu^{31}	tʃʰʅ^{31}	pia^{31}	ĩ^{55}	i^{55}	ba^{55}
直译	铎系我	一	砍	看	（助词）	（助词）
意译	铎系我仔细看这棵砍下的竹子					

汉字拟音	去	鸟	无	利	罗
国际音标	tshʅ⁵⁵	ȵyɑ⁵⁵	vʊ³¹	li⁵⁵	lo³¹
直译	脚	直	头	到	（助词）
意译	它从头到脚很标直				

汉字拟音	哦	阿	不	嗯	足
国际音标	u³¹	ã⁵⁵	bʊ³¹	ŋ̍³¹	dzu³¹
直译	竹子	鸟	虫	不	吃
意译	它没有被鸟啄过，没有被虫吃过				

汉字拟音	哦	七	姿	道	路	吧
国际音标	ŋu⁵⁵	tʃhʅ³¹	tsʅ³¹	to⁵⁵	lu⁵⁵	ba⁵⁵
直译	我	一	段	砍断	拿来	（助词）
意译	铎系我砍成一段段拿回来					

汉字拟音	你	入	切	娃	切	要	素
国际音标	ȵi⁵⁵	zu³¹	tʃhi⁵⁵	uɑ³¹	tɕhi⁵⁵	ia⁵⁵	su⁵⁵
直译	你	儿子	他	大	他	小	（助词）
意译	做逝者你的大儿子、小儿子的挂丧棒						

汉字拟音	磨	掐	喇	利	机	四尼
国际音标	mu⁵⁵	pia³¹	la³¹	li⁵⁵	dzʅ³¹	sʅ³¹ȵi⁵⁵
直译	竹	捧	手	上	拿	不放
意译	在丧事期间他们拿在手上不放下					

汉字拟音	月	你	次	级	你	吧
国际音标	i³¹	ȵi³³	tshʅ⁵⁵	dzʅ³¹	ȵi³³	ba⁵⁵
直译	今	天	追	悼	天	（助词）
意译	今天是追悼你的一天					

汉字拟音	挂么		哪搭		喇
国际音标	kuɑ⁵⁵mu³³		na³³ta³¹		la³¹
直译	院坝		这里		（助词）
意译	在院坝里				

汉字拟音	泼	系	祖	磨	杈
国际音标	pʰʋ⁵⁵	ɕɿ⁵⁵	dzu³³	mu⁵⁵	tʂʰya⁵⁵
直译	逝者	死	追悼场	做	参加
意译	搭好了追悼场				

汉字拟音	磨	恰	喇	路	机
国际音标	mu⁵⁵	tɕʰa³¹	la³¹	lu⁵⁵	dzɿ³¹
直译	竹子	捏着	手	上	拿
意译	儿女们手上拿着拄丧棒、孝竹杖				

汉字拟音	扫于鸟		路		素
国际音标	sɑ⁵⁵yɛ³¹ȵia⁵⁵		lu⁵⁵		su⁵⁵
直译	本家户族		来		（助词）
意译	本家户族吊丧的来了				

汉字拟音	跨	无	跨	马	习	路
国际音标	kʰua⁵⁵	vʋ³¹	kʰua⁵⁵	ma³³	ɕi³¹	lu⁵⁵
直译	村	头	村	尾	亲戚	来
意译	村头村尾吊丧的亲戚朋友来了					

汉字拟音	素	道么		哪搭		喇
国际音标	su⁵⁵	to⁵⁵mu³³		na³³ta³¹		la³¹
直译	（助词）	大门		地方		（助词）
意译	孝子们要到大门口去					

汉字拟音	织你	细	作	惹
国际音标	zֽ^{31}n̠i^{31}	ɕֽ^{55}	tsuə^{55}	za^{33}
直译	跪下	死	磕头	要
意译	跪下磕头行礼迎接来吊丧的亲友			

汉字拟音	你	麻	切	娃	素
国际音标	n̠i^{31}	ma^{31}	tɕʰi^{55}	uɑ^{31}	su^{55}
直译	你	女儿和媳妇	她们	大	（助词）
意译	你的女儿们、媳妇们				

汉字拟音	搭知	喇	路	磨	四	呢
国际音标	ta^{31}tsֽ^{31}	la^{31}	lu^{55}	mu^{55}	sֽ^{55}	nɛ^{31}
直译	孝竹杖	手	拿	竹	拿	（着）
意译	手上拿着孝竹杖不放下					

汉字拟音	泼	系	祖	磨	权
国际音标	pʰu^{31}	ɕֽ^{55}	dzu^{33}	mu^{55}	tʂʰa^{55}
直译	逝者	死	追悼场	做	跟走
意译	在逝者你的追悼场上，跟在铎系身后，随着铎系唱经和锣声的节奏，上前一鞠躬，后退一鞠躬地转圈，向逝者行礼致敬缅怀				

串讲：

竹林育新竹，越发越旺；父母养儿女，代代兴隆。铎系我今天若不唱不讲竹子的话，这逝者的丧事就不能做。竹林育新竹，会越发越旺，栽着的一棵竹苗，它现已长成一大笼。逝者他这一家人，就像竹子：一根老竹现已发成三大箐凹，这家人现已发展到四代同堂。现在这棵老竹子被虫吃，节开裂折断，死了。今天是追悼他的一天，逝者要去见他（她）的祖先了。铎系我手中拿着铁刀，去到竹丛前砍来一根最干净的竹子。铎系我仔细看这棵砍下的竹子，它从头到脚很直，它没有被鸟啄过，没有被虫吃过。铎系我砍成一段段拿回来，做逝者你的大儿子、小儿子的杵丧棒，在丧事期间他们拿在手上不放下。今天是追悼你的一天，在院坝里，搭好了追悼场。儿女们手上拿着杵丧棒、孝竹杖，本家户族吊丧的来了，村头村尾吊丧的亲戚朋友来了，孝子们要到大门口去，跪下磕头行礼迎接来吊丧的亲友。你的女儿们、媳妇们，手上拿着孝竹杖不放下，在逝者你的追悼场上，跟在铎系身后，随着铎系唱经和锣声的节奏，上前一鞠躬，后退一鞠躬地转圈，向逝者行礼致敬缅怀。

十 山上树木——松树，杂木树，刺栗树，朱木树，东瓜树，翻白树，黄栗树，清香树，青刚栗树，白桦树，杜处树

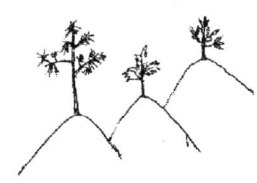

	艺次	ʐʅ⁵⁵ tsʅ⁵⁵	山
	私补	sʅ³³bʋ³³	树木

汉字拟音	迷	久	哩哪	迷	乌	渎
国际音标	mi³¹	tɕu³³	li⁵⁵na³³	mi³¹	u³¹	tu³¹
直译	天	成	（助词）	天	有	（助词）
意译	天形成了天有了					

汉字拟音	秘	久	哩哪	秘	乌	渎
国际音标	mi⁵⁵	tɕu³³	li⁵⁵na³³	mi⁵⁵	u³¹	tu³¹
直译	地	成	（助词）	地	有	（助词）
意译	地造成了地有了					

汉字拟音	务素	擦集	私	湿	染
国际音标	vʋ⁵⁵su⁵⁵	tshɑ⁵⁵tsʅ³¹	sʅ³³	sʅ³¹	za³³
直译	天神务素	开会	树	种	要撒
意译	天神务素召集开会撒树种				

汉字拟音	务素	拜	塔	湿	啦	道
国际音标	vʊ⁵⁵ su⁵⁵	bɛ₋³³	tʰɑ³¹	ʂʅ³¹	lɑ⁵⁵	tɑ⁵⁵
直译	天神务素	说	松	籽	箐	里
意译	务素说，松籽要撒在箐凹里					

汉字拟音	湿	私	湿	峨库	湿
国际音标	ʂʅ³¹	sʅ³³	ʂʅ³¹	u³¹kʰʊ⁵⁵	ʂʅ³¹
直译	撒	杂木	种子	山顶	撒
意译	杂木种子要撒在山顶上				

汉字拟音	峨滦别	擦集	哩
国际音标	u³³luŋ³³bio³¹	tsʰɑ⁵⁵ tsʅ³¹	li⁵⁵
直译	峨滦别鸟	开会	去
意译	峨滦别鸟去参加开会		

汉字拟音	私	湿	切	别	以
国际音标	sʅ³³	ʂʅ³¹	tʃʰi⁵⁵	piu³¹	zyɛ³¹
直译	树	种子	它	拿	来
意译	要撒的树种它拿了来				

汉字拟音	峨滦标	月你	漂	借	比
国际音标	u³³luŋ³³bio³¹	i³¹ɲi³³	pʰiɑ⁵⁵	tɕi⁵⁵	psi⁵⁵
直译	峨滦别鸟	今天	衣	烂	补
意译	峨滦别鸟今天补烂衣服				

汉字拟音	阿更你	福	借	比
国际音标	ɑ³¹gə⁵⁵ ɲi³³	fu³¹	tɕi⁵⁵	psi⁵⁵
直译	明天	毛毡	烂	补
意译	明天补补烂羊毡			

汉字拟音	私	湿	素	湿	夜
国际音标	sɿ³³	ʂʅ³¹	su⁵⁵	ʂʅ³¹	i⁵⁵
直译	树	种	别人	撒	去
意译	树种子让别人拿去撒了				

汉字拟音	塔	湿	峨库	湿
国际音标	tʰɑ³¹	ʂʅ³¹	u³¹kʰʊ⁵⁵	ʂʅ³¹
直译	松树	种子	山顶	撒
意译	松树种子撒到了山顶上			

汉字拟音	私	湿	啦道	湿
国际音标	sɿ³³	ʂʅ³¹	lɑ⁵⁵ ta⁵⁵	ʂʅ³¹
直译	杂木	种子	箐凹	撒
意译	杂木种子撒在箐凹里			

汉字拟音	塔补	秘	哩	密	多	切
国际音标	tʰa³¹bʊ³³	mi⁵⁵	li⁵⁵	mi³¹	to⁵⁵	tɕʰɛ³¹
直译	松树	高	去	天	顶	快
意译	松树长高起来快顶天了					

汉字拟音	务素	应	以	施	杀	架
国际音标	vʊ⁵⁵su⁵⁵	ĩ⁵⁵	i⁵⁵	ʂʅ³¹	ʂə³¹	tɕa³³
直译	天神务素	看	来	撒	错	（了）
意译	天神务素来看树种子被撒颠倒了位置					

汉字拟音	迷	路	峨溇标	摆	沙	渎
国际音标	mi³¹	lu⁵⁵	u³³luŋ³³bio³¹	bɛ³³	ʂə³¹	tu³¹
直译	问	过	峨溇别鸟	说	错	了
意译	问清楚，原来是峨溇别鸟说错了的					

汉字拟音	卡	皮	止	哪	格	打	拖
国际音标	kʰa³¹	pʰiɛ³¹	tʂʅ⁵⁵	na³³	gɤ³¹	ta⁵⁵	tʰu³³
直译	嘴	皮	扯	开了	耳朵	后筋	到
意译	当即把峨滦别鸟的嘴巴扯开到了耳朵后根						

汉字拟音	务素	卓索
国际音标	vʊ⁵⁵ su⁵⁵	tʂuə³¹suə³¹
直译	天神务素	卓索鸟
意译	天神务素又派了卓索鸟下来	

汉字拟音	以	大汲咧大大啦
国际音标	i⁵⁵	ta⁵⁵ tsʅ³¹li³¹ ta⁵⁵ ta⁵⁵ la⁵⁵
直译	来	（鸟叫声）
意译	卓索鸟昼夜不停地在松林中"大汲咧大大啦，塔次塔切约"地叫，念这咒语	

汉字拟音	塔	次	塔	切	约
国际音标	tʰɑ³¹	tʂʰʅ⁵⁵	tʰɑ³¹	tɕʰɛ³¹	io⁵⁵
直译	松	林	松	不	高
意译	这样松树长成林却长不高，不能顶天				

汉字拟音	七	实	刷补	哩
国际音标	tʃʰʅ³¹	sʅ³¹	ʂuɑ³¹bʊ³³	li⁵⁵
直译	一	撒	刺栗	去
意译	一把撒去是刺栗树			

汉字拟音	刷补	背私	阿
国际音标	ʂuɑ³¹bʊ³³	pɤ⁵⁵ sʅ³¹	ŋa⁵⁵
直译	刺栗	榨子	是
意译	刺栗是砍榨子烧秧田的树		

汉字拟音	七	诗	实	夜	抓补	阿	么
国际音标	tʃʰʅ³¹	sʅ³¹	sʅ³¹	i⁵⁵	dzuɑ³¹bʋ³³	ŋa⁵⁵	mu⁵⁵
直译	一	撒	种子	去	朱木树	是	母
意译	一把撒去是朱木树的母王树						

汉字拟音	七	诗	实	夜	迷哪补
国际音标	tʃʰʅ³¹	sʅ³¹	sʅ³¹	i⁵⁵	mi³¹na⁵⁵bʋ³³
直译	一	撒	撒	去	东瓜树
意译	一把撒去是东瓜树				

汉字拟音	抓么	私	实	达
国际音标	dzuɑ³¹mu⁵⁵	sʅ³³	sʅ³¹	ta³¹
直译	朱木树	树	果子	落下
意译	朱木树果实（种子）落下地			

汉字拟音	务素	就	喇	路
国际音标	vʋ⁵⁵su⁵⁵	dʐu⁵⁵	lɑ³¹	lu⁵⁵
直译	天神务素	路	过	来
意译	天神务素路过			

汉字拟音	迷	你	阿谁	实
国际音标	mi³¹	ȵi⁵⁵	ɑ⁵⁵ɕy³¹	sʅ³¹
直译	问	（助词）	谁	果
意译	问是谁的果实			

汉字拟音	抓补	你	亚	哪
国际音标	dzuɑ³¹bʋ³³	ȵɛ³³	ia³¹	na³³
直译	朱木树	心胆	小	（助词）
意译	朱木树心胆小不敢回答			

汉字拟音	迷哪	锐	夜	加
国际音标	mi³¹na⁵⁵	ʐui³³	i⁵⁵	tɕa³³
直译	东瓜树	认	去	（助词）
意译	就被东瓜树认去了			

汉字拟音	私	么	迷哪	别
国际音标	sɿ³³	mu³³	mi³¹na⁵⁵	bia³¹
直译	树	母	东瓜树	成了
意译	树王的名称成了东瓜树的，他留人起房屋必须用上一点东瓜木			

汉字拟音	抓么	你属	家
国际音标	dzuɑ³¹mu⁵⁵	nɛ³³ʂu³¹	tɕa³³
直译	朱木树	伤心	（助词）
意译	朱木树伤心透了		

汉字拟音	季	系	你	嗯	系
国际音标	dzɿ⁵⁵	ɕɿ⁵⁵	nɛ³³	ŋ³¹	ɕɿ⁵⁵
直译	皮	死	心	不	死
意译	它树皮死了，树心都不会死，死不甘心				

汉字拟音	达补	秘	行	多
国际音标	da³¹bʋ³³	mi⁵⁵	xiuŋ³¹	do³³
直译	翻白树	地方	热	出
意译	翻白树在热地方生长			

汉字拟音	达私	耻	扎	私
国际音标	da³¹sɿ³³	pʂɿ³³	tʂa³¹	sɿ³³
直译	翻白树柴	麻皮麻线	煮	柴
意译	翻白树柴是用来煮麻皮麻线的柴			

汉字拟音	巴翅	烘	扎	私
国际音标	pa^{55} tʂʰɿ^{55}	xu^{31}	tʂa^{31}	sɿ^{33}
直译	黄栗	肉	煮	柴
意译	黄栗树是煮肉的柴			

汉字拟音	阿倮	尼	磨	私
国际音标	a^{33}lu^{33}	ȵi^{31}	mu^{55}	sɿ^{33}
直译	清香树	鬼神	用	树
意译	清香树是敬鬼神烧香用的树			

汉字拟音	乌补	尼	祖	磨
国际音标	u^{33}bʋ^{33}	ȵi^{31}	dzu^{55}	mu^{55}
直译	青刚栗	鬼神	工具	用
意译	青刚栗是祭祀鬼神用的树			

汉字拟音	哩补	卖	瓷	私
国际音标	li^{31}bʋ^{33}	mɛ^{55}	tsʰɿ^{31}	sɿ^{33}
直译	白桦树	尸体	洗	柴
意译	白桦树是烧洗尸水用的柴				

汉字拟音	杜处	揉	瓷	玉	丽	私
国际音标	tu^{55} tʂʰu^{55}	zu^{31}	tsʰɿ^{31}	ʑɿ^{55}	li^{55}	sɿ^{33}
直译	杜处树	婴儿	洗	水	烧热	柴
意译	杜处树是生小孩时烧水洗婴儿用的柴					

汉字拟音	嗯	挫	嗯	细
国际音标	ŋ^{31}	tʂuo^{33}	ŋ^{31}	ɕɿ^{55}
直译	干	天	不	死
意译	它天干不会死			

汉字拟音	嗯	寿	嗯	系
国际音标	ŋ̩³¹	ʂu⁵⁵	ŋ̩³¹	ɕi⁵⁵
直译	雨水	天	不	死
意译	雨水天也不会死，一年长青			

汉字拟音	迟	嗯	足
国际音标	tʂʰɿ³¹	ŋ̩³¹	dzu³¹
直译	山羊	不	吃
意译	山羊不吃它		

汉字拟音	亚	嗯	足
国际音标	ia⁵⁵	ŋ̩³¹	dzu³¹
直译	绵羊	不	吃
意译	绵羊也不吃它		

汉字拟音	次	补	达	嗯	足
国际音标	tsʰɿ⁵⁵	bʋ³¹	ta³¹	ŋ̩³¹	dzu³¹
直译	十	虫	（也）	不	吃
意译	十样虫子也不吃它				

汉字拟音	塔补	务素	着梭	渎
国际音标	tʰɑ³¹bʋ³³	vʋ⁵⁵su⁵⁵	tʂuə³¹suə³¹	du³¹
直译	松树	天神务素	卓索鸟	咒
意译	松树被天神务素派来的卓索鸟咒着			

汉字拟音	秘	哩	迷	嗯	多
国际音标	mi⁵⁵	li⁵⁵	mi³¹	ŋ̩³¹	to⁵⁵
直译	高	去	天	不	顶
意译	再长高也顶不着天				

汉字拟音	塔	实	塔	次	多
国际音标	$tʰa^{31}$	$ʂʅ^{31}$	$tʰa^{31}$	$tʂʅ^{55}$	do^{33}
直译	松	籽	松	林	出
意译	松籽飞落长成松林				

汉字拟音	塔	鸟	无	利	倮
国际音标	$tʰa^{31}$	$ɲya^{55}$	$vʊ^{31}$	li^{55}	lo^{33}
直译	松	直	头	脚	（到）
意译	松树从头到脚长得很标直				

汉字拟音	七	霞	入	以	恨	玉	么
国际音标	$tʃʰʅ^{31}$	$ça^{31}$	zu^{55}	$zʅ^{55}$	$xi̱^{55}$	$zʅ^{55}$	mu^{33}
直译	一	些	砍	（来）	房子	柱子	（助词）
意译	一些砍来做起房子的柱子						

汉字拟音	七	侠	入	以	恨	拉么	
国际音标	$tʃʰʅ^{31}$	$ça^{31}$	zu^{55}	$zʅ^{55}$	$xi̱^{55}$	$la^{31}mu^{33}$	
直译	一	些	砍	来	房子	桁条	
意译	一些砍来做起房子的桁条						

汉字拟音	塔	入	七	侠	霞	以	尼	租	磨
国际音标	$tʰa^{31}$	zu^{31}	$tʃʰʅ^{31}$	$ça^{31}$	$ça^{31}$	i^{55}	$ɲi^{31}$	dzu^{55}	mu^{55}
直译	松	儿子	一	些	砍	来	鬼神	祭	用
意译	一些小松树砍来祭鬼神时用								

汉字拟音	七	侠	磨	以	抓	祖	磨
国际音标	$tʃʰʅ^{31}$	$ça^{31}$	mu^{55}	i^{55}	$dzua^{33}$	dzu^{55}	mu^{55}
直译	一	些	折	来	喜庆	场合	用
意译	一些松枝折来在喜庆时用						

串讲：

　　天形成了，天有了，地造成了，地也有了。天神务素召集开会撒树种。务素说，松树种子要撒在箐凹里，杂木种子要撒在山顶上。峨滦别鸟去参加开会，要撒的树种它拿了来。峨滦别鸟今天补补烂衣服，明天补补烂羊毡，树种子让别人拿去撒了。松树种子撒到了山顶上，杂木种子撒在箐凹里，松树长高起来快顶天了。天神务素来看，树种子被撒颠倒了位置。问清楚，原来是峨滦别鸟说错了的，当即把峨滦别鸟的嘴巴扯开到了耳朵后根。天神务素又派了卓索鸟下来。卓索鸟昼夜不停地在松林中"大汲咧大大啦，塔次塔切约"地叫，念这咒语。这样松树长成林却长不高，不能顶天。一把撒去是刺栗树，刺栗是砍榨子烧秧田的树。一把撒去是朱木树的母王树，一把撒去是东瓜树。朱木树果实落下地，天神务素路过，问是谁的果实。朱木树胆小不敢回答，就被东瓜树认去了。树王的名称成了东瓜树的（他留人起房屋必须用上一点东瓜木）。朱木树伤心透了，它树皮死了，树心都不会死，死不甘心。翻白树在热地方生长。翻白树柴是用来煮麻皮麻线的柴。黄栗树是煮肉的柴。清香树是敬鬼神烧香用的树。青刚栗是祭祀鬼神用的树。白桦树是烧洗尸水用的柴。杜处树是生小孩时烧水洗婴儿用的柴，它天干不会死，雨水天也不会死，一年长青，山羊不吃它，绵羊也不吃它，十样虫子也不吃它。松树被天神务素派来的卓索鸟咒着，再长高也顶不着天。松籽飞落长成松林。松树从头到脚长得很标直，一些砍来做起房子的柱子，一些砍来做起房子的桁条，一些小松树砍来祭鬼神时用，一些松枝折来在喜庆时用。

十一 放牛鬼——找牛，杀牛，祭祀

		阿敌	a³¹di³¹	放牛鬼

汉字拟音	入	秀	泼	米	渎
国际音标	zu³¹	xiu⁵⁵	pʰu³¹	mi⁵⁵	tu³¹
直译	儿子	养	父	高	（助词）
意译	儿子养大了，与父亲一样高，成家了				

汉字拟音	麻	秀	么	米	渎
国际音标	ma³¹	xiu³³	mu³³	mi⁵⁵	tu³¹
直译	姑娘	养	母	高	（助词）
意译	姑娘养大了，与母亲一样高，成家了				

汉字拟音	挂	苏	挂	铺	渎
国际音标	kuɑ⁵⁵	so³³	kuɑ⁵⁵	pʰʊ⁵⁵	tu³¹
直译	院坝	扫	院坝	干净	（助词）
意译	院坝已经打扫干净了				

汉字拟音	挂么	七达	喇
国际音标	kuɑ⁵⁵mu³³	tʃʰʅ³¹da³¹	la³¹
直译	院坝	这里	（助词）
意译	在院坝这个地方		

汉字拟音	楼	古	切
国际音标	lu³¹	gu³³	tɕʰɛ³¹
直译	牛	玩	要
意译	牛要在这里做祭祀的展示		

汉字拟音	泼	秘	护	刀切
国际音标	pʰu³¹	pi⁵⁵	xu⁵⁵	tɑ³¹tɕʰɛ³¹
直译	父	名声	要	显现
意译	杀牛祭祀逝者（父亲）的名声要在这里显现			

汉字拟音	挎	乌	于	肉	渎
国际音标	kʰua⁵⁵	vʊ³¹	zyɛ³¹	zu⁵⁵	tu³¹
直译	村	头	本家	依靠	（着）
意译	杀牛祭祀依靠村头的本家户族				

汉字拟音	挎	马	鸟	人	渎
国际音标	kʰua⁵⁵	ma³³	n̻yɑ³³	zu⁵⁵	tu³¹
直译	村	尾	亲戚	依靠	（着）
意译	依靠村尾的亲戚朋友				

汉字拟音	楼伯	祖	嗯	握
国际音标	lu³¹bu³¹	dzu³¹	ŋ̍³¹	u⁵⁵
直译	牛	东西	没	有
意译	现在，牛这东西还没有			

汉字拟音	楼伯	买丽啦菊	这
国际音标	lu³¹bu³¹	mɛ³³li⁵⁵ la⁵⁵ tɕu³¹	dzɑ⁵⁵
直译	牛	生长映山红的大箐	在
意译	牛，它在生长映山红的高山大箐里		

汉字拟音	阿敌	卓	米	华
国际音标	a³¹di³¹	dzu³³	miɛ³³	xuɑ³¹
直译	放牛鬼阿敌	牲口	找	带领
意译	放牛鬼阿敌带领去找牛这种牲口			

汉字拟音	七	咪	楼	堵	妙
国际音标	tʃʰʅ³¹	miɛ³³	lu³¹	dʋ³³	mia⁵⁵
直译	一	找	牛	脚印	见
意译	一找只见牛的脚印				

汉字拟音	七	咪	楼	其	妙
国际音标	tʃʰʅ³¹	miɛ³³	lu³¹	tʃʰʅ³³	mia⁵⁵
直译	一	找	牛	屎	见
意译	一找只见牛的屎				

汉字拟音	要咪	楼	其	照
国际音标	ia⁵⁵mi³¹	lu³¹	tʃʰʅ³³	tʂɑ⁵⁵
直译	苍蝇	牛	屎	转
意译	苍蝇在牛屎上面转			

汉字拟音	要咪	就	华	素
国际音标	ia⁵⁵mi³¹	dzu⁵⁵	xuɑ³¹	su⁵⁵
直译	苍蝇	路	领	（助词）
意译	苍蝇领路去找牛			

汉字拟音	夜	你	啦道	玉瓷	拖
国际音标	i⁵⁵	ȵi⁵⁵	lɑ⁵⁵ta⁵⁵	ʐʅ⁵⁵tsʰʅ³¹	tʰu³³
直译	去	（助词）	箐凹	水	到
意译	去到箐凹有水的地方				

第四章 铎系符号文献解读　　215

汉字拟音	楼伯	玉	道	路
国际音标	lu³¹bu³¹	z̩⁵⁵	dɑ⁵⁵	lu⁵⁵
直译	牛	水	喝	来
意译	牛要来这里喝水			

汉字拟音	丛	级	玉	啦	侬
国际音标	tsʰu³¹	dz̩³¹	z̩⁵⁵	lɑ⁵⁵	nu³³
直译	盐	生	水	凹里	引诱
意译	把生盐巴放进水里来引诱牛吃水				

汉字拟音	楼伯	玉	道	吧
国际音标	lu³¹bu³¹	z̩⁵⁵	dɑ⁵⁵	ba⁵⁵
直译	牛	水	喝	（助词）
意译	牛来喝水了			

汉字拟音	楼	记	采	妙	革
国际音标	lu³¹	ts̩³³	tsʰa³³	mia⁵⁵	kə³¹
直译	牛	身子	一下	见	（着）
意译	只见牛身子闪过去了一下				

汉字拟音	楼伯	祖	嗯	握
国际音标	lu³¹bu³¹	dzu³³	ŋ̩³¹	u³³
直译	牛	（助词）	没有	抓住
意译	牛没有被抓住			

汉字拟音	七	咪	啦么	楼	日	机
国际音标	tʃʰ̩³¹	miɛ³³	lɑ⁵⁵mu³³	lu³¹	zə³¹	ts̩³³
直译	一	找	箐里角落	牛	睡	地方
意译	一找找到箐角落里牛睡觉的地方					

汉字拟音	笔你	楼	祖	握
国际音标	bi³¹n̩i³³	lu³¹	dzu³³	u³³
直译	网罩	牛	（助词）	抓住
意译	用大绳网罩住牛，抓住它			

汉字拟音	楼伯	去	霞	路
国际音标	lu³¹bu³¹	tʂʰʅ⁵⁵	ɕɑ³¹	lu⁵⁵
直译	牛	角	斗	来
意译	牛要用角斗人			

汉字拟音	楼堵	躲	哪	嘎
国际音标	lu³¹tu³¹	to⁵⁵	na³³	kɑ⁵⁵
直译	撑棍	顶	（助词）	拉
意译	人用撑棍又推又拉控制住牛			

汉字拟音	嘎	哪	挂么	七达	喇
国际音标	kɑ⁵⁵	na³³	kuɑ⁵⁵mu³³	tʃʰʅ³¹da³¹	la³¹
直译	拉	（助词）	院坝	这里	（助词）
意译	把牛拉到了院坝里				

汉字拟音	巴翅	萨	嘎	磨
国际音标	ba⁵⁵tʂʰʅ⁵⁵	sɑ⁵⁵	kɑ³¹	mu⁵⁵
直译	黄栗枝叶	三	背	做
意译	用三背黄栗枝叶作垫			

汉字拟音	捉把	撒	捉	磨
国际音标	tʂu³³pa³³	sɑ⁵⁵	tʂu³³	mu⁵⁵
直译	绳子	三	根	用
意译	要用三根绳子			

汉字拟音	次	爬	次	锐	渎
国际音标	tsʰɿ⁵⁵	pʰɑ³³	tsʰɿ⁵⁵	zi⁵⁵	tu³¹
直译	脚	拴	脚	紧	（助词）
意译	把牛后脚绑紧				

汉字拟音	喇	爬	喇	锐	渎
国际音标	la³¹	pʰɑ³³	la³¹	zi⁵⁵	tu³¹
直译	手	拴	手	紧	（助词）
意译	把牛前脚绑紧				

汉字拟音	阿砣	利	醋	路
国际音标	ɑ⁵⁵ tʰu³¹	li⁵⁵	tsʰu⁵⁵	lu⁵⁵
直译	刀子	脖子	割	来
意译	刀子拿来割牛脖颈			

汉字拟音	切	速	赫玉	喵
国际音标	tʃʰi⁵⁵	sʋ̩³¹	xɤ⁵⁵ ʐɿ⁵⁵	mia³³
直译	它	血	海	一样
意译	它的血流得像海一样			

汉字拟音	磨	披	七	匹	腻	路	怒	粗	渎
国际音标	mu⁵⁵	pʰsi³¹	tʃʰʅ³¹	pʰi³³	ȵi³³	lu⁵⁵	nu⁵⁵	tsʰu³¹	tu³¹
直译	竹子	皮	一	条	划破	来	鼻子	穿	（助词）
意译	破来竹皮一条穿过牛鼻子打好结，做成提机								

汉字拟音	入	娃	飘	杀	楼伯	裹
国际音标	zu³¹	uɑ³¹	pʰiɑ⁵⁵	ʂa³³	lu³¹bu³¹	gu³³
直译	儿	大	衣	孝	牛	盖
意译	把大儿子的孝衣拿来盖在牛身上					

汉字拟音	阿砣		楼伯		打
国际音标	ɑ⁵⁵ tʰu³¹		lu³¹bu³¹		ta⁵⁵
直译	刀		牛		放
意译	柴刀放在牛身上				

汉字拟音	夜	你	啦么	觉
国际音标	i⁵⁵	ȵi⁵⁵	la⁵⁵ mu³³	tɕu³¹
直译	去	到	山箐	中
意译	去到山箐中间			

汉字拟音	无独么嘎	七	霞	褥	路
国际音标	vʊ³¹tu³¹mu⁵⁵ ka³¹	tʃʰʅ³¹	ɕɑ³¹	zʋ⁵⁵	lu⁵⁵
直译	五加皮树枝	一	背	折	来
意译	把五加皮树枝折一捆背回来				

汉字拟音	楼伯	要细	嘎
国际音标	lu³¹bu³¹	ia⁵⁵ sʅ⁵⁵	ka³¹
直译	牛	苍蝇	赶
意译	发给吊丧亲友一人一枝赶牛身上的苍蝇		

汉字拟音	挂么	七达	喇
国际音标	kuɑ⁵⁵ mu³³	tʃʰʅ³¹da³¹	la³¹
直译	院坝	这里	（助词）
意译	在院坝里		

汉字拟音	楼伯	祖	握	渎
国际音标	lu³¹bu³¹	tsu³³	u³³	du³¹
直译	牛	祭祀牛	做好	（助词）
意译	用牛祭祀的道场就可以做了			

汉字拟音	恨	么	喇级	不打	渎
国际音标	hi⁵⁵	mu⁵⁵	la³¹dzʅ³¹	bu³¹ta³³	tu³¹
直译	房	正	管库员	孝帐	（助词）
意译	管库的妇人拿来孝帐子放好				

汉字拟音	你	鸟	漂	打	渎
国际音标	ȵi⁵⁵	ȵya³³	pʰiɑ⁵⁵	ta⁵⁵	tu³¹
直译	你	兄弟	衣	放	（助词）
意译	你兄弟姐妹的麻布衣服拿来放好				

汉字拟音	级	腊	细	组	磨
国际音标	dzʅ³¹	la³¹	ɕʅ⁵⁵	tsu³¹	mu⁵⁵
直译	铜	芒锣	死	家什	用
意译	追悼逝者的铜芒锣准备好				

汉字拟音	闭利	七	则	磨
国际音标	pi⁵⁵li⁵⁵	tʃʰʅ³¹	dze³¹	mu⁵⁵
直译	笛子唢呐	一	对	用
意译	追悼要用的笛子、唢呐成对准备好			

汉字拟音	泼	系	祖	屋	渎
国际音标	pʰu³¹	ɕʅ⁵⁵	dzu⁵⁵	u⁵⁵	tu³¹
直译	父	死	道场	得到	（助词）
意译	追悼死者的道场就完成了				

汉字拟音	入	秀	秘	屋	渎
国际音标	zu³¹	xiu³³	mi⁵⁵	u⁵⁵	tu³¹
直译	儿子	养	名声	得到	（助词）
意译	儿女杀牛办丧事的名声也得到了				

串讲：

儿子养大了，与父亲一样高，成家了。姑娘养大了，与母亲一样高，成家了。院坝已经打扫干净了，在院坝这个地方，牛要在这里做祭祀的展示，杀牛祭祀逝者（即主人家父亲）的名声要在这里显现。杀牛祭祀依靠村头的本家户族，依靠村尾的亲戚朋友。现在，牛这东西还没有。牛，它在生长映山红的高山大箐里。放牛鬼阿敌带领去找牛这种牲口。一找只见牛的脚印，一找只见牛的屎。苍蝇在牛屎上面转，苍蝇领路去找牛，去到箐凹有水的地方。牛要来这里喝水。把生盐巴放进水里来引诱牛吃水。牛来喝水了，只见牛身子闪过去了一下，牛没有被抓住。一找找到箐角落里牛睡觉的地方，用大绳网罩住牛，抓住它。牛要用角斗人，人用撑棍又推又拉控制住牛，把牛拉到了院坝里。用三背黄栗枝叶作垫，要用三根绳子，把牛后脚绑紧，把牛前脚绑紧。刀子拿来割牛脖颈，它的血流得像海一样。破来竹皮一条穿过牛鼻子打好结，做成提机。把大儿子的孝衣拿来盖在牛身上，柴刀放在牛身上。去到山箐中间，把五加皮树枝折一捆背回来，发给吊丧亲友一人一枝赶牛身上的苍蝇。在院坝里，用牛祭祀的道场就可以做了。管库的妇人拿来孝帐子放好，你兄弟姐妹的麻布衣服拿来放好，追悼逝者的铜芒锣准备好，追悼要用的笛子、唢呐成对准备好，追悼死者的道场就完成了，儿女杀牛办丧事的名声也得到了。

十二 独脚鬼——消灾，驱邪

	就洞格	tɕu⁵⁵ ton⁵⁵ gə³¹	独脚鬼

汉字拟音	族榭	庇苦	啦
国际音标	tsʰu³¹xi̠⁵⁵	pʰi⁵⁵ kʰu³¹	la³¹
直译	院房	里面	（在）
意译	在一户人家的院落房屋里面		

汉字拟音	榭	么	哪达	啦
国际音标	xi̠⁵⁵	mu³³	na³³da³¹	la³¹
直译	房	正	坎沿	（在）
意译	在他家的正房坎沿下的庭院里			

汉字拟音	买	婆	瓷你	买组
国际音标	mɛ³³	pʰu³¹	tʃʰʐ³¹n̠i³³	mɛ³³dzu⁵⁵
直译	买家（指蓝氏家或陈氏家）	男人	今天	蓝、陈家族或氏族
意译	这户（买家的人）病痛灾难不断			

汉字拟音	萨	壳	迟	怒	素
国际音标	sɑ⁵⁵	kʰo³¹	tʂʰʐ³¹	nu⁵⁵	su⁵⁵
直译	三	年	狗	病	（了）
意译	甚至三年狗也病				

汉字拟音	撒	烘	月	怒	素
国际音标	sɑ⁵⁵	xu⁵⁵	βɛ³¹	nu⁵⁵	su⁵⁵
直译	三	月	猪	病	（了）
意译	三月猪也病				

汉字拟音	迟里	怕	季	倮么	四古
国际音标	tʃʰʅ³¹li⁵⁵	pʰɑ⁵⁵	dzʅ⁵⁵	lo⁵⁵mu³³	sʅ⁵⁵kʋ³³
直译	羊	羊肩胛骨	烧裂占卜	石头籽	数籽占卜
意译	烧羊板骨占卜，数石头籽占卜				

汉字拟音	尼	助	腻	阿	次你	格	你	他
国际音标	ȵi³¹	dzu³¹	ȵi⁵⁵	ŋa⁵⁵	tsʰʅ⁵⁵ȵi³¹	gə³¹	ȵia³³	tʰa³¹
直译	鬼神	吃食	你	是	十二样	禁忌	你	碰着
意译	都算着在十二样禁忌中是你（独脚鬼）来害的了							

汉字拟音	你	庇	得	你	嗯	庇
国际音标	ȵi⁵⁵	pʰi³³	ta³¹	ȵi⁵⁵	ŋ̍³¹	pʰi³³
直译	你	位子	也	你	没有	位子
意译	你的窝你也不住					

汉字拟音	你	楼	得	你	嗯	搂
国际音标	ȵi⁵⁵	lu³¹	ta³¹	ȵi⁵⁵	ŋ̍³¹	lu³¹
直译	你	茶	也	你	没有	茶
意译	你的茶你也不吃					

汉字拟音	尼	助	你	阿
国际音标	ȵi³¹	tsu³³	ȵi⁵⁵	ŋa⁵⁵
直译	鬼神	群	你	是
意译	一群鬼神中算出来是你			

汉字拟音	野	助	得	你	阿
国际音标	yɛ³³	tsu³³	ta³¹	ȵi⁵⁵	ŋa⁵⁵
直译	同伙	群	也	你	是
意译	一群同伙中算出来也是你				

汉字拟音	习	你	习	庇	阿
国际音标	sɿ³¹	ȵi³³	sɿ³¹	pʰʂi⁵⁵	ŋa⁵⁵
直译	七	天	七	解	是
意译	一天解一类鬼，七天解七类鬼，今天第七天解到你了				

汉字拟音	阿拉油	皮	庇
国际音标	a³¹la⁵⁵iu³¹	pʰi³¹	pʰʂi⁵⁵
直译	轰鬼法事	刀砍	解除
意译	就做"阿拉油"轰鬼法事，用刀砍来解除你		

汉字拟音	闭	系	农	科	素
国际音标	pi⁵⁵	sɿ⁵⁵	noŋ³¹	kʰo³³	su⁵⁵
直译	做	铎系或尼卜	篾斗	戴	（的）
意译	做法事的人（铎系或尼卜）头戴篾斗帽				

汉字拟音	月	哪	住	科	素
国际音标	βɛ³¹	na³³	dzua⁵⁵	kʰo³³	su⁵⁵
直译	猪	黑	獠牙	戴	（的）
意译	戴着野猪獠牙项圈				

汉字拟音	喇路	荷	搓
国际音标	la³¹lu⁵⁵	xɤ⁵⁵	tsʰo³³
直译	手上	铁	握着
意译	手上拿着铁刀子		

汉字拟音	阿啦	无	皮	阿
国际音标	a³¹la⁵⁵	vʋ³¹	pʰiɑ³¹	ŋa⁵⁵
直译	鬼	头	刀砍	是
意译	用力从鬼的头上砍下去			

汉字拟音	次	瓢	阿	次	推
国际音标	tsʰɿ⁵⁵	pʰiɑ³¹	ŋa⁵⁵	tsʰɿ⁵⁵	tʰy⁵⁵
直译	脚	砍	是	脚	断
意译	砍着鬼脚，脚断				

汉字拟音	腊	瓢	阿	腊	推
国际音标	la³¹	pʰiɑ³¹	ŋa⁵⁵	la³¹	tʰy⁵⁵
直译	手	砍	是	手	断
意译	砍着鬼手，手断				

汉字拟音	脚么	是搭	啦
国际音标	tɕo³¹mu³³	ʂɿ³³ta⁵⁵	la³¹
直译	院子里	周围	（在）
意译	院子里，铎系在房屋附近团转，边唱边做		

汉字拟音	阿啦	无	皮
国际音标	a³¹la⁵⁵	vʋ³¹	pʰiɑ³¹
直译	轰鬼法事	头上	砍
意译	做阿拉油法事，都用刀砍来轰鬼		

汉字拟音	无	路	素	无	哩	也
国际音标	vʋ³¹	lu⁵⁵	su⁵⁵	vʋ³¹	li³³	i⁵⁵
直译	头	来	（的）	头	回	去
意译	上方来的鬼回上方去					

汉字拟音	啦	路	素	啦	哩	夜
国际音标	la⁵⁵	lu⁵⁵	su⁵⁵	lɑ⁵⁵	li³³	i⁵⁵
直译	洼子	来	（的）	洼子	回	去
意译	洼子里来的鬼从洼子里回去					

汉字拟音	槲组	你	照	嘎	嗯	阿
国际音标	xi̠⁵⁵ tsʋ³¹	ȵi³¹	dzɑ⁵⁵	kɑ⁵⁵	ŋ̍³¹	ŋa⁵⁵
直译	房屋院落	你	在	（地方）	不	是
意译	这院房屋不是你来待的地方					

汉字拟音	助级	无丽	嘎
国际音标	dzy⁵⁵ tsʅ³¹	vʋ³¹li⁵⁵	ka³¹
直译	响鞭	头上	转赶
意译	用响鞭在人头顶上抽响了来驱赶		

汉字拟音	布	次	尼	不	嘎
国际音标	bu³¹	tʂʰʅ⁵⁵	ȵi³¹	pu⁵⁵	ka³¹
直译	牛	角	两个	吹	赶
意译	用两支牛角同时吹了来驱赶				

汉字拟音	赫	拖	密则	嘎
国际音标	xɤ̠⁵⁵	tʰʋ³¹	ly³¹zi³³	ka³¹
直译	铁	火枪	火星	赶
意译	用铁头枪扫射来驱赶			

汉字拟音	恰	瀑	密则	巴
国际音标	tʃʰa³³	pʰʋ⁵⁵	ly³¹zi³³	pa³³
直译	弓弩	箭头	火星	射
意译	用弓弩发射箭头像火星飞一样来驱赶			

汉字拟音	跨	无	跨	到	嘎
国际音标	kʰua⁵⁵	vʋ³¹	kʰua⁵⁵	ta⁵⁵	ka³¹
直译	村子	头	村子	下端	赶
意译	村子头上赶，村子下端赶				

汉字拟音	跨	妈	无	嘎	久
国际音标	kʰua⁵⁵	ma³³	vʋ³¹	ka³¹	dʑu⁵⁵
直译	村	尾	头	赶	帮忙
意译	村头村尾的人都帮忙赶				

汉字拟音	哦	和	哦	到丽
国际音标	u⁵⁵	xo³¹	u⁵⁵	ta⁵⁵li⁵⁵
直译	哦	连续	哦	大声吼
意译	"哦，哦"地大声吼叫连天地赶			

汉字拟音	就洞尼	嘎
国际音标	tɕu⁵⁵ton⁵⁵ɲi³¹	ka³¹
直译	就洞格鬼	赶
意译	赶跑的就是独脚鬼	

串讲：

在一户人家的院落房屋里面，在他家的正房坎沿下的庭院里，这户（买家的人，指他留人陈蓝两姓）病痛灾难不断，甚至三年狗也病，三月猪也病。烧羊板骨占卜，数石头籽占卜，都算着在十二样禁忌中是你（独脚鬼）来害的了。你的窝你也不住，你的茶你也不吃，一群鬼神中算出来是你，一群同伙中算出来也是你。一天解一类鬼，七天解七类鬼，今天第七天解到你了。就做"阿拉油"撵鬼法事，用刀砍来解除你。做法事的人（铎系或尼卜）头戴篾斗帽，戴着野猪獠牙项圈，手上拿着铁刀子，用力从鬼的头上砍下去。砍着鬼脚，脚断；砍着鬼手，手断。院子里，铎系在房屋附近团转，边唱边做阿拉油法事，都用刀砍来轰鬼。上方来的鬼回上方去，洼子里来的鬼回洼子里去，这院房屋不是你来待的地方。用响鞭在人头顶上抽响了来驱赶，用两支牛角同时吹了来驱赶，用铁头枪扫射来驱赶，用弓弩发射箭头像火星飞一样来驱赶；村子头上赶，村子下端赶，村头村尾的人都帮忙赶，"哦，哦"地大声吼叫连天地赶，赶跑的就是独脚鬼。

十三 刀——法器，祛病，除秽

	阿砣	a⁵⁵tʰu³¹	刀

汉字拟音	闭系	农	科	素
国际音标	pi⁵⁵sʅ⁵⁵	noŋ³¹	kʰo³³	su⁵⁵
直译	铎系	箴	戴	（助词）
意译	做法事的铎系头戴箴帽			

汉字拟音	喇路	赫	别	素
国际音标	la³¹lu⁵⁵	xɤ̠⁵⁵	piɑ³¹	su⁵⁵
直译	手上	铁	拿	（助词）
意译	手拿铁刀			

汉字拟音	月你	挂大闭	灶	自	告喇	次尼
国际音标	i³¹ȵi³³	kua⁵⁵ta⁵⁵pi⁵⁵	tʂa⁵⁵	tsʅ³¹	kɑ⁵⁵la³¹	tsʰʅ⁵⁵ȵi³¹
直译	今天	挂大闭法事	牌架	安放	地方	十二
意译	现在来到做挂大闭法事的台架面前					

汉字拟音	格	夸	素
国际音标	gə³¹	kʰuɑ³¹	su⁵⁵
直译	鬼	砍开	（助词）
意译	要用铁大刀劈开以上画的那些鬼		

汉字拟音	无	夸	次	丽姿
国际音标	vʋ³¹	kʰuɑ³¹	tsʰɿ⁵⁵	li⁵⁵ tsʅ³³
直译	头	砍开	脚	到了
意译	从头破开到了脚			

汉字拟音	你	劈	你	哩	夜
国际音标	ȵi⁵⁵	pʰi³³	ȵi⁵⁵	li⁵⁵	i⁵⁵
直译	你	位子	你	回	去
意译	你们这些鬼回你们的原位上去				

汉字拟音	闭	嘎	你	利	次
国际音标	pi⁵⁵	ka³¹	ȵi⁵⁵	li⁵⁵	tsʰɿ³¹
直译	铎系	赶	你	到	（了）
意译	铎系我赶到你了，赶跑你				

汉字拟音	闭系	切	闭	嘎	你	啦	几
国际音标	pi⁵⁵ sɿ⁵⁵	tʃʰi⁵⁵	pi⁵⁵	ka³¹	ȵi³¹	la³¹	tsʅ³¹
直译	铎系	他	讲	赶	你	到	（了）
意译	铎系他诵经驱鬼赶到你这鬼的头上了						

汉字拟音	阿拉油	撒	你	阿
国际音标	a³¹la⁵⁵iu³¹	sa³³	ȵi⁵⁵	ŋa⁵⁵
直译	阿拉油	砍	你	是
意译	要劈开的就是你阿拉油木牌			

汉字拟音	习	你	习	搂	劈
国际音标	sʅ³¹	ȵi³³	sʅ³¹	lu⁵⁵	pʰɕi⁵⁵
直译	七	天	七	类	解除
意译	七天破七类鬼，今天破到你				

汉字拟音	你	劈	阿	你	嗯	劈
国际音标	ɲi⁵⁵	pʰʂi⁵⁵	ŋa⁵⁵	ɲi⁵⁵	ŋ̍³¹	pʰʂi⁵⁵
直译	鬼	解除	是	你	不是	解除
意译	不管你想被解除，还是不愿被解除					

汉字拟音	闭事	喇路	赫	别
国际音标	pi⁵⁵ sɿ⁵⁵	la³¹lu⁵⁵	xɤ⁵⁵	piɑ³¹
直译	铎系	手上	铁刀	拿
意译	铎系手上拿着大铁刀			

汉字拟音	阿拉油	皮	阿
国际音标	a³¹la⁵⁵ iu³¹	pʰiɑ³¹	ŋa⁵⁵
直译	阿拉油	砍	是
意译	来砍"阿拉油"了		

汉字拟音	喇路	阿恰	磨
国际音标	la³¹lu⁵⁵	a⁵⁵ tʃʰa³³	mu³³
直译	手上	弓弩	拿着
意译	铎系手上拿着弓弩箭来射		

汉字拟音	次	呆	次	几也	字
国际音标	tsʰɿ⁵⁵	tɛ³¹	tsʰɿ⁵⁵	tɕi³¹zi⁵⁵	zɿ⁵⁵
直译	脚	射	脚	到底	给
意译	射你鬼脚，鬼脚断				

汉字拟音	喇	呆	喇	几也	字
国际音标	la³¹	tɛ³¹	la³¹	tɕi³¹zi⁵⁵	zɿ⁵⁵
直译	手	射	手	到底	给
意译	射你鬼手，手杆断				

汉字拟音	闭事	放	嗯	哩	阿
国际音标	pi⁵⁵sɿ⁵⁵	fa⁵⁵	ŋ̩³¹	li³³	ŋa⁵⁵
直译	铎系	回头	不	回头	是
意译	铎系讲到做到不反悔				

汉字拟音	脚么	是达啦
国际音标	dzu³¹mu³³	sɿ³³da³¹la³¹
直译	炕床	这个地方
意译	在做挂大闭法事主人家的炕床这个地方	

汉字拟音	树	怒	树	无	路	洒	别也字
国际音标	sʋ̩³¹	nu⁵⁵	sʋ̩³¹	ŋu³¹	lu⁵⁵	sa³¹	pia³¹i³¹zɿ⁵⁵
直译	灾	病	灾	力量	来	活	转好
意译	生着病灾的人恢复力气恢复健康了						

汉字拟音	卓	哩	瀑	比	路	字	哦
国际音标	dzu³³	li³³	pʰʋ⁵⁵	pʂi³³	lu⁵⁵	zɿ⁵⁵	u³³
直译	牲畜	回来	银钱	满	来	给	（了）
意译	放出的牲畜回来兴旺发展，银钱满斗						

汉字拟音	闭系	闭	退	采
国际音标	pi⁵⁵sɿ⁵⁵	pi⁵⁵	tʰy³¹	tsʰɑ³¹
直译	铎系	诵	讲	完了
意译	铎系诵经驱鬼要作个了断了			

汉字拟音	明令	敌	嗯	救
国际音标	my³¹ȵi⁵⁵	ti⁵⁵	ŋ̩³¹	dʐu⁵⁵
直译	太阳	回头	不	落
意译	太阳不会落回头			

汉字拟音	烘波	敌	嗯	哩
国际音标	xu⁵⁵ pu⁵⁵	ti⁵⁵	ŋ̩³¹	li³³
直译	月亮	回头	不	回来
意译	月亮落掉不折回			

汉字拟音	啐	你	夜	你	哩	夜	哦
国际音标	tʰy⁵⁵	ȵi⁵⁵	i⁵⁵	ȵi⁵⁵	li³³	i⁵⁵	u³³
直译	啐	你	去	你	回	去	吧
意译	啐，你这鬼该滚回去了						

串讲：

做法事的铎系头戴箋帽，手拿铁刀，现在来到做挂大闭法事的台架面前，要用铁大刀劈开上面画的那些鬼。从头破开到了脚，你们这些鬼回你们的原位上去。铎系我赶到你了，赶跑你。铎系诵经驱鬼赶到你这鬼的头上了，要劈开的就是你阿拉油木牌。七天破七类鬼，今天破到你。不管你想被解除，还是不愿被解除，铎系手上拿着大铁刀，来砍"阿拉油"了。铎系手上拿着弓弩箭来射。射你鬼脚，鬼脚断；射你鬼手，手杆断。铎系讲到做到不反悔。在做挂大闭法事主人家的炕床这个地方，生着病灾的人恢复力气恢复健康了，放出的牲畜回来兴旺发展，银钱满斗。铎系诵经驱鬼要作个了断了，太阳落不会再回头，月亮落掉不折回。啐，你这鬼该滚回去了！

第五章

铎系符号唱经选

为了便于传承，铎系们会把很长的一段唱经压缩成几句话，作为提示，方便记忆。我们收集了101个图符的79篇唱经简本，内容包括天文地理、禁忌避讳、生产活动与工具、驱邪祭祀等。

一 天大地大

	明地么	min³¹dzi⁵⁵mu³³	天
	命哪么	mi⁵⁵na³¹mu³³	地

汉字拟音	明	帕	料	哇	嗯	照
国际音标	mi³¹	pʰɑ⁵⁵	liɑ⁵⁵	uɑ³¹	ŋ̩³¹	dzɑ⁵⁵
直译	天	上	（更）	大	没	有
意译	没有比天更大的了					

汉字拟音	命	帕	料	哇	嗯	照
国际音标	mi⁵⁵	pʰɑ⁵⁵	liɑ⁵⁵	uɑ³¹	ŋ̩³¹	dzɑ⁵⁵
直译	地	上	（更）	大	没	有
意译	没有比地更大的了					

汉字拟音	我	明	的	嗯	替
国际音标	ŋu⁵⁵	mi³¹	ty⁵⁵	ŋ̩³¹	tʰy⁵⁵
直译	我	天	（助词）	不	说
意译	我不说天				

汉字拟音	明	巫	不	露	娇
国际音标	mi³¹	u³¹	bu³¹	lu⁵⁵	tɕo³³
直译	天	理	薄	（掉）	怕
意译	怕天理薄掉				

汉字拟音	我	命	的	嗯	替
国际音标	ŋu⁵⁵	mi⁵⁵	ty⁵⁵	ŋ³¹	tʰy⁵⁵
直译	我	地	（助词）	不	说
意译	我不说地				

汉字拟音	命	黑	露	娇
国际音标	mi⁵⁵	xɤ³³	lu⁵⁵	tɕo³³
直译	地	斜	（掉）	怕
意译	怕地斜掉			

串讲：

没有比天更大的了，没有比地更大的了。我不说天，怕天理薄掉；我不说地，怕地斜掉。

二 有天就有云

〰	季绰	tsɿ⁵⁵ tsʰu⁵⁵	云

汉字拟音	明	照	季	露
国际音标	mi³¹	dzɑ⁵⁵	tsɿ⁵⁵	lu⁵⁵
直译	天	有	云	来
意译	有天就有云			

汉字拟音	季	瀑	谷	底	露
国际音标	tsɿ⁵⁵	pʰʋ⁵⁵	kʋ³³	ti⁵⁵	lu⁵⁵
直译	云	白	九	层	来
意译	白云来了九层				

汉字拟音	季	哪	古	著	露
国际音标	tsɿ⁵⁵	na³³	kʋ³³	tʃu⁵⁵	lu⁵⁵
直译	云	黑	九	条	来
意译	黑云来了九条				

串讲：

有天就有云。白云来了九层，黑云来了九条。

三 有天就有太阳

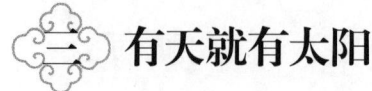	明令	my³¹ȵi⁵⁵	太阳

汉字拟音	明	照	哇	握	照	拔
国际音标	mi³¹	dzɑ⁵⁵	ua⁵⁵	u³¹	dzɑ⁵⁵	ba⁵⁵
直译	天	有	（呢）	太阳	有	（嘛）
意译	有天呢就有太阳					

汉字拟音	背多	握	别	路	握
国际音标	bə⁵⁵ to⁵⁵	u³¹	piɛ³¹	lu⁵⁵	u³¹
直译	东方	太阳	冒出	（来）	太阳
意译	太阳从东方冒出来				

汉字拟音	就	吧	背就	夜
国际音标	dʐu⁵⁵	ba⁵⁵	bə⁵⁵ tɕu⁵⁵	i⁵⁵
直译	落	（呢）	西方	（去）
意译	太阳向西方落下去			

串讲：

有天呢就有太阳。太阳从东方冒出来，太阳向西方落下去。

四 月亮冒出来

		哄波	xu⁵⁵ bu⁵⁵	月亮

汉字拟音	握	就	背就	夜	秘	挪
国际音标	u³¹	dzu⁵⁵	bə⁵⁵ tɕu⁵⁵	i⁵⁵	mi⁵⁵	nu³³
直译	太阳	落	西方	（去）	夜	间
意译	太阳向西方落下去					

汉字拟音	秘	扫	夹	路	哇
国际音标	mi⁵⁵	sɑ⁵⁵	dʑa³¹	lu⁵⁵	ua⁵⁵
直译	夜	黑	到	（来）	（了）
意译	黑夜就到了				

汉字拟音	背多	哄	别	露
国际音标	bə⁵⁵ to⁵⁵	xu⁵⁵	piɛ³¹	lu⁵⁵
直译	东方	月亮	冒出	（来）
意译	东边的月亮就冒出来			

串讲：

太阳向西方落下去，黑夜就到了，东边的月亮就冒出来。

五 北斗七星

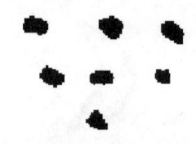

	过喜磨	kuɑ⁵⁵ ʂɿ³¹mu⁵⁵	北斗七星

汉字拟音	弥	照	过	习	磨
国际音标	mi³¹	tʂɑ⁵⁵	kuɑ⁵⁵	ʂɿ³¹	mu⁵⁵
直译	天	转	星	七	颗
意译	天旋转，天上有北斗七星				

汉字拟音	弥	磨	弥	习	哩
国际音标	mi³¹	mu⁵⁵	mi³¹	ʂɿ³¹	li³³
直译	天	干活	天	程序	（副词）
意译	这是天的工作的一种习惯				

汉字拟音	背多	握	切	杀
国际音标	bə⁵⁵ to⁵⁵	u³¹	tɕhi³¹	sa³¹
直译	东方	太阳	山口	（助词）
意译	太阳从东方冒出来			

汉字拟音	烘	就	背杀	也
国际音标	xu⁵⁵	dzu⁵⁵	bə⁵⁵ ʂa³¹	i⁵⁵
直译	月亮	落下	西方	去
意译	月亮从西方落下去			

汉字拟音	萨	期	皮	自	哩
国际音标	sɑ^{55}	tʃʰʅ^{31}	pʰsi^{31}	tsɿ^{55}	li^{33}
直译	三	代	祖先	会	（去）
意译	死者去会三代祖先				

汉字拟音	杜	壳	作	获	夜
国际音标	tʊ^{55}	kʰuɑ^{31}	dzuɑ^{55}	xu^{55}	i^{55}
直译	千	年	一生	住所	去
意译	是逝者去他千年的住所了				

串讲：

天旋转，天上有北斗七星，这是天的工作的一种习惯。太阳从东方冒出来，月亮从西方落下去，死者去会三代祖先，是逝者去他千年的住所了。

六 天上有三颗星

○ ○ ○

○ ○ ○	过色图	kuɑ⁵⁵ sɑ⁵⁵ tʰʋ³¹	三排星

汉字拟音	明	照	过	色	图	哇
国际音标	mi³¹	dzɑ⁵⁵	kuɑ⁵⁵	sɑ⁵⁵	tʰʋ³¹	uɑ⁵⁵
直译	天	有	星	三	个	（嘛）
意译	天上有三颗星					

汉字拟音	撒	图	过	多	以
国际音标	sɑ⁵⁵	tʰʋ³¹	kuɑ⁵⁵	do³³	ʐɿ³³
直译	三	个	星	出	（了）
意译	三颗星出来				

汉字拟音	尺	撒	鸦	年	以	以
国际音标	tʂʰʅ³¹	sɑ⁵⁵	iɑ³³	iŋ³¹	ʐɿ³³	i⁵⁵
直译	狗	夜	鸡	醒	（了）	（去）
意译	狗和鸡都醒了					

汉字拟音	塞	丫	布	路	吧
国际音标	sɑ³¹	iɑ³³	pʋ⁵⁵	lu⁵⁵	ba⁵⁵
直译	夜	鸡	叫	（来）	（啦）
意译	鸡醒打鸣了				

汉字拟音	七	应	妙	路
国际音标	tʃʰʅ³¹	i⁵⁵	mia⁵⁵	lu⁵⁵
直译	一	晚	亮	来
意译	一晚就亮了			

串讲：

天上有三颗星，三颗星出来，狗和鸡都醒了。鸡醒打鸣了，一夜就亮了。

七 背着启明星做活

O	过惹么	kuɑ⁵⁵ zi³¹mu³³	启明星

汉字拟音	夜	妙	过	多	读
国际音标	i⁵⁵	mia⁵⁵	kuɑ⁵⁵	do³³	tu³¹
直译	晚	亮	星	出	（助词）
意译	晚上亮的星星出现				

汉字拟音	扫	扎	闭	草	惹
国际音标	sɑ⁵⁵	dza³¹	pi⁵⁵	tsʰɑ⁵⁵	za³³
直译	早	饭	做	吃	（了）
意译	就可以做早饭吃了				

汉字拟音	扫	扎	足	娇	吧
国际音标	sɑ⁵⁵	dza³¹	dzu³¹	tɕa³³	ba⁵⁵
直译	早	饭	吃	（过）	（了）
意译	早饭吃过了				

汉字拟音	苗磨	吧	二不	夜	杂
国际音标	mia³¹mu⁵⁵	ba⁵⁵	ɤ⁵⁵pu³¹	i⁵⁵	za³³
直译	做活	（呢）	背	去	（了）
意译	就背着启明星做活了				

串讲：

晚上亮的星星出现，就可以做早饭吃了。早饭吃过了，就背着启明星做活了。

八 公龙母龙打雷下雨

	阿加	a⁵⁵ tɕa³³	水

汉字拟音	陆	伯	桌兔	路
国际音标	lʋ³¹	bu³¹	dzua⁵⁵ tʰu⁵⁵	lu⁵⁵
直译	龙	公	獠牙	咬
意译	公龙咬着獠牙			

汉字拟音	陆	嫫	陆	苗	此
国际音标	lʋ³¹	mu⁵⁵	lʋ³¹	mia⁵⁵	tsʰɿ⁵⁵
直译	龙	母	龙	眼	眨
意译	母龙眨着眼睛				

汉字拟音	陆	伯	桌兔	吧
国际音标	lʋ³¹	bu³¹	dzua⁵⁵ tʰu⁵⁵	ba⁵⁵
直译	龙	公	獠牙	咬
意译	公龙咬着獠牙			

汉字拟音	弥提	弥	吧
国际音标	my³¹tʰy³¹	mi³¹	pa⁵⁵
直译	雷	天	打
意译	就打雷了		

汉字拟音	陆	么	苗	此	吧
国际音标	lʋ³¹	mu⁵⁵	mia⁵⁵	tsʰʅ⁵⁵	ba⁵⁵
直译	龙	母	眼	眨	（了）
意译	母龙眨着眼				

汉字拟音	弥贼	弥	扁	邪
国际音标	my³¹zi³¹	mi³¹	pia³¹	ɕi³¹
直译	闪电	天	打	（了）
意译	就打闪电了			

汉字拟音	弥麻	去世	以
国际音标	mi³¹ma³³	tʂʰʅ⁵⁵ʂʅ⁵⁵	zʅ³³
直译	天	下雨	（了）
意译	下雨了		

汉字拟音	嗯	九	库	嗯	照	嗯	九	拉	嗯	这
国际音标	ŋ³¹	tɕu³³	kʰʋ⁵⁵	ŋ³¹	dzɑ⁵⁵	ŋ³¹	tɕu³³	la⁵⁵	ŋ³¹	dzɑ⁵⁵
直译	不	下	山顶	不	有	不	下	山脚	不	有
意译	山顶山脚都有雨									

汉字拟音	主	夜	拉	比
国际音标	zʅ⁵⁵	i⁵⁵	la⁵⁵	pʂi³³
直译	水	下	洼子	满
意译	水冲下来洼子都满起来			

串讲：

公龙咬着獠牙，母龙眨着眼睛。公龙咬着獠牙，就打雷了；母龙眨着眼睛，就打闪电了。山顶山脚都有雨，水冲下来洼子都满起来。

九 火烧熟东西吃

	阿多抓啰咱	a⁵⁵ to³¹tʂua³¹lo³³dzi⁵⁵	火石
	阿多抓	a⁵⁵ to³¹tʂua³¹	火镰
	绐买	tʂu³¹mɛ³³	火草

汉字拟音	恨	般	啰	咱	板
国际音标	xɤ⁵⁵	tʂʰua³³	lo³¹	tʂua³¹	ba⁵⁵
直译	铁	（与）	石	擦	（时）
意译	铁和石头摩擦时				

汉字拟音	咩	剌	阿朵	多
国际音标	mɛ³³	la³¹	a⁵⁵to³¹	do³³
直译	火草	（上）	火	出
意译	火草上就冒火			

汉字拟音	着	陋	米	你	着
国际音标	dzu³¹	lu⁵⁵	mi⁵⁵	ȵi⁵⁵	dzu³¹
直译	吃	（类）	熟	（了）	吃
意译	就可以烧熟东西吃				

串讲：

铁和石头摩擦时火草上就冒火，就可以烧熟东西吃。

十 乌鸦叫着哭

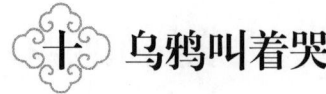

	阿哪	a⁵⁵ na³³	乌鸦

汉字拟音	啊哪	哇	你	个
国际音标	a⁵⁵ na³³	uɑ³¹	ȵi³¹	ŋɤ⁵⁵
直译	乌鸦	叫	（后）	哭
意译	乌鸦叫着叫着哭			

汉字拟音	擦	细	搭	奔	路
国际音标	tsʰɑ⁵⁵	ɕɿ⁵⁵	da³¹	bɛ̱³³	lu⁵⁵
直译	人	死	音	告诉	（来）
意译	是预示人死的忌讳				

串讲：

乌鸦不停地叫着哭，是预示人死的忌讳。

十一　猫头鹰抽筋飞

	倍无	bɤ⁵⁵ vʊ̠³¹	猫头鹰

汉字拟音	倍无	路	路	细	竹	着
国际音标	bɤ⁵⁵ vʊ̠³¹	lu⁵⁵	lu⁵⁵	ɕɿ⁵⁵	dzʊ̠³¹	tso³³
直译	猫头鹰	来	来	死	筋骨	抽
意译	猫头鹰抽筋似地飞来					

汉字拟音	擦	细	搭	奔	嗉
国际音标	tsʰɑ⁵⁵	ɕɿ⁵⁵	da³¹	bɛ̠⁵⁵	su⁵⁵
直译	人	死	音	告诉	（着）
意译	是预示人死的忌讳				

串讲：

猫头鹰抽筋似地飞来，是预示人死的忌讳。

十二 毛虫趴在炕床沿上

	布蛮编	bu⁵⁵ ma³¹bia³³	毛虫趴

汉字拟音	布蛮	路	路	着	布	编
国际音标	bu⁵⁵ ma³¹	lu⁵⁵	lu⁵⁵	dzu³¹	bu³¹	bia³³
直译	毛虫	来	来	炕床	沿	趴
意译	一群毛虫趴在炕床沿上					

汉字拟音	细	咩	擦	路	抱
国际音标	ɕɿ⁵⁵	mia⁵⁵	tsʰua³³	lu⁵⁵	bau⁵⁵
直译	死	眼	戳	（来）	（噢）
意译	戳人眼睛是死的忌讳				

串讲：

一群毛虫趴在炕床沿上戳人眼睛，是预示人死的忌讳。

十三 山上碰到鱼

	握	uŋ³¹	鱼

汉字拟音	异	去	异	波	夜	干喇
国际音标	zʅ⁵⁵	tʂʰʅ⁵⁵	zʅ⁵⁵	bu³¹	i⁵⁵	kɑ⁵⁵ lа³¹
直译	山	林	山	坡	去	地方
意译	去山坡上的树林					

汉字拟音	玉	基	握	雷	塔
国际音标	zʅ⁵⁵	dzʅ³³	uŋ³¹	ly³¹	tʰa³¹
直译	水	潮	鱼	完整	碰到
意译	碰到水坑中完好的鱼				

汉字拟音	匹/嫫	细	隔	塔	抱
国际音标	pʰu³¹/mu⁵⁵	ɕʅ⁵⁵	gɔ³¹	tʰa³¹	bau⁵⁵
直译	男人/女人	死	忌讳	碰到	（噢）
意译	碰到了是预示男/女死的忌讳				

串讲：

去山坡上的树林，碰到水坑中完好的鱼，是预示男人或女人死的忌讳。

十四 碰到完整的麂子

	翅雷	tʂʰʅ⁵⁵ ly³¹	麂子

汉字拟音	底	多	落磨	呎	嘎
国际音标	ti³¹	do³³	lo³¹mu⁵⁵	i⁵⁵	kɑ⁵⁵
直译	晚	出	做活	去	（地方）
意译	早出晚归去做活的地方				

汉字拟音	採夸	就莫	就	着	喇
国际音标	tsʰɑ⁵⁵ kʰua⁵⁵	dʑu⁵⁵ mu⁵⁵	dʑu⁵⁵	dʐo³¹	la³¹
直译	村子	路	路	半	（在）
意译	在村子的路的半路上				

汉字拟音	翅	雷	塔	伯/么	细	格	阿
国际音标	tʂʰʅ⁵⁵	ly³¹	tʰa³¹	pʰu³¹/mu⁵⁵	ɕʅ⁵⁵	gə³¹	ŋa⁵⁵
直译	麂子	完好	碰到	男人/女人	死	忌讳	是
意译	碰到完好的麂子是预示男/女死的忌讳						

串讲：

早出晚归去做活的地方，在去村子的半路上，碰到完好的（未见受伤就死）的麂子，是预示男人或女人死的忌讳。

十五 井口虫成串

	不石不娃	bʋ³¹ʂʅ³¹pu³¹ua³¹	连虫串

汉字拟音	夸么	玉读	喇
国际音标	kʰua⁵⁵ mu⁵⁵	zʅ⁵⁵ dʋ³¹	la³¹
直译	村子	水井	（在）
意译	在村子里的水井处		

汉字拟音	拔图	玉	标	吔
国际音标	ba³¹tʰʋ³¹	zʅ⁵⁵	piu³¹	i⁵⁵
直译	木桶	水	挑	去
意译	用木桶来挑水			

汉字拟音	玉读	缺撇	喇
国际音标	zʅ⁵⁵ dʋ³¹	tɕʰi³¹pʰie³¹	la³¹
直译	水井	井口	（在）
意译	在水井的井口		

汉字拟音	不	记	就	喇	妙
国际音标	bʋ³¹	tɕy⁵⁵	dʐu⁵⁵	la³¹	mia⁵⁵
直译	虫	缕	路	（在）	看
意译	看见路面上成串的虫子				

汉字拟音	伯/嫫	系	格	阿
国际音标	p^hu^{31}/mu^{55}	$ɕŋ^{55}$	$gə^{31}$	$ŋa^{55}$
直译	男人/女人	死	忌讳	是
意译	是预示男/女死的忌讳			

串讲：

在村子里的水井处，用木桶来挑水，在水井的井口，看见路面上成串的虫子，是预示男人或女人死的忌讳。

十六 看到蛇绞在一起

	朔查嘎	ʂuɑ⁵⁵ tʂʰa³¹ka³¹	双蛇

汉字拟音	杏嫫	七	达	喇
国际音标	xi̠⁵⁵ mu³³	tʂʰʅ³¹	ta³¹	la³¹
直译	正房	院坝	房间	（在）
意译	在院坝里正房的房间里			

汉字拟音	朔	路	志补	妙
国际音标	ʂuɑ⁵⁵	lu⁵⁵	tʂʅ⁵⁵ pu³¹	mia⁵⁵
直译	蛇	来	绞	看
意译	看到蛇绞在一起过来			

汉字拟音	伯 / 嫫	系	格	阿
国际音标	pʰu³¹/mu⁵⁵	ɕʅ⁵⁵	gə³¹	ŋa⁵⁵
直译	男人 / 女人	死	忌讳	是
意译	是预示男 / 女死的忌讳			

串讲：

在院坝里正房的房间里，看到蛇绞在一起过来，是预示男人或女人死的忌讳。

十七 砍柴碰到藤扣

	鸟提	ȵya⁵⁵ tʰy³¹	藤扣

汉字拟音	玉	次	玉	播	喇	处
国际音标	zɿ⁵⁵	tʂʰʅ⁵⁵	zɿ⁵⁵	bu³¹	la³¹	tʂʰʋ⁵⁵
直译	山	林	山	坡	（在）	烧
意译	在山林山坡上					

汉字拟音	私	赤	吔	嘎
国际音标	sɿ³³	tʂʰʅ⁵⁵	i⁵⁵	ga⁵⁵
直译	柴	砍	去	（在）
意译	在去砍柴的地方			

汉字拟音	私	翅	鸟提	塔
国际音标	sɿ³³	tʂʰʅ⁵⁵	ȵya⁵⁵ tʰy³¹	tʰa³¹
直译	柴	砍	自绾死结的藤扣	碰到
意译	砍柴碰到藤扣			

汉字拟音	擦	系	格	塔
国际音标	tsʰa⁵⁵	ɕɿ⁵⁵	gə³¹	tʰa³¹
直译	人	死	忌讳	看
意译	是预示人死的忌讳			

串讲：

在山林山坡上，去砍柴的地方，砍柴碰到自己绾死结的藤扣，是预示人死的忌讳。

十八 母猪生三崽

	吕个罗	βie³¹ko⁵⁵lo³³	母猪下三崽

汉字拟音	吕	七	吕	扫	哩
国际音标	βie³¹	tɕʰy³¹	βie³¹	sɑ⁵⁵	ly³¹
直译	猪	下	猪	三	个
意译	母猪下了三个崽				

汉字拟音	擦	系	格	阿
国际音标	tsʰɑ⁵⁵	ɕʅ⁵⁵	gə³¹	ŋa⁵⁵
直译	人	死	忌讳	是
意译	是预示人死的忌讳			

串讲：

（家养）母猪下了三个崽，是预示人死的忌讳。

十九 小鸡吊死在母鸡毛上

	丫	ia³³	鸡

汉字拟音	丫	入	底里	币
国际音标	ia³³	zu³¹	dy⁵⁵ ly⁵⁵	pi⁵⁵
直译	鸡	小	吊死	做
意译	小鸡吊死（在母鸡毛上）			

汉字拟音	擦	系	格	朵
国际音标	tsʰa⁵⁵	ɕŋ⁵⁵	gə³¹	do³³
直译	人	死	忌讳	出
意译	是预示人死的忌讳			

串讲：

小鸡吊死在母鸡毛上，是预示人死的忌讳。

二十 鸟从竹丛飞来

|  | 阿别哩 | a³³pi³³li³¹ | 鸟突然死掉 |

汉字拟音	磨别	阿	标	路
国际音标	mu⁵⁵ bɛ⁵⁵	a³¹	piu⁵⁵	lu⁵⁵
直译	竹丛	鸟	飞	来
意译	有鸟从竹丛中飞来			

汉字拟音	嗯	挪	阿	系	交
国际音标	ŋ³¹	nu³¹	a³¹	çŋ⁵⁵	tɕa³³
直译	不	歇	鸟	死	（掉）
意译	没有停突然死掉				

汉字拟音	擦	系	格	它	读
国际音标	tsʰa⁵⁵	çŋ⁵⁵	gə³¹	tʰa³¹	tu³¹
直译	人	死	忌讳	看	（着）
意译	看见的话是预示人死的忌讳				

串讲：

有鸟从竹丛中飞来，没有停突然死掉，看见的话是预示人死的忌讳。

二十一 发现火草发叉

	买古	mɛ³³ku³³	分叉火草

汉字拟音	麦	告	买	古	塔
国际音标	mɛ³³	ga⁵⁵	mɛ³³	ku³³	tʰa³¹
直译	火草	扯	火草	发叉	看
意译	扯火草时发现火草发叉				

汉字拟音	岗杜	棵	以度
国际音标	ga³¹tu⁵⁵	kʰo³³	za³³tu⁵⁵
直译	孝帽	戴	一定
意译	一定会要戴孝帽		

汉字拟音	吸志	太	吔	切
国际音标	ʂʅ³¹tʂʅ⁵⁵	pʰɛ⁵⁵	i⁵⁵	tɕʰɑ⁵⁵
直译	至亲	过	去	（将要）
意译	至亲之人将要过世			

串讲：

扯火草时发现火草叶发叉，一定会要戴孝帽，至亲之人将要过世。

二十二 蜂在山墙上做窝

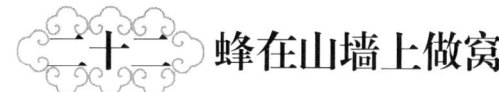

	榭么标	xi̠⁵⁵mu³³biu³¹	正房蜂

汉字拟音	杏么	杏次	喇
国际音标	xi̠⁵⁵mu³³	xi̠⁵⁵tʂʰɿ⁵⁵	la³¹
直译	正房	山墙	（在）
意译	在正房的山墙上		

汉字拟音	标	玉	路
国际音标	biu³¹	i⁵⁵	lu⁵⁵
直译	蜂	做窝	（来）
意译	蜂来做窝		

汉字拟音	杏次	标	吔	抱
国际音标	xi̠⁵⁵tʂʰɿ⁵⁵	biu³¹	i⁵⁵	ba⁵⁵
直译	山墙	蜂	做窝	（了）
意译	蜂在山墙上做窝			

汉字拟音	菜	系	格	阿
国际音标	tsʰɑ⁵⁵	ɕɿ⁵⁵	gə³¹	ŋa⁵⁵
直译	人	死	忌讳	是
意译	是预示人死的忌讳			

串讲：

在正房的山墙上，蜂来做窝。蜂在山墙上做窝，是预示人死的忌讳。

二十三 不达虫在叫

	不达阿达	bʋ³¹ta³³ɑ⁵⁵ta³¹	不达虫

汉字拟音	去处	干缺	多
国际音标	tsʰʅ⁵⁵ tsʰʋ⁵⁵	ka⁵⁵ tɕʰi³¹	do³³
直译	抬脚走	门槛	出
意译	抬脚走出门		

汉字拟音	不达	不记	标
国际音标	bʋ³¹ta³³	bʋ³¹tsʅ⁵⁵	biu³¹
直译	不达虫	小虫	叫
意译	名为不达的小虫在叫		

汉字拟音	切	标	切	且	敌	系
国际音标	tʃʰi⁵⁵	biu³¹	tɕʰi⁵⁵	tɕʰiɛ⁵⁵	ty³¹	ɕʅ⁵⁵
直译	它	叼	它	挖	埋	死
意译	它叼着并埋掉（小虫）					

汉字拟音	格	古	妙	塔
国际音标	gə³¹	guɑ³³	miɑ⁵⁵	tʰa³¹
直译	忌讳	刚好	看见	碰到
意译	刚好看到是人要死的忌讳			

串讲：

抬脚走出门，看到不达虫在叫，它叼着小虫埋掉，是人要死的忌讳。

二十四 正房有蛇进来

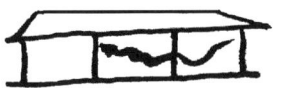

	杏么朔哩路	xi̠⁵⁵mu³³ʂuɑ⁵⁵lyɛ³¹lu⁵⁵	蛇进入正房

汉字拟音	杏么	朔	哩	路
国际音标	xi̠⁵⁵mu³³	ʂuɑ⁵⁵	lyɛ³¹	lu⁵⁵
直译	正房	蛇	进	（来）
意译	正房有蛇进来			

串讲：

正房有蛇进来，是不祥的事。

二十五 青蛙去卡蛇脖子里

	饿伯朔秘哪	u⁵⁵ bʊ³¹ʂuɑ⁵⁵ pi⁵⁵ na³³	青蛙卡蛇脖
汉字拟音	玉瓷	苗磨	嘎
国际音标	ʐɿ⁵⁵ tsʰɿ³¹	mia³¹mu⁵⁵	ka⁵⁵
直译	烂泥塘	做活	（地方）
意译	在烂泥塘边做活的地方		

汉字拟音	伯	里	朔	闭	哪
国际音标	bʊ³¹	li⁵⁵	ʂuɑ⁵⁵	pi⁵⁵	na³³
直译	青蛙	去	蛇	脖子	卡
意译	青蛙去卡到蛇脖子里				

汉字拟音	採	系	格	阿
国际音标	tsʰa⁵⁵	ɕɿ⁵⁵	gə³¹	ŋa⁵⁵
直译	人	死	忌讳	是
意译	是预示人死的忌讳			

串讲：

在烂泥塘边做活的地方，（看见）青蛙（自己跳）去卡（死）到蛇脖子里，是预示人死的忌讳。

二十六 树木朝人倒过来

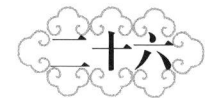	私别	sɿ³³by³¹	断树枝

汉字拟音	私	次	次	纠	夜	告喇
国际音标	sɿ³³	tʂʰɿ⁵⁵	tʂʰɿ⁵⁵	dzu⁵⁵	i⁵⁵	kɑ⁵⁵lɑ³¹
直译	树	林	林	路	去	地方
意译	在树林里的路上					

汉字拟音	轴	嘎	失	落	吔
国际音标	dzu³¹	ka³¹	sɿ³¹	lo³¹	i⁵⁵
直译	牧	赶	草	放	去
意译	赶牧去吃草				

汉字拟音	私切	擦	漂	笔
国际音标	sɿ³³tɕʰi³³	tsʰɑ⁵⁵	pʰiɑ⁵⁵	by³¹
直译	树木	人	（朝）	倒
意译	树木朝人倒过来			

汉字拟音	擦	系	格	妙
国际音标	tsʰɑ⁵⁵	ɕɿ⁵⁵	gɔ³¹	mia⁵⁵
直译	人	死	忌讳	看
意译	看见了是预示人死的忌讳			

串讲：

在树林里的路上，赶牧去吃草，看见了树木树枝（突然折断）朝人倒过来，是预示人死的忌讳。

二十七 家竹开花了

	磨门也	mu⁵⁵ mən³¹yɛ³³	家竹开花

汉字拟音	磨	次	磨	别	休
国际音标	mu⁵⁵	tʂʰɿ⁵⁵	mu⁵⁵	bɛ³¹	xiu⁵⁵
直译	竹	林	竹	丛	养
意译	家种的竹林养育竹丛				

汉字拟音	阿伯	入	休	泼
国际音标	a³¹pu³¹	zu³¹	xiu⁵⁵	pʰʋ³¹
直译	父亲	儿子	养	慈父
意译	慈父养育儿子又成为父亲			

汉字拟音	磨门	也路	抱
国际音标	mu⁵⁵ mən³¹	yɛ³³lə³³	bau⁵⁵
直译	家竹	花开	（了）
意译	家竹开花了		

汉字拟音	伯	系	格	阿
国际音标	pʰu³¹	ɕɿ⁵⁵	gə³¹	ŋa⁵⁵
直译	老男人	死	忌讳	是
意译	是老男人死的忌讳			

串讲：

家种的竹林养育竹丛，慈父养育儿子又成为父亲。家竹开花了，是预示家中老父亲要死的忌讳。

二十八 看见麦子发叉

		树古	ʂu⁵⁵ ku³³	叉麦子

汉字拟音	擦入	秘妈	罗墓	读
国际音标	tsʰa⁵⁵ zu³¹	mi³¹ma³³	lo³¹mu⁵⁵	tu³¹
直译	能劳动的人	田地	做活	（在）
意译	人在田地里做活			

汉字拟音	树	一	树	古	妙
国际音标	ʂu⁵⁵	zyɛ³¹	ʂu⁵⁵	ku³³	mia⁵⁵
直译	麦子	割	麦子	发叉	看
意译	割麦子看见麦子发叉				

汉字拟音	擦	系	格	阿
国际音标	tsʰa⁵⁵	ɕɿ⁵⁵	gə³¹	ŋa⁵⁵
直译	人	死	忌讳	是
意译	是预示人死的忌讳			

串讲：

人在田地里割麦子，看见麦子发叉，是预示人死的忌讳。

二十九 看到连蒂瓜

	皮姐	pʰy³¹tɕɛ⁵⁵	连蒂瓜

汉字拟音	皮	杜	皮	次	务
国际音标	pʰy³¹	tuɑ⁵⁵	pʰy³¹	tɕʰɿ⁵⁵	vʋ⁵⁵
直译	瓜	种	瓜	薅	包肥
意译	种瓜时薅瓜包肥				

汉字拟音	皮	缺	皮	姐	塔
国际音标	pʰy³¹	tɕʰɛ³¹	pʰy³¹	tɕɛ⁵⁵	tʰa³¹
直译	瓜	择	瓜	双	看见
意译	择瓜时看到连蒂瓜				

汉字拟音	擦	系	格	阿
国际音标	tsʰɑ⁵⁵	ɕɿ⁵⁵	gə³¹	ŋa⁵⁵
直译	人	死	忌讳	是
意译	是预示人死的忌讳			

串讲：

种瓜时薅瓜包肥，择瓜时看到连蒂瓜，是预示人死的忌讳。

三十 不子虫飞来碗篮里叫

|  | 不子 | bʋ³¹tsʅ³³ | 不子虫 |

汉字拟音	不子	标	路	卡地	梦
国际音标	bʋ³¹tsʅ³³	piu⁵⁵	lu⁵⁵	kʰa³¹tye³³	mə⁵⁵
直译	不子虫	飞	（来）	碗篮	叫
意译	不子虫飞来碗篮里叫				
汉字拟音	擦	系	格	哩	路
国际音标	tsʰa⁵⁵	ҫʅ⁵⁵	gə³¹	li³³	lu⁵⁵
直译	人	死	忌讳	进	（来）
意译	是人死的忌讳进来了				

串讲：

不子虫飞到碗篮里叫，是人死的忌讳进来了。

三十一 线把苍蝇打死了

| 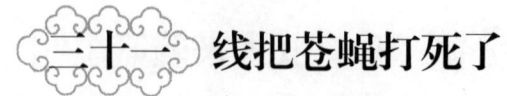 | 要不压呆 | iɑ⁵⁵ bʋ³¹iɑ³¹tɛ³¹ | 织布机打死苍蝇 |

汉字拟音	不	抓	戳	告喇
国际音标	bʋ³¹	dzua³³	tʂʰuɑ³¹	kɑ⁵⁵ lɑ³¹
直译	布	好	织	（时候）
意译	织优质布的时候			

汉字拟音	要不	压	呆	路
国际音标	iɑ⁵⁵ bʋ³¹	iɑ³¹	tɛ³¹	lu⁵⁵
直译	苍蝇	线	打死	（来）
意译	线把苍蝇打死了			

汉字拟音	擦	系	格	阿
国际音标	tsʰɑ⁵⁵	ɕɿ⁵⁵	gə³¹	ŋa⁵⁵
直译	人	死	忌讳	是
意译	是预示人死的忌讳			

串讲：

织优质布的时候，线把苍蝇打死了，是预示人死的忌讳。

三十二 织布时线乱

	压棵多	ia³¹kʰo³³to³³	线打结

汉字拟音	不	抓	各	各喇
国际音标	bʊ³¹	dzua³³	gə⁵⁵	kɑ⁵⁵ la³¹
直译	布	好	理清	(时候)
意译	条条理清优质布（的线）的时候			

汉字拟音	不	戳	压	棵	多
国际音标	bʊ³¹	tʂʰuɑ³¹	ia³¹	kʰo³³	do³³
直译	布	织	线	乱	出
意译	织布时出现线自乱的情况				

汉字拟音	擦	系	格	阿
国际音标	tsʰɑ⁵⁵	ɕɿ⁵⁵	gə³¹	ŋa⁵⁵
直译	人	死	忌讳	是
意译	是预示人死的忌讳			

串讲：

织优质布时一根根梳理，出现线自己（跳）乱的情况，是预示人死的忌讳。

三十三 正月鹰打鸡

	记么鸦呆	tɕy⁵⁵ mu³³kuɑ⁵⁵ mu³³ia³³tɛ³¹	院里鹰抓鸡

汉字拟音	哭夕	嗯	假	喇
国际音标	kʰʊ³¹ʂ⁵⁵	ŋ̍³¹	tɕa³³	la³¹
直译	正月	没	完	（时）
意译	在正月之内			

汉字拟音	夸么	底就	喇
国际音标	kʰua⁵⁵ mu⁵⁵	ti³³tɕu³¹	la³¹
直译	村子	里面	（在）
意译	在村子里		

汉字拟音	记么	丫	呆	以
国际音标	tɕy⁵⁵ mu³³	ia³³	tɛ³¹	i⁵⁵
直译	鹰	鸡	打死	（去）
意译	鹰打鸡打死了			

汉字拟音	擦	系	格	阿
国际音标	tsʰɑ⁵⁵	ɕɿ⁵⁵	gə³¹	ŋa⁵⁵
直译	人	死	忌讳	是
意译	是预示人死的忌讳			

串讲：

正月之内，看见在村子里鹰啄死了鸡，是预示人死的忌讳。

三十四 三种树砍好

	私国	sɿ³³ko³¹	犁
汉字拟音	抓么	闭	九	喇
国际音标	dzuɑ³¹mu³³	pi⁵⁵	tɕu³¹	la³¹
直译	朱木	坡	洼	（在）
意译	在长着朱木的坡和洼里			

汉字拟音	阿国	私	米	吔
国际音标	a⁵⁵ko³¹	sɿ³³	miɛ³³	i⁵⁵
直译	犁杆	木	找	去
意译	去找做犁杆的树木			

汉字拟音	扫	斯	撕	我	露
国际音标	sɑ⁵⁵	sɿ³³	sɿ³¹	u³¹	lu⁵⁵
直译	三	树	砍	（好）	（来）
意译	三种树砍好了				

汉字拟音	楼伯	季夸	祖	五	读
国际音标	lu³¹bu³¹	tsɿ⁵⁵kʰuə³¹	tsu⁵⁵	u⁵⁵	tu³¹
直译	牛	犁	做	（好）	（已）
意译	已准备好让牛来犁地了				

串讲：

在长着朱木的坡和洼里，去找做犁杆的树木，三种树砍好了，就已准备好让牛来犁地了。

三十五 套在牛脖上

	里国	li³³ko³¹	牛丫
	路桌	lu³¹tʂuɑ³³	牛藤索
	我达	uɑ⁵⁵ta³¹	牛打脚

汉字拟音	月你	买	丽	玉九
国际音标	ĩ³¹ɲi³³	mɛ³³	li⁵⁵	ʐ̩⁵⁵tɕu³¹
直译	某天	映山红	长	箐沟
意译	某天去长映山红的箐沟里			

汉字拟音	楼伯	巴次	祖	米	吔
国际音标	lu³¹bu³¹	ba³³tsʰʅ⁵⁵	tsu³¹	miɛ³³	i⁵⁵
直译	牛	藤索	三样	找	去
意译	去找牛藤索等三件东西				

汉字拟音	楼伯	怕敌	祖	五	露
国际音标	lu³¹bu³¹	pʰa⁵⁵tyɛ³¹	tsu⁵⁵	u⁵⁵	lu⁵⁵
直译	牛	脖子	做	（好）	（来）
意译	做好了套在牛脖子上				

汉字拟音	楼伯	季壳	祖木	读
国际音标	lu^{31}bu^{31}	tsɿ^{55} kʰuə^{31}	tsu^{55} mu^{55}	tu^{31}
直译	牛	犁	拿回来	（了）
意译	再安上做好的犁就能犁地了			

串讲：

某天去长映山红的箐沟里，去找牛藤索等三件东西，做好在套了牛脖子上，再安上做好的犁就能犁地了。

三十六　劈开成四瓣

	家标	tɕa³³pia³³	耙犁

汉字拟音	夜	你	凿次	币	伯	夹
国际音标	i⁵⁵	ȵi⁵⁵	dzuɑ³¹tʂʰɿ⁵⁵	pi⁵⁵	bu³¹	tɕa³³
直译	去	（到）	朱木林	坡	偏	（到）
意译	去到山坡上的朱木林					

汉字拟音	去	鸟	无	丽	倮	私
国际音标	tɕʰɿ⁵⁵	ȵya³³	vʋ³¹	i⁵⁵	lo³³	sɿ³³
直译	根	直	尖头	到	（了）	树
意译	（看到）从根到尖都是直的树					

汉字拟音	到	私	采	读
国际音标	ta⁵⁵	sɿ³³	tsʰɛ³¹	tu³¹
直译	砍	树	断	（了）
意译	把树砍断了			

汉字拟音	阔	路	以	阔	多
国际音标	kʰuɑ³¹	lu⁵⁵	ʑɿ⁵⁵	kʰuɑ³¹	do³³
直译	劈开	来	四	瓣	出
意译	劈开来成了四瓣				

汉字拟音	以	阔	以	兔兔
国际音标	zŋ⁵⁵	kʰuɑ³¹	zŋ⁵⁵	tʰʋ⁵⁵ tʰʋ⁵⁵
直译	四	瓣	四	凿
意译	每个瓣凿上孔			

汉字拟音	以	披	志鸟	读
国际音标	zŋ⁵⁵	pʰi³¹	tsŋ⁵⁵ ȵyɑ³³	tu³¹
直译	四	块	连起来	（了）
意译	把四瓣连起来了			

汉字拟音	苗磨	祖	五	读	读
国际音标	mia³¹mu⁵⁵	tsu⁵⁵	u⁵⁵	tu³¹	tu³¹
直译	做活	做	（好）	（了）	（了）
意译	活就做好了				

串讲：

去到山坡上的朱木林，（看到）从根到尖都是直的树，把树砍断了，劈开来成了四瓣，每个瓣凿上孔，把四瓣连起来了，耙就做好了。

三十七 凿上洞装上齿

	家喇戳	tɕa³³la³¹tʂʰuə³¹	耒仓

汉字拟音	月	你	抱	赤	必	剥	夹
国际音标	i⁵⁵	ȵi⁵⁵	ba⁵⁵	tʂʰʅ⁵⁵	pi⁵⁵	bu³¹	tɕa³³
直译	跑	（去）	黄梨树	林	坡	偏	（到）
意译	跑去到山坡的黄梨树林						

汉字拟音	赤	你	抱	赤	敌	标	路
国际音标	tʂʰʅ⁵⁵	ȵi³³	ba⁵⁵	tʂʅ⁵⁵	dy³¹	piu³¹	lu⁵⁵
直译	砍	（得）	黄梨树	林	捆	抬	来
意译	砍得一捆黄梨木抬回来						

汉字拟音	私	兔	私	随	鸟
国际音标	sʅ³³	tʰʊ⁵⁵	sʅ³³	ɕy³¹	ȵia³¹
直译	木	凿	木	齿	装
意译	把木材凿上洞装上齿				

汉字拟音	拜	度	祖	幕	读
国际音标	pɛ⁵⁵	tʊɑ⁵⁵	tsu³¹	mu⁵⁵	tu³¹
直译	苗	栽	做	（好）	（了）
意译	准备好可以栽秧苗了				

串讲：

跑去到山坡的黄梨树林，砍得一捆黄梨木抬回来，把木材凿上洞装上齿，准备好可以栽秧苗了。

三十八　看到打铁的三家

	阿陀	$a^{55}t^hu^{31}$	柴刀
	阿搓	$a^{55}ts^ho^{33}$	斧头
	弥搓	$mi^{31}ts^ho^{33}$	镰刀
	阿各偏	$a^{31}gɤ^{55}pia^{33}$	板锄
	阿各叉	$a^{31}gɤ^{55}tʂ^hua^{33}$	条锄

汉字拟音	票	锅	着	查
国际音标	p^hia^{55}	$kuə^{33}$	$dzu̠^{31}$	$tʂ^hua^{31}$
直译	衣	口袋	银	装
意译	衣服口袋里装了银子			

汉字拟音	月	你	止	无	拖
国际音标	i^{55}	$ȵi^{55}$	$tʂʅ^{33}$	$vʋ^{31}$	t^hu^{33}
直译	跑	（去）	街子	头	（到）
意译	跑去到街头				

汉字拟音	厚	读	扫	恰	妙
国际音标	$xɤ̠^{55}$	tua^{31}	sa^{55}	$tɕ^ha^{31}$	mia^{55}
直译	铁	打	三	家	见
意译	看到打铁的三家				

汉字拟音	厚	切	恰	磨	以
国际音标	xɤ̠⁵⁵	tʃʰi⁵⁵	tɕʰa³³	mu⁵⁵	zʅ³³
直译	铁	他	买	做	（了）
意译	他买铁了				

汉字拟音	私赤	罗磨	祖
国际音标	sʅ³³tʂʰʅ⁵⁵	lo³¹mu⁵⁵	dzu³³
直译	树柴	做活	工具
意译	木工工具就能做了		

串讲：

衣服口袋里装了银子，跑去到街头，看到打铁的三家，他买了铁，木工工具就能做了。

三十九 走去到街尾

	厚一	xɣ̠⁵⁵ zyɛ³¹	锯子
	私栾	sʅ³³luɑ³¹	推刨
	足	dzʊ̠³¹	凿子

汉字拟音	理	你	止	马	甲
国际音标	li³³	ɲi⁵⁵	tsʅ³³	ma³¹	tɕa³³
直译	走	（去）	街	尾	（到）
意译	走去到街尾				

汉字拟音	卓	布	私磨	组
国际音标	dzʊ³¹	bu⁵⁵	sʅ³³mu⁵⁵	dzu³³
直译	银	换	木工活	用具
意译	用银子换做木工活的用具			

汉字拟音	私	一	私	采	弄
国际音标	sʅ³³	zyɛ³¹	sʅ³³	tsʰɛ³³	no⁵⁵
直译	木	锯	木	断	（会）
意译	锯木头木头会断				

汉字拟音	私	栾	私	瀑	弄
国际音标	sɿ³³	luɑ³¹	sɿ³³	pʰʊ⁵⁵	no⁵⁵
直译	木	刨	木	白	（会）
意译	刨木头木头会变光				

汉字拟音	足	标	私	兔	打
国际音标	dzv̩³¹	piu³¹	sɿ³³	tʰʊ⁵⁵	ta³³
直译	凿	拿	木	凿	（可以）
意译	凿子可以拿来凿木头				

串讲：

走去到街尾，用银子换做木工活的用具，锯木头木头会断，刨木头木头会变光，凿子可以拿来凿木头。

四十 把麻剥成一缕缕

	汉字拟音	国际音标	直译
	级	$dz\eta^{31}$	麻
	丫嘎	$ia^{31}ka^{31}$	纺麻签
	属朔	$ṣu^{31}ṣuɑ^{55}$	量线杆
	刷喇	$ṣua^{31}la^{31}$	纺车
	务人	$vu^{55}zu^{31}$	纺针
	闭图	$pi^{55}t^hu^{31}$	纺线针筒
	卓耳	$tṣuə^{33}ə^{33}$	绕线锤
	压保	$ia^{31}pa^{31}$	绕线板

汉字拟音	级	柒	级	组组
国际音标	$dz\eta^{31}$	$tʃ^h\gamma^{31}$	$dz\eta^{31}$	$tṣʋ^{33}tṣʋ^{33}$
直译	麻	剥	麻	一缕缕
意译	把麻剥成一缕缕			

汉字拟音	级	杂	级	嘎嘎
国际音标	dzɿ³¹	tsa³¹	dzɿ³¹	ka⁵⁵ka⁵⁵
直译	麻	撕	麻	绕在竹签上
意译	撕麻并绕在竹签上			

汉字拟音	嘎	高	级	丫	野
国际音标	ka⁵⁵	gɑ³¹	dzɿ³¹	ia⁵⁵	ʐyɛ³³
直译	竹签	揭	麻	线	绕
意译	从竹签上揭开麻绕成线				

汉字拟音	野	多	刷	黑	惹
国际音标	ʐyɛ³³	do³³	ʂua⁵⁵	xɤ³³	tsa³³
直译	绕	（好）	量线杆	绕	要
意译	要绕在量线杆上绕好				

汉字拟音	黑	你	耻	闭	读
国际音标	xɤ³³	ȵi⁵⁵	pʰʂɿ³¹	pi⁵⁵	tu³¹
直译	绕	（上）	粗麻线	做	（好）
意译	绕上粗麻线就做好了				

汉字拟音	扎	漆	不	标	读
国际音标	tʂa³¹	tsʰɿ³¹	bu³¹	biɑ³³	tu³¹
直译	煮	洗	细纱线	形成	（了）
意译	先煮再洗细纱线就形成了				

汉字拟音	不	就	不	图图
国际音标	bu³¹	tɕu⁵⁵	bu³¹	tʰʋɑ³¹tʰʋɑ³¹
直译	细纱线	绕成线球	细纱线	成线球
意译	把细纱线绕成线球			

汉字拟音	图	嘎	不	拔	读
国际音标	tʰʋɑ³¹	kɑ³¹	bu³¹	ba³¹	tu³¹
直译	线球	解开	细纱线	一圈圈绕	（好）
意译	把线球解开，把细纱线一圈圈子绕好				

串讲：

把麻剥成一缕缕，撕开麻并绕在竹签上。从竹签上揭开麻绕成线，要绕在量线杆上绕好，绕上粗麻，线就做好了。先煮再洗，细纱线就形成了。把细纱线绕成线球，把线球解开，把细纱线一圈圈绕好。

四十一 绕好线搭在织布架上

	压灶	ia³¹tsa⁵⁵	织布架
	压尼	ia³¹ȵi³¹	提线器
	压么	ia³¹mu³³	紧线板
	卓哭	tʂuə³³kʰʋ³¹	梭子

汉字拟音	不	拔	灶	你	固
国际音标	bu³¹	ba³¹	tsa⁵⁵	ȵi⁵⁵	kɤ⁵⁵
直译	线	绕	织布架	（上）	靠
意译	绕好线搭在织布架上				

汉字拟音	压尼	灶	你	我
国际音标	ia³¹ȵi³¹	tsa⁵⁵	ȵi⁵⁵	ŋo³³
直译	提线器	织布架	（上）	吊
意译	把提线器吊在织布架上			

汉字拟音	压么	灶	你	打
国际音标	ia³¹mu³³	tsa⁵⁵	ȵi⁵⁵	ta³³
直译	紧线板	织布架	（上）	放
意译	把紧线板放在织布架上			

汉字拟音	压	箸	压尼	多
国际音标	ia³¹	dzu⁵⁵	ia³¹ɲi³¹	do³³
直译	线	递	提线器	出
意译	把线从提线器递出来			

汉字拟音	不	入	压么	多
国际音标	bu³¹	zʋ⁵⁵	ia³¹mu³³	do³³
直译	纱线	接	紧线板	出
意译	把纱线从紧线板接过来			

汉字拟音	不	卓	卓哭	姐
国际音标	bu³¹	tʂo³³	dzuɔ³³kʰʋ³¹	tɕɛ³³
直译	纱线	绕	梭子	装
意译	把纱线绕起来装到梭子里			

汉字拟音	乞脚	压	床	道
国际音标	tsʰɿ⁵⁵dzo³³	ia³¹	tʂʰuɑ³¹	ta³³
直译	踏脚棍	线	织	（了）
意译	踩踏脚棍线就织出来了			

汉字拟音	腊	塔	不	冒	标
国际音标	la³¹	ta³¹	bu³¹	ma⁵⁵	piɑ³¹
直译	手	推拉	纱线	布	变成
意译	手再推拉（紧线板）就变成了锦丝布				

串讲：

绕好线搭在织布架上，把提线器吊在织布架上，把紧线板放在织布架上，把线从提线器递出来，把纱线从紧线板接过来，把纱线绕起来装到梭子里，踩踏脚棍线就织出来了，手再推拉（紧线板）就变成了锦丝布。

四十二 大仓柜都装满了

ᐱ	雅各	ia³¹kʰo³¹	连械

汉字拟音	菜入	罗磨	罗支	呬
国际音标	tsʰɑ⁵⁵ zu³¹	lo³¹mu⁵⁵	lo³¹tʂʅ³³	i⁵⁵
直译	人	做活	收获	去
意译	人们收获了去做活			

汉字拟音	止	你	恨么	挂么	吐
国际音标	tʂʅ³³	ɲi⁵⁵	xi⁵⁵mu³³	kuɑ⁵⁵mu³³	tʰu³³
直译	背	（到）	正房	院坝	到
意译	（把收割的作物）背到正房院坝里				

汉字拟音	娃	渎	娃	利	喝
国际音标	uɑ³¹	tʋɑ³¹	uɑ³¹	li⁵⁵	xɤ³¹
直译	左	打	左	（全）	落
意译	从左边打左边全落了				

汉字拟音	又	读	助	喝	交
国际音标	iu⁵⁵	tʋɑ³¹	tsu⁵⁵	xɤ³¹	tɕɑ³³
直译	右	打	打	落	（完）
意译	从右边打打落完了				

汉字拟音	助	读	嘎性	比
国际音标	dzu⁵⁵	tuɑ³¹	kɑ³³xi̠⁵⁵	pʂi³³
直译	打	落	大仓柜	满
意译	打落后把大仓柜都装满了			

串讲：

人们收获了去做活，（把收割的作物）背到正房院坝里，从左边打左边全落了，从右边打打落完了，打落后把大仓柜都装满了。

四十三 人不能离开水

	阿加玉读	a^{55} tɕa^{33}ʑʅ^{55}dʋ^{31}	水井

汉字拟音	哦入	玉	杰	嗯	弄
国际音标	uŋ^{31}zu^{31}	ʑʅ^{55}	dʑi^{31}	ŋ^{31}	no^{55}
直译	鱼	水	离	不	得
意译	鱼离不开水				

汉字拟音	菜入	假	杰	嗯	弄
国际音标	tsʰɑ^{55}zu^{31}	tɕa^{33}	dʑi^{31}	ŋ^{31}	no^{55}
直译	人	水	离	不	得
意译	人不能离开水				

汉字拟音	米你	扎	玉	呢
国际音标	mi^{33}ȵi^{33}	tʂa^{31}	ʑʅ^{55}	ȵi^{55}
直译	熟东西	煮	水	要
意译	煮熟东西需要水			

汉字拟音	吸	你	加	到	以
国际音标	sʅ^{31}	ȵi^{55}	tɕa^{33}	da^{55}	za^{33}
直译	渴	（了）	水	喝	要
意译	渴了要喝水				

汉字拟音	阿加	菜	胸	素
国际音标	a^{55} tɕa^{33}	tsʰɑ^{55}	xiu^{55}	su^{55}
直译	水	人	养（命）	东西
意译	水是养人的东西			

串讲：

鱼离不开水，人也离不开水。煮熟东西需要水，渴了要喝水，水是养人（命）的东西。

四十四 背背子要用绳子

	级捉	dzɿ³¹tʂu³³	麻绳

汉字拟音	切	把次	噩不	着	腻	哇
国际音标	tʃʰi⁵⁵	ba³¹tsʰɿ³³	ɤ⁵⁵pu³¹	tʂua³³	n̠i⁵⁵	ua⁵⁵
直译	他	捆绑	背背	绳子	要	（助）
意译	他要捆绑东西，背背子要用绳子					

汉字拟音	级	挖	着	妙以
国际音标	dzɿ³¹	ua³¹	tʂu³³	mia⁵⁵i⁵⁵
直译	麻	搓	绳	（这个中得到）
意译	搓绳子的麻皮已经有了			

汉字拟音	切	密挪	撒	波	哇
国际音标	tʃʰi⁵⁵	mi³¹no³¹	sɑ⁵⁵	po³¹	uɑ³¹
直译	他	晚上	三	排	搓
意译	他晚上搓三排长的				

汉字拟音	你挪	确	波	哇
国际音标	n̠i³³no³¹	tʃʰya³¹	po³¹	uɑ³¹
直译	白天	六	排	搓
意译	白天搓六排			

汉字拟音	撒	你	萨	扁	娃
国际音标	sa⁵⁵	ȵi³³	sa⁵⁵	mi³¹	ua³¹
直译	三	天	三	夜	搓
意译	搓了三天三夜				

汉字拟音	级	挖	着	妙	渎	阿
国际音标	dzʅ³¹	ua³¹	tʂu³³	mia⁵⁵	tu³¹	ŋa⁵⁵
直译	麻	搓	绳	见	着	（了）
意译	见着了麻皮搓成做绳索用的绳股					

汉字拟音	级	挖	着	妙	读	阿
国际音标	dzʅ³¹	ua³¹	tʂu³³	mia⁵⁵	tu³¹	ŋa⁵⁵
直译	麻	搓	绳股	见	着	（了）
意译	见着搓好的绳股					

汉字拟音	级	主	扎	你	以
国际音标	dzʅ³¹	tʂu³³	tʂa³¹	ȵi⁵⁵	i⁵⁵
直译	麻	绳股	煮	要	（助词）
意译	麻皮绳股要煮透				

汉字拟音	级	主	扎	你渎阿
国际音标	dzʅ³¹	tʂu³³	tʂa³¹	ȵi⁵⁵ tu³¹ŋa⁵⁵
直译	麻	绳股	煮	要好了
意译	麻皮绳股煮好了			

汉字拟音	级	主	七	你	瀑	以
国际音标	dzʅ³¹	tʂu³³	tsʰʅ³¹	ȵi⁵⁵	pʰʊ⁵⁵	i⁵⁵
直译	麻	绳股	洗	要	白	（了）
意译	绳股要清洗白了					

汉字拟音	级	着	哩	你	花
国际音标	dzɿ³¹	tʂu³³	li⁵⁵	ȵi⁵⁵	xuɑ³³
直译	麻	绳股	晒	要	干
意译	洗好的绳股要晒干				

汉字拟音	级	着	打	你	施
国际音标	dzɿ³¹	tʂu³³	tɑ³³	ȵi⁵⁵	ʂʅ³¹
直译	麻	绳股	量	要	长
意译	三股绳股要量得一样长				

汉字拟音	打	教把	干
国际音标	tɑ³³	tɕo⁵⁵pa³¹	kɛn³³
直译	一样	绕公鸡	绞
意译	三股要一样地绞紧（用绕公鸡绞紧）		

汉字拟音	塞	十	撒	补补
国际音标	sɑ⁵⁵	ʂʅ³¹	sɑ⁵⁵	pʊ³¹pʊ³¹
直译	三	绞	三	裹
意译	绞三转裹三裹			

汉字拟音	务	补	务	鸟鸟
国际音标	vʊ⁵⁵	pʊ³¹	vʊ⁵⁵	ȵyo³³ȵyo³³
直译	越	裹	越	均匀
意译	越裹粗细越均匀			

汉字拟音	把次	噩不	着	我
国际音标	ba³¹tsʰɿ³³	ɤ⁵⁵pu³¹	tʂuɑ³¹	ua⁵⁵
直译	捆绑	背背	绳索	（有了）
意译	这样捆绑东西和背背子的麻绳就搓出来了			

汉字拟音	擦入	敌	多	罗磨	告喇
国际音标	tsʰɑ⁵⁵ zu³¹	ti³¹	do³³	lo³¹mu⁵⁵	kɑ⁵⁵ lɑ³¹
直译	人们	晚	出	干活	场合
意译	人们早出晚归去干活的场合				

汉字拟音	塞	夜	扫	哩	噩不	诺
国际音标	sɑ⁵⁵	i⁵⁵	sɑ⁵⁵	li³³	ɤ⁵⁵ pu³¹	no³¹
直译	三	去	三	回	背背	（可以）
意译	就可以有它（麻绳）背来背去地背东西了					

串讲：

他要捆绑东西、背背子要用绳子。搓绳子的麻皮已经有了。他晚上搓三排长的，白天搓六排，搓了三天三夜，见着了麻皮搓成做绳索用的绳股。见着搓好的绳股，麻皮绳股要煮透。麻皮绳股煮好了，绳股要清洗白了。洗好的绳股要晒干，三股绳股要量得一样长，三股要一样地绞紧（用绕公鸡绞紧）。绞三转裹三裹，越裹粗细越均匀，这样捆绑东西和背背子的麻绳就搓出来了。人们早出晚归去干活的场合，就可以有麻绳背来背去地背东西了。

四十五 逝者要走的路

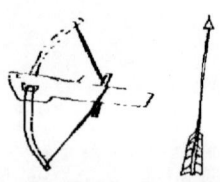

	恰	tʃʰa³³	弩
	恰敌	tʃʰa³³dy³¹	箭

汉字拟音	泼	习	七	觉	渺	裹	素
国际音标	pʰʋ³¹	çy³¹	tʃʰʅ³¹	tɕya³³	mia⁵⁵	gu³¹	su⁵⁵
直译	逝者	走	一	条	见	着	路
意译	逝者要走，见着的一条路						

汉字拟音	画迷	七搭	喇
国际音标	huɑ⁵⁵mi³¹	tʃʰʅ³¹ta³³	la³¹
直译	茅草	那一块	（助词）
意译	那里长着一片茅草		

汉字拟音	花	入	扫	则	腊	就
国际音标	xuaƀ⁵⁵	zu³¹	sɑ⁵⁵	dzɛ³¹	lɑ³¹	dzu⁵⁵
直译	老鼠	儿子	三	对	过	路
意译	是三对小老鼠经常过的路					

汉字拟音	泼	习	就	嗯	啊
国际音标	pʰʋ³¹	çy³¹	dzu⁵⁵	ŋ³¹	ŋa⁵⁵
直译	逝者	走	路	不	是
意译	不是逝者要走的路				

汉字拟音	你	入	娃素	恰巴	喇	路	子
国际音标	ȵi⁵⁵	zu³³	ua³¹su⁵⁵	tʃʰa³³pa³³	la³¹	lu⁵⁵	dzɿ³¹
直译	你	儿子	大的	弩	手	拿	（助词）
意译	逝者的大儿子手上拿着弩箭						

汉字拟音	就	帕	于	巴	惹
国际音标	dzu⁵⁵	pʰa⁵⁵	zy³¹	pa³³	za³³
直译	路	上	豹	打	（助词）
意译	把路上方的豹子打掉了				

汉字拟音	就	窝	玉	巴	惹
国际音标	dzu⁵⁵	u³¹	ʐy⁵⁵	pa³³	za³³
直译	路	下	熊	打	（助词）
意译	用弩箭把路下方的老熊打掉了				

汉字拟音	阿砣	匾剃	敌
国际音标	a⁵⁵tu³¹	pia³¹tʰi⁵⁵	dy³¹
直译	刀子	刀鞘	带着
意译	大儿子他带着刀鞘和刀子		

汉字拟音	娃	赤	娃	利	渎
国际音标	ua³¹	tʂʰʅ⁵⁵	ua³¹	li⁵⁵	tu³¹
直译	左	砍	左	放	（好）
意译	左边砍拦路的树刺，左边放好				

汉字拟音	右	赤	右	利	渎
国际音标	iu⁵⁵	tʂʰʅ⁵⁵	iu⁵⁵	li⁵⁵	tu³¹
直译	右	砍	右	放	（好）
意译	用刀子右边砍，右边放好				

汉字拟音	闭利	帕	恰	于
国际音标	bi⁵⁵ li⁵⁵	pʰɑ⁵⁵	tɕʰɑ³¹	y³³
直译	锄头	肩膀	扛	（助词）
意译	大儿子他高肩膀上扛着锄头			

汉字拟音	切	尼	刮	倮	止	吧
国际音标	tʃʰi⁵⁵	nɛ³¹	kuɑ³¹	lo⁵⁵	tʂɻ³³	ba⁵⁵
直译	他	泥巴	刮	石头	搬	（助词）
意译	他把拦路的泥土刮平，把拦路的石头搬走					

汉字拟音	泼	就	止
国际音标	pʰʋ³¹	dʐu⁵⁵	dʐɻ³¹
直译	逝者	路	修
意译	把逝者走的路修好		

汉字拟音	泼	习	萨	漆	皮	自	里	搭
国际音标	pʰʋ³¹	ɕy³¹	sɑ⁵⁵	tʃʰɻ³¹	pʰsi³¹	zɻ⁵⁵	li⁵⁵	ta⁵⁵
直译	逝者	走	三	代	祖先	遇	去	（助词）
意译	逝者就可以去见三代祖先了							

串讲：

逝者要走，见着的一条路，那里长着一片茅草，是三对小老鼠经常过的路，不是逝者要走的路。逝者的大儿子手上拿着弩箭，把路上方的豹子打掉了。用弩箭把路下方的老熊打掉了。大儿子他带着刀鞘和刀子，左边砍拦路的树刺，左边放好；用刀子右边砍，右边放好。大儿子高肩膀上扛着锄头，他把拦路的泥土刮平，把拦路的石头搬走，把逝者走的路修好，逝者就可以去见三代祖先了。

四十六 竹林育新竹

	磨蒙杜	mu⁵⁵ mən³¹tu⁵⁵	家竹

汉字拟音	磨	去	磨	佰	秀
国际音标	mu⁵⁵	tʂʰʅ⁵⁵	mu⁵⁵	bɛ³¹	xiu⁵⁵
直译	竹	林	竹	丛	养
意译	竹林育新竹,越发越旺				

汉字拟音	阿伯	入	秀	泼
国际音标	a³¹pu³¹	zu³¹	xiu⁵⁵	pʰu³¹
直译	父亲	儿子	养	父辈
意译	父母养儿女,代代兴隆			

汉字拟音	哦	月你	磨恰	嗯	剃
国际音标	ŋu⁵⁵	i³¹ɲi³³	mu⁵⁵ tɕʰa³¹	ŋ³¹	tʰy⁵⁵
直译	我(铎系)	今天	竹	不	讲
意译	铎系我今天若不唱不讲竹子的话				

汉字拟音	泼系	祖	磨	嗯	诺
国际音标	pʰu³¹ɕi⁵⁵	dzu³³	mu⁵⁵	ŋ³¹	nu⁵⁵
直译	逝者	用具	做	不	能
意译	这逝者的丧事就不能做				

汉字拟音	道么	哪搭	喇
国际音标	to^{55}mu^{33}	na^{33}ta^{31}	la^{31}
直译	大门	地方	（助词）
意译	孝子们要到大门口去		

汉字拟音	织你	细	作	惹
国际音标	ʐʅ^{31}n̠i^{31}	ɕʅ^{55}	tsuə^{55}	za^{33}
直译	跪下	死	磕头	要
意译	跪下磕头行礼迎接来吊丧的亲友			

汉字拟音	你	麻	切	娃	素
国际音标	n̠i^{31}	ma^{31}	tɕʰi^{55}	uɑ^{31}	su^{55}
直译	你	女儿和媳妇	她们	大	（助词）
意译	你的女儿们、媳妇们				

汉字拟音	搭知	喇	路	磨	四	呢
国际音标	ta^{31}tsʅ^{31}	la^{31}	lu^{55}	mu^{55}	sʅ^{55}	n̠ɛ^{31}
直译	孝竹杖	手	拿	竹	拿	（着）
意译	手上拿着孝竹杖不放下					

汉字拟音	泼	系	祖	磨	权
国际音标	pʰu^{31}	ɕʅ^{55}	dzu^{33}	mu^{55}	tʂʰa^{55}
直译	逝者	死	追悼场	做	跟走
意译	在逝者你的追悼场上，跟在铎系身后，随着铎系唱经和锣声的节奏，上前一鞠躬，后退一鞠躬地转圈，向逝者行礼致敬缅怀				

串讲：

竹林育新竹，越发越旺；父母养儿女，代代兴隆。铎系我今天若不唱不讲竹子的话，这逝者的丧事就不能做。孝子们要到大门口去，跪下磕头行礼迎接来吊丧的亲友。你的女儿们、媳妇们，手上拿着孝竹杖不放下，在逝者你的追悼场上，跟在铎系身后，随着铎系唱经和锣声的节奏，上前一鞠躬，后退一鞠躬地转圈，向逝者行礼致敬缅怀。

四十七 主人养着马

| | | 阿哪么 | a⁵⁵na³³mu³³ | 马 |

汉字拟音	泼哩	么	秀	渎
国际音标	pu³¹li³³	mu³³	xiu⁵⁵	tu³¹
直译	主人	马	养	（助词）
意译	主人养着马			

汉字拟音	么	秀	么	于	打
国际音标	mu³³	xiu⁵⁵	mu³¹	y³³	tɑ⁵⁵
直译	马	养	马	用	得
意译	养马要用马				

汉字拟音	擦入	浊	秀	古	习	这
国际音标	tsʰɑ⁵⁵zu³¹	tʂu³³	xiu⁵⁵	kʋ³³	sʅ³¹	dzɑ⁵⁵
直译	人	牲畜	养	九	样	有
意译	人养的牲畜有九样					

汉字拟音	古	习	浊	秀	古	习	苗
国际音标	kʋ³³	sʅ³¹	tʂu³³	xiu⁵⁵	kʋ³³	sʅ³¹	mia³¹
直译	九	样	牲畜	养	九	样	做活
意译	九样牲畜有九样活，各有各的活路（指农活）						

汉字拟音	楼么	秘	行	夸
国际音标	lu³¹mu³³	mi⁵⁵	xɛ³¹	kʰuɑ³¹
直译	牛	地	肚子	破开
意译	牛是用来犁地的			

汉字拟音	么	秀	么	姐	打
国际音标	mu³³	xiu⁵⁵	mu³¹	tɕɛ³³	ta³¹
直译	马	养	马	驮	（助词）
意译	马是用来驮的				

汉字拟音	擦入	罗磨	恶	切	不
国际音标	tsʰɑ⁵⁵zu³¹	lo³¹mu⁵⁵	ɣ⁵⁵	tʃʰi⁵⁵	pɤ³¹
直译	人们	干活	背子	它	背
意译	人们干活时要运的东西用它驮				

汉字拟音	擦入	难	阿	止嘎	骂磨	去	嗯	处
国际音标	tsʰɑ⁵⁵zu³¹	na³¹	ŋa³¹	ʐʅ³³ka³¹	ma⁵⁵mu⁵⁵	tʂʰʅ⁵⁵	ŋ³¹	tʂʰuɑ⁵⁵
直译	人	走	来	赶街	做客	脚	不	需要走
意译	人们走亲访友赶街做客不用走路							

汉字拟音	么	作	么	苗	夜	哩	打
国际音标	mu³³	dzuɑ³¹	mu³³	myo³³	i⁵⁵	li³³	ta³¹
直译	马	骑	马	跳	去	回	（可以）
意译	可以骑马去，可以骑马回						

串讲：

主人养着马，养马要用马。人养的牲畜有九样，九样牲畜有九样活，各有各的活路（指农活）。牛是用来犁地的，马是用来驮的。人们干活时要运的东西用它驮。人们走亲访友赶街做客不用走路，可以骑马去，可以骑马回。

四十八　人是地养的

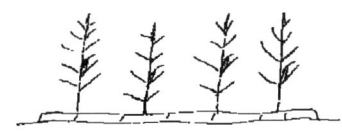

	罗木秘哪	lo³¹mu⁵⁵mi⁵⁵na³³	庄稼地

汉字拟音	擦	照	迷玛	去	姐	照
国际音标	tsʰa⁵⁵	dzʐa⁵⁵	mi³¹ma³³	tsʰʅ⁵⁵	tɕi³³	tʂa³³
直译	人	在	天	脚	下	在
意译	人在天底下生存					

汉字拟音	擦	照	秘玛	塔达	照
国际音标	tsʰa⁵⁵	dzʐa⁵⁵	mi⁵⁵ma³³	tʰa³¹da³¹	dzʐa⁵⁵
直译	人	在	地	表面	在
意译	人在地面上生存				

汉字拟音	迷玛	擦	秀	素
国际音标	mi³¹ma³³	tsʰa⁵⁵	xiu⁵⁵	su⁵⁵
直译	天	人	养	（助词）
意译	人是天养的			

汉字拟音	秘玛	擦	秀	素
国际音标	mi⁵⁵ma³³	tsʰa⁵⁵	xiu⁵⁵	su⁵⁵
直译	地	人	养	的
意译	人是地养的			

汉字拟音	擦人	秘玛	塔达	喇
国际音标	tsʰɑ⁵⁵ zu³¹	mi⁵⁵ ma³³	tʰa³¹da³¹	la³¹
直译	人儿	地	表面	（在）
意译	人们生活在地面上			

汉字拟音	罗磨	次尼	习
国际音标	lo³¹mu⁵⁵	tsʰɿ⁵⁵ ȵi³¹	sɿ³³
直译	干活	十二	样
意译	要干十二样的活路		

汉字拟音	闻	嗯	多	苗	必	毒
国际音标	u³¹	ŋ³¹	do³³	mia³¹	pi⁵⁵	tu³¹
直译	太阳	不	出	活路	做	（助词）
意译	太阳还没出来，就已经做着活了					

汉字拟音	烘	多	苗	嗯	侬
国际音标	xu⁵⁵	do³³	mia³¹	ŋ³¹	no³¹
直译	月	出	活路	不	休息
意译	月亮出来了，还没有停止干活路				

汉字拟音	夹	腻	挂	应	都
国际音标	tɕa³¹	ȵi⁵⁵	kuɑ⁵⁵	ĩ⁵⁵	tu³¹
直译	手做	（助词）	星星	看见	（助词）
意译	手做农活做到星星出				

汉字拟音	照	腻	秘	菊	以
国际音标	tʂa³³	ȵi⁵⁵	mi⁵⁵	tɕu³¹	za³³
直译	转圈走	（助词）	地	边角	（已经）
意译	田边地角都做圆				

汉字拟音	磨	腻	烘	汲	比
国际音标	mu⁵⁵	ȵi⁵⁵	xu⁵⁵	tsʅ³¹	pʂi³³
直译	干活	（助词）	月	节	满
意译	农活干了几个月，干到收获的时节				

汉字拟音	罗	哦	恨	比	渎
国际音标	lo³¹	u⁵⁵	xi⁵⁵	pʂi³³	tu³¹
直译	庄稼	得到	房子	满	（助词）
意译	收获的东西满庭院				

汉字拟音	箸	哦	嘎	比	渎
国际音标	tsu⁵⁵	u⁵⁵	ka³³	pʂi³³	tu³¹
直译	粮食	得到	仓库	满	（助词）
意译	粮食堆满仓柜				

汉字拟音	卓	秀	挂	比	渎
国际音标	tʂu³³	xiu⁵⁵	kuɑ⁵⁵	pʂi³³	tu³¹
直译	牲畜	养	院坝	满	（助词）
意译	用收获物饲养牲畜，牲畜满庭院				

汉字拟音	摆务	秘	哦	渎
国际音标	byɛ³³u⁵⁵	mi⁵⁵	u⁵⁵	tu³¹
直译	富家	名	得	（助词）
意译	成为富裕家的名声就得到了			

汉字拟音	腻	属	腻	闭	素
国际音标	ȵi⁵⁵	ʂu³¹	ȵi⁵⁵	pi⁵⁵	su⁵⁵
直译	你（死者）	苦劳	你	做	（助词）
意译	死者你辛苦一生做的事				

汉字拟音	你	入	你	玛	么	阿
国际音标	ȵi³³	zu³¹	ȵi³³	ma³¹	mu³³	ŋa⁵⁵
直译	你	儿子	你	姑娘	教	（了）
意译	教给了你的儿子和你的姑娘					

汉字拟音	七	作	喇	加	达
国际音标	tʃʰʐ³¹	tsuɑ⁵⁵	la³¹	tɕa³³	ta³¹
直译	一	代	（助词）	（助词）	（助词）
意译	你这一代过去了				

汉字拟音	七	作	慕	你	这
国际音标	tʃʰʐ³¹	tsuɑ⁵⁵	mu⁵⁵	ȵi⁵⁵	dzɑ⁵⁵
直译	一	代	做	（助词）	在
意译	又一代在干活生存				

汉字拟音	擦	苗	秘	哪	磨
国际音标	tsʰɑ⁵⁵	miɑ³¹	mi⁵⁵	na³³	mu⁵⁵
直译	人	活路	地	里	做
意译	人们在田地里劳动干活				

汉字拟音	秘哪	擦	秀	素
国际音标	mi⁵⁵ na³³	tsʰɑ⁵⁵	xiu⁵⁵	su⁵⁵
直译	地	人	养	（助词）
意译	田地把人养活			

汉字拟音	杜	壳	杜	作	达
国际音标	tʋ⁵⁵	ko³¹	tʋ⁵⁵	tsuɑ⁵⁵	ta³¹
直译	千	年	千	代	（助词）
意译	千年千代来				

汉字拟音	秘哪	秘你	啊
国际音标	mi^{55} na^{33}	mi^{55} ȵi^{55}	ŋa^{55}
直译	地	生命	是
意译	田地是人的生命		

串讲：

人在天底下生存，人在地面上生存。人是天养的，人是地养的。人们生活在地面上，要干十二样的农活。太阳还没出来，就已经做着活了；月亮出来了，还没有停止干活。手做农活做到星星出，田边地角都做圆。农活干了几个月，干到收获的时节。收获的东西满庭院，粮食堆满仓柜。用收获物饲养牲畜，牲畜满庭院，成为富裕家的名声就得到了。死者你辛苦一生做的事，教给了你的儿子和你的姑娘。你这一代过去了，又一代在干活生存。人们在田地里劳动干活，田地把人养活。千年千代来，田地是人的生命。

四十九　水漫顶天了

	阿皮卡	a³³pʰi³¹kʰa³¹	葫芦

汉字拟音	迷	久	里	秘	久	里
国际音标	mi³¹	tɕu³³	li³³	mi⁵⁵	tɕu³³	li⁵⁵
直译	天	成	后	地	成	（助词）
意译	天形成后，地形成后					

汉字拟音	擦	这	迷	多	哪
国际音标	tsʰa⁵⁵	dʐa⁵⁵	mi³¹	to⁵⁵	na³³
直译	人	有	天	顶	（了）
意译	（因为人不会死）人满顶天了				

汉字拟音	玉	日	迷	倮	路
国际音标	ʐʅ⁵⁵	ʐʅ³¹	mi³¹	lo³³	lu⁵⁵
直译	水	漫	天	接	（助词）
意译	水涨起来，水漫顶天了				

汉字拟音	擦	最	尼	腻
国际音标	tsʰa⁵⁵	zi⁵⁵	ɲi³¹	ɲi³³
直译	人	剩	二	兄妹
意译	人都淹死了，最后只剩下两兄妹			

汉字拟音	最	切	尼	腻	于	你	皮卡	渎
国际音标	zi⁵⁵	tʃʰi⁵⁵	ɲi³¹	ɲi³³	zy³¹	ɲi⁵⁵	pʰi³¹kʰa³¹	du³¹
直译	剩	他们	二	兄妹	躲	到	葫芦	钻
意译	他们二兄妹就钻进葫芦里躲起来							

汉字拟音	玉	习	古	处	习
国际音标	zɿ⁵⁵	sɿ³¹	ku³³	tʂʰu⁵⁵	sɿ³¹
直译	水	干枯	九	处	干涸
意译	洪水终于退下去了				

汉字拟音	皮	左	浦	多	应	妙	渎
国际音标	pʰi³¹	tʂua³³	pʰʋ⁵⁵	do³³	i⁵⁵	mia⁵⁵	tu³¹
直译	葫芦	蒂	开	出	天	亮	（助词）
意译	打开葫芦蒂出来，看见天亮了						

汉字拟音	切	七	主	乍	夜	擦	嗯	妙
国际音标	tʃʰi⁵⁵	tʃʅ³¹	dzu⁵⁵	tʂa⁵⁵	i⁵⁵	tsʰa⁵⁵	ŋ³¹	mia⁵⁵
直译	他们	一	条	转	去	人	不	见
意译	他们转了一条山梁，看不见人							

汉字拟音	尼	主	乍	夜	尺	嗯	妙
国际音标	ɲi³¹	dzu⁵⁵	tʂa⁵⁵	i⁵⁵	tʂʰʅ³¹	ŋ³¹	mia⁵⁵
直译	两	条	转	去	狗	不	见
意译	转了两条山梁连狗都不见一条						

汉字拟音	撒	主	乍	夜	达	切	尼	腻
国际音标	sa³¹	dzu⁵⁵	tʂa⁵⁵	i⁵⁵	ta³¹	tɕʰi³¹	ɲi³¹	ɲi³³
直译	三	条	转	去	也	他们	二	兄妹
意译	转完三条山梁也仅仅只见他们二兄妹							

汉字拟音	阿哭	七	着	磨
国际音标	a³³kʰʋ³³	tʃʰʅ³¹	dʐu⁵⁵	mu⁵⁵
直译	火烟	一	条	成
意译	火烟合成为一条			

汉字拟音	倮	照	七	则	久
国际音标	lo⁵⁵	tʂa⁵⁵	tʃʰʅ³¹	tsi³¹	tɕu³³
直译	石	磨	一	副	成
意译	石磨合成为一副				

汉字拟音	擦入	尼	腻	七	觉	磨
国际音标	tsʰɑ⁵⁵zu³¹	ȵi³¹	ȵi³³	tʃʰʅ³¹	tɕya³³	mu⁵⁵
直译	人	二	兄妹	一	对	成
意译	兄妹二人要合成为一双					

汉字拟音	尼	腻	七	恨	度
国际音标	ȵi³¹	ȵi³³	tʃʰʅ³¹	xi⁵⁵	tu⁵⁵
直译	二	兄妹	一	家	做
意译	两兄妹做了一家人				

汉字拟音	入	秀	入	摆	渎
国际音标	zu³¹	xiu⁵⁵	zu³¹	bɛ⁵⁵	tu³¹
直译	儿子	养	儿子	旺	（助词）
意译	儿子越传越旺				

汉字拟音	麻	秀	麻	摆	渎
国际音标	ma³¹	xiu⁵⁵	ma³¹	bɛ⁵⁵	tu³¹
直译	姑娘	养	姑娘	旺	（助词）
意译	姑娘越传越多				

汉字拟音	擦	照	挎	比	渎
国际音标	tsʰɑ⁵⁵	dzɑ⁵⁵	kʰuɑ³¹	pʂi³³	tu³¹
直译	人	有	村	满	（助词）
意译	人就这样传满了村村寨寨				

串讲：

天形成后，地形成后，因为人不会死，人满顶天了。水涨起来，水满顶天了，人都淹死了。最后只剩下两兄妹。他们二兄妹就钻进葫芦里躲起来。洪水终于退下去了，打开葫芦蒂出来，看见天亮了。他们转了一条山梁，看不见人。转了两条山梁连狗都不见一条。转完三条山梁也仅仅只见他们二兄妹。火烟合成为一条，石磨合成为一副，兄妹二人要合成为一双，两兄妹做了一家人。儿子越传越旺，姑娘越传越多，人就这样传满了村村寨寨。

五十 天神撒树种

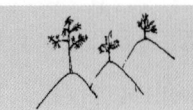	艺次 私补	ʐŋ⁵⁵ tsŋ⁵⁵ sŋ³³bʋ³³	山和树木

汉字拟音	迷	久	哩哪	迷	乌	渎
国际音标	mi³¹	tɕu³³	li⁵⁵na³³	mi³¹	u³¹	tu³¹
直译	天	成	（助词）	天	有	（助词）
意译	天形成了天有了					

汉字拟音	秘	久	哩哪	秘	乌	渎
国际音标	mi⁵⁵	tɕu³³	li⁵⁵na³³	mi⁵⁵	u³¹	tu³¹
直译	地	成	（助词）	地	有	（助词）
意译	地造成了地有了					

汉字拟音	务素	擦集	私	湿	染
国际音标	vʋ⁵⁵ su⁵⁵	tsʰɑ⁵⁵ tsŋ³¹	sŋ³³	ʂŋ³¹	za³³
直译	天神务素	开会	树	种	要撒
意译	天神务素召集开会撒树种				

汉字拟音	塔补	务素	着梭	渎
国际音标	tʰɑ³¹bʋ³³	vʋ⁵⁵ su⁵⁵	tʂuə³¹suə³¹	du³¹
直译	松树	天神务素	卓索鸟	咒
意译	松树被天神务素派来的卓索鸟咒着			

汉字拟音	秘	哩	迷	嗯	多
国际音标	mi^{55}	li^{55}	mi^{31}	ŋ^{31}	to^{55}
直译	高	去	天	不	顶
意译	再长高也顶不着天				

汉字拟音	七	霞	入	以	恨	玉	么
国际音标	tʃʰʅ^{31}	ça^{31}	zu^{55}	zʅ^{55}	xi̠^{55}	zʅ^{55}	mu^{33}
直译	一	些	砍	来	房子	柱子	（助词）
意译	一些砍来做起房子的柱子						

汉字拟音	七	侠	入	以	恨	拉么
国际音标	tʃʰʅ^{31}	ça^{31}	zu^{55}	zʅ^{55}	xi̠^{55}	la^{31}mu^{33}
直译	一	些	砍	来	房子	桁条
意译	一些砍来做起房子的桁条					

汉字拟音	塔	入	七	侠	霞	以	尼	租	磨
国际音标	tʰa^{31}	zu^{31}	tʃʰʅ^{31}	ça^{31}	ça^{31}	i^{55}	ȵi^{31}	dzu^{55}	mu^{55}
直译	松	儿子	一	些	砍	来	鬼神	祭	用
意译	一些小松树砍来祭鬼神时用								

汉字拟音	七	侠	磨	以	抓	祖	磨
国际音标	tʃʰʅ^{31}	ça^{31}	mu^{55}	i^{55}	dzua^{33}	dzu^{55}	mu^{55}
直译	一	些	折	来	喜庆	场合	用
意译	一些松枝折来在喜庆时用						

串讲：

天形成了，天有了，地造成了，地有了。天神务素召集开会撒树种。松树被天神务素派来的卓索鸟咒着，再长高也顶不着天。一些砍来做起房子的柱子，一些砍来做起房子的桁条，一些小松树砍来祭鬼神时用，一些松枝折来在喜庆时用。

五十一 坟门修得管千年

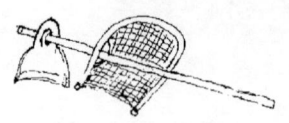

	赫比借腊素	xɤ̠⁵⁵ pi⁵⁵ tɕi⁵⁵ la³¹sʊ⁵⁵	锄头穿粪箕

汉字拟音	你	入	娃	素	吧
国际音标	ȵi⁵⁵	zu³¹	uɑ³¹	su⁵⁵	ba⁵⁵
直译	逝者	儿子	大	（助词）	（助词）
意译	逝者的大儿子				

汉字拟音	赫闭	帕	恰	于
国际音标	xɤ̠⁵⁵ pi⁵⁵	pʰɑ⁵⁵	tɕʰɑ³¹	y³³
直译	锄头	肩	扛	上
意译	肩膀上扛着锄头			

汉字拟音	赫闭	借腊	素
国际音标	xɤ̠⁵⁵ pi⁵⁵	tɕi⁵⁵ la³¹	sʊ⁵⁵
直译	锄头	粪箕	穿
意译	锄头上穿着粪箕		

汉字拟音	泼	就	夜	告喇
国际音标	pʰu³¹	dzu⁵⁵	i⁵⁵	kɑ⁵⁵ la³¹
直译	逝者	路	去	地方
意译	去修逝者要走的路			

汉字拟音	借喇	尼	剃	啦哭	比
国际音标	tɕi⁵⁵ la³¹	nɛ³¹	piu³¹	la⁵⁵ kʰu³¹	pʂi³³
直译	粪箕	泥巴	抬	坑凹	满
意译	用粪箕抬泥巴把路上的坑凹填平				

汉字拟音	倮么	次	塔	素
国际音标	lo⁵⁵ mu³³	tsʰɿ⁵⁵	tʰa³¹	su⁵⁵
直译	石头	脚	拦挡	（助词）
意译	把路上拦脚的石头			

汉字拟音	赫闭约罗	倮	止	渎
国际音标	xɤ̠⁵⁵ pi⁵⁵ io³³lo³³	lo⁵⁵	tʂɿ⁵⁵	tu³¹
直译	锄头	石头	搬开	（助词）
意译	用锄头搬移开			

汉字拟音	泼	习	就	哩	诺
国际音标	pʰu³¹	ɕy³¹	dʐu⁵⁵	li³³	nu⁵⁵
直译	逝者	走	路	去	（助词）
意译	逝者要走的路修好了				

汉字拟音	塔抓	必剥	啦
国际音标	tʰa³¹tʂua⁵⁵	pi⁵⁵ bu³¹	la³¹
直译	松林	山坡	（在）
意译	在长松林的山坡上		

汉字拟音	泼	自	撒	作	皮	照	机
国际音标	pʰu³¹	zɿ⁵⁵	sɑ³¹	tsuɑ⁵⁵	pʰsi³¹	dzɑ⁵⁵	tsɿ³¹
直译	逝者	遇着	三	代	祖先	在	（助词）
意译	是逝者遇三代以上祖先的地方						

汉字拟音	你	入	切	娃	素
国际音标	ȵi⁵⁵	zu³¹	tʃʰi⁵⁵	uɑ³¹	su⁵⁵
直译	逝者	儿子	他	大	（助词）
意译	逝者的大儿子				

汉字拟音	赫闭约罗	借腊	素
国际音标	xɤ̠⁵⁵ pi⁵⁵ io³³lo³³	tɕi⁵⁵ la³¹	su⁵⁵
直译	锄头	撮箕	穿
意译	用穿着粪箕的锄头		

汉字拟音	泥	刮	倮	止	磨
国际音标	ȵɛ³¹	kuɑ³¹	lo⁵⁵	tʂɿ⁵⁵	mu⁵⁵
直译	泥巴	挖填	石头	搬	砌
意译	挖泥巴，搬砌石头				

汉字拟音	泼里	麻孟格切	杜	壳	打
国际音标	pʰʊ³¹li⁵⁵	ma³¹mɤ⁵⁵ gɤ³¹tɕʰɛ³¹	tʊ⁵⁵	kʰo³¹	ta⁵⁵
直译	逝者	坟门	千	年	（助词）
意译	把逝者的坟门修得管千年				

串讲：

逝者的大儿子，肩膀上扛着锄头，锄头上穿着粪箕，去修逝者要走的路。用粪箕抬泥巴把路上的坑凹填平，把路上拦脚的石头，用锄头搬移开。逝者要走的路修好了。在长松林的山坡上，是逝者遇三代以上祖先的地方。逝者的大儿子，用穿着粪箕的锄头，挖泥巴，搬砌石头，把逝者的坟门修得管千年。

五十二 竹条穿过牛鼻打上结

	提机	tʰy³¹tɕi³¹	牛鼻竹条

汉字拟音	阿节	楼	捉	路
国际音标	a³¹tɕɛ³¹	lu³¹	tʂu³³	lu⁵⁵
直译	大女儿	牛	找	来
意译	大女儿把牛找回来了			

汉字拟音	阿节	诺	兔	嗯	国
国际音标	a³¹tɕɛ³¹	nu⁵⁵	tʰu⁵⁵	ŋ³¹	ko³¹
直译	大女儿	鼻子	穿	不	会
意译	大女儿不会打穿牛鼻子				

汉字拟音	磨字	楼	渎	提
国际音标	mu⁵⁵tsʅ⁵⁵	lu³¹	tu³¹	tʰy³¹
直译	竹条	牛	（助词）	打结
意译	用竹条穿过牛鼻打好扣结			

汉字拟音	泼	系	么	系	祖	磨	恰
国际音标	pʰu³¹	ɕʅ⁵⁵	mu³³	ɕʅ⁵⁵	tsu³³	mu⁵⁵	tɕʰa³¹
直译	男	死	女	死	礼物	用	要
意译	就可用作献给男性女性死者的礼物了						

汉字拟音	楼	伯	楼	渎	织
国际音标	lu³¹	bu³¹	lu³¹	tu³¹	tʂɿ³¹
直译	牛	公	牛	（助词）	跪
意译	把牛摁倒，让牛跪着被杀				

汉字拟音	以	次	格多	切	楼
国际音标	zɿ³¹	tsʰɿ⁵⁵	gɤ³¹to⁵⁵	tɕʰin³¹	lu³¹
直译	四	脚	支撑	要做	牛
意译	要砍断牛的四脚将用来做支撑				

汉字拟音	记	榭么	些
国际音标	tsɿ⁵⁵	xi⁵⁵mu³³	ɕi⁵⁵
直译	皮	正房	宽
意译	剥下的牛皮像正房一样宽		

汉字拟音	楼	呼	照啦	打
国际音标	lu³¹	xu³¹	tʂa⁵⁵la⁵⁵	ta⁵⁵
直译	牛	肉	桌子	放
意译	牛肉放满灵柩前的八仙桌			

汉字拟音	楼	记	不子	闭	楼
国际音标	lu³¹	tsɿ⁵⁵	pu³¹dzɿ³¹	pi⁵⁵	lu³¹
直译	牛	皮	背带绳	做	牛
意译	牛皮要用来做背带的绳子				

汉字拟音	朴哩	日	素	字
国际音标	pʰu³¹li⁵⁵	zʅ³¹	su⁵⁵	tsɿ³³
直译	死者	睡	好	（给）
意译	这样，死者就会好好地安息了			

串讲：

大女儿把牛找回来了。大女儿不会打穿牛鼻子，用竹条穿过牛鼻打好扣结，就可用作献给男性女性死者的礼物了。把牛摁倒，让牛跪着被杀。要砍断牛的四脚将用来做（死者棺材的象征性）支撑。剥下的牛皮像正房一样宽。牛肉放满灵柩前的八仙桌。牛皮要用来做背带的绳子。这样，死者就会好好地安息了。

五十三　山羊杀死时不闭眼

	烘播杜抓补	xu⁵⁵ bu⁵⁵ tʋ⁵⁵ tʂua³¹bʋ³³	月亮里的千年树

汉字拟音	背就	烘	多	路
国际音标	bə⁵⁵ tɕu⁵⁵	xu⁵⁵	do³³	lu⁵⁵
直译	东方	月亮	出	来
意译	月亮从东方升起来			

汉字拟音	烘	多	热热	敌
国际音标	xu⁵⁵	do³³	zi³¹zi³¹	di³¹
直译	月亮	出	明亮	（助词）
意译	月亮光明亮晃晃的			

汉字拟音	烘	渺	杜抓补
国际音标	xu⁵⁵	mia⁵⁵	tʋ⁵⁵ tʂua³¹bʋ³³
直译	月亮	给看	梭罗树
意译	月亮里显现出梭罗树来		

汉字拟音	族节果闭	吧
国际音标	tsʰu³¹tɕiɛ³¹ kuə³³psi⁵⁵	ba⁵⁵
直译	羊	（助词）
意译	现在杀的用来祭祀的这一只出角山羊呢	

汉字拟音	库啦	夜	告	什	下	足	素
国际音标	$k^hʋ^{55}$ la^{55}	i^{55}	ka^{55}	$ʂʅ^{31}$	$ɕia^{55}$	dzu^{31}	su^{55}
直译	高山	去	（在）	草	干净	吃	（的）
意译	它是吃高山最干净的草生长的						

汉字拟音	啦道	夜	告	玉	下	道	素
国际音标	la^{55} ta^{55}	i^{55}	ka^{55}	$zʅ^{55}$	$ɕia^{55}$	da^{55}	su^{55}
直译	箐凹	去	（在）	水	干净	喝	（的）
意译	它是喝山箐里最干净的水长大的						

汉字拟音	泼	恰	入	染
国际音标	p^hu^{31}	$tɕ^ha^{31}$	y^{33}	za^{33}
直译	男	不得不	用	必须
意译	祭祀男性时必须要用它			

汉字拟音	么	恰	入	染
国际音标	mu^{33}	$tɕ^ha^{31}$	y^{33}	za^{33}
直译	女	不得不	用	必须
意译	祭祀女性时也必须要用它			

汉字拟音	泼哩	独	咩
国际音标	$p^hu^{31}li^{55}$	du^{31}	$miɛ^{55}$
直译	他留人	占卜	找
意译	他留人占卜问卦		

汉字拟音	下	娃	帕	于	染
国际音标	$ɕia^{55}$	ua^{31}	p^ha^{55}	y^{33}	za^{33}
直译	干净	左	羊板骨	用	必须
意译	都必须要用这干净山羊的左羊板骨				

汉字拟音	泼	系	么	系	树耳	素
国际音标	pʰu³¹	ɕɿ⁵⁵	mu³³	ɕɿ⁵⁵	ʂu³³ɤ³³	su⁵⁵
直译	男	死	女	死	献给	（的）
意译	它也是敬献给男性、女性死者的礼物					

汉字拟音	细	哩	咩	嗯	咪
国际音标	ɕɿ⁵⁵	li³³	mia⁵⁵	ŋ³¹	miɛ⁵⁵
直译	死	羊	眼睛	不	闭
意译	它这山羊杀死时不闭眼				

汉字拟音	切	照	七你	喇
国际音标	tʃʰi⁵⁵	dzɑ⁵⁵	tsʰɿ³¹ȵi³³	la³¹
直译	它	存在	时候	（在）
意译	是因为它活着的时候			

汉字拟音	烘哩	杜抓	飘
国际音标	xu⁵⁵li⁵⁵	tʋ⁵⁵tʂua³¹	pʰiu³¹
直译	月亮	梭罗树	叶子
意译	月亮里梭罗树的叶子		

汉字拟音	哦	嗯	足	哪	阿	渎
国际音标	u⁵⁵	ŋ³¹	dzʋ³¹	na³³	ŋa⁵⁵	tu³¹
直译	（助词）	不得	吃	（助词）	是	（了）
意译	它还没有吃着的缘故					

串讲：

月亮从东方升起来。月亮光明亮晃晃的，月亮里显现出梭罗树来。现在杀的用来祭祀的这一只出角山羊呢，它是吃高山最干净的草生长的，它是喝山箐里最干净的水长大的。祭祀男性时必须要用它，祭祀女性时也必须要用它。他留人占卜问卦，都必须要用这干净山羊的左羊板骨。它也是敬献给男性、女性死者的礼物。它这山羊杀死时不闭眼，是因为它活着的时候，月亮里梭罗树的叶子，它还没有吃着的缘故。

五十四 放牛鬼阿敌

	阿敌	a³³di³¹	放牛鬼

汉字拟音	挂么	七达	喇
国际音标	kuɑ⁵⁵mu³³	tʃʰʅ³¹da³¹	la³¹
直译	院坝	这里	（助词）
意译	在院坝这个地方		

汉字拟音	楼	古	切
国际音标	lu³¹	gu³³	tɕʰɛ³¹
直译	牛	玩	要
意译	牛要在这里做祭祀的展示		

汉字拟音	泼	秘	护	刀切
国际音标	pʰu³¹	pi⁵⁵	xu⁵⁵	tɑ³¹tɕʰɛ³¹
直译	父	名声	要	显现
意译	杀牛祭祀逝者（父亲）的名声要在这里显现			

汉字拟音	楼伯	祖	嗯	握
国际音标	lu³¹bu³¹	dzu³¹	ŋ³¹	u⁵⁵
直译	牛	东西	没	有
意译	现在，牛这东西还没有			

汉字拟音	阿敌	卓	米	华
国际音标	a³¹di³¹	dzu³³	miɛ³³	xuɑ³¹
直译	放牛鬼阿敌	牲口	找	带领
意译	放牛鬼阿敌带领去找牛这种牲口			

串讲：

在院坝这个地方，牛要在这里做祭祀的展示。杀牛祭祀逝者的名声要在这里显现。现在，牛这东西还没有，放牛鬼阿敌带领去找牛这种牲口。

五十五 接缝的印子

	米股错	mi³¹guə³³tsʰo³³	银河

汉字拟音	塞	哑	嗯	不	喇
国际音标	sɑ³¹	ia⁵⁵	ŋ³¹	pu⁵⁵	la³¹
直译	在	鸡	不	叫	（在）
意译	在鸡还不叫的时候				

汉字拟音	密	挪	哭	于	恰
国际音标	mi⁵⁵	nu³³	kʰʊu³¹	y³³	tɕʰa³¹
直译	地	（助词）	偷	用	（助词）
意译	去偷地来补天				

汉字拟音	萨	哦	喇	畜	路
国际音标	sɑ⁵⁵	u³¹	la³¹	ɕu³¹	lu⁵⁵
直译	三	个	手	袖	卷起
意译	三个人卷起袖子				

汉字拟音	密	竹	捉	你	磨
国际音标	mi⁵⁵	dzʐ̩³¹	tso³¹	ȵi⁵⁵	mu⁵⁵
直译	地	筋	搂	（助词）	做
意译	搂起地的筋				

汉字拟音	鹊	加	假	里	吧
国际音标	tɕʰyɑ³¹	tɕa³³	tɕa³¹	li⁵⁵	ba⁵⁵
直译	六	捧	抓	（助词）	（助词）
意译	三人六捧把地筋捧上去补天				

汉字拟音	明玛	比	泻	渎
国际音标	mi³¹ma³³	psi⁵⁵	ɕi⁵⁵	tu³¹
直译	天	补	宽	（了）
意译	天补宽了			

汉字拟音	比	告	汲	啦
国际音标	psi⁵⁵	kɑ⁵⁵	tsʅ³¹	la³¹
直译	补	地方	节	（助词）
意译	补着的接缝印子			

汉字拟音	明	骨	堵	妙	渎
国际音标	mi³¹	guə³³	dʋ³³	mia⁵⁵	tu³¹
直译	天	银河	印子	见	（助词）
意译	就变成了天上的银河				

串讲：

在鸡还不叫的时候，造天的三个人去偷地来补天。三个人卷起袖子，搂起地的筋。三人六捧把地筋捧上去补天。天补宽了，补着的接缝印子，就变成了天上的银河。

五十六 大门口那里

	道么	tɑ⁵⁵mu³³	大门

汉字拟音	道么	哪搭喇
国际音标	tɑ⁵⁵mu³³	na³³da³¹la³¹
直译	大门	那一块
意译	在大门口那里	

汉字拟音	月你	细作	惹
国际音标	i³¹ɲi³³	ʂɿ⁵⁵tʂuɑ⁵⁵	za³³
直译	今天	跪拜	要
意译	今天要跪拜迎接前来吊丧的亲友		

汉字拟音	你	麻	切	娃	素
国际音标	ɲi⁵⁵	ma³¹	tɕʰi⁵⁵	uɑ³¹	su⁵⁵
直译	你	女儿	她	大	（的）
意译	你的大女儿				

汉字拟音	达织	喇	路磨
国际音标	ta³¹tsɿ³¹	la³¹	lu⁵⁵mu⁵⁵
直译	拄丧棍	手	拿着
意译	手里拿着拄丧棒		

汉字拟音	泼习	作磨	告
国际音标	pʰu³¹ɕɿ⁵⁵	tsuə⁵⁵ mu⁵⁵	ka⁵⁵
直译	死者	谢	跟着
意译	死者的子女们要对来客行谢礼		

串讲：

在大门口那里，今天要跪拜迎接前来吊丧的亲友。你的大女儿，手里拿着拄丧棒。死者的子女们要对来客行谢礼。

五十七　树有十二种

		杜处私	tʋ⁵⁵ tʂʰu⁵⁵ sʅ³³	杜处柴
汉字拟音	私	习	次尼	习
国际音标	sʅ³³	sʅ³¹	tsʰʅ⁵⁵ n̠i³¹	sʅ³¹
直译	树	样	十二	样
意译	树有十二种			

汉字拟音	杜处	入（麻）	瓷	组
国际音标	tʋ⁵⁵ tʂʰu⁵⁵	zu³¹ma³¹	tsʰʅ³¹	dzu³³
直译	杜处树	婴儿	洗	用
意译	杜处树是用来给婴儿洗澡烧的柴			

汉字拟音	杜处私	不	嗯	克
国际音标	tʋ⁵⁵ tʂʰu⁵⁵ sʅ³³	bʋ³¹	ŋ³¹	kʰə³¹
直译	杜处树	虫	不	啃
意译	杜处树虫不啃它			

汉字拟音	迟	嗯	足	亚	嗯	足
国际音标	tʂʰʅ³¹	ŋ³¹	dzu³¹	iɑ⁵⁵	ŋ³¹	dzu³¹
直译	山羊	不	吃	绵羊	不	吃
意译	山羊不吃它，绵羊也不吃它					

汉字拟音	醋	嗯	系	假	嗯	系
国际音标	tsʰu⁵⁵	ŋ³¹	ɕɿ⁵⁵	dʑa³³	ŋ³¹	ɕɿ⁵⁵
直译	热	不	死	冷	不	死
意译	热不死它，冷不死它					

汉字拟音	入（麻）	瓷	玉	丽	私
国际音标	zu³¹ma³¹	tsʰɿ³¹	ʐɿ⁵⁵	li⁵⁵	sɿ³³
直译	婴儿	洗	水	热	柴
意译	它是给婴儿洗澡烧热水用的柴树				

串讲：

树有十二种，杜处树是用来给婴儿洗澡烧的柴。杜处树虫不啃它，山羊不吃它，绵羊也不吃它，热不死它，冷不死它。它是给婴儿洗澡烧热水用的柴树。

五十八 用锤子打石头

		祼文骨	lo³³oŋ³¹gʋ³¹	锤子

汉字拟音	祼文骨	祼	呆	胸
国际音标	lo³³oŋ³¹gʋ³¹	lo⁵⁵	tɛ³¹	xiuŋ³¹
直译	锤子	石头	打	用
意译	用锤子打石头			

汉字拟音	泼腻	照	卢	喇
国际音标	pʰu³¹ɲi⁵⁵	dzɑ⁵⁵	lu⁵⁵	la³¹
直译	逝者	在	（着）	（时）
意译	逝者活着的时候			

汉字拟音	祼文骨	喇	路	机
国际音标	lo³³oŋ³¹gʋ³¹	la³¹	lu⁵⁵	tsɿ³³
直译	锤子	手	拿	（着）
意译	手上拿着锤子			

汉字拟音	祼	呆	榭么	哪	搓	渎
国际音标	lo⁵⁵	tɛ³¹	xi̠⁵⁵mu³³	na³³	tsʰo³³	tu³¹
直译	石头	打	正房	（副词）	修	（着）
意译	打石头修好了房屋					

汉字拟音	月你	泼习	皮	自	哩
国际音标	i³¹n̠i³³	pʰu³¹ɕɿ⁵⁵	pʰsi³¹	zɿ⁵⁵	li⁵⁵
直译	今天	逝者	祖先	会	去
意译	今天逝者要去会他的祖先				

汉字拟音	夸	无	夸	马	入
国际音标	kʰua⁵⁵	vʋ³¹	kʰua⁵⁵	ma³³	zu³¹
直译	村	头	村	尾	年轻人
意译	村头村尾的年轻人				

汉字拟音	裸文骨	喇	路	机
国际音标	lo³³oŋ³¹gʋ³¹	la³¹	lu⁵⁵	tsɿ³³
直译	锤子	手	拿	（着）
意译	手上拿着锤子			

汉字拟音	裸	呆	裸	扫	垮
国际音标	lo⁵⁵	tɛ³¹	lo⁵⁵	sɑ⁵⁵	kʰuɑ³¹
直译	石头	打	石头	三	块
意译	石头打了三块				

汉字拟音	裸	粗	裸	扫	箸
国际音标	lo⁵⁵	tsʰʋ³³	lo⁵⁵	sɑ³³	tʂo⁵⁵
直译	石头	砌	石头	三	层
意译	石头砌了三层				

汉字拟音	秘速	缩	握	渎
国际音标	mi⁵⁵ su³¹	su³¹	u⁵⁵	tu³¹
直译	墓地	修建	有	（了）
意译	坟墓就修建好了			

串讲：

逝者活着的时候用锤子打石头。手上拿着锤子，打石头修好了房屋。今天逝者要去会他的祖先。村头村尾的年轻人，手上拿着锤子，石头打了三块，石头砌了三层，坟墓就修建好了。

五十九 遇到了烂麻

	级超	dzʐ̩³¹tʂʰo³³	烂麻

汉字拟音	玉	就	级	瓷	渎
国际音标	zʐ̩⁵⁵	dzu⁵⁵	dzʐ̩³¹	tsʰʐ̩³¹	tu³¹
直译	水	路	麻	泡	（着）
意译	麻秆在水里泡着了				

汉字拟音	七	你	应	夜	次	级	无	利	嗯	裸
国际音标	tʃʰʐ̩³¹	ȵi³³	ĩ⁵⁵	i⁵⁵	tsʰʐ̩⁵⁵	dzʐ̩³¹	vu³¹	li⁵⁵	ŋ³¹	lo³³
直译	一	天	看	去	脚	分裂	头	（副词）	不	到
意译	一天去看，脚泡裂了，头没有泡裂									

汉字拟音	七	你	应	夜	无	级	次	利	嗯	拖
国际音标	tʃʰʐ̩³¹	ȵi³³	ĩ⁵⁵	i⁵⁵	vu³¹	dzʐ̩³¹	tsʰʐ̩⁵⁵	li⁵⁵	ŋ³¹	tʰu³³
直译	一	天	看	去	头	分裂	脚	（副词）	不	到
意译	一天去看，头泡裂了脚还没有被泡裂									

汉字拟音	撒	你	巧	褥	夜
国际音标	sɑ³³	ȵi³³	tɕʰya³³	zʊ⁵⁵	i⁵⁵
直译	三	天	组	拿	去
意译	第三天去剥拿麻皮组				

汉字拟音	级	瓷	级	超	多
国际音标	dzʅ³¹	tsʰʅ³¹	dzʅ³¹	tsʰo³³	do³³
直译	麻	剥	麻	烂	出
意译	剥麻时遇到了烂麻				

汉字拟音	级	超	么	瓷	组	级
国际音标	dzʅ³¹	tsʰo³³	mu³³	tsʰʅ³¹	dzu³³	dzʅ³¹
直译	麻	烂	死者	洗	用	麻
意译	烂麻是专门用来给女死者洗脸洗身用的					

汉字拟音	超	么	细	格	阿
国际音标	tsʰo³³	mu³³	ɕʅ⁵⁵	gə³¹	ŋa⁵⁵
直译	烂	死者	死	格（禁忌）	是
意译	烂麻是这个女人死的格（禁忌）				

串讲：

麻秆在水里泡着了。一天去看，脚泡裂了，头没有泡裂。一天去看，头泡裂了脚还没有被泡裂。第三天去剥拿麻皮组，剥麻时遇到了烂麻。烂麻是专门用来给女死者洗脸洗身用的，烂麻是这个女人死的忌讳物。

六十 牲口睡满圈

|  | 阿切里 | a⁵⁵ tɕʰɛ³¹li³³ | 四齿耙 |

汉字拟音	卓	里	卓	日	比
国际音标	dzu³³	li³³	dzu³³	zɔ³¹	pʂi³³
直译	牲口	回来	牲口	睡	满
意译	牲口回来睡满圈				

汉字拟音	卓	卡道	磨	惹
国际音标	dzu³³	kʰa³¹ta⁵⁵	mu⁵⁵	za³³
直译	牲口	垫圈	用	要
意译	要去找牲口的垫圈			

汉字拟音	阿切里	喇	路机
国际音标	a⁵⁵ tɕʰɛ³¹li³³	la³¹	lu⁵⁵ tsɹ³³
直译	四齿耙	手	拿着
意译	手上拿着四齿耙		

汉字拟音	塔抓	毕剥	机
国际音标	tʰa³¹tʂua³³	pi⁵⁵bu³¹	tsɹ³³
直译	松林	山坡	到
意译	去到了松林山坡上		

汉字拟音	娃	刮	泥	喇	国
国际音标	ua³¹	kuɑ³¹	ɲi³¹	la³¹	ko³³
直译	左	抓	二	手	抱
意译	左抓了两大抱				

汉字拟音	右	刮	萨	喇	国
国际音标	iu⁵⁵	kuɑ³¹	sa⁵⁵	la³¹	ko³³
直译	右	抓	三	手	抱
意译	右抓了三大抱				

汉字拟音	把次	惹于	不
国际音标	ba³¹tsʰɿ³³	ɣ⁵⁵zy³¹	pu³¹
直译	索绳	很重	背
意译	用绳索背很重的背子		

汉字拟音	卓	卡道	磨	渎
国际音标	dzu³³	kʰa³¹ta⁵⁵	mu⁵⁵	tu³¹
直译	牲口	垫圈	用	（好了）
意译	给牲口的垫圈就弄好了			

串讲：

牲口回来睡满圈，要去找牲口的垫圈。手上拿着四齿耙，去到了松林山坡上。左抓了两大抱，右抓了三大抱。用绳索背很重的背子，给牲口的垫圈就弄好了。

六十一 正房是供奉祖先的地方

|  | 槲么挂达 | xi̠⁵⁵mu³³kuɑ⁵⁵tɑ³¹ | 正房院坝 |

汉字拟音	槲么	阿皮	撒	作	尼磨	机
国际音标	xi̠⁵⁵mu³³	a³¹pʰsi³¹	sɑ⁵⁵	tsuɑ³³	ȵi³¹mu³³	tsʅ³³
直译	正房	祖先	三	代	供祭	（地方）
意译	正房是供奉三代祖先的地方					

汉字拟音	槲么	挂达	娃哪	挂	这	机
国际音标	xi̠⁵⁵mu³³	kuɑ⁵⁵tɑ³¹	uɑ³¹na³³	kuɑ⁵⁵	tʂa⁵⁵	tsʅ³³
直译	正房	院坝	大黑猪	院坝	转	（在）
意译	院坝是大黑猪转的地方					

汉字拟音	年	应	背	漂	告
国际音标	ȵia³¹	i⁵⁵	pɤ⁵⁵	pʰia⁵⁵	kɑ⁵⁵
直译	谷	红	翻来覆去	晒	地方
意译	是翻来覆去地晒粮食的地方				

汉字拟音	伯	细	么	细	组磨	机
国际音标	pu³¹	ɕʅ⁵⁵	mu³³	ɕʅ⁵⁵	dzu⁵⁵mu³³	tsʅ³³
直译	男	死	女	死	丧事吊祭	地方
意译	是为死者办丧事吊祭的地方					

串讲：

正房是供奉三代祖先的地方。院坝是大黑猪转的地方，是翻来覆去地晒粮食的地方，是为死者办丧事吊祭的地方。

六十二 飞来一枝金花

	月露	yɛ³³lə³³	花

汉字拟音	岸卢	撒	玉	瀑	野	七	冇	冇	路
国际音标	aŋ⁵⁵lu³¹	sɑ⁵⁵	ʑɿ³³	pʰʋ⁵⁵	yɛ³³	tʃʰɿ³¹	miu³³	pʰiu⁵⁵	lu⁵⁵
直译	雪山	三	顶上	银	花	一	枝	飞	来
意译	从雪山的顶上飞来一枝银花								

汉字拟音	秘秀	斥	祖	夜
国际音标	mi⁵⁵xiu³³	tʂʰɿ⁵⁵	dʑu⁵⁵	i⁵⁵
直译	高山上	麂子	落	去
意译	落到了高山的麂子身上变成麂子去了			

汉字拟音	入	秀	祖	嗯	楚
国际音标	zu³¹	xiu⁵⁵	dʑu⁵⁵	ŋ³¹	u⁵⁵
直译	儿	养	落	不	得到
意译	不是这个要生养的儿子				

汉字拟音	哪	玉	哦伯	瀑	野	七	嘎	冇	路
国际音标	na³³	ʑɿ⁵⁵	u³¹bu³¹	pʰʋ⁵⁵	yɛ³³	tʃʰɿ³¹	ka³¹	pʰiu⁵⁵	lu⁵⁵
直译	大	江	那一边	银	花	一	枝	飞	来
意译	从大江那一边飞来一枝银花								

汉字拟音	娃么	别	入	祖	握	夜
国际音标	uɑ³¹mu³³	biu³¹	zu³¹	dʑu⁵⁵	u⁵⁵	i⁵⁵
直译	山崖	蜂	儿子	落	得到	去
意译	落到了山崖上的蜂身上变成了蜂					

汉字拟音	岸卢	撒	玉	啦
国际音标	aŋ⁵⁵lu³¹	sa⁵⁵	ʐɿ⁵⁵	la³¹
直译	雪山	三	顶	（在）
意译	从雪山顶上			

汉字拟音	瀑	野	七	嘎	冇	路
国际音标	pʰʊ⁵⁵	yɛ³³	tʃʰʅ³¹	ka³¹	pʰiu⁵⁵	lu⁵⁵
直译	银	花	一	枝	飞	来
意译	飞来一枝银花					

汉字拟音	玉瀑	嗡	入	祖	无	夜
国际音标	ʐɿ⁵⁵pʰʊ⁵⁵	uŋ³¹	zu³¹	dʑu⁵⁵	u⁵⁵	i⁵⁵
直译	水流	鱼	儿子	落	得到	去
意译	落到了水流里鱼的身上变成了鱼					

汉字拟音	入	秀	祖	嗡	握
国际音标	zu³¹	xiu⁵⁵	dʑu⁵⁵	ŋ̩³¹	u⁵⁵
直译	儿子	养	落	不	得到
意译	不是这个要生养的儿子				

汉字拟音	哪	玉	哦伯	啦
国际音标	na³³	ʐɿ⁵⁵	u³¹bu³¹	la³¹
直译	大	江	那边	（在）
意译	从大江那一边			

汉字拟音	刷	野	七	嘎	冇	路
国际音标	ʂuɑ⁵⁵	yɛ³³	tʃʰʅ³¹	ka³¹	pʰiu⁵⁵	lu⁵⁵
直译	金	花	一	枝	飞	来
意译	飞来一枝金花					

汉字拟音	泼哩	帕利	浓	入	秀	祖	握
国际音标	pʰu³¹li³³	pʰɑ⁵⁵li³³	no³¹	zu³¹	xiu⁵⁵	dʐu⁵⁵	u⁵⁵
直译	男人	肩膀	停	儿子	养	落	得到
意译	落到了你（死者）父亲的肩膀上，得到了这个要生养的儿子						

串讲：

从雪山的顶上飞来一枝银花，落到了高山的麂子身上变成麂子去了，不是这个要生养的儿子。从大江那一边飞来一枝银花，落到了山崖上的蜂身上变成了蜂。从雪山顶上，飞来一枝银花，落到了水流里鱼的身上变成了鱼，不是这个要生养的儿子。从大江那一边，飞来一枝金花，落到了你（死者）父亲的肩膀上，得到了这个要生养的儿子。

六十三 做阿拉油法事

	就洞格	tɕu⁵⁵ ton⁵⁵ gə³¹	独脚鬼

汉字拟音	族榭	庇苦	啦
国际音标	tsʰu³¹xi̠⁵⁵	pʰi⁵⁵ kʰu³¹	la³¹
直译	院房	里面	（在）
意译	在一户人家的院落房屋里面		

汉字拟音	榭	么	哪达	啦
国际音标	xi̠⁵⁵	mu³³	na³³da³¹	la³¹
直译	房	正	坎沿	（在）
意译	在他家的正房坎沿下的庭院里			

汉字拟音	买	婆	瓷你	买组
国际音标	mɛ³³	pʰu³¹	tʃʰʐ³¹ɲi³³	mɛ³³dzu⁵⁵
直译	买家（指蓝氏家或陈氏家）	男人	今天	蓝、陈家族或氏族
意译	这户（买家的人）病痛灾难不断			

汉字拟音	迟里	怕	季	倮么	四古
国际音标	tʃʰʐ³¹li⁵⁵	pʰɑ⁵⁵	dzʐ⁵⁵	lo⁵⁵mu³³	sʐ⁵⁵ku³³
直译	羊	羊肩胛骨	烧裂占卜	石头籽	数籽占卜
意译	烧羊板骨占卜，数石头籽占卜				

汉字拟音	尼	助	腻	阿	次你	格	你	他
国际音标	ȵi³¹	dzu³¹	ȵi⁵⁵	ŋɑ⁵⁵	tsʰɿ⁵⁵ȵi³¹	gə³¹	ȵia³³	tʰa³¹
直译	鬼神	吃食	你	是	十二样	禁忌	你	碰着
意译	都算着是在十二样禁忌中都是你（独脚鬼）来害的了							

汉字拟音	阿啦	无	皮
国际音标	a³¹la⁵⁵	vu³¹	pʰiɑ³¹
直译	轰鬼法事	头上	砍
意译	做阿拉油法事，都用刀砍来轰鬼		

汉字拟音	无	路	素	无	哩	也
国际音标	vu³¹	lu⁵⁵	su⁵⁵	vu³¹	li³³	i⁵⁵
直译	头	来	（的）	头	回	去
意译	上方来的鬼回上方去					

汉字拟音	啦	路	素	啦	哩	夜
国际音标	la⁵⁵	lu⁵⁵	su⁵⁵	la⁵⁵	li³³	i⁵⁵
直译	洼子	来	（的）	洼子	回	去
意译	洼子里来的鬼从洼子里回去					

汉字拟音	樹组	你	照	嘎	嗯	阿
国际音标	xi⁵⁵tsu³¹	ȵi³¹	dzɑ⁵⁵	kɑ⁵⁵	ŋ³¹	ŋɑ⁵⁵
直译	房屋院落	你	在	（地方）	不	是
意译	这院房屋不是你该在的地方					

汉字拟音	哦	和	哦	到丽
国际音标	u⁵⁵	xo³¹	u⁵⁵	ta⁵⁵li⁵⁵
直译	哦	连续	哦	大声吼
意译	"哦，哦"地大声吼叫连天地赶			

汉字拟音	就洞尼	嘎
国际音标	tɕu⁵⁵ ton⁵⁵ ȵi³¹	ka³¹
直译	就洞格鬼	赶
意译	赶跑的就是独脚鬼	

串讲：

在一户人家的院落房屋里面，在他家的正房坎沿下的庭院里。这户病痛灾难不断。烧羊板骨占卜，数石头籽占卜，都算着是在十二样禁忌中都是你独脚鬼来害的了。做阿拉油法事，都用刀砍来轰鬼。上方来的鬼回上方去，洼子里来的鬼从洼子里回去，这院房屋不是你该在的地方。"哦，哦"地大声吼叫连天地赶，赶跑的就是独脚鬼。

六十四 鲜血流进土里

	速尼	sʋ̠³¹n̠i³¹	血光鬼

汉字拟音	库	挖	夜	告	恰	巴	系	数
国际音标	kʰʋ⁵⁵	uɑ³¹	i⁵⁵	kɑ⁵⁵	tʃʰa³³	pa³³	çɿ⁵⁵	su⁵⁵
直译	高山	大	去	（地方）	弓弩	箭	死	那个人
意译	高山去被弓弩箭射死的那个人							

汉字拟音	啦	夜	告	赫索	密	入	素
国际音标	lɑ⁵⁵	i⁵⁵	kɑ⁵⁵	xɤ̠⁵⁵ suə³³	mi⁵⁵	zu̠⁵⁵	su⁵⁵
直译	箐	去	（地方）	铁籽	姓名	要	（的）
意译	箐洼里去被枪子弹打死的人						

汉字拟音	速	姿	尼	久	素
国际音标	sʋ³¹	dzi³¹	n̠i³¹	tɕu³³	su⁵⁵
直译	血	生	鬼	成为	者
意译	鲜血流进土里变成的鬼叫做速尼				

串讲：

高山去被弓弩箭射死的那个人，箐洼里去被枪子弹打死的人，鲜血流进土里变成的鬼叫做速尼。

六十五 一个说秤大

	计尼	tɕʅ⁵⁵ n̩i³¹	口舌鬼

汉字拟音	七	磨	计	挖	敌
国际音标	tʃʰʅ³¹	mu⁵⁵	tɕʅ⁵⁵	uɑ³¹	ti³¹
直译	一	个	秤	大	说
意译	一个说是秤大了				

汉字拟音	七	磨	计	要	敌
国际音标	tʃʰʅ³¹	mu⁵⁵	tɕʅ⁵⁵	ia³¹	ti³¹
直译	一	个	秤	小	说
意译	一个说是秤小了				

汉字拟音	罗	阿	嗯	罗	敌	素
国际音标	luɑ³¹	ŋa⁵⁵	ŋ̍³¹	luɑ³¹	ti³¹	su⁵⁵
直译	够	是	不	够	说	者
意译	相互进行秤够了或是秤不够的争执					

汉字拟音	属	退	扁	则	尼	罗	腻	阿
国际音标	ʂu³¹	tʰy⁵⁵	bɛ̠³³	zi⁵⁵	n̩i³¹	lo³¹	n̩i⁵⁵	ŋa⁵⁵
直译	话	讲	讲	剩	鬼	成	你	是
意译	引起口舌争吵的鬼就是这么形成的							

串讲：

　　一个说是秤大了，一个说是秤小了。相互进行秤够了或是秤不够的争执，引起口舌争吵的鬼就是这么形成的。

六十六 称满了还说不满

	助架告尼	dzu⁵⁵ dʐa³³kɑ⁵⁵ n̠i³¹	升斗鬼

汉字拟音	闭	阿	嗯	闭	敌	素
国际音标	pi⁵⁵	ŋa⁵⁵	ŋ̠³¹	pʂi³³	ti³¹	su⁵⁵
直译	满	是	不	满	说	（的）
意译	用升斗称粮食给它，称满了还说不满					

汉字拟音	麦	系	阿	假	笔	尼
国际音标	bə³¹	ɕɿ⁵⁵	ŋa⁵⁵	dʐa³³	by³¹	n̠i³¹
直译	饿	死	是	冷	倒	鬼
意译	这种饿死、冷死后变成的鬼，永远不会满足					

串讲：

用升斗称粮食给它，称满了还说不满。这种饿死、冷死后变成的鬼，永远不会满足。

六十七 乌鸦是报信的使者

	阿哪	a⁵⁵ na³³	乌鸦

汉字拟音	阿哪	哦	哪么
国际音标	a⁵⁵ na³³	u³¹	na³³mu³³
直译	乌鸦	使者	报信
意译	乌鸦是报信的使者		

汉字拟音	哦	票	榭	哩	素
国际音标	u³¹	pʰiu⁵⁵	xi̱⁵⁵	li⁵⁵	su⁵⁵
直译	使者	飞	房子	进	（助词）
意译	使者飞进房屋里来				

汉字拟音	哦	达	阿	擦	格	素
国际音标	u³¹	ta³³	ŋa⁵⁵	tsʰa⁵⁵	gɤ⁵⁵	su⁵⁵
直译	使者	消息	是	人	给	（助词）
意译	使者把消息报给人					

汉字拟音	树诺	答	格	素
国际音标	sʊ̱³¹nu⁵⁵	ta³³	gɤ⁵⁵	su⁵⁵
直译	灾病	消息	给	（助词）
意译	是人要得霍乱灾病的消息			

汉字拟音	哦	哪	切	阿
国际音标	u^{31}	na^{33}	tʃʰi^{31}	ŋa^{55}
直译	使者	乌鸦	它	是
意译	报信使者就是它乌鸦			

串讲：

乌鸦是报信的使者。使者飞进房屋里来，使者把消息报给人，是人要得霍乱灾病的消息。报信使者就是它乌鸦。

六十八 叫天子飞天上去

	字觉	tsʅ⁵⁵ tɕo³³	叫天子

汉字拟音	字觉	明	打	夜
国际音标	tsʅ⁵⁵ tɕo³³	mi³¹	ta⁵⁵	i⁵⁵
直译	叫天子鸟	天	上	去
意译	叫天子鸟飞上天去			

汉字拟音	明	达	你	哩	夜
国际音标	mi³¹	tɑ³³	ȵi⁵⁵	li³³	i⁵⁵
直译	天	信	你	回	（去）
意译	天信你去送回				

汉字拟音	查	呼	你	足	夜
国际音标	tsa⁵⁵	xu³¹	ȵi⁵⁵	dzu̥³¹	i⁵⁵
直译	恶	肉	你	吃	（去）
意译	做祭祀给你的份子肉你去吃				

汉字拟音	查	玉	你	道	夜
国际音标	tsa⁵⁵	zʅ⁵⁵	ȵi⁵⁵	dɑ⁵⁵	i⁵⁵
直译	恶	汤	你	喝	去
意译	给你的份子汤你去喝				

汉字拟音	查	格	你	不	夜
国际音标	tsa^{55}	kɑ^{33}	n̠i^{55}	pu^{31}	i^{55}
直译	恶	灾	你	背	（去）
意译	得灾病的消息你背上天去				

汉字拟音	查	答	你	哩	夜
国际音标	tsa^{55}	tɑ^{33}	n̠i^{55}	li^{33}	i^{55}
直译	恶	信	你	回	（去）
意译	消息你送回天上去				

串讲：

叫天子鸟飞上天去。天信你去送回，做祭祀给你的份子肉你去吃，给你的份子汤你去喝。得灾病的消息你背上天去，消息你送回天上去。

六十九 白天东方有黄牛群

	阿滴尼	a³¹ti⁵⁵ ȵi³¹	狐狸鬼

汉字拟音	背多	尼	照
国际音标	bə⁵⁵ to³³	ȵi³¹	dzɑ⁵⁵
直译	东方	黄牛	有
意译	白天东方有黄牛群		

汉字拟音	烘多	要	照
国际音标	xu⁵⁵ to³³	iɑ⁵⁵	dzɑ⁵⁵
直译	东方	绵羊	有
意译	晚上东方有绵羊群		

汉字拟音	尼	助	得	滴	塔
国际音标	ȵi³¹	tsu³³	ta⁵⁵	ti⁵⁵	tʰa³¹
直译	黄牛	群	也	狐狸	碰着
意译	黄牛群也碰着狐狸鬼				

汉字拟音	要	助	得	滴	客
国际音标	iɑ⁵⁵	tsu³³	ta⁵⁵	ti⁵⁵	kʰə³¹
直译	绵羊	群	也	狐狸	咬
意译	绵羊群也被狐狸鬼咬				

汉字拟音	卓	夜	卓	嗯	哩
国际音标	ʂua⁵⁵	i⁵⁵	ʂua⁵⁵	ŋ̩³¹	li³³
直译	金	去	金	不	回
意译	像金子一样的黄牛放出去了不回来				

汉字拟音	瀑	夜	告	得	瀑	嗯	哩
国际音标	pʰʊ⁵⁵	i⁵⁵	ka⁵⁵	ta⁵⁵	pʰʊ⁵⁵	ŋ̩³¹	li³³
直译	银	去	地方	也	银	不	回
意译	像白银一样的绵羊放出去也不回						

汉字拟音	滴	尼	鸟	塔
国际音标	ti⁵⁵	n̩i³¹	u³¹	tʰa³¹
直译	狐狸	鬼	你	碰着
意译	就是碰见你这狐狸鬼了			

串讲：

白天东方有黄牛群，晚上东方有绵羊群。黄牛群也碰着狐狸鬼，绵羊群也被狐狸鬼咬。像金子一样的黄牛放出去了不回来，像白银一样的绵羊放出去也不回，就是碰见你这狐狸鬼了。

七十 金子堆满堂

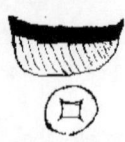

	卓玉	tsʰi⁵⁵ zyɛ³¹	银钱

汉字拟音	买卜买	榭	啦
国际音标	mɛ³³pʰu³¹mɛ³³	xi⁵⁵	la³¹
直译	主人家	房子	（在）
意译	在主人家的房屋里		

汉字拟音	卓	哩	瀑	比	自
国际音标	ʂuɑ⁵⁵	li³³	pʰʋ⁵⁵	pʂi³³	zɿ⁵⁵
直译	金子	回来	银	满	给
意译	金子也堆满堂				

汉字拟音	瀑	哩	卓	比	自
国际音标	pʰʋ⁵⁵	li³³	ʂuɑ⁵⁵	pʂi³³	zɿ⁵⁵
直译	银	回来	金	满	给
意译	银子也堆满堂				

汉字拟音	摆	十	摆	罗	自
国际音标	byɛ³³	tʃʰʅ³¹	byɛ³³	lo³¹	zɿ⁵⁵
直译	富	代	富	成	给
意译	愿他家富裕传几代				

汉字拟音	摆	洼	杜	罗	自
国际音标	byɛ³³	uɑ³¹	tʋ⁵⁵	lo³¹	zɹ⁵⁵
直译	富	笑	千	成	给
意译	愿他家富贵达千年				

串讲：

在主人家的房屋里，金子也堆满堂，银子也堆满堂。愿他家富裕传几代，愿他家富贵达千年。

七十一 手拿铁刀

	阿砣	a⁵⁵ tʰu³¹	铁刀

汉字拟音	闭系	农	科	素
国际音标	pi⁵⁵ sʅ⁵⁵	noŋ³¹	kʰo³³	su⁵⁵
直译	铎系	篾	戴	（助词）
意译	做法事的铎系头戴篾帽			

汉字拟音	喇路	赫	别	素
国际音标	la³¹lu⁵⁵	xɤ̠⁵⁵	piɑ³¹	su⁵⁵
直译	手上	铁	拿	（助词）
意译	手拿铁刀			

汉字拟音	月你	挂大闭	灶	自	告喇
国际音标	i³¹ȵi³³	kua⁵⁵ta⁵⁵pi⁵⁵	tʂa⁵⁵	tsʅ³¹	kɑ⁵⁵la³¹
直译	今天	挂大闭法事	牌架	安放	地方
意译	现在来到做挂大闭法事的台架面前				

汉字拟音	次尼	格	夸	素
国际音标	tsʰʅ⁵⁵ȵi³¹	gə³¹	kʰuɑ³¹	su⁵⁵
直译	十二	鬼	砍开	（助词）
意译	要用铁大刀劈开以上画的那些鬼			

汉字拟音	啐	你	夜	你	哩	夜	哦
国际音标	tʰy⁵⁵	n̠i⁵⁵	i⁵⁵	n̠i⁵⁵	li³³	i⁵⁵	u³³
直译	啐	你	去	你	回	去	吧
意译	啐，你这鬼该滚回去了						

串讲：

做法事的铎系头戴篾帽，手拿铁刀，现在来到做挂大闭法事的台架面前，要用铁大刀劈开以上画的那些鬼。啐，你这鬼该滚回去了！

七十二 专门恐吓人

	排雷	pʰɛ³¹li⁵⁵	无头鬼

汉字拟音	混以	扁	草	素
国际音标	xu⁵⁵ i³¹	biɑ³¹	dzu³¹	su⁵⁵
直译	魂	捉	吃	（的）
意译	专门来捉人的灵魂吃的			

汉字拟音	擦入喇	尼	久	素
国际音标	tsʰɑ⁵⁵ zu³¹la³¹	ȵi³¹	tɕo⁵⁵	su⁵⁵
直译	人们	鬼	吓	（的）
意译	它专门恐吓人			

汉字拟音	擦入	你	翠	渺	巴
国际音标	tsʰɑ⁵⁵ zu³¹	ȵɛ³³	dzu⁵⁵	miɑ⁵⁵	pa³³
直译	人	心	落	眼	瞎
意译	人被吓得心落掉、眼瞎掉				

汉字拟音	树	诺	你	克	阿
国际音标	su̠³¹	nu⁵⁵	ȵi⁵⁵	kʰə³¹	ŋa⁵⁵
直译	灾	病	你	咬	是
意译	灾难病痛就是它带来的				

汉字拟音	尼	入	你	阿
国际音标	ȵi³¹	zu³¹	ȵi³¹	ŋa⁵⁵
直译	鬼	儿子	你	是
意译	这样的鬼儿子就是无头鬼			

串讲：

它专门来捉人的灵魂吃的，专门恐吓人。人被吓得心落掉、眼瞎掉。灾难病痛就是它带来的。这样的鬼儿子就是无头鬼。

七十三 牛群自己回家来

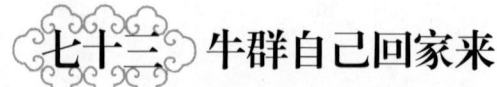	尼	ȵi³¹	黄牛

汉字拟音	背东	尼	照	素
国际音标	bə⁵⁵ to³³	ȵi³¹	dzɑ⁵⁵	su⁵⁵
直译	东方	牛	有	（的）
意译	放到东方去的牛			

汉字拟音	尼	助	榭	哩	自
国际音标	ȵi³¹	tsu³³	xi̠⁵⁵	li³³	zɿ⁵⁵
直译	牛	群	房屋	回来	给自己
意译	让牛群会自己回家来				

汉字拟音	买卜买榭	尼	比记
国际音标	mɛ³³pu³¹mɛ³³xi̠⁵⁵	ȵi³¹	pʂi³³tsi⁵⁵
直译	主人家	牛	满厩
意译	让做法事的（陈蓝两姓）主人家牛群满厩		

串讲：

放到东方去的牛，让牛群会自己回家来，让做法事的（陈蓝两姓）主人家牛群满厩。

七十四　羊群自己回圈

	迟亚	tʃʰʅ³¹iɑ⁵⁵	山羊、绵羊

汉字拟音	烘多	亚	照	素
国际音标	xu⁵⁵to³³	iɑ⁵⁵	dzɑ⁵⁵	su⁵⁵
直译	东方	羊	有	（的）
意译	放到东方去的羊			

汉字拟音	亚	哩	秋	比	自
国际音标	iɑ⁵⁵	li³³	tɕʰo³¹	pʂi³³	zʅ⁵⁵
直译	羊	回来	羊圈	满	给自己
意译	让羊群自己回来满羊圈				

汉字拟音	买榭	卓	比	自
国际音标	mɛ³³xi̠⁵⁵	dzu³³	pʂi³³	zʅ⁵⁵
直译	主人家	牲口	满	给自己
意译	让（陈蓝两姓）主人家的牲口满院			

串讲：

放到东方去的羊，让羊群自己回来满羊圈，让（陈蓝两姓）主人家的牲口满院。

七十五 黑猪满院坝走

	月	βie³¹	猪

汉字拟音	买卜买榭	挂么	喇
国际音标	me³³pu³¹me³³xi̠⁵⁵	kuɑ⁵⁵mu³³	lɑ³¹
直译	陈蓝两姓主人家	院坝	（在）
意译	在主人家的院坝里		

汉字拟音	月	哪	挂	比	自
国际音标	βie³¹	na³³	kuɑ⁵⁵	pʂi³³	zɿ⁵⁵
直译	猪	黑	院坝	满	给
意译	黑猪满院坝走				

汉字拟音	哦	路	助	食	素
国际音标	u³³	lu⁵⁵	dzu⁵⁵	ʂɿ³¹	su⁵⁵
直译	主人	坎沿下	粮食	撒	（的）
意译	主人在坎沿下撒下吃食				

汉字拟音	月	哪	挂	苏	以
国际音标	βie³¹	na³³	kuɑ⁵⁵	su⁵⁵	za³³
直译	猪	黑	院坝	拱吃	要
意译	黑猪满院拱吃				

汉字拟音	月	哪	挂	比	以
国际音标	βiɛ³¹	na³³	kuɑ⁵⁵	pʂi³³	za³³
直译	猪	黑	院坝	满	要
意译	愿他家要猪满院坝				

汉字拟音	迟	哪	瀑	比	以
国际音标	tʂʰʵ³¹	na³³	pʰu⁵⁵	pʂi³³	za³³
直译	狗	护院	转	满	要
意译	狗护院要转满院				

串讲：

在陈蓝两姓主人家的院坝里，黑猪满院坝走。主人在坎沿下撒下吃食，黑猪满院拱吃。愿他家要猪满院坝，狗护院要转满院。

七十六 撒粮食给鸡群吃

	哑	ia⁵⁵	鸡

汉字拟音	买组		榭组		啦
国际音标	me³³tsʋ³¹		xi̠⁵⁵tsʋ³¹		la³¹
直译	陈蓝两姓主人家		房子		（在）
意译	在主人家的房院里				

汉字拟音	汲么	挂	妙	嘎
国际音标	tsʅ⁵⁵mu³³	kuɑ⁵⁵	miɑ⁵⁵	la³¹
直译	坎沿上	院坝	见	（在）
意译	在看得见院坝的坎沿上			

汉字拟音	塞	哑	助	食	素
国际音标	sɑ⁵⁵	ia⁵⁵	dzu⁵⁵	ʂʅ³¹	su⁵⁵
直译	三	鸡	粮食	撒	（助词）
意译	撒粮食给鸡群吃				

汉字拟音	塞	哑	榭	比	自
国际音标	sɑ⁵⁵	ia⁵⁵	xi̠⁵⁵	pʂi³³	zʅ⁵⁵
直译	三	鸡	房屋	满	给
意译	愿主人家鸡群满屋				

串讲：

在陈蓝两姓主人家的房院里，在看得见院坝的坎沿上，撒粮食给鸡群吃，愿主人家鸡群满屋。

七十七　稻米堆满仓

	助玉	dzu⁵⁵ zyɛ³¹	粮食

汉字拟音	买组	七	助
国际音标	me³³tsʋ³¹	tʃʰʅ³¹	tsʋ³¹
直译	陈蓝两姓主人家	一	家
意译	主人家这一家		

汉字拟音	玉	瓷	迷目	素
国际音标	ʐʅ⁵⁵	tsʰʅ⁵⁵	mia⁵⁵ mu⁵⁵	su⁵⁵
直译	水	田	做活	（助词）
意译	去耙水田			

汉字拟音	年	夜	库	比	自
国际音标	ȵia³¹	i⁵⁵	kʰu³³	pʂʅ³³	ʐʅ⁵⁵
直译	糯	红	仓	满	给
意译	让他家稻米堆满仓				

汉字拟音	私	且	苗磨	素
国际音标	sʅ³³	tɕʰi³¹	mia⁵⁵ mu⁵⁵	su⁵⁵
直译	树	砍	做活	（助词）
意译	砍树开荒去种旱地			

汉字拟音	年	哪	嘎	比	自
国际音标	ȵia³¹	na³³	ka³¹	psi³³	zɿ⁵⁵
直译	糯	黑	柜	满	给
意译	让他家杂粮堆满柜				

汉字拟音	摆	十	摆	罗	自
国际音标	byɛ³³	tʃʰʅ³¹	byɛ³³	lo³¹	zɿ⁵⁵
直译	富	宗支（代）	富	成	给
意译	让他家富裕传几十代				

汉字拟音	摆	洼	杜	罗	夜	自
国际音标	byɛ³³	ua³¹	tʋ⁵⁵	lo³¹	i⁵⁵	zɿ⁵⁵
直译	富	笑	千	成	（去）	给
意译	让他家富贵上千年					

串讲：

　　主人家（陈蓝两姓）这一家去耙水田，让他家稻米堆满仓。砍树开荒去种旱地，让他家杂粮堆满柜。让他家富裕传几十代，让他家富贵上千年。

七十八 剪婴儿脐带的剪刀

	汲到	dz̩³¹tɑ⁵⁵	剪刀

汉字拟音	阿谁	画喇	国
国际音标	ɑ⁵⁵ɕy³¹	χuɑ⁵⁵lɑ³¹	ko³¹
直译	哪个	手艺	会
意译	哪个（人）会手艺		

汉字拟音	协入	画喇	国
国际音标	ɕi³¹zu³³	χuɑ⁵⁵lɑ³¹	ko³¹
直译	汉人	手艺	会
意译	汉人会手艺			

汉字拟音	哦	月你	止无	吐
国际音标	ŋgu⁵⁵	zi³¹n̩i³¹	dz̩³³u³¹	tʰu³³
直译	我	跑去	街头	到
意译	我跑去到街头（去找汉人师傅打的铁剪刀）（没有找到）			

汉字拟音	月你	止马	吐
国际音标	zi³¹n̩i³¹	dz̩³³mɑ³³	tʰu³³
直译	跑去	街尾	到
意译	我（又）跑去到街尾（才看到）		

汉字拟音	汲到	扫习	这
国际音标	dzɿ³¹tɑ⁵⁵	sɑ⁵⁵ɕi³¹	tʃɑ⁵⁵
直译	剪刀	三样	有
意译	（卖的）剪刀有三样		

汉字拟音	七掐	掐以	吧
国际音标	tsʰi³¹tɕʰiɑ³¹	tɕʰiɑ³¹ʐɿ³³	pa⁵⁵
直译	一把	看看	吧
意译	（拿起）一把看看吧		

汉字拟音	写	到	祖磨	凶
国际音标	ɕe³¹	tɑ⁵⁵	tsu³¹mu³³	xioŋ³³
直译	绵羊毛	剪	用来	用
意译	（这是）用来剪羊毛的剪刀			

汉字拟音	七掐	掐以	吧
国际音标	tsʰi³¹tɕʰiɑ³¹	tɕʰiɑ³¹ʐɿ³³	pa⁵⁵
直译	一把	看看	吧
意译	（再拿起）一把看看吧		

汉字拟音	不	到	祖磨	凶
国际音标	pu³¹	tɑ⁵⁵	tsu³¹mu³³	xioŋ³³
直译	布（绸缎）	剪	用来	用
意译	（这是）用来剪布料（绸缎）的剪刀			

汉字拟音	差	到	祖磨	嗯	诺
国际音标	tʃʰɑ³³	tɑ⁵⁵	tsu³¹mu³³	n³¹	nu⁵⁵
直译	脐带	剪	用来	不	能
意译	不能用来剪（婴儿的）脐带				

汉字拟音	七霞	霞以	吧
国际音标	tsʰi³¹tɕia³¹	tɕia³¹ʐʅ³³	pa⁵⁵
直译	一把	看看	吧
意译	（拿起第三）把（剪刀）看看吧		

汉字拟音	嗯	索	着利	它
国际音标	n³¹	suɑ³¹	tʃo³³li⁵⁵	tʰa³³
直译	不磨	前面	刀口	快
意译	不用磨那一面刀口（也）很快			

汉字拟音	差	到	祖磨	凶
国际音标	tʃʰa³³	tɑ⁵⁵	tsu³¹mu³³	xioŋ³³
直译	脐带	剪	用来	用
意译	（这才是）用来剪（婴儿）脐带的剪刀			

串讲：

哪个（人）会手艺，汉人（师傅）会手艺。我跑去到街头（找汉人师傅打的铁剪刀没找着），我又跑去到街尾，才看见（卖的）剪刀有三种，拿起一把看看吧，这是用来剪绵羊毛的剪刀，不是用来剪（婴儿）脐带的剪刀；又拿起一把剪刀看看吧，它是用来剪绸缎（布料）的剪刀，不是用来剪婴儿脐带的剪刀；拿起第三把剪刀看看吧，不用磨，刀口也很快，这才是剪婴儿脐带的剪刀。

七十九 蚂蚱上吊死

	照布	ʐɑo⁵⁵ pv⁵⁵	蚂蚱

汉字拟音	弥	久	习	次	你	料
国际音标	mi¹¹	tɕu³³	sʅ³¹	tʂʰʅ³³	ȵi⁵⁵	lⁱɑ³¹
直译	天	成	七	十	天	（从那时起）
意译	从七十天（造天），天（造）成那时起					

汉字拟音	密	久	习	模你	喇
国际音标	mi⁵⁵	tɕu³³	sʅ³¹	mu¹¹ȵi⁵⁵	lɑ³¹
直译	地	成	七	昼夜	（从那时起）
意译	从七十昼夜（造地），地造成那时起				

汉字拟音	照布	属茶	系
国际音标	ʐɑo⁵⁵ pv⁵⁵	ʂu³¹tʃʰuɑ³¹	sʅ⁵⁵
直译	蚂蚱	吊脖子	死
意译	蚂蚱（就会在草本植物的植株上自己）吊脖子死		

汉字拟音	止挂	啊实	系
国际音标	tʂʅ³¹kuɑ⁵⁵	ɑ³¹ʂʅ³¹	sʅ⁵⁵
直译	街道	市级官吏	死
意译	（在）（城市的）街道（上）市级官员会死		

汉字拟音	吸婆	阿世	系
国际音标	sɿ³¹pʰo³¹	a⁵⁵ sɿ³³	sɿ⁵⁵
直译	县长	省级官吏	死
意译	县长（等地方官员）（和）省级官员（也会）死		

汉字拟音	务敌	务组	系
国际音标	vu⁵⁵ di³¹	vu⁵⁵ tsu³³	sɿ⁵⁵
直译	皇帝	皇族	死
意译	（京城里的）皇帝（和）皇亲国戚（也会）死		

汉字拟音	泼	姆	你	次	次	嗯	惹
国际音标	pʰu³¹	mu⁵⁵	ȵi³¹	tsʰɿ⁵⁵	tsʰɿ⁵⁵	ən³¹	zə³³
直译	男	女	心	伤	伤	不	必要
意译	（不管）男女（逝者），（你们）伤心（就）不必要了						

汉字拟音	腻	次	处	吧
国际音标	ȵi³¹	tʃʰɿ⁵⁵	tʃʰu³¹	pa³³
直译	你	脚	行走	吧
意译	你（就）放心地走吧			

汉字拟音	阿皮	撒作	自哩	打
国际音标	a³¹pʰi³¹	sa³³zuɑ³³	zɿ⁵⁵li³¹	dzɑ³³
直译	祖宗	三代	遇	去
意译	去遇你的三代祖宗			

串讲：

（从）七十天（造天），天造成那时起，（从）七十天（造地），地造成那时起，蚂蚱（就会在草木植物的植株上自己）吊脖子死。（在城市的）街道上，市级官员会死，县长等地方官员和省级官员也会死，（京城里）皇帝和皇亲国戚也会死，（不论）男女（逝者），你们伤心就不必要了，你就放心地走吧，去遇你的三代祖宗。

（第四章、第五章铎系唱经由全体铎系集体讨论、确定。李居政、杨如刚记录。）

第六章
铎系符号基本字表

制表说明：

1.本他留铎系图符字表基于田野调查所获得的他留铎系书写的十余份图符材料的字频统计制作。

2.制表过程中首先按含义统计了铎系图符材料中的单字字频，然后区分不同字和异体字，汇总成为本字表。

3.整个制表过程采用人工统计，由李居政进行统计。

4.在统计中对字符的处理方法为：由拍照、扫描等方式获取字符图片，然后去除图片背景，调整至合适尺寸。由于他留铎系图符每份材料的字数较少，故只保持字符的长宽比不变，没有统一处理后字符与原始大小的比例。

5.该字表对田野调查所获得的他留铎系书写的十余份图符材料作以统计概要，能够反映材料中的字频和异体字的情况。

6.该字表所依据的材料尽可能地涵盖了他留铎系所使用的图符文字，使得该字表得以较全面、客观地反映他留铎系在书写图符时的用字情况。

7.本字表由于是人工统计，难免有疏漏。另外对于异体字的区分标准等方面，也希望有识者批评指正。

序号	字符	字频	字音	含义	解释/备注
1		28	$min^{31}dzi^{55}mu^{33}$	天	区别在于在"属牌"的位置。在上为天，在下为地。双线亦可，视"属牌"大小而定。
2		27	$mi^{55}na^{31}mu^{33}$	地	见上。
3		30	$tsʅ^{55}tsʰu^{55}$	云	区别在于在"属牌"的位置。在左右为云。双线、三线亦可，视"属牌"大小而定。包括白云、黑云、黄云九条，颜色是唱出来的。
4		28	$my^{31}ȵi^{55}$	太阳	也可以读作"$a^{55}tsʋ^{55}$"，直译为"阳光"。
5		18	$xu^{55}bu^{55}$	月亮	
		10			
6		3	$kuɑ^{55}sʅ^{31}mu^{55}$	北斗七星	当地方言汉语称为"七兄妹"。
7		9	$kuɑ^{55}sɑ^{55}tʰʋ^{31}$	三排星	猎户座 α-β-γ 星。
8		12	$kuɑ^{55}zi^{31}mu^{33}$	启明星	金星。

续表

序号	字符	字频	字音	含义	解释/备注
9		13	a^{55}tɕa^{33}	水	
10		7	a^{55}to^{31}tʂua^{31}lo^{33}dzi^{55}	火石	
11		6	a^{55}to^{31}tʂua^{31}	火镰	
12		5	tʂu^{31}mɛ^{33}	火草	与火石、火镰共同构成"火"的内容，有时表示"火"时不写火草。
13		10	a^{55}na^{33}	乌鸦	突然在房头或路边叫，与平时声音不同。报死信，不吉利，乌鸦哭着叫。
14		3	bɤ^{55}vʋ^{31}	猫头鹰	来到房子里到处飞和叫，不吉利，猫头鹰抽风样飞。
15		7	bu^{55}ma^{31}bia^{33}	毛虫爬	炕床边爬满毛虫，不吉利。
16		16	uŋ^{31}	鱼	在高山、陆地等没有水的地方看见鱼，不吉利；或在田边地头小沟渠里看见大鱼，不吉利。
17		14	tʂʰʅ^{55}ly^{31}	麂子	看见麂子无缘无故地死掉，或没有受伤就被人捉到，不吉利。
18		10	bʋ^{31}ʂʅ^{31}pu^{31}ua^{31}	毛虫串	很多的小毛虫聚在一起首尾串成行，在田间地头爬，不吉利。
19		10	ʂua^{55}tʂʰa^{31}ka^{31}	双蛇纠缠	看见两条蛇缠在一起，不吉利。
20		16	ɲa^{55}tʰy^{31}	藤扣	看见自然长成打了死结的藤蔓，不吉利。
21		9	βiɛ^{31}ko^{55}lo^{33}	母猪下三崽	家养母猪下三个崽，不吉利。
22		8	ia^{33}	小鸡吊脖死	小鸡吊死在母鸡脖子的毛上，不吉利。
23		4	a^{33}pi^{33}li^{31}	鸟突然死掉在面前	看见突然有一只鸟掉下来死在面前，不吉利。
24		13	mɛ^{33}ku^{33}	分叉火草	扯火草时看见分叉的火草，不吉利。
25		5	hi^{55}mu^{33}piu^{31}	山墙蜂窝	有蜂在正房山墙上做窝，不吉利。
26		6	bʋ^{31}ta^{33}a^{55}ta^{31}	不达虫埋小虫	不达虫（马蜂）可能是属于膜翅目细腰亚目的昆虫。看见它把其他虫子叼着在面前挖坑埋进土里，不吉利。
27		1	xi^{55}mu^{33}ʂua^{55}lyɛ^{31}lu^{55}	蛇进入正房或大门	看见不吉利。

续表

序号	字符	字频	字音	含义	解释/备注
28		3	u^{55}bʋ^{31}ʂuɑ^{55}pi^{55}nɑ^{33}	青蛙卡蛇脖	看到青蛙主动跳到蛇嘴里卡住蛇脖子，结果青蛙死了，不吉利。
29		5	sʅ^{33}by^{31}	断树枝	在山林中突然有树枝折断倒向自己，不吉利。
30		3	mu^{55}mən^{31}yɛ^{33}	家竹开花	看见不吉利。
31		8	ʂu^{55}ku^{33}	叉麦子	看见不吉利。
32		4	pʰy^{31}tɕɛ^{55}	连蒂瓜	看见一个瓜蒂结两个瓜，不吉利。
33		4	bʋ^{31}tsʅ^{33}	不子虫	可能是属于直翅目蝗亚目的昆虫。它在厨房的碗篮子中叫，听到看到，不吉利。
34		4	iɑ^{55}bʋ^{31}iɑ^{31}tɕ^{31}	织布机夹死苍蝇	看见不吉利。
35		2	iɑ^{31}kʰo^{33}to^{33}	织布经线打结	碰到不吉利。
36		3	tɕy^{55}mu^{33}kuɑ^{55}mu^{33}iɑ^{33}tɕ^{31}	鹰打鸡	看见老鹰到自家院子里抓鸡，不吉利。
37		14	sʅ^{33}ko^{31}	犁	
38		11	li^{33}ko^{31}	牛丫	常与牛藤索、牛打脚一起使用，也可单独使用。
39		8	lu^{31}tʂuɑ^{33}	牛藤索	常与牛丫、牛打脚一起使用，也可单独使用。
40		6	uɑ^{55}ta^{31}	牛打脚	一般不单独使用。
41		9	tɕɑ^{33}pia^{33}	耙犁	
42		13	tɕɑ^{33}lɑ^{31}tʂuə^{31}	耖仓	音译，当地方言汉语发音类似"戗"。在水田中使用的平田农具。
43		10	ɑ^{55}tʰu^{31}	柴刀	
44		9	a^{55}tsʰo^{33}	斧头	
45		7 / 5	mi^{31}tsʰo^{33}	镰刀	两种镰刀，前一个专门割荞麦，后一个收割水稻、黄豆、麦子、草。

第六章 铎系符号基本字表　377

续表

序号	字符	字频	字音	含义	解释/备注
46		11	$a^{31}kɤ^{55}pia^{33}$	板锄	
47		10	$a^{31}kɤ^{55}tʂ^{h}ua^{33}$	条锄	
48		8	$xɤ̠^{55}zyɛ^{31}$	锯子	
49		4	$sɿ^{33}lua^{31}$	推刨	
50		7	$dzʋ̠^{31}$	凿子	
51		3	$tsɿ^{31}$	麻	
52		8	$ia^{31}ka^{31}$	纺麻签	竹条绕成的圈，织麻时套在妇女的手腕上的工具。
53		8	$ʂu^{31}ʂuɑ^{55}$	量线杆	
54		9	$ʂua^{31}la^{31}$	纺车	
55		5	$vu^{55}zu^{31}$	纺线针	
56		5	$pi^{55}t^{h}u^{31}$	纺纱针筒	
57		4	$tʂuə^{33}ə^{33}$	绕线锤	
58		5	$ia^{31}pa^{31}$	绕线板	
59		9	$ia^{31}tsa^{55}$	织布架	
60		1	$ia^{31}ɲi^{31}$	提线器	
61		8	$ia^{31}mu^{33}$	紧线板	
62		7	$tʂuə^{33}k^{h}ʋ^{31}$	梭子	
63		3	$ia^{31}k^{h}o^{31}$	连械	打麦子、豆子的双节竿，在吊丧时也会使用。
64		3	$a^{55}tɕa^{33}ʐʅ^{55}dʋ^{31}$	山泉水井	在野外不能趴着喝水或用手直接捧水喝，应该用树叶把水舀起喝。

续表

序号	字符	字频	字音	含义	解释/备注
65		2	dzɿ³¹tʂu³³	麻绳	
66		2	tʃʰa³³	弩	常与箭合用。
67		2	tʃʰa³³dy³¹	箭	
68		1	mu⁵⁵mən³¹tu⁵⁵	家竹	
69		2	a⁵⁵na³³mu³³	马	
70		2	lo³¹mu⁵⁵mi⁵⁵na³³	庄稼地	
71		1	a³³pʰi³¹kʰa³¹	葫芦	
72		2	zɿ⁵⁵tsɿ⁵⁵ sɿ³³bʋ³³	山和树木	
73		1	xɤ⁵⁵pi⁵⁵tɕi⁵⁵la³¹sʋ⁵⁵	锄头穿粪箕	平时不许把锄头穿到粪箕上扛着走，只有丧事中孝子为死者引路时用，或垒坟时用。
74		1	tʰy³¹tɕi³¹	牛鼻竹条	
75		1	xu⁵⁵bu⁵⁵tʋ⁵⁵tʂua³¹bʋ³³	月亮里的千年树	杀羊，没吃到月亮中的千年树，心不甘，羊死眼睛不闭。
76		1	a³³di³¹	放牛鬼	丧事中杀牛时，用纸剪成画出人形，挂在下房墙上。传说本为一个放牛娃，贪玩牛丢了，自己也失踪了。以后杀牛要把他请来祷告，在他的带领下去找牛。
77		9	mi³¹guə³³tsʰo³³	银河	
78		2	tɑ⁵⁵mu³³	大门	
79		2	tʋ⁵⁵tʂʰu⁵⁵sɿ³³	杜处柴	
80		2	lo³³oŋ³¹gʋ³¹	锤子	
81		2	dzɿ³¹tʂʰo³³	烂麻	
82		2	a⁵⁵tɕʰɛ³¹li³³	四齿耙	

第六章 釰系符号基本字表 379

续表

序号	字符	字频	字音	含义	解释/备注
83		1	xi̠^{55} mu^{33}kuɑ^{55} ta^{31}	正房院坝	
84		1	yɛ^{33}lə^{33}	花	
85		1	tɕu^{55} ton^{55} gə^{31}	独脚鬼	
86		1	sv̩^{31}ȵi^{31}	血光鬼	
87		1	tɕɿ^{55} ȵi^{31}	口舌鬼	
88		1	dzu^{55} dza^{33}kɑ^{55} ȵi^{31}	升斗鬼	
89		1	a^{55} na^{33}	乌鸦	与前面的"乌鸦"同形不同义。
90		2	tsɿ^{55} tɕo^{33}	叫天子	
91		1	a^{31}ti^{55} ȵi^{31}	狐狸鬼	
92		1	tsʰi^{55} zyɛ^{31}	银钱	
93		1	ɑ^{55} tʰu^{31}	刀	与前面的"柴刀"同形不同义。
94		1	pʰɛ^{31}li^{55}	无头鬼	
95		4	ȵi^{31}	黄牛	
96		3	tʃʰʅ^{31}iɑ^{55}	山羊、绵羊	
97		1	βiɛ^{31}	猪	与前面的"母猪下三崽"音、形、义都不同。
98		1	ia^{55}	鸡	与前面的"小鸡吊脖死"形、义不同。虽然音相同但前面的是简称，应当视为不同。
99		1	dzu^{55} zyɛ^{31}	粮食	
100		1	dzʅ^{31}tɑ^{55}	剪刀	剪刀有三种，这里专指剪婴儿脐带的剪刀。
101		1	zɑo^{55} pv^{55}	蚂蚱	秋后蚂蚱在植株上吊脖子死，用其比喻他留人的死亡观，动物和人都会死。

（统计、制表：李居政）

第七章

铎系唱经中的传说故事

在漫长的历史长河中,他留人创造有大量的民间文学作品,尤其是传说故事,十分丰富生动,在他留群众中广为流传。铎系是他留民间传说故事最主要的和最好的传承者、演绎创新者,而众多的传说故事直接源自古老的铎系吟唱,经过世代非铎系的民间故事讲述者的自我理解和加工,在不同的讲述场合,变得十分精彩和口语化。这些传说故事虽然与铎系们的较为直接和逐句翻译的内容有所出入,但却是铎系唱经的一种丰富、活灵活现的演绎,它使得铎系唱经的根更深入地扎进他留群众中。由于铎系唱经是使用古语古诗的形式吟唱,涉及古代的历史、地理和动植物,因而一些句子就出现了铎系会吟唱却解释不清的情况,加之在铎系唱经的传承过程中,事实上存在着被遗漏被遗忘的成分,因而源自铎系唱经的传说故事就成为与铎系唱经互相映衬、互为表里、相互补充的资料,是铎系唱经的无固定形式的演绎和拓展,可视为铎系唱经的姊妹篇、注释篇、详解篇、民间口语篇。试举数例如下(本章所选传说故事摘自《中国民间故事全书·云南·永胜卷》):

一 造天地日月

流传地区:云南省永胜县六德乡他留山

讲述人:蓝兆才,男,彝族支系他留人,六德乡双河村委会大石桥村人,故事搜集时74岁,民国时读过小学二年级,农民。

搜集记录整理人:杨如刚

搜集时间:1997年5月21日

搜集地点:六德乡双河村委会大石桥村

亿万万年前,没有天地日月,世界像一个无物无声的孤寂的大洞。七作星(北斗七星)是七兄妹就商量着说:"让我们来造天造地造日月吧!"于是就进行分工。三个哥哥造天,两个妹妹造地。两个妹妹是女人,干活细致,丝毫不敢疏忽,她们一刻不停歇地忙碌着。三个哥哥是男人,他们无所畏惧,干活很随心,一边吹牛一边工作,干一阵又玩一阵。时间到了,天地终于造好了,可是由于两个妹妹不停干活所以将地造宽了,相反三个哥哥却将天造窄了,天盖不住地了,没办法只好把地抓拢来,天终于盖住了地,但是原本一马平川的大地却有了高山和深谷。

天地造好了,没有太阳和月亮,世界像一块黑暗寒冷的大石头,七作星还剩下两兄妹(一说是两姐妹),就商量着说:"让我们来做太阳和月亮吧。"妹妹对哥哥说:"夜里出去,我胆子小,我害怕,可是白天出去,我年轻,看我的人多,我害羞,怎么办呢?"哥哥就拿出一颗针来插在妹妹的头发上对她说："这回好了，你白天出去，人们不敢看你了，我夜里出去。"哥哥夜里出来就成了月亮，妹妹白天出来就成了太阳。哥哥是男人爱贪玩、爱开玩笑，有时玩昏了头，忘记出来当值，有时磨磨蹭蹭慢慢吞吞地出来，这样人们有时看不见月亮，有时是下半夜才看得见，有时只看见一条缝，那是他在开玩笑呢！妹妹是女人细心踏实，天天出来当值，人们仰头看的时候，感到光芒刺眼，不敢多看一秒，因此看不清她的真面目，这是因为她把哥哥给她的针抛撒了下来扎人们的眼睛的缘故。

天地日月就这样造好了。

二 洪水冲天

讲述人：陈金云，男，彝族支系他留人，六德乡双河村委会大洼子村人，故事搜集时61岁，文盲，农民，他留人铎系（祭司）。蓝新发，男，彝族支系他留人，六德乡营山村委会三板桥人，文盲，农民，故事收集时56岁。海政华，男，彝族支系他留人，六德乡玉水村村委会耍撇人，文盲，农民，故事收集时57岁。

搜集记录整理人：杨如刚

搜集时间：1998年5月22日

搜集地点：六德乡他留坟林管理站

远古时候，七作星七兄妹造好了天地日月，接着又造出了人和动植物。人和所有的动物都是老庚、亲家和朋友，他们互相通话，和睦相处，幸福生活。人和所有的动物都会返老还童、长生不死，结果越来越多，多得大地上已经无法住下去了。这时候天空中出现了九个太阳，大地被烤成了一团火，水被晒干了，人们再也无法忍受饥渴，就向务敌（他留话，意为宇宙的主宰、兼指人间的帝王；一说是务苏，生殖女神）去祈求，务敌（务苏）就派天龙王来降雨。天龙王抬出一桶水，先用木勺一勺一勺地往下洒，可是水落到地上马上就干了，天龙王就将整桶水倒下来，大地上发起了洪水，水越涨越高，擦到了天边，世界成了水世界，一片汪洋大海几乎将人类都淹死了，只有两兄妹躲进一个房子大的葫芦里逃生，饿了就吃葫芦里的瓜子，没日没夜地漂浮着。高高的山顶洪水淹不了，那里有动物。可是火山又爆发了，烧成了一片火海，接着天空中出现了七个太阳，把天下都晒化了，连石头都晒化了，只有钻到岩洞里的动物能活下来。有一个穿山甲没命地逃跑，它打了一个又长又大的洞，从大地的这一面打到了大地的另一面，跑出去逃生了。洪水从这个洞里落下去流走了,洪水终于退去了。大海出现了,海龙王拿着一把筛子筛水,不干净的水筛出去,干净的水重又均匀地筛回到山林里来。山林里的水又从穿山甲打的洞穴里回归到江河大海里,大海里的水又被海龙王筛回到山林里,这样山林里的水总是取用不尽,绵绵不绝。

不知在汪洋里飘浮了多少年月,洪水退去后,两兄妹从葫芦中爬出来逃生了,他们就是今天我们人类的始祖。

兄妹成亲

流传地区:云南省永胜县六德乡他留山

讲述人:陈文明,男,彝族支系他留人,六德乡双河村委会小七村人,时年90岁,文盲,农民,他留人铎系(祭司)。

搜集记录整理人:杨如刚

搜集时间:1998年10月8日

搜集地点:六德乡双河村委会小七村

上古的时候,洪水泛滥,有两兄妹躲进葫芦中逃生,洪水退去以后,当他们从葫芦中爬出来时,茫茫大地只活着他亲兄妹二人,朝夕相伴相濡以沫。可是怎么办呢?他们就去向务苏(一说务敌)请求让亲兄妹俩成亲。务苏就用三个题目来考验他们。务苏叫两兄妹分别背着一扇磨走到山顶上,面对面同时往山谷放,磨滚到山谷底,上磨和下磨整齐地合在了一起,务苏就说:"天意允许你们亲兄妹成婚。"接着务苏又叫妹妹站在一个山顶上,手里竖起一颗针,哥哥隔着深大的山谷,从另一个山顶上将线扔过来,线直直地飞来准确无误地穿过了针眼,务苏就说:"天意允许你们成亲。"最后务苏叫两兄妹分别从两个山谷放火,火烧起来,变成两条火龙,火烧到山顶合成了一条火龙,务苏就说:"既然天意允许,你们就成亲吧。"这样亲兄妹就成亲了。

亲兄妹成亲后,过了好多年都没有孩子,后来终于怀孕了,生下一个血饼。兄妹俩拿着它,走过平原、河谷、高山,一路上把它抹在石头上和树枝上,有一天来到一个山口,突然云雾弥漫狂风大作,雷电交加,紧接着倾盆大雨砸下来,不知过了多久,风停了,雨住了,云雾慢慢散开,只见两兄妹走过的地方,一个个的村落出现了,炊烟袅袅,鸡鸣狗吠,人影憧憧。现在的人类就是这样产生的,人类又一次来到大地上。

四 弟兄分家

流传地区：云南省永胜县六德乡他留山

讲述人：海春发，男，彝族支系他留人，六德乡双河村委会皮牛人，文盲，农民。已亡故。海春德，男，彝族支系他留人，六德乡双河村委会皮牛人，时年96岁，文盲，农民。海政刚，男，彝族支系他留人，六德乡双河村委会皮牛人，文盲，农民，时年87岁。

搜集记录整理人：杨如刚

搜集时间：1999年3月30日

搜集地点：六德乡双河村委会皮牛村

自从有了人类，大家住在一起，村子里有一户人家，生下五个弟兄，相传他们是务敌的孙子。这五个男孩爱好不同、性格各异、气质殊异。老大喜欢骑马，整天混在马群里，老二喜欢牧羊，老三喜欢打鱼种田，老四喜欢到平坝做生意，老五是幺儿子，勤恳诚实最孝顺父母，留在父母身边干活，侍候老人形影不离。四个哥哥整天东奔西走，不肯顾家。长大后父母就分家给他们单过。四个哥哥都去了别处，老五是幺弟最有孝心，留在了父母身边，就是今天我们他留人的祖先。

（另一说，疑为后期作品）有一户人家有三个儿子，他们是务敌的孙子，三个儿子性情气质不同，喜好各异。老大喜欢骑马，整天骑着马在山林里奔跑，老三喜欢到平坝做生意，一去几年几月不归家。只有老二为人忠诚厚道，最孝敬父母，留在家里整天帮父母干活。有一天父母终于分家让他们单过，先对老三说："你喜欢就去平坝吧！"老三去了平坝。母亲指着老二对父亲说："他最孝顺贤明，把他留下来吧！"结果老二留了下来，成了今天他留人的祖先。"他留"的名称也是这样来的，意为母亲"把他留下来"。老大最调皮，分家时心不在焉，父亲对他说："高官由你做，好马由你骑。"可是他却听成了"高山由你坐，跑马由你骑"，结果他骑着跑马高高兴兴地跑进了高山。

五 死亡与老鼠

流传地区：云南省永胜县六德乡他留山

讲述人：蓝绍章，男，彝族支系他留人，六德乡双河村委会二村人，时年81岁，文盲，农民，他留人铎系（祭司）。蓝金成，男，彝族支系他留人，六德乡双河村委会二村人，时年65岁，高中文化，退休干部。蓝新平，男，彝族支系他留人，六德乡双河村委会二村人，时年30岁，初中文化，农民。

搜集记录整理人：杨如刚

搜集时间：2000年3月8日

搜集地点：六德乡双河村委会二村

远古的时候，人是长生不死的，人和猴子是亲家、老庚、好朋友，他们能相互通话。有一个老倌在山崖边种了一片荞地，夏天荞子开花，白茫茫像下大雪。秋天结满了沉甸甸的籽粒。山崖上住着一群猴子，总是下山来偷荞子吃。老倌去看荞地，猴子们一哄而散，飞一样跳到山崖上。老倌多次劝猴子不要偷吃，猴子们总是不听，还对着他做鬼脸，嬉笑嘲弄他。老倌心里很生气，打定主意要收拾收拾这群猴儿。这一天，天还没亮，老倌早早来到荞地，悄悄躺在地中央，不一会饥肠辘辘，他顺手摘下一把荞粒嚼吃，乳白的浆汁和黑的粒壳涂得满嘴唇都是。天亮了，猴子们下山来了，站在山崖上四面一望，见没人，就你推我挤纷纷嚷嚷跑进荞地偷荞籽吃，走到地中央突然看见老倌一动不动躺着，吓了一跳，猴子们合计说："哎呀，我们真是太大意了，原来这个老倌早就死了，看他的嘴巴都生蛆了（猴子误把老倌嘴唇上涂的白荞汁当成了蛆）。我们把他扔到山谷底去吧。"猴儿们七手八脚抬起老倌，准备把他扔下深谷。由于躺在潮湿的地上时间长了，肠胃不舒服，老倌忍不住放了几个响屁。猴子们感到十分奇怪，说道："背时了，这个老倌死了好几天，还会'嘟嘟嘟'打屁呢！"抬到山崖顶正准备往下扔，老倌突然站起来大吼一声，猴子们吓得四处乱蹦，不幸一只小猴子失足跳下山崖摔死了，人和猴子都感到十分悲伤，大家商量着为它举行盛大的葬礼安埋它，把它装进上等木料做成的棺材里，给它穿上七层麻布衣服。人们又是杀牛杀羊杀猪杀鸡，还捕来鲜鱼。村子里所有的人都来参加，邀请所有的猴子都参加，又是敲锣打鼓又是吹芦笙唢呐，还要打跳，跳"耶——耶——耶"的集体舞，场面十分热闹。猴子们来做客，板凳上有灰尘，就用尾巴一摇扫去灰尘，恰巧被人看见了，人就笑猴子做客不雅观，尽出洋相，猴子们感到十分害羞难堪，窘迫难耐，急火攻心，情急之下连屁股都急红了，从此以后猴子就再也不到人的家里来做客了，这也是猴子屁股红和"猴急"的来历。

人和猴子火烟冲天、锣鼓喧天大办丧事，惊动了天上住的务敌，不知道出了什么事。务敌就派乌鸦下来打听消息，调查情况。乌鸦来到人间，人和猴子都喝醉了酒，呼呼大睡。锅边掉着许多碎肉，乌鸦贪吃碎肉在锅边转来转去，忘记了回天上报告，结果乌鸦全身都被锅底抹黑了。这就是乌鸦为什么全身都是黑色，而且会预卜死亡的原因。现在他留人听到乌鸦叫就推测死亡会发生，这是因为乌鸦是务敌首先派下来凡间充当死亡信使的。

务敌又派雄鸡下来调查，雄鸡来到人间，看见罐子里有许多酒，香气四溢，雄鸡贪吃好酒，忘记了回天上报告，结果雄鸡喝多了酒，把脸喝得通红，这就是雄鸡为什么会脸红的来历。

务敌又派喜鹊下到凡间调查。喜鹊来到人间，看见村子周围长满了参天大树，枝繁叶茂，景色十分迷人，喜鹊从这根树枝跳到那根树枝，心里琢磨着在哪里搭窝才最好，也忘记了回去报告。这就是喜鹊为什么总喜欢在村子周围的大树上搭窝的原因。

务敌又派黄莺下来调查，黄莺来到凡间，房屋后面有一片荔枝林，荔枝熟得正好，黄莺贪吃荔枝，一头扎进了密林也忘记了回去报告。这就是黄莺为什么老是喜欢在人们的房屋后面啄吃水果的原因。

乌鸦、雄鸡、喜鹊、黄莺由于自己的贪吃贪玩，忘记了回天上报告的时间，所以回不了天上，永远留在了人间。

最后务敌派金老鼠来调查。金老鼠来到凡间，从棺材的木楔钉那里咬开一个洞钻进棺材，才知道原来人们在为一只小猴子办丧事。金老鼠调查清楚了事情真相赶忙回天上汇报：乌鸦贪吃碎肉转锅边、雄鸡醉酒大红脸、喜鹊登枝忙搭窝、黄莺嘴馋钻密林……人为小猴办丧事热闹得很。务敌一听，吃了一惊，说道："啊，我不知道，人类原来是喜欢死亡这件事情的，以后就让他们会死亡吧，就让他们像今天一样热闹隆重地办丧事吧。"从此人类就会死亡了，有正常的老死，有非正常的死亡，死后就给他举办隆重热闹的葬礼。我们他留人的丧葬礼仪其隆重热闹程度超过结婚、生子等其他礼仪也是这样来的。金老鼠查清了缘由，务敌奖赏它说："你有功劳，可是你去过人间，不能再住在天上，我允许你和人一起同吃同住。"这样金老鼠再次返回人间，现在有人的地方就有老鼠，这是因为有务敌的特许。

六 独脚鬼的由来

流传地区：云南省永胜县六德乡他留山

讲述人：蓝绍龙，男，彝族支系他留人，六德乡双河村委会二村人，故事搜集时60岁，小学文化，农民。云南省民族民间音乐艺人，他留文化传承人。

搜集记录整理人：杨如刚

搜集时间：2003年12月23日

搜集地点：六德乡双河村委会二村

他留人的"就洞格务玉"汉语直译为"独脚鬼的故事"，或者是"老变婆的故事"。"就洞格"即独脚鬼出来害人时有时是地动山摇，好像一片沉沉黑云卷着狂风以千钧之势压过来，越过山梁，越来越近，使任何人都不能出离恐惧，古代的他留人对独脚鬼从年少时代起就深怀恐惧，独脚鬼的故事是这样开始的：

远古的时候，就洞格是不吃人的，而且它有两只完好的脚，和人是亲家、朋友的关系，它虽然变化多端，但只是去偷吃牛马牲口，还有山中的野兽。有一次，就洞格乘着黑夜出来作害，吃了好几匹老百姓的牛马，喝足了血，吃饱了骨头和肉，现出了它的原形。它来到了大路上，这是一条穿过他留古城堡的茶马古道，古道很宽阔很干净，由青石板铺成。独脚鬼感到很累，就躺在石板古道上休息一会儿，不知不觉中睡着了，把一双脚长长地伸在那里，它的脚很长很长，像石板古道一样长。它打着饱嗝，打着呼噜，睡得很香很沉。天亮了，一队浩大的马帮开过来，足足有几百匹的马"得得得"地踏来，摇着叮当的铃铛。独脚鬼实在是吃得太饱、睡得太沉了，等到它醒来时，马帮已拖着漫天的灰尘直奔它而来，它来不及变化躲藏了，也来不及收回它长长的双脚，结果有一只脚被马帮的马给踩断了，踩了个粉碎，另一只脚勉强保住了，从此就洞格成了名副其实的"独脚鬼"，它拖着一条腿，有时拄着拐杖出来害人。今天我们他留人坐在客人面前是不能把腿长长地伸出去的，因为这就像独脚鬼一样，是不礼貌的行为，古时候我们他留人在炕床上都是盘着腿而坐。今天我们他留人的巫师（他留话叫"尼婆"）作道场撵鬼，都要手拿一个铜做的马铃铛，原因就是独脚鬼就洞格的脚是被马帮的马给踩断的，从此后它就非常害怕马帮的马铃铛，只要马铃铛一响，它就以为马帮又来了，又要来踩断它的脚了，因而它就连忙远远地逃开了。尼婆也就可以用马铃铛来驱赶像就洞格这样的恶鬼了。

第七章 铎系唱经中的传说故事　389

独脚鬼变化多端，有时候它经常变成一个美丽的姑娘，长着丰满性感的乳房，它把乳房袒露着，去引诱那些年轻小伙子，有哪一个伙子一旦被它迷惑，跟着它走，低头去吻它的乳房，它就会现出原形，张开血盆大口吃了这个小伙子，整个人活活的吃了，而且不吐出一根骨头。可是古时候的独脚鬼却不是这样的，它是不吃人的，那么为什么会变成这样呢，这就要讲独脚鬼为什么会吃人的故事了。

七 独脚鬼为什么会吃人

讲述人：海庆高，男，彝族支系他留人，六德乡营山村委会庄上村人，故事搜集时37岁，小学文化，农民。王新荣，男，彝族支系他留人，六德乡营山村委会庄上村人，故事搜集时44岁，小学文化，农民。

搜集记录整理人：杨如刚

搜集时间：2004年10月5日

搜集地点：六德乡营山村委会庄上村

流传地区：云南省永胜县六德乡他留山

古时候，我们他留人喜欢打猎，常常用扣子来下野兽。有一个他留人放下扣子，可是连续几天，明明下着的野物却都不明不白地丢失了，不知被谁给拿走了。他很气愤，就想出一个办法来，要收拾收拾一下这个贼。

这一天，他的扣子又下着了一个麂子，他没有解下扣子和麂子，却找来一个皮口袋，在里面装满了松巴纽（松树结的干透了的果实），他把皮口袋高高地吊在麂子的上面，然后躲在一边等着，看是谁来偷的猎物。不久，独脚鬼走了过来，他挂着一根黄金做的拐杖，他来偷麂子了。这个他留人趁它弯腰不防备的时候，突然将手中的绳索一放，皮口袋猛地砸下来，重重地打在独脚鬼的背上，独脚鬼惊叫着逃跑了，连拐杖也顾不上拿。

过了几天，独脚鬼来找他，对他说："亲家，您下着的麂子我偷吃了几个，实在对不起您了，可是我一辈子离不开这根拐棍，请您把它还给我吧，您要多少金银财宝我都给您。"那时候独脚鬼和人还是亲家、老庚、朋友，那时候的独脚鬼是不吃人的，只偷吃些马牛牲口和山中的野兽。这个人看着独脚鬼说得可怜，就把拐棍还给了它。独脚鬼就带着这个人去它家拿独脚鬼许诺下的财宝。独脚鬼的家在一个大山崖上的大石洞里，从来没有人知道，大石洞有两扇大石门，只有独脚鬼才打得开。独脚鬼"哗"地把石门打开，石洞里堆满了金银珠宝，灿烂辉煌，金光四射，射得人睁不开眼睛。独脚鬼说："亲家，这些东西任由您拿，想拿什么拿什么，想拿多少拿多少。"可是这个人心太贪，他想完全占了独脚鬼的这些财宝，不禁心里一琢磨，生出诡计来，决定实行独吞，就讨好独脚鬼说："亲家，您的这些财宝我并不稀罕，只是亲家您是要经常出门的，您出门去了就没有人给您守房子了，刚好这段时间我也没什么事做，就让我留下来给您守房子吧，您就可以放心地出门去了。"独脚鬼说："正好我要出门三天，亲家，您怕等不得我。"这个人忙回答说："等得，等得，我一定等得，您就放心地出门去吧。"这个人就留了下来，他盘算着等独脚鬼走后，一趟一趟地往家里搬金银财宝。可是他失算了，独脚鬼刚一跨出门，大石门就自动关上了，再也打不开了。

独脚鬼一出门，三年后才回来，这个人早就饿死在了石洞里，独脚鬼不知道发生了什么事，抚着他的早已风干了的尸体叫着："亲家，亲家，亲家您怎么了？"独脚鬼一边喊他，一边用舌头舔他，从头舔到脚又从脚舔到头。"亲家，亲家您醒醒。"独脚鬼舔到了一点咸味，是一种它从来没有尝到过的味道，独脚鬼自言自语地说道："我亲家是吃盐巴长大的，我从来没有吃过盐巴，这味道就是盐味吧，真好吃，我咬一口吃吃看是不是更好吃。"独脚鬼一口咬下去，吃了起来，觉得味道好吃极了，独脚鬼又吃了一口，越吃越觉得味道好，吃得津津有味，不知不觉就把这个人给吃掉了，从此后独脚鬼就会吃人了，先是吃死人，肚子饿极了就吃活人。独脚鬼本来是不吃人的，还和人交过朋友，这个故事就叫做"独脚鬼为什么会吃人"。

 人变猴与人学猴

流传地区：云南省永胜县六德乡他留山

讲述人：蓝新发，男，彝族支系他留人，六德乡营山村三板桥人，搜集时66岁，民国时读过三年书，农民，他留人铎系。蓝绍吉，男，彝族支系他留人，78岁，退休老干部，中专文化。

搜集记录整理人：杨如刚

搜集时间：2003年4月5日

搜集地点：六德乡营山村三板桥村

猴子非常像人，眼睛像人，脸也像人，生殖器也像人，原来猴子是由人变出来的。古时候有一个人很穷，他没有防冻的油膏，又要干活，寒冷的冬天来了，他的手和脚都被冻得开裂了，开"尖口子"了，开了很多很宽的裂口，很是疼痛。有一次他到山里去，看见了一大块山羊的板油，白花花地掉在那里，他很高兴，就急急忙忙地去拿，因为羊板油用火烧了滴在"尖口子"上，对治愈手脚开裂效果非常好。他想拿来羊板油用，不料那块羊板油是一个老猎人用来下狐狸的，他就被老猎人的猎扣给扣住了，拴在那里动弹不得，可是这个老猎人已经去世了，谁也不知道他在这里下了猎扣。这个人被拴在那里，时间很长了，他没有被饿死，却全身长出毛来，后来连尾巴也长出来了，

他挣脱了扣子，从此就变成了山中的猴子，猴子就是这样从人变出来的。

我们他留人死人的时候要大办丧事，要在院子里搭青棚，举行追悼会，要请吹将来吹唢呐，要请"铎系"来唱古老的经文、写古老的字符，要跳丧跳神，还要请汉族先生来记账，做"签点"，要大操大办好几天，参加的人很多，很累很隆重。这又是从猴子那里学来的。很久以前，山中有一只老猴子死了，所有山中的猴子都在那里搭青棚大办丧事，人看见了就从猴子那里学来了，是猴子教的，连铎系唱的经也是猴子教给的，猴子不教人是不会的，所以说猴子是人的老师。

九 上坟的习俗故事

流传地区：云南省永胜县六德乡他留山

讲述人：蓝新发，男，彝族支系他留人，六德乡营山村三板桥人，搜集时66岁，民国时读过三年书，农民，他留人铎系。蓝绍开，男，彝族支系他留人，收集时38岁，现在六德乡文化站工作，中专文化。

搜集记录整理人：杨如刚

搜集时间：2003年4月5日

搜集地点：六德乡营山村三板桥村

上古人出世的时候，飞来一窝蜂堆在杨柳树上，这窝蜂有千千万万个，它们把杨柳树当作自己的母亲，是这棵杨柳树给它们做了窝、当了家。他留人看到了明白了杨柳树是蜂的亲娘的道理，它养育着上万个的子孙，蜂就是从这里发源出去的。他留人三月清明要上坟，这时杨柳树的绿叶发得很好很茂盛了，他留人一定要折下几枝杨柳树枝，拿去插在祖先的坟头上，这个习俗也是从这里来的，因为杨柳树枝是母亲树枝，是生息繁衍的吉祥树，生生不息，就像祖先繁衍了千千万万后代子孙一样。

古时候他留人去世，是要实行厚葬的，陪葬有许多的金银财宝，可是却有人去盗墓，所以一家人必须带上吃的喝的东西去守墓，但时间长了受不了，就叫亲戚朋友也带着吃的喝的东西帮着去守墓，久而久之就形成了上坟的习俗。他留人一年中上坟有三次，一次是在正月的春节期间，一次是三月清明，一次是在六月的粑粑节。在古代，腊月是吊丧月，一年中去世的他留人都要在这个月埋葬，埋葬死人时还要上其他的祖先的坟。他留人上坟就邀请亲戚朋友一起去坟前野炊，去的人都要带上米、油、盐、茶、酒五样东西，一样都不能少，这个习俗就是这样来的。

从前上坟的时候，住在坟里的"尼"，也就是鬼，会争着跑出来吃东西，一大伙一大伙地约着伴跑出来吃，很多。人守也守不赢，实在受不了，就叫亲戚朋友带着米、油、盐、茶、酒五样东西来帮着守，可是东西都被尼鬼吃了。拉去的山羊也被鬼杀吃了，人不必杀给它们吃，人也不得吃，人们实在是受不了了，后来就想出了一个办法狠狠收拾了鬼一回。有一次，人们用雄米熬好了一大坛酒，不知道有多少斤。人们拿着来上坟，鬼又出来吃东西，和人坐在一起吃酒，人说："今天放开酒量地吃，看看是人的酒量大还是鬼的酒量大，不许认输。"人和鬼就在那里赌酒吃，鬼认为人是喝不过它的，可是人把一个猪尿脬悄悄藏在胸前的衣服里，趁鬼不注意的时候，就偷偷把酒倒进了猪尿脬里，然后对鬼说："喝，喝，我都先喝干了，快干杯，不许耍赖。"结果把鬼都灌醉了，醉翻了，实在喝不下去了，但是人不许鬼认输，逼着鬼喝酒，逼着鬼吃东西，鬼没有办法就告饶说："以后再也不出来吃了，烧的东西我只闻闻香气了，煮的东西我只舔舔香味了。"从那以后上坟，鬼就再不敢出来吃东西了。人杀了山羊，把羊头蹄烧出来，打整好，献在坟前就可以了，鬼就能闻到羊头蹄的香气了，就等于享受了这只山羊供品了。人把酒、烟、茶和煮好的肉献在坟前鬼就能闻到香气、香味了，鬼也就心满意足了。上坟带去的肉和酒这些东西，也就人自己得吃了。人为了尼鬼精灵进出方便也在坟首留了一个方形的洞，那就是尼鬼的门和窗户了。现在他留人撵鬼的时候，还要烧干了雄米，烧得"啧啧"地响，鬼就会被撵跑，因为鬼被雄米熬的酒醉怕了，闻到雄米的气味就赶紧逃跑了。

人收拾过鬼，鬼也会收拾人。从前的时候，人经过坟墓多的地方，鬼就会跑出来迷惑人，人被迷惑得神魂颠倒。晕乎乎的，鬼拿出白花花的馍馍来给人吃，人吃了，醒了才知道吃得满嘴都是马屎疙瘩，鬼邀请人到它的家里睡觉说："你楼上睡还是楼下睡？"人如果回答说楼上睡，第二天醒来就睡在了高高的荆棘丛上，一身扎满刺，很疼；人如果回答说楼下睡，第二天醒来就睡在烂泥巴塘里，一身是又脏又臭的烂泥。另外，鬼还有许多收拾人的法子和事情。

十 人和苍蝇的故事

流传地区：云南省永胜县六德乡他留山

讲述人：陈汝怀，男，彝族支系他留人，六德乡营山村村委会下朗者村人，故事搜集时34岁，初中文化，农民，村委会干部。

搜集记录整理人：杨如刚

搜集时间：2003年5月28日

搜集地点：六德乡营山村委会下朗者村

传说在创世之初，人和世间所有的动物都是亲密的好朋友，他们可以互相通话，可以互相称"哥们兄弟"。那时候人不知道哪里有火，很难过。有一天，苍蝇对人说："兄弟你需要火，我知道哪里有火，我可以带你去取，但你得答应我一个条件。""兄弟，只要能弄到火，我什么条件都答应你。"人说。苍蝇说："那好，兄弟，以后无论你到哪里你都要背着我，你做的食物无论是什么都要我先吃，还有因为我没有房子，以后你住哪儿我就住哪儿，好吗？""这不难，兄弟，就按你说的办。"人完全答应了苍蝇的要求，苍蝇就带人找到了火，还教人钻木取火，后来还教人用火镰打火。可是，从此后，只要人到哪里苍蝇就到哪里，总是歇在他的背上，这是人答应了要背着苍蝇走的缘故。人做食物的时候苍蝇总是先去吃，有时连赶都赶不开，这也是人答应的缘故。人住到哪儿苍蝇就飞到哪儿，这也是人答应苍蝇让它同人一起住的，直到现在苍蝇也没有自己的房子。

第八章

口述史

一 杨如刚谈他留丧葬仪式

访谈时间：2012年2月3日
访谈地点：云南省永胜县六德乡六德中学
访谈对象：杨如刚
访谈者：赵丽明、张雪梅、李居政
整理者：梁静远、杨如刚

杨如刚，男，彝族，1969年生，毕业于蒙自师专历史系，永胜县六德乡六德村腊依箐人，彝族支系他留人后裔（确切说是他留人支系纳咱人后裔），丽江边屯文化研究会会员、丽江市彝族学会会员、永胜县彝族学会副会长，现在六德乡文化站、六德乡他留文化研究中心工作，曾在《云南日报》《丽江日报》《社会主义论坛》《丽江文史资料精选》《丽江社会科学》《边屯文化》《边屯之窗》等报纸刊物和"神秘的他留人部落"网站上发表关于他留文化的资料文稿近四十万字。

2012年2月3日，春节的喜庆气氛还未消散，在赵丽明老师的带领下，我们师生一行三人便来到云南省丽江市永胜县他留山六德乡六德中学，见到了给予我们工作大力支持、通力合作的杨如刚老师。杨如刚老师结合之前录制的丧葬现场的录像，向我们介绍他留人极为重视的丧葬仪式中部分独特的丧葬习俗。

（杨如刚简称"杨"，赵丽明简称"赵"，张雪梅简称"张"，李居政简称"李"）

（一）他留这一套丧葬礼仪是非常复杂的

杨： 我拍的这是双河村的双伯（音）的老爷的丧事情况，去世的人是双伯的祖父。他留这一套丧葬礼仪是非常复杂的，这个过程很长，现在已经简略很多，丧事办完的话都要三天三夜，在古代的话要七天七夜。总体上有两个方面的东西，一套是汉族的，它完全保留了，一套就是本地的。汉族的一套呢，比如这个贴挽联，做灵牌，就是我们说的"神主"，神主上还要签点，而且还要实行家祭、族祭、路祭。像他家这一台事情，首先是他的儿子来祭悼他，儿子祭悼完了之后是他的其他家族成员来祭悼他，像这些情况都是中国古代的丧礼的一个情况，这是汉族的传统。这一步叫搭青棚，就是用这种麻栗树（音）、松树还有罗汉松这三种树给棺木上面盖一个小的这种棚子，汉语里讲的就是布置成一个灵堂，等于就是开追悼会用的这样一个灵堂。亲友都要来参加这个追悼会来悼念他。他的这个灵堂，这个青棚还在继续装饰，棺木前面还要画这些图案，要用这种红白黑的三色的布条把它装饰起来。白色的是火草麻布，黑红两色是汉布，古代也有用丝绸的。

张：那个棺材上的图案是？

杨：那个好像是一个太阳。太阳属于一种抽象的符号。他留人还是很崇拜太阳和月亮的。就是前面还要挂上一个麒麟布，这两边都要画。

张：他是唱一段画一个吗？

杨：不是，现在画和唱是对不起来了。现在是他的女儿来吊孝，要把带来的东西，比如酒、烟、他留粑粑之类的摆在旁边。前来的亲友都是自穿孝服，男的都要戴这种羊角的孝帽，他留话叫"岗杜"（音），我们这个丧事真正叫做"披麻戴孝"，身上还要扎苎麻的线。这是他的女儿进献的东西、大米、酒，是希望他到另外一个世界去要像现在一样生活得好。我们认为人活在世上其实是借来做的，死才是回到自己的故乡去。现在的这个过程是家祭，他的亲人都要在这里跪好之后念祭文，祭文完全是用汉语念的，写也是汉字，这一套完全是汉族的礼仪。

杨：你看它这里有三根竹竿，有一根竹竿的中间是砍得要断的。在整个这个铎系的仪式要结束的时候，铎系要把那根竹竿咔嚓一下掰成两段，意思是现在我铎系沟通人神的工作结束了，可以出殡了。

李：我们看到底下有个瓜，他留话叫？

杨：阿批（音），那个瓜要从中间砍开分成两半，做成香炉插香，亲人来的时候就要在这前面磕头。一般汉族要在（灵堂）前面磕头，但是我们他留人一般是在旁边插香的那里磕头，还有一个铜锣，铎系要一边唱一边敲那个锣，主要是跳丧的时候要敲。

杨：这是在杀羊给他（逝者），整个仪式前前后后最少要杀五只羊，到了一个过程就要杀一只，第一次杀的是祭祀去世的人的，架上一个锅，用三个砖头砌锅架，在逝者的面前把羊杀了，把心肺之类的内脏拿出来在这里煮一下表示对他的祭祀。他的棺材要用麻布带子缠起来，这丧葬场合用的麻布带子也有讲究，有的由大女儿出，有的由二女儿出，有的由他的外孙出，这羊也是，有的要他的女儿出，有的要儿子出。

张：这个由谁来出是怎么决定的？

杨：它有一个礼数，比如你两个女儿，你牵来的杀给他是你的份，你不代表你的姐姐，你的姐姐可能也会拉一只羊来杀。他下葬的时候那只羊要由谁来出，这个它都有规定。

张：这个怎么规定的？

杨：这个每家的情况非常不同的，有的男的他可能是入赘的，这个情况就不太一样。

杨：这是跳丧，这里是棺木，旁边吹着唢呐，一群人围在周围跳，都带着孝。丧事结束的时候，才要吹葫芦笙来跳。这个不是闹丧，闹丧要杀牛。

张：主孝是长子的媳妇吗？也可以白天跳丧吗？这种要持续多久呢？

杨：女的主孝就是包括儿媳妇和他的女儿。还有，孝服都是不带纽扣的，要反穿。有朋友有亲人来吊丧的时候，铎系就会敲起锣，这时候大家就都要围着跳丧。跳丧的时候穿孝服的人都要参加，这个时候不能吹葫芦笙，要等引路阴阳分家完了以后才能。跳丧是哀悼的，是向死者致敬的仪式，你看它是向前一步点一下头，等于是鞠一个躬，到晚上等到给死者的灵魂引了路，给死者的灵魂阴阳分了家之后，再吹葫芦笙跳，那是有一些娱乐性放松性的了，现在的跳丧是很庄重的一个仪式。要等铎系把这一段唱完，亲戚亲友多的话四五圈三四圈地围着这个棺材，一个院子都围着跳。

（二）铎系负责主持丧葬的仪式

杨：这个镜头是请铎系的，这是有一杯酒，你要是喝不掉的话你可以倒到那个酒壶里，但是最少要喝一口。还有烟、十块钱、一顶孝帽，这些都是给铎系的。然后在这里放上一点松毛，是主人家来给他跪着磕头的地方，意思是请他帮忙来主持丧事。一个铎系的报酬就是十块钱、一杯酒和一盒烟，最后仪式结束的时候，按照古代的礼仪，要把一个羊头和羊的一只脚给他背回家，他的报酬就是这样。铎系他戴的这个岗杜，就是这个孝帽，是白白纯纯的这个火草，不能掺杂有杂质的。现在你看他（指铎系）先把那些都准备好，不是边画边唱了，都是先准备好，准备好之后他才来请，等一下他就要出去了，他就要开场了。你看他就把这个写好的板子放在棺材上了。

张：他放这个板子有讲究吗？这里放个草垫子是什么意思？

杨：这个一家跟一家有不同，有的是有四块，前面两块后面两块，有的只有三块，前面两块，上面放一块，有的放在棺材的头上，有的放在棺材的尾上，有一些随意。他先在那旁边写，写了之后放好，然后他要先给去世的人烧烧香，给他敬酒。草垫子是为了方便磕头。你听他开始唱了。

李：都是一个调吗？

杨：他这段唱完还要换其他的调子。现在唱的是次尼格，唱的内容很多，他已经在开始的时候省了很多了。他在敬酒的时候就应该唱，唱的内容是，跟棺材里面的这个人说："不是说我唱的很好听，不是说我很会唱，我也是从鹦鹉那里学来唱；不是说我说的很好，我也是从鹦鹉那里借来说的。"这个意思他表达得很委婉，就告诉死者是他来帮你做这一台事情。铎系后面还有几段他要一个人面对这个死者，安慰这个死者，有时候他要一两个小时地在那里做法在那里唱，大概要唱一个小时左右。你听，他现在就换了一个调子了。有时候这个铎系，他在唱的时候不是代表他自己，从他刚才唱的看来，他代表的是逝者的儿子来追悼他，他会通过换身份来跟死者沟通来安慰他。

张：必须有一个女的在后面哭吗？

杨：多数时候都有一个女的在后面哭唱，叫"啊寿曲"，这女的是他的亲戚，是他的女儿，女儿嫁出去了，赶来之后就在那里哭丧，但是女的哭的内容有的时候跟铎系是一样的，比如铎系站在这个女儿的角度给死者悼念的时候，跟他的女儿实际上是一样的，也是在哭唱来悼念他、怀念他。

（三）铎系符号怎么用，怎么唱

李：这个铎系现在唱的是板上写的东西吗？

杨：他现在顺序会打乱。比方说他有一个女儿在那里哭唱的话，他们俩唱的内容就可能相一致，因为他的女儿也是唱给他听的，铎系的责任也是跟去世的人沟通，就要告诉他现在是谁来看望你，是谁来悼念你。主要就会唱你怎么辛辛苦苦把你的女儿养大，给他们成家立业过上好的生活，但是在这个时候他们还没有报答你的恩情你就突然去世了，真是非常悲痛的一件事情，这是谁都不答应的。只是女的唱的话形容词用得很多，本来铎系唱的就是诗歌或者民歌形式了，在他留语言里比较押韵，但是女的唱起来她用的形容词还更多、更形象。现在这个情节是他单独在跟逝者在沟通，这个过程完了之后，如果是有那些比较亲的人来参加葬礼，比如他的兄弟姐妹，还有嫁出去的女儿、后家，这些人来吊丧就要放着火炮进来，还要背着一些米、酒、火腿和麻布带子之类，就是农村里说的重礼了。来了以后，铎系要告诉死者现在是谁来看你悼念你，这是你的幺姑娘，你是怎样把她抚养长大的，唱的时候他就会与这个人的内容相关了。

  唱的内容是很有机地结合在一起，不是按照这个符号一个一个来唱。比如他画了一个犁和耙，他会唱到这个内容，但是不知道他什么时候唱到这里。你看这个人的就是四块碑牌，棺材尾放一块，前边放一块，这边放一块，那边放一块了。他会唱到，你现在去世了，那么你是哪里来的，就是从玉龙雪山上飞来一枝花，落在你父亲的肩膀上，从金沙江上飞来一枝花落在你母亲的肩膀上，这枝花是不是你？这枝花不是你，这枝花飞到树林里变成了狗熊，这枝花飞到灌木丛里变成了松鼠。水平高的铎系一直要唱到十二朵花，最后才唱到第十二朵花飞来，这朵花才是。水平一般或者是忙的时候，铎系就会简化，可能就唱三朵，那么第三朵花可能就是你了。他也可能唱第五朵、第六朵是你，这些是由铎系自己掌握的。唱十二朵花唱完了，一朵花变成了野猪，一朵花变成了狗熊，一朵花变成了松鼠，一朵花落在竹林里变成了竹鼠，在唱这些的时候就会唱到很多动物植物的情况，然后你就最后十月怀胎生下来了，生下来的时候是怎样的，这个过程他唱起来很长。比如唱到你生下来以后要用水来洗，可能这里有水的符号，他就唱到水了。洗婴儿要把水找来之后烧温了才可以，那就出去找水。那么山脚下荡荡里的水能不能用呢？铎系一般自问自答，不能，因为这是脏的水，这是牛喝过的水，所以不能用。半山腰塘塘里的水能不能用呢？也不能用，这是狗喝过的水，"生锈"的水。找到山上很清很清的山泉水，这个水才能用。你看他画的图案里就只有一个水的图画，但是唱起来是没完没了的，而且顺序也很随机的。洗婴儿的水还要用一种柴来烧，这种柴不是一般的，要用一种特定的树，他留话叫杜处私（音），就是要用这种树的柴来烧要给你这个婴儿洗身子的水。杜处私这种树现在好像已经灭绝了，我没有亲眼见过这种植物了。

  赵：类似于什么呀？

  杨：很多老人说现在已经找不到这种树了。所以他唱的这些有时很难把它非常准确的解释出来。有些他唱到的植物动物昆虫可能已经灭绝了，现在谁也没见过，只能他怎么唱怎么保留了。然后他说你这个小孩生下来很聪明伶俐，奶奶也喜欢、爷爷也喜欢、父母也喜欢，长着长着你就长得跟你的父亲一样高了，你的父亲就教你去犁田，这个田要怎么犁呢？犁架子要怎么做呢？你要从山中砍某种树来做。那么山里面哪一种树才能做这个犁架子呢？这样的树不行，那样的树不行。它的形式又是我刚才说的那样，他还会唱到一些树的功能，最后才说用朱木（音）树砍这个犁架子，直的行不行？不行，要弯曲的，这种砍下来才能做这种犁架子。他的符号里就有犁架子，唱的内容是非常非常多的。逝者是男的，就会唱到你的父亲怎么样教你犁田犁地，怎么样教你起房子，唱起房子的时候还会唱到锯子、凿子等工具。他这个唱得很细，细到——你剪脐带的那个剪刀是哪种剪刀呢？剪羊毛的那种剪刀能不能用？他说不能用。——那么这剪刀是哪里来的？在他留的唱经里，是从汉族老大哥那里买来的，这是很清楚的一句话。

张：他那个板上面画的东西是先前他跪在那儿的时候先比较通畅地把它唱完了，然后后来坐在这儿的时候再串起来？

杨：这个不是，他开始唱的时候就是唱那个次尼格，非常长非常复杂，他已经省略了很多，一开场就唱次尼格了。"你为什么要离开我们呢？是因为你犯了这十二种禁忌，房前屋后到处找你都找不到了，你是怎样离开我们的。"你看我说他会唱到那些工具，他唱到那个火麻怎么撒，左手撒三把、右手撒三把，公麻撒三把、母麻撒三把，逝者是女的还要唱那个麻皮怎么做。

赵：是追溯他的一辈子干的事情？

杨：农业方面，生产生活方面像百科全书一样，他会唱到农业方面和生产生活方面的很多细节。在古代，因为来参加葬礼的人很多，这样唱，也是对下一辈起到一个教育的作用，一个是对老人的孝道，一个是传播一些平常生活的知识，现在我们看来它都是一种很有科技含量的一种经验的总结。他唱到你要来到人间的时候那一段，不能用哪种水，不能用那种剪羊毛的脏的剪刀剪脐带；他唱到撒秧怎么撒，育稻秧的时候，把谷种撒到秧田里，你要把柳树枝采来之后插在秧田的边上，等到柳树枝冒芽的时候，洒在秧田里的稻谷的种子就也会冒芽了；夏天打豆子的时候，要用那个簸箕扬豆糠，扬豆糠的时候没有风，这样豆子就扬不干净，所以就要一边倒豆子一边打口哨，一打口哨好像风就有点来了，就好扬豆子了。这些完全是很科学的生产生活的经验，他就会唱到这些非常细的很科学的东西。

（四）吹将也是丧葬仪式中必不可少的角色

杨：这是请吹将，是吹唢呐的人，也是一杯酒。吹将是两个，这里是两杯酒，有两盒烟，有两个孝帽，铎系戴的孝帽大一些，而且是纯纯的火草做的，不能有一丝花纹，杂的东西不能有。这些孝帽是不一样的，这是主孝，它的缝是直直的不能歪，如果那个缝在前边的就是其他亲友，不是主孝。从这些上头，各种人都能看出来了，不懂的人你看它都没什么区别。这是请吹将，主人家跪下去。这个帽子要吹将自己拿针线缝一下，戴在头上，就成了一个羊角的孝帽了。

张：为什么两个吹将他刚刚请的时候用的东西不一样呢？就后面一个吹将他有烟和钱，前面一个没有。

杨：应该都有的，都是一样的。除了唢呐，还要用葫芦丝，还要用那种像箫又不像箫的那种，是直着吹的乐器，等一下会出来。这就是吹将在准备他的唢呐，唢呐里面吹的那个响附子（音），要用酒泡一下，唢呐上面要用一条白布条拴起来。这个吹将是水平很高的一个，他是云南省民族民间音乐大师，有省文化厅颁发给他的证书，每年有这个三千块的补助，唢呐吹得很好。吹将在这个丧葬场合也像铎系一样是必不可少的角色。你听，他换了一个调子，前边那个调子是迎客调，这个是吊丧调了。真正的吹将他要在棺材前面这个地方烧个火坛，吹将从丧事开始他都要一直坚守在那个岗位上，棺木出殡的时候他在前面吹，一直要等到死者下葬之后才能停吹。

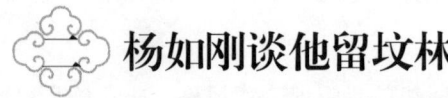 杨如刚谈他留坟林

访谈时间：2012年2月4日
访谈地点：云南省丽江市永胜县六德乡他留坟林
访谈对象：杨如刚
访谈者：赵丽明、张雪梅
整理者：梁静远、杨如刚

他留坟林是他留文化中宝贵的遗产。坟林中共有古墓葬近7000座，加上外围有13000座，其中碑刻完好的有3000座。坟林规模浩大，造型典雅，镌刻精美，具有极高的艺术价值和研究价值。碑刻既具有民族风情，又反映出他留文化深受汉文化的影响，是他留人与汉族在文化上高度融合的结晶。2月4日，我们一行四人便来到了听闻已久的他留坟林，听杨如刚老师为我们细致讲解坟林的相关知识与它背后的文化内涵。

（杨如刚简称"杨"，赵丽明简称"赵"，张雪梅简称"张"）

（一）他留坟林是非常密集的一片坟地，层层叠叠，密密麻麻

赵： 杨老师讲到有三种坟林的制式。

杨： 我们这个坟林在外边拦了一个篱笆，篱笆里面的这一片是比较集中的了。篱笆里面总共是6374家，其中碑刻完好的有3000家，是比较密集的一片坟地。这种是我们说的土洞碑，比较小，比较矮，要在前面留一个洞。它是用五块石板（构成），留个洞是门和窗户的意思，意思是祖先的魂灵要从这些洞里出来，享受后人给他的供品，所以这里要特别留一个方格。除了那种形式以外，还有这种形式，只有一块石头，圆圆的，打一个碑，树在这里就行了。这种形式的碑比较早，一般都在明朝和清朝的早期，清朝的乾隆以上和明朝的时候有这样的石碑，非常简单，中间刻一行字"某某人之墓"，这边是生于什么时候，卒于什么时候。看这个——"卒于乾隆某年春"。你看这种坟墓都很小。看，这种就是夫妻合葬，有两座，这又是一种碑的样式。

张： 这个是不是一般比较富裕的家庭修的？它这个讲不讲家族啊？还是只讲夫妻合葬？

杨： 应该有一定的经济实力。因为古代他留人的经济文化是繁荣的。也讲家族的，基本上都是按照一个家族一片。

张：平时这些不用于祭祀、祭拜吗？不会烧纸钱那些吗？

杨：要来的。比如你、我在外面两三年没回家了，我回家了以后，就把我的朋友叫来在这下边杀只羊吃一下，来这里玩一下，也等于就是来这里祭祀了。纸钱不烧。我们这里面不允许他们烧，他留人平时也不烧香。这一片基本上都是一个家族的，从这里上去那一片都是海氏、蓝氏和王氏的。它这非常密集，层层叠叠，密密麻麻的。

杨：这个立碑的方式主要有喜碑、半喜碑和墓碑，所谓的喜碑就是比如我们夫妻两个都还在世，我的儿子现在比较有能力，或者我自己有能力，就先把碑先立起来了。等到过世之后把人埋进来就行了。这叫做双喜碑，就是两个老人都健在，就先把他们的墓修好。另外我们说的半喜碑，一个男的或者一个女的去世了，但是另外一个老伴还在人间，这时候修的碑就叫做半喜碑，因为一个在世，一个不在世，刻字的时候在世那个人的名字要用红的颜色把它刻出来。我们说的墓碑就是两个老人都过世了埋在这里，当时过世了有能力就刻碑的也有，有的甚至埋在这里几年甚至一两代人之后，才刻碑，这样的也有，这是墓碑。

张：如果现在他留人去世了还埋在这儿吗？

杨：这个不允许他们进来埋，如果再进来埋的话，他把这个古代整体的建筑风格和气氛给破坏了。

杨：去年的时候，省文物局的来进行了一下修理，他们带着他们自己编的号，他们好像就是修了100座。这些图案确实是非常精美的图案，我非常喜欢这些图案，这些个民间工艺，是我们他留人自己的民间工艺，现在都失传咯。实际上是有石匠的，就是他们不会雕，不会刻。它的建筑样式就是这样，层层叠叠的，一排一排的这样排上去。你们看看这个规模吧，都是，这座山都是。

（二）特殊的制式——三格碑

杨：这是三格碑，就是一个丈夫两个妻子，而且它的雕刻是非常有意思的。中间是男的，这是"海母海氏把起之墓"，这是墓字，"墓"他刻成错别字了。你看，这就是同姓通婚，他的妻子姓海，他自己也姓海，妻子是另外一户海家。他留人在古代同姓之间是通婚的，因为有不同的支。"把起"是他留话音译的，汉字刻出来就是"把起"了，是"老三子""三姑娘"的意思，要和别人家的区分开来，所以叫"把起"，而且这个"起"呢，有时候发成"且"，在普通话发音的"起"和"且"之间。这个是"喜迈"，"固喜"应该是老七，"喜迈"是说这个人排行下来是老七，为什么是老七呢？因为古代没有计划生育的政策，而且婴儿的死亡率比较高，有时候老大老二老三都夭折了，虽然他是老七，可能他前面活下来的只有一个或两个，但是他的排名还是就排到第七了。他留人都是一夫一妻制，为什么他有两个妻子呢？一般情况下，古代来说，他留人在十几岁就结婚了，有的像二八年华就是十六岁、有的十八岁就结婚了，然后就要小孩，以前来说，因为年纪小，医药又不发达，他的妻子可能在生头一个小孩的时候就死了，他不可能年纪轻轻就打光棍，所以就会有第二任妻子。他留人有一个习惯，虽然有时候婚前在性关系上有一定追求的自由，但对于夫妻关系，婚后的话家庭还是比较稳定的。如果有夫妻关系，死后是要同丈夫葬在一块，那么这两个都是他的妻子，所以要和他葬在一块，但是为了有所区别，这石头它是有意这样隔开的，这个是他的第一个妻子，这个是他的第二个妻子，但是往往是他的第二个妻子才为他生下孩子。这里面三格碑有十多座，但是只有一座把这件事情解释清楚了，是王家的那座。那一座解释是，他在世的时候就同时有两个妻子。一般情况下都是大的这个死了才找二的这个，但是从王家的这座看，他同时就有两个妻子。他的墓志铭上解释清楚了，那是因为他大的那个妻子进门好几年都没有生育，没有生育能力，后来又经过他的大老婆同意之后，他又讨了个二老婆。他留人本来都是一夫一妻制的，这个是比较特殊的。三个人合葬在一起就成了三格碑。

（三）这些碑外观与汉文化一脉相承，内涵又是他留的

杨： 这些他留墓碑的外观、建筑的样式、雕刻的花纹，都是吸取了中原文化的，和中原文化一脉相传的，是经典的漂亮的中原文化。但是内涵又都是他留人的。为什么这样说呢？因为它里面埋的是他留人，一代一代的祖先，还有刻的名字都是他留人的名字音译过来的，比如这个人是蓝母，名字叫做"止喜"，他留话这样叫，就这样刻的。有些字都是他留人自己造出来的汉字，有的我们还没有搞清楚。这个墓刻写的"止喜"的意思是她是二姑娘，他留人是男孩子跟男孩子排行，女孩子和女孩子排行，男孩子女孩子不能交叉来排行。比如汉族是这样排，你是大姐，下面的兄弟就是老二，但是他留人不这样，你是大姐，下面的男的就是大哥。你看这个外观还是典型的汉文化，雕刻是汉刻，它的对联是"名山多秀气，丽水发祥光"，都是他留人学习汉文化来的。它里头埋的是他留人，这个人是乾隆时生的。然后它虽然用的汉字，但是却是他留人名字的音译，所以它是他留的内涵。

杨： 这里面有华表，我们可以看一下。应该说从明朝以来，清朝、民国，到新中国，有四个时代的碑墓留在里面。这个华表是清朝光绪时候立的，是文官的华表，因为上边的尖尖是毛笔尖的，如果上边是宽的像宝剑一样的，那是武官的华表。古代要有官职才能立（华表），因为清代以前我们国家是一个封建社会，是一个等级制度森严的社会，没有这个等级你来建是不可能的，人家一告发的话是要坐牢的。

张： 怎么会把这种记录功勋的华表放在墓群里面的？

杨： 这个华表是这个人的，那个华表也是这个人的，两根华表是左右对称的。这个人叫做蓝发贵，这人叫蓝发富，他俩是兄弟，（蓝发）富是哥哥，这边是他的哥哥嫂嫂，那边是他和他的妻子，都是夫妻合葬。这个墓不太久，是光绪年间的。这个人当时的官职是总甲长，是文职的官员。当然古代一个地方的官员，既管军，又管农，又管政什么的。这里还有墓志铭。这边是鹿，那边是马，中间是麒麟。这个图案很有意思，这是彩绸，彩绸拴着如意，这是银锭，这是毛笔，都是汉文化的东西，意思是笔锭（必定）如意，是汉语谐音成语。这刻的是菊花，是梅兰竹菊。这边是麒麟，是中国文化里的吉祥动物，那边要刻鹿和马。这个碑心被破坏了。麒麟前雕的是灵芝仙草，中

间这个是灵芝。你看他这个雕刻的是仙鹤,鹤也是长寿的一个图案,同时这"寿"字背景是太阳。它这雕刻很精美的,这是莲花,它是抽象的。你看这是马驹,这马驹雕刻得非常生动。这是"喜鹊登梅"的图案。这一座墓是他留人刚刚接触汉文化的时候修建的,所以你看这些字刻写得东倒西歪的,这墓后面显然是被盗过的,这是段家的段,是段公之墓。你看这里它刻有戴三角头帕的人,穿短裙的,是他留妇女的形象。这里面刻的太阳、月亮的图案,跟铎系画的差不多。这里还刻有人物,这边有牧马的人、牧羊的人。

杨: 这些墓碑的外观建筑跟汉文化如故宫博物院那些是一脉相传的。比如这个蝙蝠,是"福"文化,双福双寿,这是可以看出来的,就是一整个汉文化的外观。例如墓上雕刻的图案,这是镜子和宝瓶,用彩绸拴着,就是谐音"平静"的意思,就是人死之后归葬在这里要入土为安。这个雕刻的是"喜鹊登梅",这是喜鹊,这是梅花,雕刻得很抽象。这个是石狮,石狗和石狮是分开的。狗对于他留人很重要的,地位很高,因为他留人现在还保留了一些打猎和放牧的传统,狗的作用非常大。对农耕、定居的民族来说狗就是所谓的看家狗了,跟人不是很亲密。但是在狩猎民族和游牧民族看来,狗就是伙伴和战友的关系。雕刻的尾巴散开的这是石狮,有牙齿露在外面,尾巴尖尖的这是石狗。铎系在唱经的时候有些段落也会唱到狗。又如这个,他雕的是牛,而且这是双牛,这是月亮不是太阳,我们国家有一个成语叫做"吴牛喘月",形容非常热,以至于晚上月亮出来牛都会误认为是太阳又出来了,又要热了,就不自觉地张嘴喘气。我们这里不这样讲这台事,我们是讲"耕牛望月""牛眠卜吉"。中间这是三只羊,羊上方刻太阳,这个就是铎系画写的文字里的"日""月"。这个图案的意思是"三阳开泰",三只小羊羔,中间是一个太阳。这是一个鹿,这是一个人,人在敲这个钟,这个图案的意思就是"钟鸣鼎食",鹿是指俸禄,钟是"钟鸣鼎食"。这上面写的是"道光十年庚寅岁",就是属虎的一年,道光十年,现在推起来应该是1830年,道光十年的四月四日生,后刻"光绪十一年六月初九日卯时卒",他是一个道光年间生、光绪时候死的人,他的碑上写的是"清乡评谨厚海公讳喜马之墓记",立碑的时候是光绪十一年腊月二十六日吉旦。立碑人写的是他留的名字,他留的叫法,你看他的儿子刻的是"错(音)","错马(音)","错"本来是老四,"喝"本来是老八,因为老大老二老三立碑时早死了,早死的人他的名字没刻写在这里了,但是他们把排行给占了,所以树碑时只刻老四、老八的名字了。

杨: 这是阴阳鱼,我们他留铎系里面就会画到这个鱼的图案,这是受道教影响,但是这个阴阳鱼跟中原的画法是不一样的。我们这里面有一些阴阳司的题字,就是古代由官府朝廷直接管的一些道教机构题的字,这件事说明,他留人在后期受到道教影响。另外在古代来说,他留人他还是一个比较开明开放的族群,他能够接受外来的这些文化。但是这个阴阳鱼呢,他又跟中原的画法是不一样的。中原的画法就只有眼睛,没有嘴也没有鳃,你看这个,他把鳃都画出来,还有尾巴。他留人理解东西比较生动形象直观,所以他理解阴阳鱼就是理解成这样的两条,他理解的阴阳的概念就是这样。这个用彩绸拴起来的葫芦也是受汉文化影响的,铎系唱也是要唱到这个葫芦的,他会唱到洪水冲天的时候,最后剩下两兄妹,其他人类都灭亡了,两兄妹坐在一个大葫芦里顺着大海水漂啊漂逃生,就是有这个葫芦的图案了。"清故德寿先考海公",这一片都是海家的坟,这个人他留话里的名字是"起叭"，你看他的儿子，一个是"洗起"，一个是"谷止喇"，他的孙子是"止马"，重孙"洗起"、"谷止喇"。这些字它虽然是汉字，但是都是他留话音译过去的，那个本来是读"顾（音）"，它就刻成"谷子"的"谷"，如果用普通话来读的话就是"顾止喇"，"谷止"就是二儿子。这里还有一定的父子联名的影子，古代彝族人的那些父子联名，音是相连的，这里稍稍有点类似，他叫做"起叭"，然后他的儿子叫做"洗起"、"谷止喇"，这里连到了这里，然后他的孙子叫做"止马"，然后他的重孙又叫"洗起"，是返回祖父的名字去了，重孙的名字又该会含有"洗"或者"起"的读音什么的，或者又返回其祖父的名字那里去了。这是道光年间立的碑，是道光的牛年。孙女叫做"喜马（音）"。

杨：我们就到这里吧，其他地方就不看了。我一个人来这里转，一天时间不知不觉就过了，这里面有很多很多的东西，那下面有一个凤凰，那个凤凰雕刻得非常非常精美，双凤朝阳。人家就问我了，他留那么多图案，哪个图案最能代表？每个图案都非常精美，我都说不出来到底是哪个。看，这个图案有点像龙，你看这个麒麟是不是《西游记》里哪个神仙的坐骑跑下来了？麒麟好像是龙的儿子，龙生九子，九子各别嘛。

三 路遇凉山彝族人

访谈时间：2012年2月4日
访谈地点：云南省丽江市永胜县六德乡他留坟林
访谈对象：杨如刚
访谈者：赵丽明、张雪梅
整理者：梁静远、杨如刚
（杨如刚简称"杨"，赵丽明简称"赵"，张雪梅简称"张"，路途中遇到的一名小凉山彝族人"某"）

某：以前我们宁蒗的战河过来有座山，叫"塔尔补子（音）"，"塔尔"指你们他留，这说明你们他留人祖上曾在那里居住过，所以那个山才这样起名的，后来你们就可能从那里迁移过来了。今天，为什么我知道这里有个他留坟林？因为我们是宁蒗县地税局的，原先我们在这下面设有个（煤炭）检查站，所以我们经常来这里下乡，下乡以后就跟他留的那些老人一起吹牛（聊天），然后就知道这里有个他留坟林，什么人都过来看看，所以我也来看，我是第二次来了，我这两位同事没有来过，今天我就带他们来看。

赵：哦，彝族的弟兄。

某：哎。本来就是一对弟兄嘛，一个叫"塔固"，一个叫"塔尔"，"塔尔"就是你们说的"他留"。现在"塔固"是指我们，像我这种口音（语言）的人。

赵：你说一下男孩子排行，女孩子排行，你跟他对一对。

杨：就是你们的男娃娃老大是喊个什么？用你的彝族话讲一下，男娃娃的老大、老二叫什么？

某："兹日（音）""兹海（音）"，假如有三个，老三就是"塑述（音）"。

杨：我们是讲"谷底""谷止""谷把"。

某：哦，语言是有些不同。

杨：语言走得很大。

某：我们说"此莫""尼莫"，是说钱数的。

杨：不是，我们说"瓷磨""尼磨"，是一个、两个的意思。

某：我们讲一元钱就是"此莫"，两元钱叫"尼莫"，是阿拉伯数字123456789中的说法。

杨：一元两元我们说是"瓷着""尼着"，看来"一"和"二"比较相似，后面的就不同了，"瓷（此）"和"尼"是同的。

张：你们说阿拉伯数字是说汉语吗？

杨：哎，现在一般说数字是用汉语。看来和凉山彝族语，一和二是同的，"瓷（此）"和"尼"，三是"扫"。

某："三"我们是"嗦"。

杨：有点相似。

某：好像现在你们他留这个语言，和傈僳族语言是大部分相同的。傈僳语言跟你们有百分之四五十是相同的，我都跟那个老人摆（谈）过。

杨：有些地方的傈僳的语言很大一部分是和他留有相同。

赵：大小凉山的语言一样吗？

杨：大小凉山，有的地方还是不一样，有方言。小凉山倒是基本一样。

赵：小凉山从什么时候从大凉山过来的？几百年了？二百年？三百年？

杨：以前有个凉山州民宗局的副局长他来这里看过，还送我一本《凉山州民族志》，根据那个《凉山州民族志》的记载，小凉山的彝族是从大凉山迁过来的，大凉山的彝族在清朝末年的时候，受到清政府镇压，很多一部分是从昭通、曲靖地方迁到大凉山去的，但也有一部分还是当地的，就是本来就在大凉山住的也有，但是这一部分是少数，多数还是从昭通和曲靖被清军围剿之后跑到了大凉山的。

某：朱元璋，明朝时候朱元璋也清剿过，很多彝族人从那时候就跑进了大凉山。

（某离开）

杨：他们叫我们就是叫"塔尔"。根据他讲，他们古代部分人曾自称"塔固"，"固"是一个古时候的古语了，他们现在自称"鲁苏""诺苏子"。我们这边自称"塔潞素"，"苏"和"素"可能只是音走了一下，是方言，就像四川话和北京话，或者四川话跟普通话的差别一样。"素"和"苏"都是人，一支人或一个民族、种族，哪个地方住的人的概念（意思），它是这样大的一个单词，所以他们自称"鲁苏"，我们自称是"塔潞素"……我们也是不称他们"鲁苏"，不称他们"塔固",称他们什么呢?"额告字"。"额告字"这一句话是什么意思呢?翻译出来是很复杂的一句话,但我认为这一句话很准确。"额"跟汉语额头的额音有些近,意思也有这个意思。"额告字"这一句话翻译出来他们是什么样的人呢,就是古代来说在额头顶这里扎一个发髻,然后把发髻周围的头发都剃光,把额头脑门剃得亮光光,头顶中间留一个发髻,他们就是这样的人。这是古代宁蒗彝族、大小凉山彝族男人的打扮,就是这样标准打扮的人,那么他留话"额告字"的意思就是指这样打扮的人……从这个民族称谓,它就反映了很多东西。这是彝族古代那种叫"天菩萨头"的头型,天菩萨的装扮,说明大小凉山的彝族在古代是这样打扮的人。

四 简单隆重,祭祖佑今

——蓝绍增谈他留人的节日

访谈时间:2012年2月5日
访谈地点:云南省丽江市永胜县六德乡双河村二村
访谈对象:蓝绍增
访谈者:赵丽明
整理者:梁静远、杨如刚

蓝绍增,1949年出生于六德乡他留山区,现居于双河二村,高中毕业,1969年至1975年入伍当兵,退伍后返乡在乡镇企业和乡政府任职,1978年起对他留文化产生浓厚兴趣,并师从蓝荣生、陈光明,开始研究和整理铎系文化。现任他留坟林管理站站长,为保护他留坟林、收集整理他留文化做出了巨大的努力和贡献。

作为保有大量传统风俗文化的族群,他留人的节日庆典深深地吸引着我们。他留人最大的节日是什么?他们一般怎样庆祝这些节日?这些庆祝的方式又反映了他留人怎样的心理?这些问题最终都在访问蓝绍增老师的过程中得到了解答。

(蓝绍增简称"增",赵丽明简称"赵")

（一） 粑粑节和春节是最隆重的节日

增：基本上最大的节日一个是春节、一个是六月二十四的粑粑节。其他的比较隆重的就是粑粑节的前边还有一个祭祀"阿朵梭"，在这个的前后在雨水天的时候有一个"宗支节"。这个各部的宗支好像是系土绳一样的，按照各个宗支进行供祭，自己祭自己的，在六月二十四前后，这不一定，反正雨水天的时候，按姓氏进行供祭。实际上这整个过春节，大约靠近腊月的二十几就开始了，我们他留人基本上就是清扫一次房屋，各家自己把房屋清扫干净，这是一。第二，到了腊月的二十八九，各家准备好过年的糍粑、饵块这一类食品，大年三十那天，在自己的家里面杀一只公鸡敬祭自己家的山神。每家都在房后立了一块小山神位，或大点或小点，都自家立了各自的山神位，杀一只公鸡祭祀山神，贴对联。三十晚上要吃年夜饭。我们这里有些汉族年夜饭是中午吃的，我们他留人是晚上吃。全家在晚上都回来，吃三十晚上的年夜饭。年夜饭里边除了有肉以外，必须要加吃一些菜类、葱蒜类。到了大年初一，要参与有死者未满三年的亲戚家上坟，供祭死者。上坟的时候，参与者要带的东西就是这个塔形的粑粑一个，还有其他粑粑是一盒，然后要各自带上油、盐、茶、米，日常的全部都要带上，包括还有香火，都要带齐了，这是大年初一。初二晚上开始组织村里面的群众进行打跳。都是村民自发组织。基本上都是大家自觉的集中起来以后（决定）在哪里打跳。这个就不是祭祀了，就是活人自己庆祝，高兴，大家都在一块娱乐。初三、初四、初五各家随便，到初七的时候，就是全部白天参与，大家全部都集中在坟林，参与白天的活动了。

赵：这是干嘛呢？有什么意义吗？

增：主要是我们他留人认为初七是人的本命日，那么就不干活了，基本上大家都停下来走访、休息、庆贺。过去历史上是基本上要耍狮子、打跳，过去老辈的时候，解放前吧，春节是一直延续到正月十五的，正月十五以前可以吹葫芦笙打跳，到了正月十五以后，把葫芦笙也是收存起来了，装起来了不准吹了。一直要到什么时候呢？到了下半年六月二十四粑粑供祭的那一天才能把葫芦笙拿出来吹，一直可以吹到下一年的正月十五，六月二十四以前他是不吹这个葫芦笙的，也不打跳。但是现在基本上初七以后，大部分都初八就做农活或者是工作了，这样的就开始新的一年了。

赵：现在那个初九的祭祖活动还做不做了？

增：初九的祭祖是过去做，现在仅仅是在六月二十四做了，初九没做。就是初七的时候把大家集中起来活动一下而已。大年初七是全部他留人都聚集在坟林，进行过年的集体活动。主要还是舞狮打跳这样的一些活动。今年就是全部聚在坟林管理站那里。全部都是老百姓自行组织的。

（二）清明节隆重地上坟大概是后来才开始兴起的，且具有他留的特色

增：清明节主要是现在过，过去老辈是不怎么隆重，做是做一些，现在根据有些东西看来还是要上坟的。清明隆重地上坟可能这个开始的时间大约在解放前后也未可知，也就是说上坟、扫祖

墓。清明这个节日全部做下来是不统一的，各自上各自的祖坟去供祭自己的祖先。清明的时候不知道汉族这样做不做，我们这里，因为他留人传说先祖是从湖南调卫的时候过来的，来到了这里，所以清明上坟祭祖的时候必须要在祖坟的顶部插上柳叶柳枝，插在碑的两边。现在只是传说了，我们的祖先是洪武调卫时候从湖南过来的，有的墓碑上记载就是湖南的麻林、湘江，甚至有什么柳树湾，从那里过来的，所以为了纪念我们的祖先，现在清明的时候要给他们插柳枝。

（三）七月半主要也是用来祭祖颂祖，他留人对祖先十分崇敬

增：七月半是有的，祭老祖宗，烧纸。原来是做的，七月半的时候祭祖、颂祖这些都是做的。要做一些纸去烧，烧了过几天以后，十四或十五的时候接进祖宗神灵来家供祭祖先，他的供品是除了那些锡箔、香纸、香烛以外，还要供上一些水果品类的东西，什么梨呀桃啊之类的水果，然后到了旧历的十七八的时候把这些东西，把供品拿出来送出去，送到岔路口上烧了。

增：它有这样一个理由在里边，他留人，因为我们最早的始祖是传说中从调卫的时候过来的，现在很多专家学者都说不清楚，那么从湖南那些地方调卫来的时候究竟是什么族，甚至来到这里以后与当地什么样的少数民族融合以后形成我们现在的他留人。当然我们也有"夷娘汉老子"的说法，按照我们所做的一些祭祀的现象来看，从人的死亡的这个祭祀场中，他留人的铎系是作为一个少数民族的祭祀仪式的主持者，汉族的先生这一位又是按照汉族的祭祀仪式来进行的，两种祭祀是同时存在的。在正房的中堂供祭也是如此，对祖辈的中堂供祭是汉族式的，例如中间是天地君师神位，旁边有历代的祖先牌位，但是除了中堂里面的汉族式的供祭以外，在他留人做饭吃的房间里边、灶房里边，还有一个民族式的供祭祖先的方式，在那做饭吃的墙上钉上一块板，有时是挖上两个小土洞，再把前两代过世的祖先供祭在其中，这又是用我们他留人的供祭方式供祭的。先用一块金竹的竹壳，也就是竹衣，还有是松叶，还有是青刚栗（音）的枝叶，把它摆正了插在那个地方，表示我们的祖先牌位。不刻小人，就是用这样的几枝松叶和那个竹衣壳贴起来再把青刚栗的青枝再插上一枝，这三样东西一块靠在墙上，是扎起来靠在那个方位上，就在旁边进行烧香，对于这两代祖先的供祭，必须给他准备一个小篮，里边还要搁上他的木碗、木勺、木盅，就是说对他们进行供祭的时候，供酒供茶要放在那个木盅里边，供汤圆时也要装在那个木碗里边，木碗、木勺、木盅不用了要把它们收了搁在那个供祭用的小竹篮里面，挂在那个旁边，这是我们对祖先的一个供祭的方式。在六月二十四或者是大年初一、大年三十晚上的时候必须要把那个木叶、松叶和竹壳这些都要换了，每年换一次。但是供祭着的是两代，两代供祭好了，到有第三代人死亡的时候，把前面最老的那一代要送出去，仍然保留两代供祭。

赵：这个倒是彝族的（礼仪），我在文山的彝族那里看过，他们是用木头刻个小人儿，但他们也只供祭两代，远的他们不供祭。是在里边的一个房梁上，得抬头看。

增：我们是用松叶那些，多的也不供祭，我们是在灶房的墙壁上。送出去的时候他的那一套木碗、木勺还有木盅，连那个搁碗的小竹篮也要一次性地送到祖坟烧掉，他那一代埋到什么地方就

拿到哪里去了，那么新上去的这一代的要做新的，新雕刻这个木碗。一代一套，各是一套。篮筐只是一个，但是他的木碗木勺还有木盅是各是一套。现在我家里还没做，其他的家里有些人家有，但是有些家庭他的小竹篮和木碗没配套，干脆用现在的茶盅，用现在的白瓷盅，实际上那一套是白瓷盅，我们一般是不用的，必须是要用木头雕制的，但现在有些家庭还是用瓷碗。

 五 "过七关""串姑娘房（青春棚）"

——蓝绍增谈独特的他留婚俗

访谈时间：2012年2月5日

访谈地点：云南省丽江市永胜县六德乡双河村二村

访谈对象：蓝绍增、蓝绍章、杨如刚

访谈者：赵丽明

整理者：梁静远、杨如刚

蓝绍增，1949年出生于六德乡他留山区，现居于双河二村，高中毕业，1969年至1975年入伍当兵，退伍后返乡在乡镇企业和乡政府任职，1978年起对他留文化产生浓厚兴趣，并师从蓝荣生、陈光明，开始研究和整理铎系文化。现任他留坟林管理站站长，为保护他留坟林、收集整理他留文化做出了巨大的努力和贡献。

蓝绍章，1933年生人，铎系，现居于永胜县六德乡双河二村，小学毕业，师从王荣发，已从事铎系工作三十余年，主要负责主持在粑粑节等节日上的祭祀仪式。

2月5日天气晴好，我们在位于六德乡双河村的蓝绍增老师的家中，听蓝绍增和他的堂兄弟、已经80岁高龄的蓝绍章老师向我们讲述听闻已久的他留人独特的婚俗，"过七关"与"串青春棚"。

（蓝绍增简称"增"，蓝绍章简称"章"，杨如刚简称"杨"，赵丽明简称"赵"）

（一）换了装就表示已经成年了

章：我本身过到八十岁，在过去的那个阶段，我们过七关来讲，是从十七八岁开始的。穿衣的话，就是不管男女，凡十岁以下就是穿个长衫子，下里什么也没穿，男女儿童都是这样。这是当时的社会状况比较困难，那么就用麻布缝制出一件长衫子来，下装不穿裤子，孩童就是罩一个长衫子。

增：在他（指蓝绍章）那个时代，我们他留人在童年、幼童的时候是穿件长衫子，到了十二三岁的时候，小姑娘就换成白裙子。那么白裙子穿了以后，十六七岁到十七八岁的时候又换一次装，穿这个黑裙子。穿黑裙子的时候才是大家认为的真正的年轻姑娘，成年姑娘。我问他的是，过了七关以后才能穿黑裙子，还是没过七关就可以，就是在他的那个时代。他说的是这样，到十七八岁的时候，按照女孩生理的变化，然后就是换装过七关，换装前原来她穿白裙子的时候是一根发辫，一个当中发辫，头戴的不是盖头布，戴的是像遮阳帽一样的圆形帽，穿的是白裙子。换黑裙子，要请本村的有威望的老年妇女为她重新梳头，把单发辫改成双发辫，把头上戴的原来的圆形帽换成盖头布，这就是一个姑娘的成年礼。

赵：原来是不戴盖头？

增：不戴盖头，原来是戴帽子。我们叫"舞拓（音）"，是圆形的，有个带子这样围起来，一圈的，它是一个圈形。好像我们当地叫"凉凉帽"吧，有点像过去汉族的老太太戴的，是一个圆圈的月亮形的帽，两边带花的。

赵：这时候表示才真正地成年了？

增：这下就表示她已经成年可以过七关了，过了七关，她可以正常地在自己的房间里面接待其他来串门的男孩子了，是这样一个过程。

赵：男孩子换衣服吗？

增：男孩不换衣服，但也不可能只穿那件长衫子了，还要裹上头巾。

（二）过七关不是谈恋爱，是为了给串姑娘房（青春棚）谈恋爱打基础

章：我们在道理上讲，女子是十六七到十七八岁，男子要十七八岁这个阶段，就要过七关了。过七关呢，从女方来讲，要有个女介绍人，男方也有个男介绍人。过七关的时候，（比如）我是个男孩子，他是介绍人，经他介绍，七个晚上是每晚各住一个女孩家，要住七个女孩的姑娘房，一晚上一个人，七关是七晚上。

赵：是男孩子要过七关吗？

增：女孩也要过七关，双方都是如此。

增：男孩的话，如果他已经到了十四五岁或者十五六岁，在这样的情况下，他可以跟随大一点的过过七关的年轻小伙去到其他姑娘的姑娘房里边去玩，但只是去玩耍一下。如果我是一个男孩，我已经是十六七岁了，但是还没有人带我过七关，那么我就点着火把跟随他去玩，但是我在姑娘房里是只玩一会时间，不能在姑娘房里面过夜，自己要回去，因为我是没过七关的男孩。

赵：姑娘房不是两个人的事儿吗，你这第三个人……

增：啊不，在十二点以前，大伙都可以串门子吹牛聊天的，我可以跟随去，但是在姑娘房里面过不了夜，因为我没过七关，还不算成年人，待不了多久我就要回自个儿的家了。

赵：那你以后自己还要单独过七关吗？

增：自己还要单独过七关，过了七关以后才能单独去，现在是可以跟随去玩，不说见习也是去玩。男孩女孩都有跟随去玩这样一个过七关前的过程。十二点以后，他（她）就回来了。

赵：就是说那个等于是学习一样？女孩子也这样去跟人学习吗？

增：女孩也是。过了十二点就回自个儿的家了，这个事一般北方来说就等于是串门子了吧。他们那个阶段还不是正式串姑娘房。

增：过七关的时候是这样的，例如他是哥哥，是个早已过过七关的正在串姑娘房的男青年，我是他的表弟，他带我过这个七关。我请他带我过这个七关的时候，他要找一个过去他在串姑娘房的时候最好的女友，来委托帮我过七关。

赵：你这个介绍人是找女方是男方？

增：我首先找的是男方的介绍人，他给我找的是女方的介绍人，我的第一关特别是属于女介绍人了。

赵：那这介绍人结婚没结婚啊？

增：没结婚，但是已经过过七关的，正式可以去串她的姑娘房的这种女子。就比方你吧，他找的是你给我做第一关的这个大姐，你们两个就互相定个协议，首先他要求你，你要给我这个兄弟顺顺利利地在你的后边给我过完另六关。你是第一关，那么你要给我介绍过完剩下的六关。

赵：一个村子里哪有那么多未婚的？

增：整个营山双河七八个村的，我们他留山，都有啊。你看我们一个行政村就有八个自然村，每个自然村都有。

赵：哦，那女孩可以过两次吗？她不是已经过七关了吗？

增：不，我现在讲的是男的，是我这男孩没过过，你是已经过过了。不是你过，是给我过了，是帮我过七关，不是你的七关，你的七关早已过了。但是你要给我找你的姐妹，给我找下面六个，等于加上你就是七个。但是你必须和我的介绍人你们两个要订立一定的协议，协议的条件是什么呢？就是我哥哥向你提出的要求，要求你帮我顺利地，还要有名声地、有名誉地过好这后面的六关。但你也可对我哥哥提出说，在过七关当中，我不能随意违章，不能随意违反规则。提出条件的同时，你们两个，要有一定的抵押物。例如，当时我们他留妇女，认为最新奇最有意思的东西，一个是麻布衣裳，你要拿一件麻布衣裳抵押给我哥哥，我哥哥把其他的一些衣物或者是挂包或者是这个腰带之类的放在你那里，互相交换抵押。如果在中间出现其他的问题，我不守规则，过不了你的第二个姐妹，大家反对我，或者你领来的这个人不怎么样，她违反规则，那就对不起了。我过不好这个七关，是因为我的原因的话，你就不会把我这个哥哥抵押在你那里的物品还给他；相反，是因为你这边你介绍的女孩的原因的话，你抵押在我哥哥那里的东西就拿不回来了，事先你们会有这样一个协议。

赵：这个不能随意违反的规章是指什么规章？

增：比方说男方，我去到你那里过关，七关，刚才他说了，它是连续的，中间最多只能隔一晚上，今天在你这里，然后明天晚上就在你第二个姐妹那里，要不间断地去。也就是说第一夜我到了你那里，你给我过了第一关，到第二天或者第三天的晚上，你带我到了小张那里，到第四天或者第五天的时候，你又带我到了小李那里。是你要带我去的，不是我自己去的。你带我去小张家时，你要跟小张先交代好了，因为你们是好姐妹，事先说好，我这是领来某某样的一个小伙，你要帮我给他过第二关或者第三关。我的七关都是你一个介绍人。后边的六个你都要带我去，不是我随随便便自己去找的。例如你的姑娘房在现在的我家里，那么昨天晚上你给我过的是第一关，那到了今天晚上或者明天晚上，我先到你的姑娘房，然后你再带我到你第二个姐妹那里去，那是你的好姐妹，你带我去，我不用多说话，大部分的话是你替我说了：这小伙是哪里的，他人才怎么怎么样，今天晚上你一定要帮我给他过好关。你会这样去交接的。

  赵：过七关都是男方到女方家过？没有女方到男方家过的？

  增：是的。反过来，如果女孩要过七关，那么要由他（介绍人）负责，每一天晚上或者隔天晚上带另外一个小伙去她的青春棚和她过夜。男方过七关是由女孩介绍人分别带到六个姑娘的家里去。

  赵：女的过七关也是由女的介绍，有男的吗？

  增：女孩过七关，介绍人是男的，由介绍人带六个小伙到姑娘家去，加上介绍人自己一共是七个，分别在女孩的青春棚里过。规则是，在你给我介绍的第二个或者第三个姑娘家的时候，刚才说了如果发生一些不轨行为，有时候是语言不轨，或者是动作不轨，如果男孩过七关自己出现这种不轨的情况他就过不了关了。一旦因我自己过不了关，我的男介绍人的抵押物就会被女方介绍人扣了。如果是女方出现问题，那么男方就拒绝归还女方介绍人的抵押物。有些小伙，比如说我，你是年龄肯定比我大，第一关虽然我在你那里过了，在第二晚上你再领我去第二个姑娘家的时候，如果说她也比我大，那么有些男孩子他很害羞、很害怕，坐下来或者睡下去他会发抖，别说乱动了，这就好像过去那个电影、电视里边祝英台和梁山伯睡觉连被子都不敢挪一下一样，是那种情况。

  赵：姑娘房（青春棚）里唱不唱歌？说什么话？

  增：姑娘房（青春棚）里基本上除了讲一些日常生活，今天你干什么呀，怎么劳作这些之外，它实际上还有一套互相好像唱山歌一样的诗歌在对答，不是讲也不是唱，是哼吧，说讲又不像我们讲话办事这样讲，它有一定的音调，好像诗。

  赵：那这事先怎么学呢？

  增：这学的时候，第一，像刚才我说的还没到十五六岁的时候跟随去玩，跟着大的一起学，第二，如果说昨天晚上我过第二关时，她给我讲出来怎样的两句诗，我对不上来，今天我回来的时候可以问我哥哥："哥哥，昨天晚上她领我去的第二个姑娘那里讲出来这样的两句诗歌，我对不上来了，应该怎么说啊？"这样就可以互相学了，他就会教我，昨天那一句话，你应该怎么怎么接。以后我在过第三关、第四关的时候，遇到另外一个姑娘再说出同样的问题来，我就会对上了。

  赵：什么叫没过关？就是俩人谈不拢？

  增：不是两个人谈不拢，过七关的这个阶段它还没有谈得拢谈不拢的说法，不存在这个问题，主要是违规与不违规。

赵：还是会有一些过分的行为吧？

增：不应该有过分的行为。比如，我是个男过关人，我首先有过分的行为了，那我就过不了关了。

赵：七个人里有一个没过去，都不行？谁来说呢？女孩说？如果是女孩子愿意呢？因为是女孩子愿意而过不去关呢？

增：女孩会说出来，"那个小伙不怎么行，他昨天晚上才进来我屋里，他就发生违规了，他不行。"她会说出来，那样我就过不了关了。女孩一般来说，因为她也有她的自尊，她不会愿意的。

赵：哥哥得告诉弟弟不要有过分的行为是吧？

增：对，因为他留人在串青春棚，特别是过七关的过程里边，都有一个"过不了七关我就害羞，我就在整个他留山青春棚里再也抬不起头来"的感觉，那么我会自我约束，女的也是这样。

赵：这个过七关是男女试探着交往？

增：还不是试探。试探要等到过完了七关以后，再到你的这个青春棚里面来，才有男女相互试探或者是个进一步发展的打算，这时才试探话语能不能投机，感情能不能投缘，才有这个进展。在过七关的过程中，主要考虑的是我能不能顺利地过完这个七关，有这样一个压力在里边。七关过后，就可以在他留山寨的青春棚（姑娘房）里面好像是横冲直闯到处都可以逛一样。过七关必须是在晚上，那七个晚上要连接起来的，它不能间断。

赵：今天这家，明天那家。女孩子事先都知道？那就是同一个女孩子可以接待很多男孩子是不是？同时一个男孩子也可以去串很多青春棚？

增：对。

赵：这个关系还谈不上谈恋爱？

增：还不是，过七关的时候还不是谈恋爱，过七关纯粹是为了串青春棚（姑娘房）给谈恋爱打基础，好像是实习吧。我过了七关以后就可以体体面面地在整个他留山姑娘的青春棚里面去逛了。

赵：我们今天这里过过七关的人只有老人家了？你过没有？

增：我没过过，我四九年才生嘛。我正在读书，在学校。虽然在学校时十六七岁、十七八岁到过青春棚，但也是随便到了人家那里去玩一下，玩一下我就走了，也没有那个（过七关）。我们整个村按照严格的规矩过七关的，基本上现在是七十几岁年纪的老人家了，男女的都是如此。五六十岁的、六十岁以下这样年纪的人吧，基本上都没过过。

赵：你问老爷子过过关没有？有没有没过了关？

（蓝绍增问蓝绍章）

增：过了，他说他从最开头到最后，一次顺利。他说经人介绍过关时，他才十五六岁，胆子太小，刚才说的一样过关时还发抖。

赵：也不好意思哈？那是从来没单独跟女孩子在一起待过。第一次单独跟女孩子在一起，有没有不敢说话，一晚上什么也不说的人？

增：那时候有这样一个情况，当时社会的环境和约束都在控制着，舆论，还有是一些教化的约束都在里边，家庭的管教也在里面。

赵：老人家能不能讲一个没过七关的故事？

增：我们村里面有个跟他（蓝绍章）同龄的男的，他只有过了六关，第七关没过完。问题发生在哪里呢，例如你是介绍人吧，昨天晚上你给我介绍过了第六个了，到第七个的时候，头一天晚上或白天你没有通知到那个女方，刚好那天晚上这个女方没在家。然后男的去了，等你带我到女方家的时候扑了空，扑了空的话我这个男方的介绍人就不干了，说你为什么第一天第二天的时候没通知人家在家等着，双方介绍人就产生了扣押抵物的纠纷，那个男的就只有过了六关，出名了。假如说那天晚上你不带我去也还好，推后一天晚上也行。像这种事情一发生，第二天男方的一些弟兄会直接找女方的介绍人来挑理了，一是不还抵押物，一是还要吵闹挑理。最后，女方没办法了，只好另外选择一个补上，补了第七关。但是社会上就议论纷纷，都说，嗨，他只有过六关，第七关是补的。

赵：那也不怪他呀。

增：因为有这样一个情况，就是说你当我的介绍人，给我介绍过七关的话，我哥哥会向你提出一定的条件说，你要给我这个兄弟一定的面子，那么你带我去的，都是在这个他留山里面或者各村里面比较来说，不说出类拔萃，也是比较人品好或者是漂亮的女孩子，他会要求到这个程度。过七关里边为什么能够按照要求过关的原因，刚才我说了一是社会道德的约束，二是有自豪感和自己的荣耀感，起到重要的作用。例如说，你是我女方的介绍人，我哥哥会要求你，必须要给我这个兄弟带到个漂亮的姑娘家去，这个方向是他定的不是你定的，这样的话，我一旦能够顺利地在这七个比较出类拔萃的女孩当中过了关，那么我对后面其他的那些青春棚就可以随意地进出了。如果说我过不了关，甚至我过的关是比较次等的女孩子这里选的，那么比她高档的那些女孩就不会接待我了，所以他自己的自豪感荣耀感在里边，受到约束。一旦你在这里是挺漂亮的，在这个村里是出类拔萃的女孩，给我介绍到你这里过关，今天晚上我到了你这里，是因为我也选了你，你也选了我，因为你是很漂亮的姑娘，我也是个很帅的小伙，那么过后我对其他的兄弟说，昨天晚上我到了某某某那个女孩家里面，她给我过了第某关，我感到很荣耀。在同样面临过关考验的同伴中很是长脸。

赵：他们互相问不问你是怎么过关的？都说什么话了？

增：对，也会问，也会感到荣耀，"那她怎么讲，怎么对待你啊？"女孩也是会认为这个小伙不错，能在姐妹面前抬起头来，也会感到荣耀。"哎，那个小伙不错，昨天晚上他到我这里来了。"所以在他留人过七关里有些东西它不会像你说的那样有不荣耀的关系在里面。

（三）过了七关以后就可以串青春棚了

增：过了七关以后就可以串青春棚了。

赵：那就是两个人的事儿了？两个人一对一了？

增：不一定是一对一，还不一定。因为你也是已经过过七关了，我也是已经过过七关了，他也是已经过过七关了，很可能我哥和我，我们两个，都是已经过过七关的男的兄弟、伙伴，十二点之前，很可能我们三四个男的都一起在你的青春棚里面玩耍。我们几个男的和你一个女的，甚至你的青春棚里面还有另外的几个姐妹，我们大家可以共同在你的青春棚里玩，玩到差不多在对诗歌的时候，你就会选择一个特定的对象。如果说你看上的是他，你们两个讲话投机，那么会故意对我的话题不搭理，那么我就（知道）差不多得走了，你三句不搭理我就只好灰溜溜地走了，最后一个旁人也走了，你们谈得投机的两个人才形成一对一的过夜，是这样。

赵：这串青春棚的阶段要多长时间啊？从确定到结婚的过程？

增：这个不一定，要是你和我基本上是长期比其他的人要固定得多，我是男的，在你那里串，也在她那里串，同时串了几个，但是相对而言，要我们两个保持的时间比较稳定，比较长，才定下我俩的婚姻关系。尤其有的是几个月，有的是几年才定下，也有的是几个月就定下了，有的甚至是几年，也没结婚。

赵：有没有没结婚之前就有小孩的？

增：这个问题应该这么说，有些外面来的学者，也提出过这个问题："你们青春棚这么开放，是不是未婚生子女多？"这要从几个方面来看，正如刚才我说的，一是社会道德伦理环境的制约因素，一是时代的约束在里边。因为在解放前，对整个他留山寨的青春棚而言，第一是家族的尊严，要严加管教。当时规定，一个他留人的年轻姑娘没有订婚就怀孕，差不多要分娩的时候必须要在家庭院落的外边搭一个棚子在那里生小孩，不让她在院内生，然后小孩满月，还要再准备一头小猪，还要请东巴（尼卜/婆）做一次道场。第二，整个家族对出现这个问题的家庭要罚一定的银子，因为她家给整个家族丢脸了，让她家出一定的银子。

赵：东巴不是我们的东巴？他留有东巴吗？

增：我们他留人有铎系，铎系是专门负责祭祀的，东巴是祭神祭鬼的。他留人的东巴，我们说的是"尼卜/婆"，主要是一类专门送神送鬼的巫婆，巫婆东巴，男的也有，女的也有。专门祈鬼呀送鬼呀之类的才叫东巴，祭祀祭祖主持丧事的叫铎系。所以这个小孩满月的时候你必须要请东巴，来杀一头小猪，来做一次道场。

赵：现在我们村这儿有东巴吗？

增：我们村里现在没了，以前有。后面才自学的他留山的东巴好像有一两个，不太多。原来老的那些都没了，都不在了。这跟我们山里面铎系的传承差不多，东巴他们都是在本地自学的，有几个好像是祖传下来的，一代传一代。丽江的东巴和我们的东巴有相当大的差距。

赵：东巴他有书吗？东巴他会画画吗？

增：没有，他就只是祈神啊祈鬼啊这样的。没有书，只是口传念经的。画符那些还是画的，例如我们的铎系是专门做祭祀的，东巴我们叫"尼卜/婆（音）"，"尼"是鬼。但有的人是尼卜和铎系他都会的，集中于一身了。那种道场我们他留话叫"玉币（音）"，尼卜东巴做的那一个道场的名称叫"玉币"，杀一个将近满月的小猪，而且杀的那个小猪必须当场就在那里吃完，不准拿回家，甚至参与那个道场的人员吃完饭后必须漱口才能进屋。所以我说这是一个牵扯家庭和家族尊严的事，就在这里。你比如说我的家庭出现了这种情况，那么我就害羞了，整个他留山，甚至于很可能我的这个姑娘永远也嫁不出去，她没人要了。

赵：所以说谈恋爱怎么谈都可以，但是不能过分，就是说婚前不能生小孩。那么生完小孩做完道场就可以回家了是吗？

增：做完道场就可以回家了。我们他留人的婚姻，你可以在整个他留山寨自己去选择，有很宽的选择余地，但禁止非婚生育。

赵：你这里哪个是青春棚呢？是不是这个？

增：不是，青春棚不在上面的正房里，那个也不是。我原来两个女儿的青春棚都在那里，在侧边。正房和对面屋基本上不做，一般来说女儿到了适当的年龄以后父母是不管的。青春棚为什么不在正房？正房的功能现在都改变了，过去正房的左边是搭炕床后做饭吃的灶房。历史上我们他留人基本上都是四合院，例如像这一间是灶房，那么中间正房是供祭祖先天地神位的供祭堂，正房的右边那一间是父母睡觉的地方。青春棚必须在远离正房的两边厢房和耳房里。

赵：那你这四合院青春棚在哪儿？这后门的两边是青春棚吗？

增：对，它不设在正房里面，以免干扰父母的休息。

增：一旦过了七关，到了正式的青春棚阶段，不管我走到哪里，对诗歌的情况是必须出现的。

赵：你给我举几个例子，诗歌怎么对呀？猜谜语吗？

增：不是猜谜语。（问蓝绍章）

增：他说进门的时候，是平常一般的打招呼，"你怎么有空啊，还能够到我这里来啊"这一类的客气话。例如刚才我说的，他把青春棚的门敲开，我是一个姑娘，我第一句话问这个小伙，用汉语来说就是"我连做梦都没有想到你这个哥哥会到我这里来"，是这样一句话。

赵：男孩子怎么回答呢？

杨：男孩子就靠他的智慧去回答。有这样回答的："我爬了九匹梁子十架坡，蜜蜂向着鲜花飞过来。"或者是："乌鸦向着太阳落的方向飞去，小伙子向着姑娘的青春棚而来。"他把女孩比喻为鲜花，自己比作采花蜜的飞很远路程的蜜蜂。女孩子还会挖苦他一下，意思是"哎呀，你这小蜜蜂采花很勤劳"。女孩子还会唱："哎呀，你这蜜蜂采花到处乱飞，飞到哪里都不知道，你是迷了路才飞到我这里来的吧。"

赵：回答得很巧妙。您别光笑蓝老师了，他说的对不对呀？您也是这样说的吗？

章：对对。我虽没亲自这样说过，但我听人这样说过。

杨：这是旧时候的事情，现在的人就不唱这些了。而且那种对唱的声音很低，是哼唱，他留话叫做"孰嘟（音）"，不能打扰家里的老人和父母的生活。有的是隔着门唱，有的进了门唱，不一定。

赵：那什么话才能打动姑娘？这男孩子说什么呀？她挖苦了他，"你迷路了才上我这儿来"。

杨：他会说："我是蜜蜂采花来路远，你不看蜜蜂看路程。"意思是你不要看我这只蜜蜂长得好不好，你看一看我来的路是很远的，就是说我有心从很远的地方来找你。

赵：这时候就开门了？差不多开门了？

杨：如果那女孩子觉得他很辛苦，觉得没见过面或者可以见面交往一下的话，她就开门了。没有特殊情况的话，对第一次来敲门的男孩，客套几句，女孩子都会开门接待，因为这是礼貌问题。现在串青春棚的很多东西都变味了，有的遭到了人为破坏。

增：解放后到五几年的时候，为了破除"四旧"。"四旧"在我们他留山里扩大了，他留妇女穿黑裙子，穿裙子也是"四旧"，说做农活不方便，还有织麻布，说是影响了生产队的农活。串青春棚也成了一种旧习惯，发动了一帮小学生，例如我们家里面有青春棚，夜间的时候外面的小伙来了，小学生知道了我家里这女孩的青春棚中有其他外村的男孩来玩，就从墙洞里往里注水。到集体化的时候，比如哪个小伙来到我们村来串青春棚了，在哪个女孩家玩，（他们）一发觉，就发动起来把他捉住，捉住了以后第二天就强迫他参加劳动，这样的就被制止下来了，就一直中断了。直到包产到户后，才又慢慢恢复起来。

赵：这是后来的事情，刚才说对诗歌，他（蓝绍章）说是各家都不一样？

增：对，各家不一样，他刚才说的是过去解放前他们年轻的时候，基本上没有什么手电，就拿着火把去串青春棚。

（四）他留人婚姻的确定以订婚为主，有了孩子才结婚很常见

增：他留人的婚姻，除了七关以外，还有一个奇特的地方，比如我们俩在青春棚的阶段保持了一年多，最后把婚姻关系确定下来，用订婚来确定，一旦订了婚就确定了婚姻关系，婚姻的确定是以订婚为主，结婚的方式不在乎。

赵：订婚还要吃酒吗？

增：订婚要请双方的家族吃一顿，吃一餐酒，同时这个订婚仪式等于向整个家族和社会宣布了这个男的或女的已经订了婚，向本家族或对方的家族宣布确立了婚姻关系。一旦今天在你家里定了婚，那么从今天开始你就不再设有青春棚了，不会再跟除我以外的男人处了，不会再接待其他的男朋友了。从这以后，男方也可以长时间住在女方家。

赵：就没有约束了吗？

增：没有约束了，一旦订了婚就没约束了。也可以把女方领回男方家去住，长时间住，不是短时间的几个月或者是几天，互相都可以。没有结婚，你可以怀上孕，生小孩，你就在你娘家怀孕生小孩，等到小孩都一两岁了，有条件了双方再协商举行婚礼。所以有的人说"云南十八怪，背了娃娃谈恋爱"，他留人也是那样，其实不然。我们是已经订了婚的，不是背了娃娃谈恋爱。但等到结婚的时候，你的小孩都已经一岁半或者两岁了，接亲的人必须连同小孩把新娘一块接过去，是背着娃娃、带着娃娃嫁人，是这样的情况。我们本地的汉族人认为，一个婆婆把姑娘的小孩养大了才嫁给人家这叫做"憨母鸡抱鸭蛋"，恰好反过来我们他留人的父母认为，我既然能够养育我的女儿长大，还要嫁给你，我让我女儿把小孩都生下来再嫁给你，再办结婚这个事，这是我一生的荣耀，是

我做父母的荣耀。她的父母感到骄傲。

赵： 女方父母骄傲是吗？

增： 哎，女方父母骄傲，认为自己有能耐，能够把女儿教育出来，甚至于连孙女孙子都给你养到一岁两岁才嫁过去给你，这是我的能耐，是这样的一种骄傲。女人结婚以后就基本上在男方家安心地过日子了。

 "粑粑节"族人祭祖

访谈时间：2012年2月5日

访谈地点：云南省丽江市永胜县六德乡双河村二村

访谈对象：杨如刚、蓝绍增

访谈者：赵丽明

整理者：梁静远、杨如刚

（杨如刚简称"杨"，蓝绍增简称"增"，赵丽明简称"赵"）

（一）粑粑节祭祖是轮流举办的

杨： 粑粑节主祭的铎系有一个。现在我们粑粑节祭祖的时候是每个村子轮流举办，当然经费、人员之类的主要都是乡政府在支持，这几年都是，乡政府和我们大家在那里共同搞。

古代他留人有三甲，道光的时候已经发展到十甲，甲是古代保甲的甲。我们找到相关的石碑，记载了十甲的情况。在乡政府的他留文化展示里面，有一小块石碑是从大德寺这里挖出来后我把它背下去的，那里有一段文字就有"他留十甲"。还有娃岔（音）梁子那里有块碑，那块碑翻出来之后都看不明了，只能看出来很少的一些字，那个碑里也记载着他留的"十甲"的情况。由于他留城堡烧毁之后人口减少了，到民国的时候就只有三甲了。民国时候，举办祭祖，就是现在的粑粑节，就由他留的三甲，相当于今天的三个村委会——双河、营山、玉水轮流举办。

后来，从八十年代重新恢复他留的粑粑节的时候，由乡政府出面承办。2006年比较隆重地举办过一次"丽江他留文化节"，也就是这每年一度的他留的祭祖节粑粑节，那一次花了二十多万，也是由乡里筹集资金大规模地举办的。2006年之后，从2007年开始，我们就恢复古代的传统，也就是由他留三甲——三个村委会轮流举办他留粑粑节这个祭祖的节日。比如今年是双河的话，明年就到营山，后年就到玉水，玉水过了以后又转回来转到双河。在双河举办的这一年，这个祭祀一般就由双河的铎系来主祭，营山、玉水的铎系就作为协助。轮到玉水的时候，现在有一个情况，自从玉水

那边有一个老铎系去世后，直到现在玉水村的铎系就脱节了，没有了，我们就叫昨天来的那个年轻人王金武去学习。从2007年以来实际上我们的铎系就很少了，现在能够这样祭祀的大概也就是六七个人了，主要的铎系今天都在这里了，昨天在这里的5个铎系，加上王金武他可以算作一个学徒，还有您（赵丽明）第一次来去到他家的那个陈金云，铎系就这些人了。

杨： 当然我们今天唱的这些，我的理解它是一个系统的东西，是一整套。但是在丧葬场合，要看人家主人家，办丧事的时间限制着你，也不可能全部唱出来，人家只办三天，就压缩了。就像蓝绍吉老爷子说的一样，这个唱应该从哪里唱起？按书面逻辑来说，应该是从造天造地，那么造天造地要怎么唱呢？要唱洪水冲天，再唱兄妹成亲，顺序应该是这样的。

以前有个相当老的铎系叫陈光明，我刚刚过来做他留文化这个事情的时候，曾经听过他唱的录音，他唱的就是这些内容。铎系为啥要把这个东西（图符）写在这个牌板上，我想它是起到一个提示的作用，可能是因为唱的东西太长太多以后，有些都会忘记掉、漏掉，简单地画上这些个符号，他就记得了，要唱哪些了。祭祖的时候唱的那个也是很长的，这几年我们在坟林那里搞祭祖，特别为了将就前来的一些学者，就告诉铎系师傅"你少唱点少唱点，不能超过半小时"，就是那么回事。祭祖唱的那个也很长的话，他也很有可能会画一些符号在那里起到一个提示作用，以前我采访过的早已过世的老铎系跟我讲过。现在祭祖时画出来的图符就只见着一个"字觉"了。以前祭祖也不是在这个地方，这个地方是我们八十年代恢复以后才起这个"祭祖堂"，才在这里，以前祭祖在我带你去的坟林后面的一个山梁下面，在那里搞。

（二）现在的祭祖是八十年代恢复出来的，与过去的形式有所异

杨： 我们古代祭祖的情况，在我们这几个人里只有他（蓝绍章）才见过，民国后期到解放前祭祖的时候，他近二十岁了，他多次参加过。

增： 祭祖，在1949年以前年年都做，他（蓝绍章）1932年生，到1949年的时候他十八岁，基本上他参加了12年24次。1949年（祭祖）停止以前，他留人供祭祖先的粑粑节是每年举行两次，一年两次。正月的时候是初九，第二次是六月，是进入六月份的时候择日举行，不一定是二十四那一天，二十四以前哪一天吉利就在哪一天举行。

杨： 这个情况是这样的，我以前采访过一些老人，他们是这样说的，六月份这一次过祭祖节本来是好几天，现在我们恢复出来的这一天在他留话里就是"卓俄"，就是祭粑粑这一天叫"卓俄"。因为从解放之后（祭祖）被打断，特别是"文革"的那一段时间里，家里的炕床也被撬掉，他留人不许穿民族服饰，女人的黑裙子也不允许穿，那一段时间破坏性很大，过粑粑节祭祖也被打断了。后来在八十年代开始恢复，到现在为止都没有完全能够恢复出来，就是祭粑粑节"卓俄"这一天恢复了出来。祭祖这个日子，古代它是一年两次，正月份的这一次在初九这一天，这一次的时间是定的。农历的六月份这一次，要等他留山的梯田里有两穗稻谷成熟了，两穗稻谷低了头之后结了饱满的颗粒，把这两穗稻谷采下来之后，再由铎系和尼卜这些神职人员来烧羊板骨来确定举行粑

粑粑节的具体日子。古代的传统，1949年以前的传统本来是这样的。我们在八十年代恢复粑粑节的时候，当时急忙着能够恢复出来就不错了，没有考虑周全，刚好我们周边的民族都过六月二十四的火把节，我们周边的汉族、傈僳族都过，就急急忙忙的把六月份这次日子定在了六月二十四。后来我们觉得不太妥当，大家召集起来开了几次会之后，根据他留的风俗习惯，我们现在就把它定在六月二十三、二十四两天，其中二十三这一天就祭粑粑，就是全体他留人都参加来祭祖，第二天就自己上自己家的新坟，祭自个儿家的祖。

（三）粑粑节祭祖的同时，也是头人们聚会商讨决定大事的契机

杨： 六月二十四和春节他留人要祭祖，第一个内容就是祈求我们的祖先给整个他留山寨的民众带来一年的平安，这是正月的时候。六月的时候就是祈求祖先保佑各种农作物的丰收，这是一个内容。供祭粑粑的时候，就是所有的头人、铎系先组织起来，各家族的头人也叫老民，然后每家每户的村民都参与，参与的过程就是供祭粑粑。第二个内容是召集头人举行会议，第一次正月的时候举行会议的目的是安排了全年生产，今年什么时候修理谷田、引水灌溉，什么时候进行农田的什么作业。在六月的时候也是如此，把头人集中起来召开会议，把民众组织起来，商讨、落实整个他留山寨的社会治安联防等问题，他留山出现的问题都在这个供祭粑粑的过程里全都确定下来。头人是大家推选出来的，铎系一般不当头人，这是他留的一个社会组成结构。

（四）他留的社会结构

杨： 从我们对老人的采访资料和坟林的碑刻来看，他留在建国之前是一个部落式的社会结构。它的经济情况已经发展到封建的农牧业经济，但是它又含有大量的原始部落的一些痕迹，经济上也体现出这些。

它的社会结构、经济文化，用汉字记录下来的相当少，从现在我们的资料来看，我们能够作出些分析。以前的他留社会，为什么说它是一个部落结构呢？因为它的总头人是叫做"酋长"，清朝时也叫"把目""把事""卡事"，本来这三种叫法反映出一定的不同级别，他留语言统称叫"嚓无"，是"头目、头人"之意。虽然有头人去世由儿子继承的情况，但他留头人不是世袭的，"把目""把事""卡事"属于高土司下设的一个官职，是高土司封给的官职。这些是他留的一个性质，这个性质就是简良开老师跟蓝绍吉老爷子的主要分歧之一了。简老师认为他留完全是属于高土司的，好像整个他留都归高土司管。蓝绍吉老爷子就说他留四大姓对高土司家没有义务，大家的地位是平等的。

现在永胜留下两部史书，一部是《乾隆永北府志》，一部是《永北直隶厅志》。《乾隆永北府志》里记载的他留的东西很少，记载得多一点的是《永北直隶厅志》，这本书里直接记载的他留的头目就叫"酋长"，酋长就是一个部落的头人。部落的社会结构是由氏族构成的，氏族是由家族构

成的，大些的一个家族就是一个氏族，部落制关系就是它没有世袭制，部落头人是经过氏族头人推选出来的。在历史上他留本来有十姓，后来"冯"姓神秘消失了，我们今天都在探究，在做着这方面的工作。一个姓算一个氏族的话，就由十个氏族来构成这个部落。除了"冯"姓，到今天为止有九个姓，其中的四个大姓是"王""蓝""陈""海"，一般是"王"姓排在前面，其他三姓顺序就不是很固定。"王"姓为什么排在前面，因为"王"姓按他留的传统来说，是最先发现这个地方的人，是先民，它有这层含义，所以王姓排得高一些，粑粑节祭祖的时候走在前面的人是"王"姓人，春季插秧放水的时候，也要先把水放到"王"家的大田里。但是他留人的头目"酋长"，土司这一边称为"把目""把事"，不是完全由王姓来当，我们根据坟林和碑刻的记载，除王家外，陈家有当的、海家有当的、蓝家有当的，具体的情况我们还没有完全统计清楚，正在做这些方面的工作。

但是大体情况就是这样，就是说他留的头人是由四大姓轮流当，经由选举后四大姓轮流当，别的小姓氏我们还没找到当过头人的资料。这种社会结构就是一种部落式，不像高土司家一样，老子当了儿子继续当，儿子死了孙子继续当。"筑路碑"上的头人是姓海的，"义地碑"上的头人也是姓海的，这充分说明海家是当过头人的。蓝氏有个很突出的头人就是蓝华，还有后来的蓝发茂，都是头人。蓝发茂的情况我们早上也讲了，大德寺里的几块碑上，包括坟林管理站的几块碑上，都刻有他的名字，有几块碑都是第一个刻的他的名字，因为那些石碑上记载的规章、号令都是由头人组织领导实施的，然后才把参与会议、参与决策者的"老民""甲牌老民"，即家族头人的名字依次刻上，刻上名字说明当时的情况是经过与会老民（各家族头人）讨论、表决并签名的。虽然至今我们未找到这方面的相关文字资料，但根据老人说法和他留传统，事情一定是这样的。刻在第一个的那就是组织者——头人了。蓝华，清朝当时的方志上有记载，蓝华这个人有三重身份，一重是土司给他的一个官职，他就是当"把目"，称他为"老把目"，应该是把目中威望很高权力很大的人；另外一重就是他留人自己推选他当头目，也就是"酋长"，称"他留酋长"；再另外一重就是朝廷、国家任命给他的一个职务，叫"千户长"，又称他为"五品军功千户长"。古代社会有时它不像今天一样的公务员制度，要考录，只要朝廷的一道命令下来，命令状一下来，他就成为朝廷的公职人员了，清朝时甚至他就有顶子了，就有官帽了。清朝的时候要有官帽，蓝华他是有这些东西的，他是五品军功千户长，这是朝廷封给他的。军功不是官衔，"千户长"在清朝的官职体系里属于武官里的外官。

清朝武官又分两大类，一类是在北京的，叫做京官，一类是在北京以外地区的，叫做外官，千户长他属于武官外官里面的五品官，这个是朝廷封给他的，不是高土司封给他的了。所以他留人，从蓝华这个的角度来分析他是有三层社会关系，一层属于朝廷（国家），一层隶属于高土司，一层是居于部落民主选举。因此，我个人认为，蓝绍吉老爷子的话有一定道理，他留人不是完全地从属于高土司的，也有直接属于国家的性质。保留在他留大德寺的发布公告的石碑上，除了落款有北胜世守高土司，其下同时刻有他留头人、老民的名字，然后才是日期落款，这样才有效。这说明在他留山的有些命令是由高土司与他留头人、老民共同发布实施的，反映出了他留人与高土司的复杂关系。在他留坟林有文字记载的3000座碑刻里，明确刻有"世守麾下"的坟碑迄今只找到一座，这一座以极荣耀的语气明确记载了直属高土司领导的军人性质。但有几座也明确记载了被高土司任命为"把目""把事"的事实。

赵：问问老人家那个酋长、头人是怎么选的，他知道吗？

增：他经历的是民国时期，他生的时候清朝就完结了，保甲制有甲长，我们村的保甲长就是我们村的头人了。

杨：他（蓝绍章）说他经历的是民国，那个甲长是轮流当的，多数情况是由四大姓轮流当，但民国时已不完全由四大姓轮流当了，其他人当的也有。几个自然小村组合成一甲。他说，甲长由大家选出来，先选出村长，再选甲长，老人们都参加。

七　蓝金荣铎系访谈

访谈时间：2012年11月19日
访谈地点：云南省丽江市永胜县六德乡他留坟林管理站
访谈对象：蓝金荣
访谈、翻译者：杨如刚、蓝绍增
整理者：梁静远、杨如刚

蓝金荣，外号"要恩格"，彝族他留人，男，时年52岁，营山村委会三板桥村人，初中文化，农民，做铎系多年。

（"杨如刚"简称"杨"，"蓝金荣"简称"蓝"）

（一）家世师承

杨：现在请你讲讲你和你家做铎系的历史。

蓝：我家原来就做铎系，从我老祖祖那一代（就做了），他算是我的父亲的头一代了，他就做（铎系）了，（他的）名字我都记不得了。

杨：你父亲的头一代就做铎系？

蓝：父亲的头一代就是做铎系的，他是我父亲的老祖（曾祖父）。现在我的这个"要恩格"（他留话，意为：绵羊脑壳）外号的来历就是从那个时候传下来的，就是他去帮人家做铎系，（按照他留人的礼节）要分给杀的羊子的一半的脑壳，请他做铎系的（人家）个个都要送他（半片羊脑壳这样）一些礼物，所以才叫"羊脑壳"。现在我去给哪一家做铎系，也是羊脑壳要分一半来给我的。我父亲跟随他的老祖学，我又从我父亲那里学。

蓝：父亲的老祖阿皮阿播那一代（最老的那一代人），他们是从什么人手里学来的，是从什么时候学的就不清楚了。我的父亲开始做白事的铎系时，当时是蓝朝教他（带着他）做的，第一场事情就是蓝恒发的老爷去世时，给他做的，是在蓝朝的指导下做的，是蓝朝带他出师的。从那时候起，蓝朝做不起了，就交给我父亲做，我父亲做不起了，又交给我外公"阿播卡事"做，他现在还健在，但他年纪太大，现在九十岁了，动不起了，就交给去年死掉的蓝新发做，阿播卡事和蓝新发又教给我做。从蓝新发做不起以后，营山来说，就是我开始（出山）学着做了，就是我做了。

杨：你父亲不仅跟他的老祖学，还跟蓝朝也学过铎系了？

蓝：嗯，蓝朝很支持他做铎系，也教他，也是父亲的师傅。蓝朝是"到底素"（意为：庄上人），他是蓝恒发的老爷的兄弟。

杨：那么，你家从你开始算，就是你一代，你——鸟伯（你父亲）——鸟播（你祖父）——阿播嘌嘀（你曾祖父）——阿皮阿播（你高祖父），他们都做铎系，那你家已经有五代人做铎系了。

蓝：嗯，五代了。

杨：那你当铎系做的第一场事情是给哪家做的？

蓝：第一场事情就是海闻清家老妈妈（按，海闻清的妻子）死的时候，给她做的。

蓝：从海闻清家老妈妈死了之后开始，在营山来讲就一直是我做了。

杨：那到现在共做了多少场了？

蓝：一年四五场是不会少的，差不多接近三十多场了。我从蓝新发做不起以后就开始做，到现在三年多了。

杨：蓝新发，你的师傅是今年才死了的。

蓝：他死半年多了，他走不动的时候他就不做了，我就开始接着做了，像接他的班一样。

杨：今年过年以来，你共做了几台（场）？

蓝：现目前共做了两台，小七村一台，榨叶桥一台。

杨：是了，小七村那个去逝的老娘子（老妇人），那天我去海品章家，还从她的新坟前路过的。

蓝：现在，玉水那边，大部分是蓝云生去做，双河大部分是海品章去做，只是有时候他抵着了（按，即同时有两场丧事），腾不出身来的时候或者他有特殊事情的时候，双河人就下来请我去做。特别现在二村这一带，只要有人过世，他们来请，我就去做了，人家来请是必须去做的。

蓝：我学做铎系的前后经历，填铎系调查表的时候，我也说了。我学铎系首先是从学当"指客师"（专门负责指挥整场丧事接待客人的人）开始的。我从十八九岁、二十岁的时候就学当指客师，就在我们村头（里）、在我们营山的（上郎者、下郎者、三板桥）这三个村里，每办红事、白事的时候，只要我在家，就必须是我去做指客师了。

杨：就像蓝绍增老爷子说的（一样），学铎系还是最好先从学当指客师开始，这样办丧事的一整套程序他就掌握了，先做哪样后做哪样就掌握了，来了些什么客人也掌握了，就好学了。

蓝：在我前面当指客师的那个人现在已经死了，他就是海金福的父亲叫海红全，他原来是个生产队长，后来（包产）到户后，一般我们这三个村的指客师基本上都是他做的。后来他年纪大了，不能做了，他就推荐我做。从学当指客师一直到学铎系，这跟我个人也有一定的关系，我基础（天分）有一点，另外在那些老人（老铎系）的辅导下，我也有点爱学。

杨：丧事上妇女们唱的"阿受秋"的有些内容是不是与铎系唱的是一样的？

蓝：基本上一样。但是口音（腔调）不同。唱法上（内容上）大道理几乎是一样的，妇人们唱的时候，比较随便一些，无论唱到哪一节，丢掉一些也能唱。但是我们做铎系唱的，任何一个细节都不能漏掉，只要有时间。如果说时间紧了、时间有限，我们就简约一些，而在时间宽裕的情况下，我们每一个细节都要做着走，都要唱足了。

杨："时间"主要就是指主人家经过"烧羊板骨"（烧羊的肩胛骨占卜测算）定下的出殡和下世（葬）的时间了？

蓝：是的，就是指出殡、下葬的时间。以前人家请到我当指客师也是这样，他的这个时间，主人家说了：（逝者的灵柩）先在这里摆放着一天，后天早晨八点钟或是十点钟出殡，时间上的（限制）都和现在我们做铎系的是一样的。如果时间太紧了，我们做铎系的是能省略一小段的，但是别的细节必须要做到。时间紧的时候就唱得比较简约（精简）些。如果说时间宽裕，有两天三天的时间，你（铎系）一定要详详细细地唱出来，做完整。以前，我的父亲也教我，蓝新发也教我，现在我外公还在着，我外公也教我。从我独立地做铎系到现在，前前后后才三年多。

杨：你的外公就是"阿播卡事"了，阿播卡事又是你的父亲教他的，教会了他之后，他又教给了蓝新发，蓝新发过了世，阿播卡事也老了，阿播卡事又折（返）回来教给你，是不是这样？

蓝：是的。我既然学都学这门（铎系）了，不管现在也好，今后也好，无论你家庭（条件）好坏，只要你请到我，我一定会去为你做完铎系这一套。

杨：你是从几岁开始学（铎系）的？

蓝：是在三十二三岁时，学会了我也不能亲自出面，因为我的那些老的铎系师傅还在，他们还在主持着（丧葬等法事），我还不能出面做。我三十二三就开始学了，学了二十多年，但直到现在我独立地做铎系也就是三年多。

杨：在坟林过粑粑节时你有没有单独地主持过祭祖仪式？

蓝：没有主持过，因为现在陈金云老爷子他们还健在，一要尊重这些老人（老铎系），另外是他们做，我们学他们。

杨：坟林主持祭祖这一套，你会不会？

蓝：会的。坟林祭祖怎么唱、怎么整都会，去年、前年搭那祭祖的青刚栗树枝青棚都是蓝云生我们两个搭的，阿播果哩（陈金云）是到了祭祖筹备工作的最后一天他才上来看一下。我们会但还不能做，是因为我们要尊重他们这些老一辈人，如果说他们有一天不能来的时候，我们照样可以做得下去、做得出来。现在包括今年，只要是他们来了，我们还是要让他们老一辈人来主持。

杨：你家的祖坟在坟林里的可有？

蓝：有，但是这个代数相当长了，地点我也认得，也是我外公教我的。我家坟林里有祖坟，但大碑没有，小碑有一些。原先我家这一支蓝家人是这样的，现在中台、腊古得那一带的蓝家，也是从坟林老祖这里分支出去的，分出去后他们那一支人的老祖就讨着个傈僳婆娘，也不是当上门女婿，当时是他去那里扎窝子（搭草棚放牧牲口）就讨了那里的一个傈僳族婆娘，就在那里定居了，传下了后人。比如前几年，我们去到中台和腊古得，要与那里的蓝家人"打亲家"，那里的老人就出来说，你们之间不能互相喊亲家，你们之间只属于弟兄，应该要喊弟兄。从我家在坟林的祖坟的碑上看，我外公他们说，分出去到中台和腊古得的就是老四，是我们这一支人中分出去的四房人。传下的后人就是现在的蓝俊生他们了，但他们之中到底谁才更亲，我们也无法说了，也理不清了，因为他们变成了另外的一个族，变成了傈僳族了。前几代人就互相没有走往了，我们后面的这几代人也就没有过问这件事情了。本来他们是不能完全变成傈僳族的，因为他们是老四的后人，比如说我们这里的老人去世了，按照他留的习俗，本家族之人要每家凑一个鸡蛋来，在老人丧葬仪式结束的晚上炒鸡蛋饼吃，这是认有血缘关系的本家户族的，认有血缘关系的亲兄弟姊妹和后人的。本来他们老四的后人应该要这样做，这样来参加才对，但我外公以上的那一两代人就没有理这台事，没有做这个事情了。我外公、我父亲他们也没有理了，当时也解放了，也不兴那样做了。逐步地就生疏开了。

蓝：我们这支蓝家是分大房、二房、三房、四房共四房人，大房是蓝兴旺他们家，二房是蓝兴祥、蓝有政他们家，我家是三房人，四房就是中台、腊古得变成傈僳族的蓝家。我家在坟林里的祖坟就在蓝绍吉家的祖坟附近，我们与蓝绍吉家各是一支"蓝"，与蓝恒发家也各是一支"蓝"。

杨：听说河腰还有一支姓蓝的他留人也变成傈僳族去了，他们是哪一支蓝家的人？

蓝：这我就不知道了，他们具体住在哪些地方我也认不得了，老人们也没给我们讲了，他们不是我家这支蓝家人，中台、腊古得的蓝家才与我们是一家人。

杨：古代我们他留人分房，是不是用大儿子、二儿子这样来分的？这与有的汉人的分房是不一样的。因为我们他留人从墓碑上来看，古代以来都是一夫一妻制，基本上没有两个妻子同时存在的情况。坟林里只有王华的碑证明他同时有两个妻子，但碑刻文字说得很清楚，是因为他的大老婆不会生育，经得他大老婆同意后，他又讨了一个小老婆，才生下后代，去世后，他们三个人都埋在一个坟里，就是现在的一夫二妻碑。因为他留人自古就是一夫一妻制，分房就用生下的儿子来分，大房就是大儿子的后人、二房就是二儿子的后人。但有的汉人讨有几个媳妇，分房是用媳妇生下的儿子来分，大媳妇生下的儿子的后人是大房人，二媳妇生下的儿子的后人是二房人，有的也叫大房人和小房人。

蓝：我们他留人分房是老大、老二、老三这样排列下去的，有五个儿子就有五房。

蓝绍增：是的，我们他留人分房跟汉人分房是有相当区别的，大儿子的叫大房，二儿子的叫二房，三儿子的叫三房。汉族有时候是这样分的，大婆娘的就叫大房，小婆娘的就叫小房。

杨：又说还有一支姓蓝的他留人去河腰变成傈僳族了，那是从哪里分出来的？

蓝绍增：这个说不清楚了，因为（他留）蓝氏并不是只有总的一支，坟林里刻的"明故始祖就不是一个，（坟林里）好像"海氏""陈氏""段氏"的"明故始祖"都只见一个，但蓝氏不是这样。例如分营山的蓝氏、玉水的蓝氏、二村的蓝氏等，现在从坟林碑文上来看，二村的这支蓝氏分得相当清楚，还可以全部从碑文中看得出来，二村蓝氏第一代从"蓝喇蒲"开始，第二代第三代这样分下来的，现在只有大石桥的蓝氏和二村的蓝氏才属于这一支，其他的蓝姓都没有在"蓝喇蒲"这个"明故始祖"里头。营山还有一支蓝氏，他们的"明故始祖"在蓝绍吉老爷子家的华表过来的那个凹凹里。除此，冯氏祖坟的下面还有另一支营山的蓝家（的祖坟），就是要恩格（蓝金荣）他们这一支蓝家，另外还有玉水的蓝家（氏）、三板桥那一头的蓝氏的祖坟又在坟林的这一边，蓝恒发他们这支营山的蓝氏的祖坟也在坟林的这一边，他们这三支都各是一支蓝姓人。

杨： 以前我听蓝兆才讲，蓝家一次是江西起祖的，一次是湖南起祖的，蓝家是"二次"起祖。蓝绍吉老爷子修家谱时，说你们二村的这一支蓝家是"江西吉安府"来的，另外一支是"湖广长沙府"来的，他还送给我一本家谱。

蓝绍增： 是的，我们是江西吉安府的，而蓝恒发他们家是湖南的，这些坟碑的墓志铭里都刻有。以前蓝恒发家里还保存着一个中堂（一件道光时期遗留下来的堂屋中堂的残件），上面写着"音（因）汝原籍湖广长沙府湘乡县"，我们都叫蓝恒发好好保存着，他家是湖南长沙府来的，是三板桥这一头的蓝家，等于说营山三板桥就有两支蓝姓。除此，还有营山上郎者村的蓝云富他们那一支，他们的祖坟在坟林中间的凹凹里，也在冯氏的下面，他们这一支蓝氏的"明故始祖"的坟也没见着。所以，看来（他留）蓝氏有好几个"明故始祖"。因为二村以"蓝喇蒲"为"明故始祖"进行分支的蓝姓它都是清清楚楚的，第一代第二代第三代等等，我们从碑文上全部查下来看，它分支最后去了哪里，大房是哪一支、二房是哪一支，分到了哪里，现在都还查得着。而这里面都不包括以上说的其他的蓝氏，所以说蓝氏应该有好几个"明故始祖"。

杨： 这就与蓝氏"两次起祖"对上了，一支是江西来的，一支是湖南来的，来到这里都姓蓝了，但实际上还是各是一支人。

蓝： 是的，蓝家有好几支，最少都有四支以上。上郎者的蓝云富他们这一支叫"集罗素"，好像又是从哪一支蓝氏的"明故始祖"里分出去的，传了几代后人口少了，又并拢来的，是"又并拢到大房或者三房里来了"的意思。另外还有玉水的"尼婆素"蓝家、"垮马素"蓝家，又跟"集罗素"是不一样的。蓝成福、蓝成青、蓝云高（顶头）、海玉清家并入以后，他们这一支叫"尼婆素"蓝家。

杨： 蓝成福他们家叫"尼婆素"，他家是世代做"尼婆"了？

蓝： 是的，他家几代都是做"尼婆"的，但是八十多岁的"阿播阿菊"十多年前死了后，他家就没有人会做"尼婆"了，只有外号传下来了。

杨： 现在蓝新发死了，是不是没有会做"尼婆"的他留人了？

蓝： 现在基本上老一点的成熟一点的都没有了。

蓝绍增： 腊古得的傈僳族的很多土地当初都是我们他留蓝氏的，是租给他们的，我们是他们的保爷，一些傈僳族人也就认到蓝姓里跟着姓蓝了，是有这种情况存在的。另外一些姓蓝的傈僳族，就是要恩格（蓝金荣）他们祖上分支出去变成的。

蓝：现在中台、腊古得这一带，我们这一支蓝家人以前都还在那里拥有土地，这连包括现在居住在那里的傈僳族他们都承认。有"月支秘""辣子秘"等称呼，意为他留人月支家的土地、辣子家的土地，就连海云光他们海家都在那里有土地。后来就像蓝绍增老爷子讲的一样，出租给他们傈僳族人了，现在他们也发展到几百人了。

（二）我做铎系的一些细节

杨：你做铎系，在丧事上，（逝者）他家的祖籍来历、家族分支情况、有哪些至亲的人、哪些亲戚朋友来了等这些情况你是不是要唱？

蓝：要唱出来的。这是哪一支人，哪一房人，是你（逝者）的姑娘辈还是儿子辈，或者是哪一方来的人，从哪里来的，背着哪些东西来瞧你，献给了你什么东西，这些都要唱。我一面敲锣一面唱，其他来参加葬礼的人就跳丧。假如你杨老师来了，我会为你单独唱一段给他（逝者）。我们不是说一天就只唱一个调子，要用几种不同的调子唱，亲戚、挚友、贵客各有不同的唱法。一般的客人朋友，又是另一样唱法。像去年蓝新发死的时候你们乡政府派人上来（吊孝）了，就要唱：政府的、文化站的领导亲自光临，就像你生前一样，你死了也来关心你、来看你。就是这样唱。特别是像单位送来花圈，花圈要唱，单位的领导参加跳丧几圈，我们就要从客人的特殊的角色和角度来唱，这就会有好几种唱法了。

杨：刚才说的"尼婆"你会不会做？

蓝：尼婆，蓝新发教过我，现在我会做，除了做铎系，我也做尼婆，用口含（烧红的）犁头撵鬼我也会。赤脚踩烧红的火炭我不会，连蓝新发我也没有看见他踩火炭。含犁头是他教我做的。

杨：做"尼婆"要用的大铃铛你有没有？

蓝：铃铛我没有，以前蓝新发用的大铃铛还放着，但我也不拿他的。他这个大铃铛是白铜做的，是蓝云富的父亲传给"阿播蚕豆"，再传给他的，营山村就只有这一个撵鬼的铃铛了。

杨：他的大铃铛看来是要传给你的，还来不及传，他就死了，很可惜。

蓝：是的。蓝新发生前也帮我家撵过一两次、两三次鬼，他唱的我都会唱，他会整的我都会整，他能撵的鬼我都能撵。

杨：那些鬼你都能唱得出来吗？

蓝：去年"阿播果哩"说的有十多个鬼，今晚撵哪个鬼就只是撵哪个鬼，比如撵口舌（鬼），就只能唱口舌（鬼），别的（鬼）你就不要整。

杨：撵到最后是不是要发誓赌咒的？就是"烘波嘀嗯咧，闭事嘀嗯咧，啐，腻屁腻咧夜！"（月亮落去不回头，铎系、尼婆做了不回头，你这鬼撵出去也不能回头，啐，你这鬼滚回到你的位子上去！）

蓝：是的，办丧事的时候也是这样，出殡前的最后的那几圈跳丧是要反转的，而且要把那两根竹杖踩断掉。原来跳丧是顺着转的，最后那几圈要倒转，然后唱你上面说的那几句，与那几句的意思相同，是铎系自己唱给自己的。意思是告诉逝者，我也不跟你去，你也别再回头跟我来，你走你的，我走我的，咱们从此各走各的。最后"啪"的一声，踩断那（铎系专用的）两根竹杖，帮忙弟兄就可以出殡了。

杨：为什么需要两根竹杖呢？

蓝：为什么砍两根，现在还没有人跟着我学铎系，还没有人跟着我敲锣转圈，本来是铎系的一根，他的小徒弟的一根，铎系我只需要拄一根竹杖。

杨：丧事上，海品章说铎系戴的"岗杜"这个帽子是给自己的铎系师傅戴的，是不是这样？

蓝：是的，一方面是给师傅戴的，另一方面不管老小，死者为大，还是要给逝者戴孝帽。你去当铎系，主人家的儿子、儿媳妇就把"岗杜孝帽"端来跪着献给你，你不能马上戴，要跪在灵柩旁的草席上自己为自己（低声吟唱）说：铎系戴的"岗杜孝帽"是用最好最白的火草麻布做成的，火草麻布是去山上扯（採）来虫子也没有吃过的、一样东西也没有啃过的、最干净的火草纺织成的，主人家不是随便拿一顶孝帽给你的，为主人家做这台事情我就不能出差错，对我个人的寿命来说，也要长命百岁。这样唱了之后"喷"的一声才戴上。铎系"岗杜孝帽"戴上后就要正式地为主人家做事，不管两天两夜还是三天三夜，从那时候开始就要完成属于铎系的唱和做的工作，直到逝者上山安葬完毕，回到家里，吹过鸡之后，在院坝里当众摘下"岗杜帽子"撕开，宣布铎系主持的丧葬仪式结束为止，在这期间一般情况下铎系都不能摘掉"岗杜帽子"，当然撕开后的"岗杜帽子"，在第二天时铎系可以拿回家。戴上"岗杜帽子"后，就要帮主人家住持追悼仪式，不管几天，吊丧的人一进大门，吹唢呐的吹匠一吹，铎系我就要下去，等吊丧人穿好孝服、摆好礼物，我就敲锣组织吊丧人围着棺材跳丧，像刚才我俩讲的一样去唱：这个是亲戚某某，这个是家族某某。比如我们蓝家也好，他们海家也好，家族来吊丧送礼，百分之八十的人是会一同来的，就要唱家族某人带着鸡蛋、带着米来了。一般的朋友、外客，又是另一种唱法（唱词）了。

杨：铎系你为人家办丧事主持追悼仪式的法场是怎样开堂的？

蓝：主人家把我请到了他家，连同吹唢呐的吹匠、先生（丧事上负责写对联、记账等执笔书写工作的人，古代一般请汉族做）、指客师等几个人在一起，先招待我们吃一点茶，吃一点粑粑。跟主人家一同商量，这场丧事要办多长时间，要怎么办，这些商量好了，等先生把正房和大门的对联（孝联）一贴以后，"行白"以后，我就准备开堂了。开堂前我和指客师商量，让他先准备好一只羊子。我把"岗杜帽子"戴上后，就在灵柩旁杀这只羊子敬献给逝者，那个羊子一杀了，就算正式开堂了。

蓝：开堂时，像前面给你讲的一样，我先要跪在逝者棺材旁的草席上，跪着唱，铎系要先自己找自己，（意思是）我不承认自己就是铎系，这里并没有铎系，要到处去找铎系，就唱道：去这里找也找不着，去那里找也找不着，找到王家，王家是"绞白"（先民），找到蓝家，蓝家是"阿黑哩"（阿黑家），找到山崖上，那里是马鹿住的地方，它不是铎系住的地方，找到箐凹凹里也不是，找到半山腰，那是野鸡、山鸡住的地方。到处去找都没有找到铎系。最后才说"嘀国阿值泼，呗国阿扁泼"（他留话，意为：鹦哥才会说会唱，我也是从鹦哥那里借来说借来唱，是鹦哥过来教我说教我唱）。最后才找到了铎系自己的身上，还要把它推到鹦哥的身上，铎系并不承认是自己在说在唱。

蓝：最后铎系唱到"闭系不嗯科，闭压压路"（他留话，意为：如果我不戴上岗杜帽子，这场丧事恐怕做不好）时，就"喷"的一声，把岗杜孝帽戴上，铎系我就开始转了，这就开堂了。我围着棺材转，边转边跳边唱，我转了三圈到四圈，就叫指客师杀那只事先准备好的羊子，在棺材旁杀了，解剖这只羊子，全部要打整好，只有羊的肠子、肚子才不在这里打整。把这只羊的颈脖骨三块、腰窝三块、肋骨下方最小的两根取下，摆放到死者棺材前的八仙桌上，在死者的灵前，进献给死者。开堂以后，是最亲的人先把礼物献上给死者，并到先生那里挂账。如果死者是女人，就是她的后家的老人、长者先献上礼物，然后记在礼单上；上银锭也一样，是后家先上，如果后家没有长者了，就小舅子先上，反正就是后家人先献礼。后家献了礼以后，才到家门户族献礼。如果死者是男人，就他的兄弟先献礼，如果兄弟都过世了，就他的侄儿子先献礼，过后才是家门户族。他们带来的礼物都要先摆放到棺材旁边的条凳上进行进献，我就领着献礼人和亲友跳丧，我就唱给死者是谁来了。跳完后、献完了，才去到先生那里去做挂礼（登记）。

蓝：开堂、行白基本上是同时的，是一回事情了。我开堂以后，大部分的先生都要组织家祭，就是先生把逝者的儿女、孝子孝孙们全部都叫拢来，叫到棺材前来，披麻戴孝地跪在灵前，先生用汉语唱读祭文，孝子孝孙们磕头。每家的主孝都是死者的儿子、女儿和儿媳妇。这就是家祭行白，应该是先行白，后家祭的。

杨：如果办丧事时，杀牛办丧，是不是要悬白或者干脆叫放长孝？

蓝：是的。杀牛办丧，要在他（她）家房子的旁边竖立一根高的松木杆，在它的顶端拴上扎有孝花的、由他（她）的女儿献上的一大筒（卷）火草麻布做成的孝帐子。让前来吊丧的人远远就看见，就知道是杀牛办丧了（是规格比较高的在举办丧事了），这也是办丧的儿女的荣誉。

杨：烧羊板来测算出殡、下葬的时间，测定死者的墓穴（阴宅）的位置和方向，是你（铎系）去到主人家以前就有人做了，还是要等你去才做的？

蓝：我到了才去烧的人家也有，大部分人家是我还没有到场，就已经提前请人看那些测日子的书或烧羊板，就先定好了出殡时间等，就先做好这些事情了。以前二村大多数时候是蓝绍章老爷子烧，营山主要是请蓝品林烧。有时候蓝品林有特殊事情忙的时候，或者有的人家与他家有矛盾，不好意思去请他的时候，我就只好又当铎系又去烧羊板了，我先让客人等着，先上山去烧羊板。死者生前，往往在哪里埋葬是有个意向的，但有时候地点测不好，也烧不出来，耽搁时间，花一个多小时都烧不好。根据我的经验，要早上早一点去烧才好，下午一般是烧不好的，前段时间去烧二村去世的蓝金富的父亲的墓穴位置、方向，由于蓝绍章很老了，就是一个姓陈的下午才去烧，我告诉他可能烧不出来，他不信，结果烧不好。第二天早上又请蓝品林去烧，才烧好了。我的另外一个经验是如果第一天晚上"细就和"（铎系主持为死者举行的阴阳分家、生死分家后的引路仪式）这件事情不办的话，第二天烧羊板是烧不好的，蓝新发、我父亲、我外公他们做铎系、烧羊板都是这样做的。一般情况下营山是专门请蓝品林烧的,他今年也七十岁了。

杨:好,哪一天我俩去采访一下蓝品林。下一步,关于他留人的丧葬这一套再请你们几个铎系详详细细一点细节不漏地给我们讲,因为你们讲的与我实拍的丧葬毕竟还有点不一样。郎列!(谢谢!)

八 陈金云老铎系访谈

访谈时间:2012年4月26日—29日

访谈地点:六德乡双河村委会大洼子

被访者:陈金云,外号"阿播果哩",彝族他留人,男,时年73岁,大洼子村人,小学文化,农民,做铎系30多年,是他留山公认的水平较高的铎系。

采访、翻译:杨如刚、蓝绍增

采访记录整理:杨如刚、李居政

(杨如刚简称"杨",陈金云简称"陈")

杨:老爷子,我问您的第一个问题是您的师傅是哪个人?

陈:我的师傅多了,总的来说是祖传。以祖传为主,因为我家从爷爷、舅舅到我父亲都是爱好这个东西,都是干这一行的。你不信,无论向谁去打听,他们都知道,我家世世代代都是当铎系的,五六代人都是,并且是我家爷爷他们那一代特别出名。我们他鲁地方(他留山)双河、营山、玉水这一带最出名的就是"大果哩"了,大果哩是"阿播必堵"的儿子,大果哩下来就是我爷爷、我父亲,现在是我,我的儿子固的(老大)他现在也在学。我很小的时候还见过"阿播必堵"的面,我家就是一代教一代这样往下传的。我的爷爷不仅是铎系,他还是先生(他留人丧葬仪式上负责用汉文字写丧联、记账、写祭文、签点等工作的人),所以从老太祖"阿播必堵"到我儿子这一代已经有六代人了。我的父亲名叫陈维政,他原来是"贫协"主席,后来反右派(斗争),1956年就被送去昆明劳改,1958年就去世了,当时我才十四岁,就成了孤儿了。我的徒弟除了我的儿子陈再福,还有"要恩格"(蓝金荣)、海发清、王学开他们。还有之前刚去世的"习垮"(蓝新发)和"阿播卡事"我都教过他们。在我母亲去世时,我自己不能给自己家当铎系,不能给自己当铎系,就请了"阿播卡事"过来做,当时他还很不会做,是我一路教会他做的。我年轻时,就像你说的,很专心于铎系的传承和学习,也会有一些自己的见解和创新,都在我的心里积累起来,库存起来。我还在陈光明的前面出师,人家来请我去当铎系都在他前面,但那时我年纪还轻,我不愿意出面去做。我现在把我的东西都传给我的儿子,录了十多个录音磁带给他,以后就看他的了。阿播必堵做铎系很出名,他的儿子也很出名,听说他的几个徒弟做铎系也都很出名。我主要是我的老祖、爷爷、父亲这些人教我，来向我学习和我教过的人也不少的。

陈：现在我们做铎系的人很少了，想要断绝了，真心学习做铎系的人更少了，（特别是）遭受到"十年动乱"的打击之后，差不多被打击掉了，按老规矩一样正式拜师学习、学成后正式出师来做铎系，走这样的规矩过程的人没有了。以前来说，懂的人很多，水平不高的铎系都不敢随便出来做、出来唱，懂的人听了就会品评、挑剔你，就会说你，像给你评分一样。现在是有人唱，没有人评分了，会听的人都少了。以前是有人唱，有人给你评分，你哪里唱漏了、说漏了、做漏了，别的懂的人都会批评你。所以不达到一定的程度他是不敢动的（不敢出来当铎系），所以以前一个小村子里基本上都有一个铎系，但当时出名的还是不多，近一二百年以来，才只有六七个、七八个。在整个他留山比较出名的铎系才有几个人。我知道的有"烟倒插尼公巴"，他是我家"阿播必堵"的徒弟，是罗绍金家老祖祖。除了（他）就是海品三家爷爷"尼公巴"。玉水耍撒这一边是"阿播雾杜"，今天蓝发玉他们是他的孙子辈了。除了就是"挂系"（王绍云家爷爷）、蓝朝、"蚕豆"（营山蓝云富的父亲）、王连芳（阿播皮匠，王学会的爷爷）这几个人了，别的人就次一等了。"挂系"、蓝朝、"蚕豆"、阿播皮匠他们在我看来算得是第三代铎系了，他们之中，我除了"蚕豆"唱的没有听着，其他人的我都学着了。王学会的爷爷阿播皮匠，除了当铎系，他还会算八字。他年轻时还去华坪学了一门手艺，是医术，他像神医一样，能医治疮，他可以把病人喉管里、血管里的疮进行移动，把要害部位生的疮移动到好医治的地方进行医治。当时他去学医时，他的师傅问他，你是要人还是要财，他说两样都要。但他的师傅告诉他只能要一样，他选择了要财，所以他把姑娘嫁出去了，让儿子也去上门当别人的女婿去了，孙子辈的王学会和王学胜才又转回来立他的种的，才给他立嗣的。听说他还会"遮阴"，有一回他和另外一个人从华坪回来，要过哨卡，但没有过关的哨钱了，他对另外那个人说，你跟着我走，别怕别回头，悄悄走，我有办法过关，他们就前行，他念了咒语还是怎么的就施了一点遮眼的法术，哨兵就不会动了，他们就顺顺利利过了关卡，直到他们走远了，回头了，哨兵才会动。他是神医了，当然是供有药王菩萨了，但他的本领像"看八字""移肿瘤"这些都没有能够传下来给王学会他们。

杨：您了解的铎系主持或者参加的活动有哪些？

陈：现在主要是主持丧葬了，古时候还主持在他留古城堡里举行的大德寺庙会，这个庙会，（我）小时候，民国时我参加过，是我父亲带我去的，但记得不是很清楚了。记得是分斋会和荤会，斋会是由庙会的会主出面组织的，费用来自于积粮。请的高公先生是去永胜县城凤鸣乡用轿子抬来的汉族叫史绍开，他是主事，有经书，是佛经和道教经书，副主事是庄上人袁锡坤。吃素的斋会是参加的人全家都要吃斋，规定从哪一天到哪一天要吃斋，这期间整个他留山都是吃斋的，家家户户都全家人要吃斋，不管你来不来参加庙会全部都吃斋了，实际上整个他留山的人都会抽时间去赶这个庙会，这个庙会持续好几天。斋会结束时就是荤会了，是要杀猪杀羊的，荤会上主持的人就是铎系了。庙会最后一天要送白马、白象和白鸭子，白马、白象是纸糊的，好像是从永胜县城买来的，一样要送到花果山那里去烧的，一样要送到现在的梅云洞山梁手机塔那里去烧，原来那里有个大石狮子。白鸭子是活的，放生了，到三叉河那里放到他留河里去。晚上还要在大德寺的池塘里放荷叶灯。还有人画着花脸，手拿铁链子去家家户户撵鬼，满地跑、遍地甩铁链子撵鬼，这样的人一个村子有一个，到了每户人家，人家都给他几文铜钱做为小费、跑脚费，是用麻皮串着挂在门上的，他可以收着回家，他跑的家户越多，收得的小钱也越多。这撵鬼的人出了大门，可以在庙会上摆的地摊上任意地抓东西吃。举办庙会时，很多人都在那里摆摊卖东西，有很多远处来的、外地来的客商，期纳、程海、三川的人都来，他留人也去那里摆摊，有的去学做生意。另外听庄上的老人讲，庙会上一些"不干净"的妇女是不允许参加的，用"活麻"去驱赶她们，还要"打醋坛"，给参加的人驱邪净身，这个醋坛就是铎系主持了。庙会上，他留的妇女还要穿着最好的衣服裙子出来，把自己织的最好的火草麻布亮出来，互相比赛谁织麻布的手艺好，谁织的麻布最好。铎系、尼婆听说还参加"虫会"，这个我没有亲眼见着了，只是听老辈人讲了，但为避免庄稼和村庄遭虫灾、病灾而举办"虫会"撵"虫鬼"的地方我知道，就在玉水加水站公路边的那个湾湾上，可能上面没有田地的人是不来参加的。铎系当然还要主持"卓俄""唰濡"（部落祭祖或共同祭祖）了，这几年坟林过粑粑节祭祀，我都当铎系主持了好几届，以前过粑粑节的地点是在冲锋垭口下面那里。比方"密录直"（宗族祭祀）、"阿泼皮"（家中送三代祖先）、"一左义"（祭祀作祟的祖先）等祭祀活动都需要铎系主持。"阿泼皮"是这样讲的，这有历史（沿袭传承）的区别，王家分"卓洼哪"和"卓洼铺"两支人，其中"卓洼铺"王家和段家以前是没有堂屋的，其他有堂屋的人家就依汉礼，中有天地神位，右边是祖先神位叫"其神佑我"，左边是招财童子（灶神）。没有堂屋的人家和几乎所有他留人家都有"娃大尼"，就是在炕床上方的墙上挖一个土洞，里面用青刚栗树枝和竹笋壳、松叶等供奉着自家三代以内的祖先的神位，以左边开头排列，最老的一代在左边，依次排列三代。堂屋神位供奉是和汉族一样的，也要供奉三代以内的祖先的神位，这个神位也叫"神主"。铎系做法事时要用不同的树木。"娃大尼"供奉到第四代有人去世要进入到里面去时，就把它里面最老的一代的神位送出去，送回到他的坟山里面去了，"娃大尼"里就没有他的位子了，没有给他烧香的香炉了，就把娃大尼中供奉的代表他的青刚栗树枝或者写着他名字的神烛（依汉礼堂屋中供奉的神烛）送回到他的坟山里面去了，就把他个人的神仙（灵）送回到他的坟山里面去了，家里就没有供奉他的神位了，从此就只认他的坟山了。他就回天地去了，我们他留族人说的，我们铎系唱的，人是天放天收的，他就回天上去了，（从生存着的人往上数），他第四代人就必须回天去了，这就叫做"阿泼皮"，这是像奉教人说的一样，这与奉教人的礼数是相通的。我们铎系唱的就是，在世人生只是短短百年，做人只是借来做；在家享受香火的时间也只是三代，人间也就是百十岁，实在没有什么好留念的了，只有回天上去了才能千年千代，才能流传代代，才能是永辈子，才能和十几代、几十代的祖先们在一起流传千古。他就最终归还到他的原来的人，归还到他的"原始人"状态去了，他就回到"原始社"去了。这送（他的神灵）回他的坟山去，叫做"土生土回，天放天收"，归天归土去了，不在人间了。这时铎系还这样唱，这家里现在不是你住的地方了，你住的地方，包括你的灶屋、火塘也被鸡扒完了，被猪拱完了，铎系就拿出一个犁头来，把它倒过来铲一下，再捉一只鸡来，让它扒一下。然后天不亮的时候，就背起他的香炉、他的"菩萨"（他的汉字神烛和青刚栗神位）早早来到他的坟前烧掉，再杀一个小猪给他，这样以后就可以不用理他了，家中过年过节也不用管他（叫他）、不用再供奉他了。以后，如果家中不顺了，经过数石头籽打卦、烧羊板骨（羊肩胛骨）占卜，算出来是他出来作祟了，被他害着了，才又来他的坟山前杀猪杀羊供奉祭祀他，这个就又叫"一左义"了。三代以内的祖先都圆圆满满地在家中坐着正位，（上数）第四代送出去，这就是"阿泼皮"，铎系是不画的，有这些写着他的名字的神烛和青刚栗树枝这些实物东西就够了。

陈：祭龙的时候也是需要铎系的，粑粑节上那只公鸡就是祭龙的，以前大年初一要到大德寺上面的庙林那里去祭龙，音乐也是葫芦笙伴笛子的，要从庙林的龙洞那里吹着下到大德寺来。打醋坛也需要铎系了，敬神是需要铎系的，我们他留的神祇总的有十位，其中一位神祇就是醋坛神，昨天我们做的"挂大闭"中的"阿拉油"就是第七位神祇，这是要唱、要画、要跳、要撑的。铎系做法事都是要唱的，还要明明地做出一些东西来在道场上使用。铎系唱的场合还是比较多的，但画（图符、字符）的场合不多见。

杨：阿播必堵以上，你家当铎系的人你知不知道了？

陈：阿播必堵以上的我就说不出来了，阿播必堵和他的父亲的坟在营盘村过来的红山梁子那里，我家从阿播必堵的父亲以上的老祖都有碑，就在坟林里我妈妈的坟附近我陈家老坟那里，包括陈旺、陈才他们的坟，是一片树有碑的坟。我家没有碑才三代人，就是我的妈妈、爷爷和老祖这三代人才没有碑。

陈再福（陈金云的大儿子固的）、陈金云：现在是四世祖的碑都找着了，三世祖的碑还没有找着。从坟林里的陈家总坟（始祖）"陈（成）海郁"（一世祖）开始，到我们这一代，可能有二十多代了，仅仅在陈海郁的碑上就刻了十四代人，我们分析在十世祖、十一世祖时，是很厉害昌盛的。四世祖的碑共有两座，刻的字是"止果哩之墓"，"果"是果树的"果"，"哩"就是一个"口"字旁，一个千米的"里"，"止果哩"就是"果哩"家的二儿子了，看来他的父亲这一代，也就是没有找着的"三世祖"这一代，就开始喊"果哩"这个外号了，（四世祖）他的父亲就是"果哩"了，（按古代他留人取名的习俗，孙子的名字里会含有与爷爷的名字相关的音节和字的传统，很可能他的爷爷时就称呼为"果哩"了），我们家"果哩"这个外号，也是来历久远了，人们叫的"阿播铎系果哩"的外号是来历久远了。当时，为我家刻写碑文的文人先生，也姓杨，叫杨先生，就是你家杨家的人了，是你家祖上的人了，也是像你一样的先生了。我们这几年来，找了好几年，才基本上把我家在坟林里的祖坟找出来，一年找出来一两座。

陈：像你说的一样，营山阿陀（陈汝元）家、双河娃叉村陈志清家，他们和我们一样都是一个老祖，都是从陈海郁那里分出去的。但也像你昨天晚上和我讲的一样，营山上郎者、下郎者的陈家也分正陈家和副陈家，就是原本无姓的人，自愿来做陈家的从属或部属而跟着姓陈的人家，就是我说的副陈家了，以前是存在这个情况的。也像你家是正杨家一样，我家是正陈家。

杨：坟林里的一些墓碑上就刻着他们这一类。称呼他们为"降服子"（编者按：铎系老人对"降服"的解释，与《仪礼》中的"降服"不同，特此说明，以示审慎），是翻译成汉字刻出来的。刻着的"孝子""孝孙"是墓主的血缘亲生子女了。而"降服子""降服孙"，就是那些无姓的人、小姓的人，自愿归到大姓上来，比如归入你陈家，跟着姓"陈"，他就成为你陈家的降服子了，你家就是他的主家，他要向你家上贡、尽义务，比方你家树碑他就要参加出钱出力，然后碑上刻上他的名字就叫做"降服子陈某某"。而反过来，你家有保护他的责任，是他家的保爷。

陈：是的，我们家都有"降服子"。这种现象解放以来就消灭的了，不讲了，讲不得了，以后的人就根本讲不清楚这台事了。降服子是没有靠山的人，是来投靠你家的人，像逃荒来的那些人，像那些独人。人们以前都是从氏族、部落的根源上发源下来的，一开始从细小的根结上发源下来，一些人是部落的核心，分大家族、二家族，分大姓人、小姓人，那时候的社会是存在公认的有势力的大家族的。一些人没有生活的地方，没有生活的土地，没有生活的社会关系，他就大树底下好乘凉，他需要你家来保护，拿伞来罩着他，他必须依靠你家才能保障他过生活，不然就会有人来欺负他。他是自愿来当降服子，来认你的宗族，来当你家的副主的。这是当时的社会形势逼迫形成的，是有这个情况，我们陈家人就有降服子。那时候就分大姓人、小姓人或者是有姓人和无姓人。降服子人多来自小姓人家、无姓人家。我们家古代传说就是这样说的，我们他留人古话一直这样传说。我家是大姓人，以前他留人迎春，我家就走在前面，我爷爷去永胜县城迎春，有人吹箫（笛子）也有人吹葫芦笙，他就走在前面吹葫芦笙，他葫芦笙吹得很好，还给他胸前还挂上一个银圆牌，很薄的用丝线拴的银牌，这个银牌子我小时候还把玩过。我老祖、我爷爷去参加迎春，那是清朝时候的事情。迎春就是一年开头的时候，过哭夕（春节）前，大姓人家带头，由陈家人和王家人组织，陈家、王家不组织了就由蓝家和海家人组织，各家族都参加，要去县城里到当县官的那里去送彩礼（送货礼），等于去拜年。以前也有送给高土司彩礼的，叫给皇帝（土皇帝）去送礼，但也不一定就送给他家去，主要是谁当县长（官）就送给谁，只认当县官的了，高土司家也有败的时候，这是古话传说了。迎春时，我陈家吹葫芦笙，罗家就送麂子，段家就负责打扫卫生。陈家、王家和各家族的"大绅良"（杨如刚注：大绅良是村寨中公认的重量级、长老级人物，有担任族长、头人、村长寨主、铎系的人，也有什么职务也不担任的人。他手中不一定掌握着权力，但颇有家财声势，颇有能力，威信威望极高，是地方道德、他留道统的最重要维护者、评判者和公证者，是实际必须参加解决家族和地方事务、外来事务的人，他留话叫"操吴必素"，清朝时有朝廷认定的大绅良）要走在前面。迎春回来后就过哭夕了，大年初一，又去营盘里（他留古城堡）迎春，这时是我父亲吹葫芦笙了，老一辈人都会说，我家的葫芦笙吹得好。当然我父亲、我爷爷、我老祖都是铎系，是出名的铎系。我吹葫芦笙会三十多调（曲），比蓝绍龙（云南省民族民间音乐大师）会的都多，相传他留的葫芦笙总的有72调，三弦有73调，叫做"马有75样病，人有73样病，三弦有73调，葫芦笙有72调"。大年初一这天，白天是在营盘里以大德寺为中心举行迎春活动，晚上就到村长家去、到现在的村委会主任家去，像到现在双河的陈绍平家去一样，先在他家的堂屋里吹一调"迎春调"，打几转跳，这个舞跳了，大家才到院坝中间来跳，这一天的伙食招待和活动就由他家负责，这像汉话讲的一样，是去给他家贺岁拜寿了，他家打了跳以后，第二天才到村子中去打跳，这也是我们他留人过春节的一样习俗。大年初一要到村长这些"大绅良"家去唱去跳，（在古时候）他是收税的，这一天迎春开支的钱财物是大家一家一户早就凑了给他的，所以这一天他要负责。现在过粑粑节，他留三村的村长每人要凑一坛米白酒,也是这样来的,这是他留的老传统了。迎春过哭夕时唱的调子(歌)叫做"果多且",也就是迎春歌,从大年初一一直要唱到初十五,它是这样唱的:"阿啪耶鲁旺,习阿榭子路。"就是说,梅花开了,迎春雀飞来了,要过年了。我们他留的说法是,人是不知道过年的,但动物知道要过年,迎春雀飞来了、喜鹊飞来了,植物知道要过年,梅花开了。植物和动物都过年了,所以人也要跟着它们过年。"习阿"是黄色的,腊月要结束时才飞到村子里来,这种鸟雀在娃叉梁子上一群一伙都是,叫做迎春雀。唱"果多且"的时候是从这一年的"春是从何处来,如何起源"开始唱的,还要唱到年猪、粮食,也是一年的总结,是欢乐喜庆的,很少有迷信的。"果多且"是几个老人穿着长衫,端着酒杯,站在中间,边喝边唱,一摇一摆地唱,四周围满打跳的人,有很多小孩子和妇女,老人唱一句,大家和一句,边跳边唱,场面很是热闹、很热烈。

陈: 前面讲的一些小姓人、无姓人认了你的姓,就认了宗了。我们当铎系的当然要弄清楚这些情况,弄清楚各家族的情况,不然是不好唱的,各家族的情况也会唱到的。弄不清的话,也就不好在丧事结束的晚上组织丧家的血亲宗族吃"鸡蛋饼"了。另外,我们他留人还有一个说法叫做"三代还姓,五代还亲",老辈子就说,五代过了就可以互相对亲,就算是同一个根上分下来的一支人,不断分枝,到五代人时就可以互相换亲了、互相对亲、互相通婚了,就比如我陈家就可以对陈家了,我营山的陈家和双河的陈家本来是一个老祖宗上下来的,就可以互相对亲了,对亲之后,就不能认宗了,可以认不同的宗了,可以认不同的祖宗的意思了,丧事上也体现出来就是本来是一个总根上下来的,也各吃各的鸡蛋饼了。所以他留人古来就是同姓通婚的。

杨: 昨晚我跟你说了,我家以前是从纳咱搬到"亚次所",再搬迁到现在的腊衣箐,跟陶家(听说是苗族)买的地,后来发起来,就当"寿官",也是以前的文人先生了,所以,我家当文人先生也是有历史的。我家跟你家一样,我家是正杨家,你家是正陈家。

陈再福: 说到文人先生,杨老师,你家以前就做那个了,今后还想请你帮忙做一件事情,就是将来给我的父母树碑,想请你帮忙题写碑文。

杨: 好的,我帮忙你家题写得了,蓝绍吉老爷子的喜碑就是我帮忙题写的。蓝金成和他的儿子现在也请着我,以后蓝金成树自己的碑,也要叫我为他题写碑文。现在你家又请着我,到时候我会认真帮忙题写碑文的。谁叫我和老爷子您是很好玩的两父子呢(是处得很好的父亲和儿子一样的好朋友)。在您老爷子的碑文中,我一定要把您当铎系,水平很高,为恢复和传承发扬他留人铎系文化、铎系文字做出了重要贡献这个情况给您写进去。您老爷子的碑就叫你家老三打得了,现在整个他留山就只有他才会打(刻)碑了,他留人打碑这个手艺都(快)失传了。但你家老三他打的碑距离坟林里老祖辈们打的碑还差得远呢,您要叫他继续学习进步。

陈: 我老了,能不能给我树碑,以后这就看他们儿女的本事了。老三有手艺,坟林里我家妈妈的碑真是老三打的,听说你还教过他如何刻好碑上的文字。但他爱好太多了,所以请你培养他。我这个老大子(陈再福)将来想做铎系,接我的班,也请你们帮忙培养他。

九 张顺彩访谈

访谈时间：2012年2月9日
访谈地点：云南省永胜县六德乡文化站
访谈对象：张顺彩、杨如刚、简良开
访谈者：赵丽明、李居政
整理者：梁静远、杨如刚

2012年2月9日，在杨如刚老师和简良开老师的陪伴下，我们拜访了云南省永胜县文物管理所所长张顺彩老师。从1990年开始担任所长至今，张老师已经为永胜的文管事业贡献了20多年的辛劳，亲眼见证了永胜县文物管理工作的不断成长和健全，同时，他也是第一个发现铎系符号在文字学上价值的重要见证人。

（张顺彩简称"张"，杨如刚简称"杨"，简良开简称"简"，赵丽明简称"赵"）

（一）我最先发现了刀形灵板上的铎系符号

赵：2012年2月9号，我们在永胜县听文管所张顺彩所长给我们介绍他是怎么最早发现铎系符号的。那是几年前的事情？有三年五年？

张：有十年左右了。蓝绍吉的姑姑不在的时候，他叫我去，在双河二村举行葬礼，我全程参加了，三天三夜。老人死了以后他留人举办最高档次的葬礼，要杀牛放长孝，放长孝时砍一棵松树来用，松树大概三丈左右，插在自家房前屋后显眼的地方，修去枝桠，上面留一个尖。长孝布要由逝者的女儿拿出来，是三丈六尺长的火草麻布，把孝布在松树尖尖上拴好以后垂下来，孝布顶端要拴两朵花，两朵花有区别，有讲究，是父亲死还是母亲死可以从这两朵花的高度上看出来。放孝布以后要杀牛祭祀摆堂，必须要杀牛办丧才能放孝布。孝布放了以后就不需要请客了，看到的人互相会通知，都去了。像人去世先打火枪的一样，村里的人知道后就互相转告，主人家是不外出请客的，听到不停地打火枪和看到放孝布，本家族的人前后都会赶来，远方的亲戚、朋友一二天以后也会赶来。要在逝者院中搭凉棚，跳丧。搭凉棚是搭一个架，上面砍来些绿色的枝叶，把它盖了，棺材就放在凉棚下边，接着就要跳丧。邀请三个人，一个是他本民族的铎系，第二个是汉人先生，第三个是指客师，可以是本村的他留人或汉人。一场丧事要请三个主持人。铎系就是本民族的祭司，先生他们称为汉族先生，现在也可由他留人来当了。从这个看，他留人接受汉文化应该从明代中晚期开始。跳丧时，逝者的儿子或者媳妇，拿着杵丧棒，儿子的是只有一尺多，棒子要触到地面，每跳一下都要弯腰弯到底，媳妇的杵丧棒长，可以站着杵。

赵：媳妇杵的那是什么东西？

张：也是竹竿，就一米二三长。凡有人来，孝子们、亲友们就要围着那个棺材，在铎系吟唱带领下绕着棺材跳丧，这样要两天两夜。在那天吊丧的人来完的时候，我才发现他们有铎系文。

赵：您发现的铎系符号？

张：对，他那个棺材两边不是有灵板嘛，就是这种刀形的，就在灵板上写有这个铎系文。我就问他们这是什么时候传下来的，从这个上看，我说你们很早以前应该有文字，他们说老祖先传说有，但跟很多少数民族文字消失的传说大同小异，一种说是写在猪皮上，写在猪脑壳皮上，一种说是写在牛皮上，一种说是被猫咬吃了就丢了，另外一种说是肚子饿的时候把皮子拿来煮吃了，文字就丢了。

赵：这个传说是谁的传说？

张：他留人也这么讲。好像原来傈僳族也这么讲，彝族也这么讲。当时我回来以后就把他留人的丧葬礼全程如实的记录了下来，在《永胜文史资料》上发表。这个《文史资料》一共出了九辑，是内部资料。可以到政协文史委去看一下，大概他们第四辑第五辑还有。我后来又整理了一下当时的文章资料，还存在电脑里，文章中的铎系文是我画的。

赵：传说是都吃完了，只剩下那点儿符号了？这个传说是您联想到其他民族呢，还是他留人他们自己的？

张：他们自己说的，就是当天那个铎系说的，那个人好多年前就不在了，姓蓝还是姓什么，就住在双河二村。那个铎系念经比较好，后来的都不如他了，包括他那些符号，都比其他人写的规范。我就估计，他留人最早应该有文字。铎系就是口传心授，比如你教授传给一个博士生，他不如你，丢一点，博士生又传给一个大学生又丢一点，大学生又去传给中学生又丢一点，传到小学生，就只知道几个符号了。铎系符号就好像一本书，像《西游记》，它内容是有多少不知道了，很多详细的内容记不下来。都是通过口传心授，我估计它一个符号就是一个故事，或者是一个传说，就靠传承人的理解或记忆，那么逐步是丢失得很多了，原来他们的他留大调就是要唱好多天的，也是从铎系这里来的。这些东西就在接受汉文化的漫长的历史中，就逐步地丢失了，现在很少了。

赵：现在的问题是不知道了，现在写的人都五十多岁，我们问他都不知道了。我们访问的人八十多岁的人也说不清，一定要八十岁以上的人才能够讲一点。现在已经快断了。有的年轻人他会写会画，但是也画不全，也说不清楚了。

张：七十年代的时候，那个时候七十岁左右的人还可以。但真能找到好的铎系的话，也应该是老的那些人，如果这次蓝绍吉那些老人参与进来整理，那么整理出来的铎系唱经文字会比较准确些。

赵：您说的蓝绍吉是一个什么人？

张：他也是一个退休干部，八十一二岁了，现在好像就住在县城里。他也是最早发起他留文化研究的人。坟林也是他报告的。实际上八十年代我就发现他留坟林了，当时有人就说是汉人的墓，我说墓的形式是汉人的，内涵是他留人的，是他留人把它保留了下来。那当中镌刻的瑞兽花草等等，真漂亮。北京我虽然跑得不多，但是在云南省我至少还没有见过比这个好的。

赵：您刚才说的这个葬礼是谁的葬礼？

张：蓝绍吉的姑姑。

赵：是蓝绍吉请您去参加他们的？

张：对，他单独打电话给我，因为我当时正在那儿公布他留坟林为县文物保护单位，后来争取了省保，又争取到了国保。他（蓝绍吉）当时退休下来热烈地倡导、研究和宣传他留文化。当时还有一个条件就是王金龙也很支持，王金龙她现在是市人大副主任，是他留人，她曾在六德乡当过乡长，后来到县里面当过副县长，后来就调到市妇联、市计生局当局长。他们都很热心支持我。

赵：您当时有视频录像吗？

张：我没有录像，当时就是胶卷照的一些照片，录音也没有，就是凭手记，从头到尾叫他们说这个是什么，那个是什么，全程如实记录。

（二）墓碑上的太阳纹、树木、人物等，有类似于铎系图符异化的意思

赵：那个墓地最早是明代？刚才段氏那个墓是什么时候的？

张：段氏那一个是最早的，万历前后，万历之前的就不知道了，有文字记载的它是最早的墓，其他没有碑额碑心那些坟到现在还没弄清是什么时候的。

赵：在墓地里有没有发现与铎系符号相类似的图形？

张：暂时没有。段氏那一座是最早的，我估计，从那个墓上看，他留人当时才开始树碑。那个明代的段氏墓上有柱，还是牌坊式的，它有纹饰，本民族的纹饰比较自由，好像近似于本民族铎系画的那些图符。但到那墓碑上刻写汉字的时候他就不会了，我估计那是先请一个汉族先生先写好一个样子，然后他留人照样子做上去的，他用铁錾子刻字的时候，就连那个"一"字，也不会好好镌刻，是用铁錾子尖子錾上一下就刻写出来了，很明显看出来他不会写字。但上面的那些个太阳纹啊、树木啊、人物啊，它都雕刻得比较生动，文字他都不会雕刻。

赵：您说的是那段氏的墓吗？

张：对，就是那一座。

赵：它那个太阳什么的，是不是铎系的符号呢？

张：太阳纹，应该是，也应该是游牧民族的东西。

赵：为什么呢？

张：因为游牧民族最早崇奉的是太阳，包括彝族等等，考证的话，像纳西族的披星戴月图案的说法，我个人看法是后来牵强附会的说法，它最早应该是游牧民族太阳纹的标志，不是纳西族人勤快啊，早出晚归、披星戴月的意思，这层意思是后来赋予的。

赵：除了太阳纹还有别的符号吗？

张：还有树木、人物，现在看不清楚了，但是我那里有拓片。

赵：那个树和人物是不是跟铎系画的有关系呢？是不是类似的呢？

张：有点铎系符号异化的味道，太阳有关系，太阳天地都有，铎系他不是首先画就画天嘛，下面画地，再画太阳星星。

赵：简老师您说呢？

简：天地太阳月亮有点接近，和铎系符号有关系的。

杨：它（段氏墓）里面画的太阳都是一样的，但是月亮不一样，月亮它是一个满月，是个圆形的。铎系一般画的是月牙，但是也很明确是月亮，因为这边这个是太阳，它的光芒大，他画的那个圆圈也大，那边的那个他画的圆圈小，光芒也小，它是并列的嘛。

赵：画那个人物是汉人呢，还是？

张：就他们本民族的，他留人。

赵：您怎么知道？

张：因为人物图案穿戴着本民族的那个帽子、短裙，男人就是白衣服的长袍。

赵：您有那个拓片是吗？上面有几个符号？

张：二十公分的面积上基本布满了，主要是太阳纹、树、人物、牲畜那些，我估计是当时镌刻墓碑的石匠自己加进去的。

（三）铎系是祭司不是巫师，尼卜是巫师，掌管鬼神

赵：从整体来看，你们二位老师怎么看他留文化？它是一种中原文化和当地文化结合的产物吗？它的丧葬习俗里边好像鬼神不是特别多，不像纳西族那么多。

杨：这次我们还没有更多接触到鬼神这方面的东西，因为铎系他是属于祭司，他不是巫师，巫师是专门针对鬼神的，这一类人，他留话里叫"尼卜"（尼扑），他留人里面的铎系跟尼卜分工很明确。你看铎系唱的这一套很少有鬼神，科学的东西多，点到的鬼神很少。巫师就专门针对鬼神了。

张：他留人的铎系，就好像纳西族的东巴，也好像彝族的毕摩。

赵：东巴和毕摩不是巫师吗？他们可是跟鬼神打交道的。

杨：纳西族的东巴两样都会，等于就是巫师和祭司他都会。纳西族的东巴他会跳神，他会放阴（音）那些。

张：他们掌握着本民族的宗教文化，他留人是把他们分开了。铎系很少讲鬼神，尼卜就是做鬼神这一套的，占卜呀、驱鬼啊、祈福啊等。人死了以后去找墓地，也会请尼卜去烧羊板进行占卜。

杨：铎系他崇拜祖先，祭祖的时候不吉祥的精灵，就是哪些鬼魂会来捣乱，那么铎系就要把这几个鬼隔开，他喊到的鬼不多，也有。他点的鬼，我记得有四个，一个是阿嗯，一个是阿谬，一个是阿格谬，还有一个我现在记不起来了。

赵：在什么时候？

张：我认为这应该有个历史过程，最早应该是祖先崇拜，汉化后才逐步有鬼啊神仙的。最早的

铎系他是不讲鬼神的，后来就逐步逐步地插进来了。

杨：在过粑粑节祭祖的时候，首先要杀只小猪，杀小猪的时候要把小猪的心肺拿出来，用一个小铁锅煮好之后他开始祭祀。前面的内容我不说了，我只说铎系杀小猪时吟唱的这一段的大概意思，是说"今天我铎系来做这事，是为我的祖先来做的事，不是为你们来做的，我要把你们这些不吉祥的精灵隔开"，那么他就点了，有四个，有个是"阿格谬"，这几个精灵的名字，第一个字母都带"阿"音。它们到底是什么鬼我也没好好问他们，因为每年的粑粑节那天，我都在那里主持活动，负责文艺节目什么的，挺忙。我把铎系祭祖的过程记录下来，记得很粗泛，我当时问了他们一下，他们当时也没有讲出什么来，后来也没有去深入整理。以前这件事情也没引起我的重视，也就没有去认真深入挖掘研究，只能以后再去仔细做了。我当时问他们为什么要隔开，他们说这几个是不吉祥的精灵。前次我们到海品章主持丧事的那里，他画了两个鬼吊在那里。椅子上坐着一个，外边大门口的墙上拿竹竿吊着一个。我问他，他只说这两个是鬼，要杀牛办丧事的时候才画它们，他说那两个鬼是管放牛的，要杀牛的话要经过它们的同意。具体的情况我们以后再慢慢去弄吧。然后我还知道一个鬼，就是今年前一段时间去世的蓝新发告诉我的，顺便说一下，他的丧葬情况我去拍了一些照片，拍摄了一些视频给您（赵教授）。他在世的时候跟我讲过那个鬼，鬼的名字叫"裹以顾录尼（音）"，"尼"是鬼神的意思。

赵：那就是说铎系也管鬼，但是很少，基本上鬼归尼卜管？

张：这个我倒没研究。

（四）他留文化是云南本土文化经历多种融合后逐步形成的边屯文化

赵：他留文化里面这些鬼神是哪儿来的？

张：我个人认为，（他留文化）应该是在明代中后期才有鬼神的概念，以前没有，最早只是祖先崇拜。

简：他留人，从正宗的历史角度讲，过去是高土司亲军，高土司家受佛教的文化影响很深。他留人是在明代万历年间的时候迁移去他留山的，这个我到灵源箐（音）去的时候，灵源箐的那些老人他们跟我讲，他留人就是土司亲军，这点很真。我这本书是讲边屯文化，他留人就是高土司搞边屯，才从灵源迁移下去搞屯垦的，所以它最早是祖先崇拜，之后到了明代的中后期，就开始搞鬼神这一套了，最早的还有佛教，他留人受佛教那一套的影响也很深，从宗教角度来看的话，他留人主要还是受佛教的影响。

赵：他留的文化元素有哪些？有纳西的吗？有傈僳的吗？有中原的吗？

张：（纳西和傈僳的）没有，中原的有。

简：就是中原。比如他留坟林道光年间的那些墓碑，基本上体现的是道教，你看他那个太极图，道光年间的墓碑上基本上都有，说明道教的影响也很深。

赵：它跟其他彝族一样吗？跟宁蒗？

张：不一样，生活习俗不同。以前同不同不知道，最起码明中晚期以后是不同的。

赵：我觉得他留人好像社会结构比较简单。

张：我是这么认为的，他留人也不一定是从哪个地方迁徙来，首先的话我认为它应该就是云南的本土民族。

赵：不是湖南来的吗？

张：这个现在有很多误导，我个人认为，最早应该是云南的本土民族。你看中国讲到边屯文化是从春秋战国、秦汉时期就有，那么中原是不是来人了？从大文化的长远的历史生活中来讲，他留现在的文化不能代表过去的，现在是同化了的融合了的文化。最早应该是云南的本地民族，逐步就和外来民族融合了，最典型的融合就是明代，他留人为什么追根溯源说，它是调卫来的？为什么他留人很多墓碑上的命名称谓——本来那些称谓都是彝族的说法——接受汉文化以后反过来了不见了。最早也不一定就是土司家的，到明代以后才归高土司管理的——明代高土司是从唐宋时候传下来的，他们是少数民族土司就是管少数民族的，（他留人）就归土司管理了。土司也吸收汉文化，然后逐步地边屯来了，外面当兵的就进来了，就在这个地方扎营屯垦，那么是不是一些屯垦军士就跟这个地方的少数民族女子融合了，成家了，这不是外来的调卫的民族把他留人同化了，而是外面进来的其他民族在他留这个地方被他留人同化了，才形成了今天的他留人。从他留的丧葬礼俗上，汉族先生很显然是晚期的事情，尼卜显然是清代之前的事。在历史长河中，从宋代以后它就吸收道教文化了，明代以后它就（系统）吸收汉文化了。所以他留人，汉文化、本土祖先崇拜都有，这是个逐步融合的一个过程。现在知道它是高土司家的什么军，是到明代以后有史料记载了，把它拿出来，我认为这是后来的情况。他留人最早我估计就应该是云南的少数民族，逐步逐步地融合，又受到高土司家的管理，必然就纳入他的麾下，成为了他的兵，逐步地高土司也吸收汉文化，信仰佛教，这些文化的大量融合是在明代中晚期的时候。

赵：那为什么给他划到彝族里了？

张：这我不知道了，这是五六年（五四年）民族识别的时候把它划为了彝族支系。

简：原来云南民族大学那个教授周德才，他研究他留话，讲了三个特点：第一跟巍山彝族语言有相当部分的相同；第二炕床跟巍山相似；第三生活习性也跟那里相似。周德才教授在他的专著《他留话研究》里讲，特别是语言与巍山彝族相近。从我们永胜历史记载看，唐代就从巍山那边移过来一部分人，后来巍山那边也是划为彝族支系，与我们这边的情况类似。永胜的彝族支系有八个（九个），我想有一部分是原始居民，一部分就是唐朝那个时期调过来的，他留人就属于调来的这部分之一，是那个时候移过来的，把它划成彝族，从大环境上看，是符合（实际）情况的。

张：像炕床这个，我不赞成是彝族的，为什么？彝族根本不知道炕床，巍山有，是什么原因？绝对是明代以后的事，就是中原的人来了怕冷，中原人是知道火可以这么烧——架一个高台在上面烧火，炕床也是融合的产物。云南的少数民族谁家也没有炕床，所以都是融合的文化。现在大凉山也好小凉山也好，包括很多农村山区，谁家架炕床，都是围一个火塘。炕床是明以后的事，也是大量的民族融合以后，融入进来形成的。有几家的他留人墓碑说他的祖先是湖南调卫来的，所以肯定也就这么回事。比方现在年轻的小伙子,你当兵了,知识青年上山下乡了,你肯定要在当地娶媳妇生存下去,那么你有文化,到我家刻碑的时候,我就把这个写上了,不然的话他一个本地的少数民族他怎么会知道是洪武调卫来的。

简:他留墓碑记载的洪武调卫最早的是光绪年间的,光绪后期就出现洪武调卫的说法了,这之前都没有。但汉族的墓碑是明朝时候的墓碑上就有洪武调卫了,很清楚的。它(他留)还是有一部分的外来人融合进来了。在解放以前,都没有彝族的称谓,叫"倮倮(音)",清代的书上写"倮倮"是嘲笑我们少数民族的(笑),指没有进化没有文明的人。

赵:其实他留很独特,跟彝族很多的就不一样是吧?

张:现在不一样。

简:他留跟崀峨人是同一支,他说话语言什么的都一样,他们之间是通婚的。

赵:崀峨人是什么人啊?

简:也是彝族,永胜彝族有八个支系,他留人是其中的一个,还有一个是纳咱(音)人,从县城到大厂(音)这一带的这支人叫支里人,仁和下面的叫水田人,都归彝族。

张:永胜现存明代古建筑就有六栋,集中分布在南片清邑,下一步就是国保文物了,我们已上报了。它就是边屯文化,它是洪武调卫时候来的第二三代人建的,当时永胜的山山水水绝对不是现在这个状态。我们小时候上山随便什么季节,那些塘啊河啊是终年不干的。当时南片两片的山全部是原始森林。明代的时候就从山上砍这么大的松树,砍老树、大树来用,那些明代建筑用料粗大,而且气候相对干燥,所以用树老的话五六百年能保存得下来。到清代逐步砍的就是嫩树了,现在遗留下的到清代的房子还熬不过那个明代的。民国时砍的那个树,又比清代的更嫩了,就更熬不过了。

赵:你说有六座明代古建筑跟这里的地理位置有没有关系?

简:有啊,清邑那里是个驿站,是永胜到大理的一个重要交通驿站。

赵:所以边屯文化的定位还是可以的,应该是比较准确的,它确实是多种文化的融合。

张:永胜是边屯文化,大的说来,云南省也应该是边屯文化,腾冲宝山地区的边屯文化应该比永胜还多,只不过永胜是边屯文化的一个代表。

简:是永胜最先提出边屯文化这个概念,我在2009年的时候就出版了一篇论文《边屯文化论》。

张:好多年前老简和我们就说,什么能代表永胜,就提出了边屯文化,只是当时我说的是永胜文化,说永胜文化里什么文化都有(笑),你这样提就不局限,但是你要把它准确定位,肯定还是边屯文化,从战国秦汉起,从外面进来都是边屯文化。

简:新疆建设兵团、北大荒,这些都是边屯文化。我这本书出版的时候,他们都建议直接用《边屯之光》的名称比较好。

十 九十岁老铎系蓝有清访谈

访谈时间：2012年5月26日至28日

访谈地点：云南省永胜县六德乡营山村三板桥蓝有清家

被访者：蓝有清，彝族他留人，男，时年90岁，营山村委会三板桥村人，小时曾读过两年私塾。他留外号"阿擘卡事"，农民，做"铎系"近30年，是他留山健在的年龄最大的老铎系。

采访、翻译：杨如刚、蓝绍增

记录整理：杨如刚、罗全武

审稿：杨如刚

（杨如刚简称为"杨"，蓝有清简称为"蓝"）

（一）我寒苦出身

杨：老祖，您是哪年生的？

蓝：乙丑年（1925年）。属牛的，乙丑年后四月的二十八日生（6月18日），我妈妈是这样说着的。

杨：您今年多少岁了？

蓝：今年89岁了，90岁了吧（他留人虚岁算法）。

杨：89岁90岁了，不容易啦。您有几个弟兄呢？还有您过去的经历和生活是怎样的？

蓝：我是总的两弟兄，弟兄二人。那时候有钱人嫁给有钱人，贫穷人嫁贫穷人，我家庭寒苦，从小父母双亡，死得早，我连婆娘也讨不起，我很寒苦。当时是"三丁抽一，五丁抽二"，我被抽去当了二流兵两年半（指被抓去大理当国民党兵），我的兄弟投杨枝藩去了两年半（杨枝藩，玉水人，民国至解放初年的他留人头目，中共地下党组织成员，其率领的队伍以他留人为主体，包括当地傈僳族、汉族等民族，后编入解放军边纵七支队，后又编入14军42师，是参与解放永胜县城的主力部队之一，其部队成员后多参与了解放滇西北、云南及西藏的战斗，杨枝藩于上世纪五十年代初土改时被错杀，后来平反）。

我小的时候在下郎者汉人谭家屋里（谭文金家）读过两年私塾，老师是六德的汉人李文儒。十五岁左右就被抓去当兵，大理当兵时，是预备兵，吃得很差，吃不饱，熬不住。军队得瘟病，经常死人，头一天死两个，第二天死四个，我是本分人，很害怕，班长对我很不好，班长随便打人，很毒辣，我这只眼睛就是被他打瞎的。叫我经常抬死人出去埋，我在前面埋人，后面就有成群的狗，不是野狗是家狗跟来挖着吃，很多人死的死，很多人逃跑的，号兵也逃跑。后来我装死逃回家来，我估计连长上报我死亡了。我回来后，又当民团队员，当时凉山黑彝经常下山来抢人去当奴隶娃子，抢东西、杀人，我在三板桥几处参加打黑彝土匪，埋伏着，看见他手中拿着梭标，我用火枪打，火枪打不好，没打着。后来解放军来了，土改了，几百人开会，我参加站岗放哨，保卫土改的胜利果实等等，苦是苦了一行（许多），苦了一辈子，功劳是没有。

我小时候读私塾、村子里有几户汉人，大理当兵时，大家都讲汉语，我就会讲（汉语）了。我家解放前在蓝恒发家下面大石头旮旯里有三亩多田地，是老祖辈上传下来的，很贫瘠，两兄弟常常（被迫）当兵，没时间种地，耕种出来吃不饱，家里很穷，婆娘也找不着，解放后毛主席号召打倒奴隶主，我才得成婚，我老婆大我十一岁，她早死了，死了二十七年了。她嫁过来时带来的女儿就是要恩格（蓝金荣）的母亲，也是我的女儿，她现在七十多岁了，还有我大儿子和两个孙子在昆明生活，原来他家有七口人，由于家庭寒苦，就各抓各吃，1958年大炼钢铁的时候，大儿子就被抽去昆明冶炼去了，前年他就死了。现在我是五代相见，五代同堂了。

（二）家世荣耀与源流

杨：老祖，现在我问您一件事情？

蓝：（不知我能）答得好吗？答不出来嘛我也没法。

杨：您答得出来的，您家的老房子（老屋基）在哪里？

蓝：我家老房子还要在上头一些，现在这个梁子的上头（营山村委会那附近）。

杨：老房子拆掉了吗？

蓝：嗯，现在老房子没有了，当时是分给弟弟了嘛，弟弟死掉了。以前白旗人来之前，老祖屋在营盘（他留古城堡）里。那时候人住在营盘里，出来这里扎窝子（扎羊窝子），当时分给弟弟的老房子这里称"亚家食"（他留话，绵羊庄）。那时候，那里（营盘）出来，一路上齐一些麻线，到这里薅薅秧，到这附近盘一些田地，带便放牧毛羊，那时没小偷，很清静。"亚家食"，毛羊（绵羊）庄的意思了，毛羊关着的意思了嘛。那时候没有贼，活路干完了，毛羊关着就可以回家去了。毛羊关着，没有人动，（那时候）吃不完用不尽。今后，吃不完用不尽的也可能有了，到社会主义小康了，还有中康、大康水平，人人都有了，你给我，我也不要了，吃也吃不完了，现在才小康，这是我的估计。

我家老房子以前在营盘里，战乱时候，才逃难到这里来，逃难到"亚家食"来了，以前的老房子在营盘里，老辈人都是这样说的。我家在营盘的老屋基在现在的张俊生家这边一点，关崇德家住的那里，张茂尧家过来，箐这边一些。

杨：从营盘搬出来这里，到现在您家有几代人了，您给说得清了？

蓝：这个说不清楚了。

杨：那您家的老祖宗的坟在（他留）坟林里吗？

蓝：坟林里头有，在边上，只有一座，（是）大碑一座。

杨：坟林里大碑有一座了，从那个老祖到您有几代人了？

蓝：噢，这个我说不清楚喽！老辈人都说不清了。在大队（营山村委会所在地）门前的那些全部都是我家的。

杨：现在的村公所旁边的那些碑墓都是？

蓝：那几座碑是老辈人修的。还有腊古得蓝家和我们蓝家是一族人。他们变成傈僳（族）了，但还姓蓝。

杨：哦，他们怎么就变成傈僳族了？

蓝：我们蓝家族的一个老祖宗，他火山砍得起，生地也挖得起，去腊古得种地，没有那种和荞子一齐撒的那个饭豆的种子，就去跟当地的一个傈僳族女人去借。她借是借豆种给他，就把饭豆种倒在院坝里，说是借也不用说借了，还也不用你还了。就叫他拿筷子拈，拈得多少算多少，就是你的，他就拈到了天黑，就被那个傈僳族女人裹着去了，拷起去了，就留下了后人，变成了傈僳族。传说是这样的，说的是笑话，又像是真的，腊古得傈僳族跟我们是一个姓，但不知是我们这个祖先是大哥，还是那个（娶傈僳族老婆、在腊古得居住的那个）是大哥。现在腊古得傈僳族蓝姓分枝很多了，听说有三百多人，我们这里才有一百多人，二十九家人。

杨：以前双河村委会前一届的副主任叫蓝俊生，就是腊古得的蓝家，还有中台的村长蓝有富，我还去过他家。

蓝：蓝有富、蓝光华、蓝发春、蓝发清等姓蓝的腊古得和中台的傈僳族和我们是一族（根）人，现在我们年纪大了，我们也走不起了，树大分枝，枝桠多了，下一代他们也不走了，互相间不再走亲戚了。

（三）听说他留人与凉山彝族是兄弟

杨：老祖，问您一个问题，您个人认为他留人归在彝族里面合适吗？

蓝：从前，老辈子时候，彝族和我们是两弟兄（听说是这样的），他们归在四川，我们归在云南，以前的老一辈的凉山彝族讲，他们还是承认的，我们他留是哥哥，他们凉山彝族是弟弟。

杨：哦，您以前听老人们讲凉山彝族和他留人是两弟兄的？

蓝：听说是这样的，现在的（凉山彝族诺苏支的）彝族老人也这样认为。

杨：那您年轻的时候，是听哪个人说（凉山）彝族和他留是两弟兄的呢？

蓝：嗯，这个……（凉山）彝族人那里说（传）下来的。我们是两弟兄说嘛……两弟兄。是哪些人说的我认不得了，我也记忆不得了，就了掉事了（完结了这件事了）。

（四）我做铎系及师承

杨：教您做"铎系"的师傅是哪个人？铎系这一套您是从哪里学来的？

蓝："铎系"这个嘛，大概去年王金龙也问过我一次。总的来说，我是从老辈人那里学来的。办丧事的时候，老辈人祝葬（诵经）的时候，在炕床上坐着，我就扒着耳朵去听。铎系在院坝里升棺祝葬，内容有（这个逝者）生下地以后的事情，也有生下地以前的事情。（诵经的内容包含逝者未出生到整个人生的过程）。逝者从生下地到养大成人，如今老人老了（过世了），儿孙们心寒（伤心悲痛），真心想表达对逝去的人的悼念，却因过分悲痛，无法表达出来，所以就请铎系来代为表达，站在儿女的角度，站在孝子贤孙的角度向逝世的老人说些感激的话，谢谢了，感谢了，像"小羊跪乳"一样要感谢要报答养育之恩。

杨：噢，您是几岁学"铎系"的？

蓝：三十岁左右。

杨：三十岁就学啦，是在解放后，还是解放前？

蓝：解放前也有学的，解放后也有学的。

杨：解放前和解放后做的丧事和现在的丧事一样吗？

蓝：以前穿的、吃的简单、单薄，待客呢，就是两三天，现在穿的、吃的充足，待客就是三五天了，比以前隆重了。现在怕什么啊，你们多苦上一点，待上五天五夜客也拿得出来，以后丧事可能还要更隆重些。以前的话，多待一桌客都要顾虑的。

杨：您是什么时候开始出来做"铎系"的？做了多少年？

蓝：做了二十七八年了，把逝者送上山是我做铎系的职责，是主人家交给的事情，要为他家做完做好。还要房头上拆下三口瓦来，把逝者的灵魂接回家，三口瓦是去世的老父或老母要挨着他的老人去在（居住），要起房子、整顿房子要用的。铎系要让过世的老父或老母不要心冷，不要呕气，逝者的道理和活人的道理是一样的。铎系还要让逝者的后人们，心宽意快的，把逝者尸首送上山要让逝者的儿子们满意，通得过去。我过去当兵也是天天抬人埋人，铎系当了二十七八年，也是做"口白"的事情，也是把他们送上山，也是帮他们埋人。我的能力只是这点了，今天叫我（请我）去做也去了，明天叫我去做也去了。前几年，我就老了，做不动了，由徒弟亚恩格（蓝金荣）去做了。

杨：您以前每年大约要做几次"铎系"？

蓝：一年做三个（回）的有，两个的有，五六个的也有，两个是少不下来的。我玉水没有去做过，在营山、双河做。我的徒弟亚恩格（蓝金荣）倒是双河、营山、玉水他留三村都转回来了，都去做过铎系了，他这个人差不多，我的"口白"倒是完全可以交代给他了，他也还是要"人抬人，水抬水"，群众相信，更多的人请他去做才行。

杨：您还有没有教给过其他人？

蓝：别的我亲自教的没有了，（汉）文字我不懂，头脑也没有，水平我也没有嘛。（别人以前听我唱来学做的是有的）。

杨：您水平很高的，都九十高龄的人了，身体还这么好，记忆力这么好、这么清楚，这是您太谦虚了，老祖。那您的师傅都有哪些人呢？

蓝：我的"口白"师傅，铎系师傅有民国时候的蓝朝、蚕豆、海正先的父亲，当时我年轻，听他们互相像说对口词、对歌一样对，我就听会了。在其他人身上学的还有，我没有作揖拜过师。是听来的、看来的。

杨：您知道"铎系"的祖师爷是谁吗？

蓝：海正先的父亲算老的了，比他老的有王华强的父亲"阿孹喜家"，以前我们这里（营山三板桥）要开堂行事，都要到双河花椒树去请他来。再比他老的有海品章的爷爷"尼锅巴"，"亚恩格"（蓝金荣）的老太祖名叫做蓝春茂，也是大铎系，他是"尼婆"（巫师）也会，他可以把犁头烧红了，用一根草绳拴住，光着肩膀挎着走，他还会医马眼睛，他到"买丽玉菊"（今宁蒗战河附近大山里）去，爬上很高的大松树，把老鹰叼在窝里的红帽子都拿下来了，为人消了灾了，他的道行很高深。他这个人（如果）活到现在有130岁了，"亚恩格"（蓝金荣）现在又遗传着了他老太祖了，他老太祖的遗留又被他"亚恩格"撞着了。他们那些老铎系都是民国以前的人了，1953年、1954年的时候，形势也变了，老铎系做了最后一两场法事后就没做了，老铎系也离世了，就中断了，直到1978年左右才又开始恢复的。

（五）"铎系"原来叫"铎避"

蓝绍增：他留人当时称他（亚恩格的老太祖）是叫"东巴"，还是叫"铎系"的？

蓝：哦，是称他为"铎避"的，现在才叫"铎系"。

杨："铎系"以前叫"铎避"，后来才叫"铎系"？"铎避"是从什么时候开始这样称呼的？

蓝：很早以前就这样称呼了。

杨："避"是什么意思啊？

蓝：解答、讲述的意思。人生下地来，从抱在怀窝里，背在背上，然后学爬学走，会笑了，会跑了，也会吃喝玩乐了，长大了，成人了，成才了，成家立业，又传下子孙了，这些都是靠他老父老母的养育，现在他老父或老母去世了，他很悲痛，说不出来，就请人来代替他解答，这叫"铎避"，铎系是从"铎避"转来（意思是"铎系"诵的经是对整个逝者人生及其丧事及后人繁衍的讲述），主要还是要站在儿女角度表示对逝去的老父或老母的感谢和怀念。办丧事，送逝者上山，是唱得很详细的，祝葬（诵经）时，地皮要说出来，石头要说出来，沟沟箐箐要说出来，太阳、月亮、星星要说出来，日蚀月亏要说出来，天狗吃月亮要说出来的。太阳和月亮原来是两姐妹这些详细的是讲不完了。

杨：做"铎系"时写在木板上的字，画的那些东西，您看见在其他地方也有写的吗？在"卓俄"的时候，"铎系"主持仪式时有没有书写符号或画什么东西？

蓝：没听说，没见过。经是诵的。画的东西"字觉"除外，其他没有听说了。

杨："阿拉油"这项法事活动您做过吗？

蓝：一般没有做，一次活动要做七天七夜呢。但人家家庭十分不顺，遭灾了，请着了，是要做的。要说很会也不是的，做也是做得出来的。

杨：做"阿拉油"时，要画那些图符（图画）吗？

蓝：要画的，要画要唱，"阿拉油"名堂多呢，细节上多得很，说不完，画得多呢，以前都是讲有神有鬼的，还有山神不开口，豹子不拿狗的故事，现在都不理这些神鬼的事了，还要杀羊、杀猪、杀鸡，还要射弩、打火枪、吹牛角等事情来撵鬼，就是要避开、撵走产生杀人放火、毒药那些横祸和瘟疫的最凶恶的鬼神，牛是不杀的。还要请本家户族来参加，要请客挂礼，要留着尊敬的客人的位置。那个时候还有很多神位（十大神位），神位多呢，我神位的名称嘛喊得出来，画是画不出来了。

（六）对"卓俄"的回忆

杨：老祖，昨天累您了。现在我想问您一个问题：您年轻的时候去坟林那边过"卓俄"，现在我们叫过"粑粑节"，您还记得是几岁的时候开始参加去的？

蓝：八岁左右。

杨：还记得那是民国多少年吗？

蓝：民国三十年左右些吧嘞（大约），民国到了三十八年就为止了嘛。[1]

杨：噢噢，我们可以按您的出生年月进行推算。您当时去参加"卓俄"的时候，也和现在一样拿着粑粑去吗？

蓝：拿着粑粑，也拿着纸火和香条去。那里是要（祭祀）七仙父母、老祖老父的问题（事情），粑粑节就是这样来的。（是）七仙老父老母的粑粑节，粑粑要献上，纸火、香条要插上，那山林厨房里的小菜也要（找）来献上，羊肉要献上，要磕头、要拜礼，那是老父老母的祖坟啊。就说的是"有族归族，无族归庙"，好比我一样没有族的时候（比方我去世后没有家族和后人祭祀的时候）是要归庙了，是要归到那个里面去的（要归到坟林里面去），（并）不是往庙林神寺（他留大德寺）那个上归，我们"有族归族，无族归庙"是归在"家族坟林庙"，现在说的是"坟林社"（即他留坟林）。

杨：噢。当时磕头、拜礼在什么地方？

蓝：前头（坟林上面），还要上去两坎。（注：山梁上相对较平的地方叫坎。）

后头嘛（后来），大洼子的大铎系陈光明他老人家说，那里参加的人多了是站不下喽，那里也没有水，不平，有个山包，下头（下边）有水，地方也宽，所以就搬下来了，搬到现在这里来做了（后来又修建了祭祖堂）。

杨：现在，我们过粑粑节就没有磕头喽。

蓝：现在可以磕了嘛，那是老祖宗待的地方，可以磕！

杨：以前就在插松枝的地方下面献粑粑、磕头？

蓝：嗯。插上香条，去总管司那里要一点酒，献上酒，然后，煮一点米饭献上，献上羊肉。羊肉可以到集体伙食堂那里去要，山林里成立了一个集体伙食堂，是双河凑几只羊、玉水凑几只羊、

---

[1] 应是民国二十二年，1933年左右。

营山凑几只羊，成立（操办）着集体羊汤锅。

杨：那您从八岁起就参加"卓俄"，直到去当兵，是吗？

蓝：当兵回来之后还是参加的，后来就解放了，这些事情就不理（不办）了。

杨：您总的参加过几次"卓俄"呢？

蓝：大约九年左右吧。

杨：哦，是一年过一次，还是过两次呢？

蓝：一年两回（次），六月二十四过一回（次），大年初一过一回（次）。

杨：老祖前后参加了九年，一年两次，当时"卓俄"的时候，还要磕头，我们现在有些还没有完全恢复出来。近九十岁的人很不容易了，以后还要问他"挂大闭""尼婆虫会""大德寺庙会"等问题，这些都是很有价值的。这一次北京清华（大学）的赵丽明教授等着这些材料，我们问的问题问得跳跃性有点大，老人家不容易回想起来，容易断线、颠倒和打岔，以后我们请老祖慢慢回忆。

蓝：我年轻时还参加过、见过"阿多算""秘录直""耍蓐"这些活动。"卓俄"以前是在坟林上面的山梁上，（梭砂下方坟林上方的二台山梁处），那里设有祖堂，松枝做的榨叶子当作敬供的菩萨，插上密密麻麻的松枝，也不知道是插了十年还是百年，一层又一层。老人去世了，不过完三年，不脱孝，是不入祖堂的，尽孝三年后，才入祖堂。那时候，插松枝也要烧羊板占卜，宰小猪做"祭祀"活动，献上六斤糯米、一坛酒，去参加活动的人都要跪拜，要献上粑粑，还要献上一些酒，烧香条和纸火。参加"卓俄"的人都是要带上一盒粑粑的，他的祖先是要出来领取敬献给他的粑粑的，如果他领不到，说明他没有后人了，他会哭着回去的，哭着回他的坟里去了。所以现在把"卓俄"这个叫做粑粑节，我还是同意的，以后（等）我死了，你们也要给我献粑粑，你们不献，我也会哭着回去的。

杨：祖堂那里插多少根松枝的？是不是像现在说的代表360户伍的360根松树枝啊？

蓝：总坛上是插三根大的松枝，插三根六尺高的松枝，分三堂，分别表示天地神、灶神、祖宗神。

杨：现在过"卓俄"是只插两根高的松枝了，也没有行跪拜礼了。"卓俄"时一年插的小松枝是多少根您还记不记得清楚了？

蓝：数不清楚了，层数也数不清了。是一年插一圈的，就像我们去世的老祖祖、老太祖，本来是一人一根有份的，我们的老人死太多了，谁也记不清了，数也数不清了。以前砍和插这些松枝榨叶来当供奉的菩萨的人是要数石头籽、打卦来定的，事前与女人乳房有接触的人、有房事性生活的人是不允许的。

（七）小羊跪乳

蓝：先前我讲的丧事上铎系唱的就是"小羊跪乳"，这句话你不懂还是懂了？

杨：我懂嘞，意思是羊崽子去它老娘娘那里吃奶水的时候，总是它跪着前脚吃，要表达对父母的养育之恩的感谢了。

蓝：有这么一个说法：一家人只有俩娘母（母子二人），儿子到大路下面去挖生地，让妈妈做好晌午饭后送去。第一天，妈妈送饭去早了，儿子发怒，大声嚷道："你看人家都还不吃晌午饭呢，你这么早就送来了。"第二天妈妈又去送午饭，这回晚些去。儿子更是火冒三丈，呵斥妈妈："昨天你来得那么早，今天呢人家都吃完了，我也饿得慌了才送来，存心饿死人啊。"就打了妈妈。儿子打娘，你说痛苦不痛苦？这样的事相继发生几次，他老娘就离家出走了。多年后的一天，儿子又在大路底下干活，有人从大路上哎着（赶着）一群羊子从身旁经过，他望见羊崽崽跪着吃奶的场景，这个儿子突然醒悟过来，想起过去，懊悔不已，就决定去把母亲寻找回来。娘离家多年了，变化了，儿子不认识娘，娘也不认识儿子了，也不知娘到哪里去了，就任由家里的老花狗领着去找。不知过了多少天，老花狗见到一个老妇人就跑到她身边，摇着尾巴在她身边转，还多亲热地舔她，这样母子相认了。认了娘以后，儿子用扁担一头担着娘一头担着老花狗往家走。儿子这样想：如果把娘担在前头，是老花狗让他找到了娘，认为这样不好；如果把老花狗担在前头呢，又实在对不住娘，所以一左一右地横着担着往前走。这下可为难了，路边的松树挡住了不让他过去，他就把松树砍掉，还说："你这松树不让我过去，以后让你砍后不发。"就这样一句话，你见过砍后发的松树吗？几十年、几百年、几万代人都砍松不发了，就是占了这个儿子的口风的缘故嘛。再往前走，马桑树又挡了去路。儿子就把马桑树压弯下去并说："你这个马桑树嘛，头一两年直苗苗地长，第三年第四年一定是疙里疙瘩，不容你长高长大。"直到现在马桑树也没有长得高长得大的，都很扭曲矮小的。所以说，小羊跪乳，就是要感谢养育之恩，我们老父或老母死了要祝葬（诵经），也是这个意思了。人从生下来，在父母怀里抚养，剥鸡蛋给他吃，给他擦屁股，还要洗手、洗脸……铎系祝葬（诵经）都要有这些内容，表示对老父老母的感谢。小羊跪乳说的就是这样。

 最早抢救铎系文化的老同志蓝绍吉访谈

时间：2012年8月4日至7日

地点：云南省永胜县城他留风味闻香阁酒楼

被访谈者：蓝绍吉

访谈、翻译：杨如刚、蓝绍开

记录整理：杨如刚、陈正银

审稿：杨如刚

蓝绍吉，彝族他留人，男，时年82岁，双河村委会二村人，小时读过私塾。离退休老干部，恢复、保护、传承、研究他留文化的首倡者和组织者，研究他留文化30多年，为他留城堡守城主将、他留酋长蓝华直系后裔，他留人公认的长老级人物。

（杨如刚简称"杨"，蓝绍吉简称"蓝"）

（一）您以前做过什么工作？

杨：老爷子，您哪一年生的，今年多少岁了，以前主要做过些什么工作？先讲一下您的平生、个人历史。

蓝：今年虚岁82，我生于1931年1月，农历1930年12月30日，我出生在旧社会，经历过国民党末期永胜的一些（事情），这个情况我还比较了解，我参加了1949年的"边纵七支队"（属于解放军），在部队工作了20年，1969年转为地方，转到地方以后又从（当时的）人民公社、区一级（工作）到了乡镇（设立后），在部队担任过副营级，组织科副科长，地方上乡党委委员干了十多年，负责民政工作。

（二）恢复、保护他留文化的缘起

杨：老爷子，您是从什么时候开始做他留文化方面的工作的？

蓝：关于他留文化的（恢复、保护、研究）问题呢，我是从1979年开始的，党的十一届三中全会以后各地都（响应）中央号召，进行关于实践是（检验）真理（的唯一标准）问题的讨论，当时我在六德公社找着一本这个时候刚刚出版的《云南民族工作通讯》，里头已经讨论到一些关于在"文化大革命"期间对少数民族的歧视，包括把一些少数民族（特有的）唱歌跳舞都列为牛鬼蛇神，在这文章中对这些问题都适当的加以了评判，所以从这个时候开始，我就开始考虑他留人的这个文化（它的恢复、保护传承、研究问题），他留人有很多宝贵的东西，在"文化大革命"中受到冲击，我认为这是"文化大革命"当中的一些错误，因此我就主动出面，给我们这个民族，组织打跳、唱歌，甚至（我认为）关于青春棚（姑娘房）的问题正名，这些都不属于"牛鬼蛇神"的范围，都属于我们这个族群的特色文化。所以，我从1978年、1980年先后在我们双河二村开始组织打跳，当时很多人都认为这是一件破除迷信（盲从）的好事情，虽然是破除迷信（盲从），但很多人都为我担心，但是我总感觉到从那一本《云南民族工作通讯》当中得到了启发，所以开始了对我们的族群文化的研究。也可以这么说，当时我之所以能够认识、理解到关于我们这个族群的文化在"文化大革命"中遭受到很多破坏，应该给以适当的恢复，这是得益于我长期的，也就是二十年在部队工作的经历，特别是我从部队到地方都是负责宣传的，我走遍了云南的很多县市，就以坟林为例，都没见他们有像我们他留人这样，一个很小的少数民族支系有得起那么雄伟的坟林。包括像南诏国、大理国的发源地巍山、大理，这些地方我都走了，他们有几千年的历史，但也没有那么雄伟而集中的坟林，所以我觉得我们这么小的民族支系能够有得起那样的（坟林），应该要逐步的向外宣传，逐步的恢复自己（族群）的自信。所以从那时起，我坚定地倡导起、组织起了对他留文化的恢复、保护、传承、研究、宣传工作。

（三）我研究的他留人的历史

杨：老爷子，您长期以来研究的他留人的历史的情况是怎样的？

蓝：我重点地就跟你们讲关于我们这个他留人的来历和它的文化。据我30多年的研究，初步对我们他留人，特别是近500年来的历史有了比较系统的了解，我现在给你们后人讲一讲，也提供给一些专家和学者，为从事民族文化研究的学者提供一些自己的想法。

首先我们他留人，据我所知，从明朝洪武调卫时，也就是大约在1380年至1400年这个阶段，主要居住在从现在的崀峨到永胜县城一带，沿着这条山脉居住。

我们他留人的祖先传说，我们在永胜有一千多年了，也就是说从崀峨到了永胜县城，永胜坝子是他留人的祖先所开发的地方，因为汉人基本上从宋朝以后逐步的才有一些，汉人大量的流入是明朝（洪武）调卫以后的事，在这以前，在这一片上主要是他留人所居住，也就是说永胜坝子真正的本土族群是我们他留人。

解放前，很多人都认得蚂蝗山到项家湾一带还有他留人的坟，当然这些坟它不是立碑的，但他留人的坟墓和其他人的是不一样的，即使不立碑（刻写文字）也能够识别，其他人一般也都有土坟，但他留人没有立碑的土坟，都是拿四块石头砌起来，整成一个门洞，这种形式是他留人特有的土坟（现称为"土洞碑、土洞坟"）。蚂蝗山到项家湾这一带的（土洞）坟，就说明当时我们的祖先曾居住在那里，这是个实证。现在他留坟林里面最古老的小坟，没有立碑的那些就是这样的土洞坟。

蓝：他留人住在永胜坝子之前，最古老的事情（历史）又是怎么来的呢？有很多证据说明，他留人在南诏时期是从现在的洱海边和巍山这一片，逐步迁移到永胜坝子的。因为永胜当时看来属于南诏国的地盘，迁来的时候，最先是居住在崀峨，在现在的崀峨水库附近建过一个土城，然后又从崀峨到了永胜坝子。

他留人最早的祖先从哪里来，据我研究的结果，他留人应该属于现在巍山彝族的一个支系，这是比较符合逻辑的。因为我在巍山在（住）过一段时间，他们那里的言语结构，还有生活方面的情况（都与他留人很接近），特别是火炕床，巍山彝族的火炕床很接近他留人的火炕床。巍山彝族的火炕床和他留人的一样有三张床的，也有两张床的。两张床的火炕床是站在下面从两个方向操作，炕床上面从两个方向铺两张床。也有和他留人一样的，有一个空床，上面共铺三张床的火炕床。所以他留人先前的祖先，应该是在南诏时期从巍山、大理逐步迁徙到永胜，到永胜后逐步在永胜形成两个少数民族支系，一个是施部落，一个是顺部落，施部落主要是沿着现在的金江（涛源）到永胜坝子这一条山脉，顺这一条山脉迁徙居住，这一片是施部落的活动范围。[1]施部落后来又分化形成了多少个小部落，不得而知了。对明朝调卫以前的他留人祖先的情况，我只研究了这样一点，提供给后人和专家研究。

我主要研究了明朝调卫以后，中原的汉族纷纷进入永胜后，怎么和当时的本土民族（他留人）结合的情况，这个基本上是落实的（史实清楚的）。我主要研究的是近500年的事，500年来他留人这个部落是怎样形成的，我提供给你们后人（以下）这些线索。

（四）他留人是当地民族与明朝洪武调卫以后少数汉族军人相结合而形成的

蓝：据我们他留人的祖先口头相传，以及他留坟林很多碑刻的事实证明，今天的他留人是500多年前活动在永胜的进来的中原少数汉族军人和当地民族相结合而形成的。当地民族与明朝洪武调卫以后，形成了现在的他留人。这是很多他留墓碑证实的，也是他留人祖先口头相传的，我的祖先也是这么对我讲的：我们的老子，他留人的老子是汉人，这就证实了在永胜普遍流传的"彝娘汉老子"这种说法。他留人坟林和他留人的一些家族家谱，都说自己的祖先来自湖南、江西，还具体地说到来自个这个府来自那个府，连来自哪个县都比较具体。特别是他留人的四大姓，都牵涉到湖南、江西，还有少量的祖籍是广西、广东这一片的，还有部分是南京来的。

据我调查，不是说今天所有的他留人的祖先都是从洪武调卫而来，主要依据墓碑上的说法，我们的祖先来自湖南，因为他的老子——也就是说少量的汉族军人和当时的本地民族结合后，后人们把自己的祖先就都称为来自湖南或者江西了，这是有一定根据的。当然所有的他留人（的祖先）都来自（洪武）调卫这是不切合实际的，因为他留人还有自己的本土民族的文化，他留人的本土文化是非常丰富的。所以说今天的他留人是明朝洪武调卫的士兵和当地的民族相结合而形成的这种说法，绝不是说全体他留人都是完整的洪武调卫而来，也不是纯粹的当地民族。

今天反映出来，既是他留人的本土文化保存的比其他（周边）民族要好，像我们临近的很多少数民族，他们的本土文化基本消亡了，我们现在还保持着相当完整的本土文化，也充分地接受了中原汉族文化，永胜近几百年来民间传说的"彝娘汉老子"体现在他留人身上是比较突出的。

而且从当时所处的地理位置来看，当时大量的汉人涌入之前，他留人处于在今天的永胜坝子活动这个位置。明朝调卫的士兵在永胜立足以后，开始修永胜县城，当时叫澜沧卫城，他留人基本上是就地、就近驻扎在城边的蚂蝗山到项家湾一带的一支人。他留传说，他留人就统一地、一个不漏地参加了修建澜沧卫城的活动，当然技术工匠，像木匠、铁匠、泥水匠等等，是来自中原的汉人，（他们）把这些技术传授给了他留人，而他留人接受了这些技术和汉文化。同时，在一部分军人当中逐步地产生了就地安家、与当地妇女相结合的愿望，逐步地形成了事实，这是完全有历史根

---

[1] 史料明确记载，他留人祖先进入永胜前，施顺部落早已存在，应该是他留人祖先进入永胜后又与施、顺部落，主要是施部落产生了融合。杨如刚补充。

据的,(从洪武调卫这个角度看来)他留人至今没有不承认自己的老子是汉人的,因为他们的祖碑、神主、家谱就是这么记载的。像我家蓝氏家族,他是江西吉安府的,记载得很清楚。

过去我们认为所有的他留人都是洪武调卫而来的,这是没有什么根据的,只能说是部分的汉族士兵和他留妇女相结合。因为他们(汉族将士)是回不去的,当时来的汉族都是这种情况,特别是这些汉族士兵他们来的时候接受了朝廷开发边疆、巩固边疆这样的任务,就不允许他们回去,所以他们只能在当地安家落户,这就是永胜"彝娘汉老子"的来历。今后你们去查得了,这种情况体现最具体的就在他留人身上。

我前面也已经讲了,这主要是汉族士兵调到永胜后的活动中心、指挥中心是今天的永胜县城,而他留人的祖先就活动在这一片,所以他们就最先结合,他留最先接受汉文化也就在这里,这是有充分依据的,今天的他留人和当时明朝调卫的关系就是这么个关系,所以今天如果有少数人认为、少数他留人认为,否定有少量的汉人和他留人相结合,那是错误的,或者说全部承认他留人是洪武调卫而来这种说法也是错误的。

真正的原因是他留本土族群大约在南诏时期,也就是唐朝前后期就是活动在永胜的一个族群,他活动的中心大约在永胜县城附近,这是一个方面。

(五)"迁流东郊"

<u>蓝</u>:至于有些人提出,从时间上看好像他留人入定他留山的时间与洪武调卫(汉兵入永)的时间相比相差了百十年,我要在这里给你们讲一讲。他留人今天的所在地是六德乡的双河、营山、玉水行政村,那么他什么时候到这里呢?大约是1525年左右调卫而来的,是从永胜县城调卫到现在的他留地方来,也就是(被再次调卫来到)他留山的。而在此前的100多年里,也就是恰恰在这100来年里,约在1425年至1525年期间,恰恰是他留和汉族相结合的一百年,也就是从修筑澜沧卫城开始,相结合近100年。当时调到今天的他留地方的这些人相当于和汉族结合后的第三代、第四代人。这时候,明朝调卫的这些士兵已经完全融入到他留人身上,当时的这个族群已经基本接受了汉文化和汉人师傅的技术,这种结合过程将近100年,它不是一刀切,不是说一次性就完成了当地人和汉人相结合。那些汉族士兵们来到边疆,具体说就是在开发、建筑今天的永胜县城(当时的澜沧卫城)的劳动、战斗过程中和当地的民族逐步地结合,一代又一代地结合。后来又从永胜县城迁到今天的他留山的过程叫"迁流东郊"(坟林墓碑记载)。

今天的六德乡的双河、营山、玉水三个行政村的地理位置刚好在永胜县城的东边,那里是重要的茶马古道,以古代的茶马古道来算,从永胜县城出发大概有25千米不到30千米左右就可以到达他留城堡,他留山处在今天的永胜县城正东,所以才叫做"迁流东郊"。

（六）三百六十户伍

蓝： 迁流东郊属于这样一个范围，当时因为他留这个本土民族，在开发永胜县城，也就是参加建筑、修建澜沧卫城的阶段，他们的衣食住行很多方面都受到朝廷派来的中原汉族调卫兵士的冲击和影响，在这100年当中不仅仅是父辈有一部分是军人，而且其后人，第三代、第四代人都具有一定的军事性质和军事特点，因为朝廷在建筑澜沧卫城的100多年中，把他留民族和融入其中的汉族士兵汇合编为军事编制，后来迁流东郊时就成了正式的三百六十户伍，它这个"伍"是队伍的"伍"，一个"户伍"，它既是军事编制，也是一个家庭。传说的三百六十户伍的情况，根据我研究的结果，人员大概在800至1000人之间，也就是每一户伍3个人左右，有的不到3人，有的略超3人为一个户伍，按军队的编制调动驻防到现在的他留地方，迁流东郊就是这样来的，三百六十户伍的来源就是这样的。

但三百六十户伍的编制不一定是在调动驻防他留山之时才形成的，很有可能是在参加建筑澜沧卫城时就这样编制了，因为这样的编制有利于调动劳动力和传授技术，便于管理。总之三百六十户伍的编制，应与建设澜沧卫城和他留人与汉兵融合的这100年是紧密相关的。这样一支由当地民族和中原军士相结合的三百六十户伍，调到今天的他留山，他们的任务仍然是加强边防建设，因为他留山这个地方，最初时可能就有少量的汉人或者是军队在这里安营扎寨，负责管理附近的交通和治安，是为了进一步加强，因为当时（他留山）这一片可以管着现在的华坪县城，当时华坪是归给我们永胜的，归当时的永北，当时他留山还管辖今天宁蒗的一部分。

（七）茶马古道比较重要的关口、交通要道

蓝： 这里还是一个比较重要的关口，从这里可以负责管理通往华坪、宁蒗的交通，从这里通过今天永胜的南片、期纳，就可以通往下关、大理，是交通上比较重要的一个地方。而且他留地盘属于丘陵、河谷，地理条件也很好，特别是水利资源好，有一条他留河、杨柳河，可以开发一定的农田，供这里的军队所需。将三百六十户伍他留人调到这里。一是开发这个地方，二就是巩固通往华坪、宁蒗，然后到四川，从南片通往下关、大理，经永胜县城通往丽江、滇西的交通要道。

在这样一个重要的关口，他留人去了之后，主要是开发、建设，初期，看来是由朝廷供给一定数量的经费，因为刚刚去开发是很困难的。到那里以后，第一步首先是水利建设和开田。今天的营山下大沟，当时它一直通到今天的纳咱，后来由于种种原因，没有能巩固下来，后半部分很少能将水引到了。这条沟全长大概是20千米左右，这条沟的建成，可以开发灌溉沿途2000亩左右的农田。而后逐步发展畜牧业，边开发，边巩固。他留这个地盘发展比较快，它（经过）从1525年左右到1625年近100年的努力开发，基本形成了完整的水利体系，沿河开发了2000亩左右的良田。我研究认为，当时最发达的时期，人口最多在2000人左右，他们都集中在他留古城堡里。这就是他留历史上的"迁流东郊"，之后他留人所担任（承担）的任务，主要是开发土地，巩固边防，发展与四川

和内地之间的经贸联系，做出了不少努力，这个时期，就是明中叶到清初的时期，属于他留人经过近100年努力，逐步走向发达的时期，（古代）他留人极盛时期是清朝康熙、乾隆至道光时期，是民最富的时期。这就是我想讲的他留人是怎么形成的，和汉族士兵是怎么结合的，就给大家介绍到这里。

（八）"过七关"和"青春棚"很纯洁很伟大

杨： 老爷子，我想问问您"青春棚""过七关"的情况。清华大学赵丽明教授认为，最好问八十岁以上的，七十岁的人推算下来，那时候还有点小，而八十多岁的人那时候也二十多岁了，经历过，也比较懂事些，才能记得好。

蓝： 我是八十多岁的人了，我在十五岁十六岁的时候就亲身经历过他留人的"过七关""串青春棚"。外人感觉很是神秘，我自己感觉这祖辈们传下来的传统，是很纯洁很伟大的！在世界上这样的恋爱、婚姻关系是没有的。他留人的婚恋不要误解为是乱搞男女关系，其实是一种很纯洁的恋爱关系。

男女青年十五六岁就在青春棚里实习与异性交往的人生道德品行和恋爱婚姻关系。他留人的婚恋都是要经过考验的，不像传说的那样是乱搞男女关系。从"过七关"开始到"串青春棚"，或者从实习"串青春棚"到"过七关"，主要是培养青年人在恋爱关系中应遵循的道德，比如你最初涉入青春期，开始"串青春棚"，这时你的语言，和对方讲话都是要相当客气的。不是有人想象的男女见面就打打闹闹、无边无际地乱说乱讲，言语上都是要相当谨慎小心、相当客气。

男女之间最初见面交往时，就语言和对话来说，女孩说话是带有进攻性（主动性）的。这是因为传统观念上，认为女人自身价值是低于男性的，不管面对任何男性，开始对话，她都是要谦让的。女孩总是说，你是如何如何优秀、如何如何帅气，我配不上你。男孩在对话中是守势，要谦虚地回答女孩奉承自己的话。你（男孩）不能自高自大，就承认自己是很优秀的很帅气的，这是不行的。如果你承认了，女方马上就会看不起你。这时你更要谦虚，说自己有怎样怎样的缺点。当然她不能拒绝你时，你要说，你能够成为我的女朋友、我能娶到你，我是多么地高兴、多么地感到自豪荣耀。不是有人想象的，一开始男的就进攻了，就说今晚我要和你（女孩）如何如何啊，想和你怎样啊地说，讲那种下流话，那么一晚上就够了，他（男孩）就不可能再去串第二晚上了。言语交流双方都比较谦虚，特别女孩以赞扬男方为主，总是说我达不到你的要求、配不上你。过七关，不仅是言语上的交流，也是比较近的肉体的接触，但离真正的肉体接触还相当的遥远。

（九）男女都"过七关"，是一种人生礼仪，一种青春培训

蓝： 他鲁（他留）人过七关是男女青年步入恋爱和婚姻之前必须经过的一个（环节），没有过七关呢，男女青年就没有资格在社会上和异性交流（公开交往），也算是一种培训。

过七关指的是男女双方都要过七关，男青年过七关要由七个女青年来完成，女青年过七关要由

七个男青年来完成。过去社会上有人认为，过七关只是男青年才过，那是错误的。男青年过七关，经过别人介绍以后，定下来要过七关了，（他）就连续七个晚上和七个女青年同床谈话，一个晚上一个，这七个女青年就给他这个男青年传授基本的、最初的和异性接触（交往）的知识。女青年过七关就是连续的七个晚上和七个小伙子同床，（一个晚上一个），这个"同床"的意思，根本就没有意味着发生什么不正当的两性关系，这一点应该要特别强调一下，不然的话，（有的）外人会认为才十五六岁就"滥交"，它不存在这种情况（不存在发生两性关系的情况）。甚至是两个人睡在一张床上，中间都是隔有界线的。男性青年如果在这七个晚上，即使是随便摸着哪个女青年的手臂，都是要出事的，会出什么事呢，按现在的话说，女的就会说你"耍流氓"、不正当，这个男青年就会毁掉自己婚姻方面的一生，因此他（过七关的男青年）连动都不敢动。

我是经过七关的，当时我过七关时，大一点的哥哥们就讲（教导我），当然也有警告、吓唬我的意思，怕我出轨，他们就告诉我，在过七关的晚上，即使是跳蚤叮、臭虫咬，你都不能动一下，否则就意味着不严肃了。

（十）过七关，是有程序的

蓝： 过七关是有程序的，他留人串青春棚，一般从十五六岁就开始了，先跟随着哥辈们去，跟着父辈们去是不可能的。吃过晚饭，看着十七八岁的哥辈们去就跟着去了，看着哥辈们是如何串门的、如何与异性交谈的，你就实习了。这样经过一两年，你到了十七八岁，多数是十七八岁，哥辈们看着你发育的情况，根据你的体形、人才、年龄到了，哥辈们就会主动地去和姑娘们交流，说我的这个弟弟长得一表人才，年龄也差不多了，能不能请你们姑娘们给你这个弟弟过七关。由哥辈们中一个比较能出头的人去主动地为你牵线搭桥，和女青年们去商量。七个女青年中也有一个为主的（带头的），这个为主的女青年也就是过七关中的第一关的姑娘，由她负责寻找后面的六个姑娘，并且做通六个姑娘的思想，七个姑娘都同意了、联系好了，她就会主动地回话，某月某日的某晚上，把你的弟弟带来我们给他过七关。男青年和女青年的牵头人要达成这样的协议。

在他留古城堡没有烧毁之前，都住在城堡里，找七个姑娘是比较容易的。城堡烧毁后，形成今天分散的三个行政村，有时找七个符合条件的姑娘也不容易。我过七关时，就处于这种情况了，一个村不足七个姑娘，怎么办呢？就以互相帮忙干活、扯火草（捻线、织布，做衣服用）等相互交流的形式，把附近的甚至比较远的村寨的有一定亲戚关系的姑娘叫拢来，白天参加劳动，晚上就补入到过七关中不足的姑娘中去。因为凑不足七个姑娘，过七关的连续七个晚上中间又不能断，所以有时准备的时间比较长，男女青年的领导头人有时候要经过一个月的谈判才能达成协议。

男青年过七关由女青年负责，每天晚上都要由给你牵头的哥哥带着你，先带到给你过关的领头的姑娘家里，由她给你过第一关。第二天晚上同样要先到领头的女青年家里，由她再带你到给你过关的第二个姑娘那里去过关。以后都是如此，要由牵头的姑娘亲自带你去，连续七个晚上。

姑娘过七关要由男青年负责，同样在城堡烧毁后，有时一个村里要找符合条件的七个小伙子也不容易，因为参与给你过七关的男女双方都要是未婚青年，虽然他们都是已经过掉七关的青年了。已婚男女青年不能参与过七关。怎样来凑足七个小伙子呢？由牵头的小伙子，在平时晚上串棚子的时候，与相遇的外村的合适的小伙子去约定，说我这里有个怎样的一个姑娘，你能不能来参与给她过七关，同意后，约定后，就不能反悔、要履行自己的承诺，不能把人家过七关中断掉。

小伙子过七关是在七个青春棚里完成，姑娘过七关是在一个青春棚里完成，就是在要过关的姑娘的青春棚里。但每天晚上，小伙子不能直接就去这个姑娘的青春棚里，每天晚上都要先去为这个姑娘过七关而出面为她牵头联系的那个她的姐辈那里去，然后再由她带着去，第一晚上带去的就是给她过七关的七个男青年中的牵头人。第二晚上由男方的领头人带着一个小伙子先到女方牵头姐姐那里，再由她把这个小伙子带去给她过第二关，以此类推。七个男青年给一个姑娘过七关，连续七个晚上，在她的青春棚里，和她同床，传授给她一些谈情说爱的经验。当然不是深层次的，只是一般的常识，男女交往的一般常识，给她壮壮胆而已。至于更深层次的谈情说爱的经验是在过掉七关后，小伙子自由地去串青春棚，姑娘在自己的青春棚里自由地接待小伙子，这个时候，任由你（男女青年）去发挥。

（十一）过七关，是有规矩的

蓝： 过七关为什么不能中断，必须是连续七个晚上。这是与过关的男女青年们后来的婚姻能不能成长、能不能稳定、幸福、家庭能不能发展紧密相关的，这也是他留人对追求婚姻美满、生活幸福方面的一种自己的解释吧。

如果只过第一关就中断了，后面没有再过第二关第三关了，他留话形容为独木桥，就意味着是独木桥式的婚姻，是很难行走的。第二关形容为筷子婚姻，用筷子来夹东西，有的夹得稳有的夹不稳，大一点的东西就夹不稳，意味着婚姻是不巩固不稳定的。第三关形容为锅桩石，只过到第三关就中断了，像锅桩石和三角恋爱一样不稳定。第四关形容为他留人的织布机，纺织时很摇晃，很不稳定。第五关形容为他留人的葫芦笙，高低五个音，意味着夫妻各吹各的调。第六关是形容为他留人的纺纱机，旋转很厉害。第七关形容为打秋千，他留人过年过节喜欢打秋千，秋千由七根木头搭成，意味着婚姻像打秋千一样振荡很大。过了七关就等于毕业了，可以自由谈恋爱了，串棚子不再需要领头人带了，可以自己去闯荡了。解放前，过七关是相当受到尊重的（重视的），也是必须过的。

过七关是很严格的，特别是如果男青年想有越轨行为，想摸一下女青年的话，女青年都会拒绝和制止，并有义务在第二天对你的不正当行为进行宣扬。老辈人讲，在他留城堡时期，由于城堡小，男女青年们几乎都在一起劳动，这样她一宣扬，马上就传开了，后来城堡毁掉了分散到他留山，传播得慢一点。你的不良行为一旦传播开来，就没有姑娘接待你了，你的婚恋前程就等于毁了。所以不能以现代人的眼光来怀疑以前他留人过七关的品德，当然现在想要恢复过七关也很难。青春棚是还保留着，青春棚是还在串，但都不过七关了，现在是不过七关就直接串青春棚了。

杨： 过七关的过程中，男女互相间有没有一些约定和承诺，承诺有没有一些信物？

蓝：过七关当中一般没有承诺。前面我讲了过七关的一些规则，言行限定在过七关的规则范围里，这时还没有进入到主动的谈情说爱的阶段，所以信物也就不存在。所谓有承诺的话，是说过七关的男女青年相互之间必然会产生一定的吸引，会有这个感觉。（比如说）这个姑娘如果在这七个男青年当中对某一个人有特殊的好感的话，会有一种口头上的暗示，算是不公开的承诺：你若还真的是有情有义，等过掉七关以后，我可以随时接待你，你可以随时来找我。就是这样的承诺。因为大家都懂得，在过七关当中，不是直接地就进入了两个人相互间的自由自在的谈情说爱（阶段），过七关时不管男方也好、女方也好都是比较被动的，她（他）都不敢提出这方面的要求，所以这种承诺一般是带有暗示性的，不是公开的。

（十二）换裙子实际上是成人礼

杨：前面赵教授也问过蓝绍章老爷子一回，过七关时小姑娘要换服装，就是把原来穿的白裙子换成黑裙子，换裙子是在过七关之前换还是过完七关之后才换呢？蓝绍章老爷子说，是过了七关之后才换的，我们觉得他的这个回答与以前的老人们的一些讲法不一致，他也81岁了，他也经过七关，可能他年纪偏大，身体不太好，记得不是很牢靠了，想再问问您。

蓝：换裙子都是在过七关以前换的。我前面也讲过，男青年，他在十四五岁、十五六岁时，就跟随哥辈们串棚子，而姑娘是在十四五岁、十五六岁这个时候，她跟随去到隔壁邻居的姐辈们的青春棚里去，算是一种实习性的玩耍。随着她的成长，她的年龄的增大，她对异性逐步的越来越好奇，这时，作为她的姐辈们（看到她成熟了）会建议她的母亲，要给她换裙子，因为换了裙子以后她才有属于自己的青春棚，姑娘要在青春棚里换裙子。在穿着白裙子的时候，她还是纯粹的不成熟的少女，她晚上的住宿，可以跟她的姐辈睡或者和她母亲同睡，她不需要去单独的青春棚里去睡。当她成熟得差不多了，因为我前面也讲过他留人男女青年婚恋的年龄不是固定的，不一定是哪个年龄，是根据男女青年的发育情况，他（她）逐渐成熟后有这方面的要求了，有与异性交往的欲望了，男孩跟随着哥辈们，串门实习，而女孩就和姐辈们在姐辈们的青春棚里玩耍，这是在等待异性小伙子来串棚子的玩耍，在这跟随串门（串棚子）的过程中，男孩、女孩等于进行了见证和实习。当姐辈们意识到这个人确实成熟了，确实可以给她过七关了，那么这时候就得给她举行个换装仪式，主要由她的母亲来完成，在青春棚里给她换。

但随着时间的推移，到了民国以后，解放前的四五年间，这一方面的习俗和他留人的婚姻就被当时的社会潮流有所冲击了，换装也不像在古城堡里头时一样严格了。听老辈们讲古城堡时候的换装仪式实际也是一个成年洗礼，是非常隆重的。她换装的那个晚上，母亲要给她梳头、分辫，做好的黑裙子要给她穿上，白裙子要给她换下来，然后让她到建好的自己的青春棚里去睡，先完成这些程序以后她才可以过七关，当时的基本程序和情况就是这样。

杨：是不是她在小姑娘时候只梳一根辫子，换穿黑裙子时，就开始梳两个辫子了？

蓝：这时是要给她梳两个辫子，因为她穿黑裙子就要戴盖头布，她少女时候穿着白裙子，只梳一个独辫子，戴着"舞拓"（他留话，小姑娘戴的一种专门的头箍），戴头箍一样的帽子，帽子上面没有顶。这时她开始戴头巾（帕），要梳两根辫子才好固定头帕。穿黑裙子戴盖头布就是他留人成年妇女的打扮了，她结婚以后基本上也是这样一套衣服（打扮）了。

（十三）关于铎系文化

杨： 老爷子，请您谈谈铎系这方面的情况。

蓝： 关于他留坟林、他留文化我是第一个意识到它的重要性的，1978年、1979年时候，我边做民政工作，边回村子组织打跳那些活动，告诉蓝绍增、蓝绍开他们他留坟林的重要性，支持鼓励陈光明他们做铎系这一套，都三年了，整个他留山都动起来了。但当时外面当领导、工作的一些他留人的知识分子还没有意识到，他们的思维还在"文化大革命"的思维里，说这个老倌年龄也不小了，尽干那些无聊的事情，尽是些风凉话。一开始的时候，当时的县委书记还派人来说，说是在搞民族主义、民族分离主义，很多人为我担心。我前面讲的，当时我看了《云南民族工作通讯》，认为我们是对的。后来我边工作边采访老人们，阿陀（陈汝元）的老祖当时94岁了，我去采访他，他是在城堡里出生的人，城堡烧毁后，战争差不多结束时，他的父亲带着他躲难来到了现在的下郎者居住，现开田地现挖水沟，苦干了三年。后来父亲经常给他讲关于城堡烧毁、血流成河，（火）光照山都照亮了，也经常给他讲他留的历史、风俗。这些人的采访，虽然我是没有记笔记的，但都记在我的脑子里。我采访的那些人，（如果）活到现在都有140岁150岁了，他们讲给我的，我都进行了综合分析。所以你们做他留的事情（文化），要以我说的为准，像蓝绍章，他还比我小，他们都只懂得一方面，而且是人家问到他那一方面时，他才现回忆的，他没有进行过系统的研究。我是他留酋长蓝华的直系后裔，我很早就意识到恢复、发扬他留文化是我义不容辞的（责任）。

（十四）关于丧葬

蓝： 铎系这方面的情况（文化），它是他留人的文化中最突出、最典型的（部分）。他留人是非常重视丧葬的，那时候农历十一月叫"麻闷烘"，是下葬月，去世的老人都要到这个时候才下葬。他留人旧社会是卖田卖地甚至是卖儿卖女都要为父母办一场隆重的丧事，都要在院坝里搭青棚摆放（灵柩）三五天，都要开追悼会，献给死者的牛、羊、猪、鸡等"宰马"（祭品礼物）都要七八个，也很重视修坟树碑。要主持逝世老人的追悼会，铎系是必不可少的，就需要铎系唱腔（唱经）。铎系唱腔（唱经）是非常丰富、相当复杂的，有相当多的细小（细节）的生产生活的东西，像扬豆糠的时候，抬着簸箕站在门口，要口中"咻咻"地打口哨，风才会来，这样细小的问题都要唱出来。铎系唱腔（唱经）是什么时候有的，不知道了，我推算可能是形成他留部落的时候就有了。很多内容，铎系唱是会唱，跟师傅那里学来了，但都不会解释，解释不出来。除了唱，还要跳，还有些跳的动作，陈光明就跳的，当时只有他才会跳，蓝绍先说他就跟陈光明那里学了两个杀牛时摆衣服跳的动作，现在的人（铎系）都不太会跳了，但跳的动作并不复杂，他们也不太会唱了。还要画那些符号，都是很形象的，有的人画得很好，有的人画得不好，应该是唱得出来就画得出来，有的人画得多，有的人画得少。唱腔（唱经）也是这样，像唱花，要唱十二朵花，一个和一个唱的十二朵花可以不一样。有的（铎系）很不认真，应付人家那种，随便唱两句就了了。

铎系唱腔（唱经）是1958年时候中断掉的，当时政策也左了，一个主要原因是，当时没有吃的，人死了，草草就埋了，也不开追悼会了，铎系唱腔（唱经）就自然中断掉了。恢复的时候是1978年左右，中断了大概二十年。第一个出来恢复做铎系的是大洼子人陈光明，从他开始的，当时王学开的父亲去世了，就叫他来唱几句铎系唱腔（唱经），我刚好去双河电厂下乡，路过了就去做客，陈光明是共产党员，他当时很害怕，当时我也很不懂，都不会听，他就告诉我是什么意思，是怎么一回事情，我就感觉到这个（铎系文化）很重要，就鼓励他。当时他说这是他做的第二场事情，第一场是玉水的一个比较孤独的老妇人去世了，要找她的后家亲戚，挂边的找就到了他身上，听说他会铎系唱腔（唱经），就硬要他唱几句，就这样等于做了第一场。回来后我就鼓励二村的蓝荣升也出来做。陈光明小的时候是跟着王学开的老爷做的，王学开老爷的外号叫做"协东巴尼婆""协东巴"，是当时（铎系中）的二号人物，我小时候还记得他（见过他）。一号人物是皮牛的海品章的老爷或者是老祖，外号叫"海大神将"，他是铎系也会，尼婆（巫师）也会，会跳神撵鬼的了，但他尼婆的那一套好像是从汉人那里学来的，跳神撵鬼是用汉话唱的。他做铎系是什么人传给他的不知道了，他人是在1958年以后去世的，他是当时他留人干铎系的头人了。三号人物是玉水人王绍云的老爷。年轻时候，陈光明是很穷的，他烧炭卖，他跟着"协东巴"学，当他的徒弟，帮着他背篮子，背办丧事的人家给铎系的礼物，当时给铎系很多的礼物，"宰马"都有铎系的一份，那时是民国。当时我鼓励陈光明说，你放心地去做，出了问题我来扛，你就说是我叫你做的。他就公开地做了，做了几场后，他说一天晚上，他就突然地完全地想起（铎系唱经）来了。陈光明告诉我，在这之前，他学是学了，从民国时候就学了，但师傅健在，他还从来没有独立主持过丧事，那一晚上好像就突然睡醒了一样，他就都会了。陈光明和蓝荣升是改革开放以后出来做铎系的第一代人了，他俩是水平最高的两个，后来我采访过陈光明四天四夜，他说他的水平仅差一点"海大神将"了。陈光明大我三十多岁，蓝荣升大我二十多岁，应该是生于清朝，长在民国时的人。"海大神将"他们是清朝的那一辈人了。现在还在（健在）的铎系，恐怕"阿播卡事"（蓝有清）还多懂一点了，他年纪也大。后来，虽然我不做铎系，但铎系唱的我都懂，他哪里唱漏了，我马上就可以给他指出来，告诉他这里应该怎么唱，铎系做错了我马上可以告诉他应该怎么做，所以后来丽江地区的宣传部老部长和家修来了解铎系文字的时候，就夸奖我说"你才是他留人真正的大铎系"。从1986年开始，他留的文化基本上是抢救过来了。我小时候认识的铎系的第一代人物，像"海大神将"，他还是当时他留三甲（他留山）的头人，我还记得当时都是他说了算的。这一代人，他们知识更丰富。遗憾的是中间中断了将近二十年，他们更多地是以口头的方式传给了陈光明他们。

铎系唱腔（唱经）是相当丰富的，我举个例子说，像开追悼会时，铎系唱这个死者，铎系主要是唱这个死者，把其他的也全部穿插进来。先要从他（她）是怎么生的、怎么成长的，一直要唱到死，死后要修坟树碑。铎系这样唱，"哪玉"（他留话本意为大江，现多翻译为金沙江）大江那边，"益卢"（他留话本意为雪山，现多翻译为玉龙雪山）雪山脚下，当然铎系唱腔（唱经）都是诗歌的形式：滔滔的大江那边，巍巍的雪山脚下，飞来一枝花，落到了山林里，变成了野猪，这枝花不是你；再飞来一枝花落到了草地上变成了马鹿，这枝花也不是你。我前面讲过要唱十二枝花，直到最后唱到：大江那边飞来一枝银花落到你母亲的腰上，雪山脚下飞来一枝金花落到你父亲的肩膀上，那才是你。你在你母亲身上怀着，你母亲的大肠像花蕊、小肠像绿叶……这些都要唱，他留话比喻都是很形象的，我用汉话讲出来觉得别扭。之后有个跳跃，就到你要出生了，那么堂屋里能不能生？炕床上能不能生？父母的寝室里能不能生？坎沿上能不能生？坎沿上不能生，那是家中的大黑狗睡的地方。青春棚里才能生。这样又要把房子的用途都唱出来。生你了，就要用剪脐带的剪子，他留唱腔（唱经）里好像用到铁器的地方都说是街上的汉人师傅那里买来的，三两三钱银子买来的。但剪子就唱好几种，它这样唱：这个剪子给能用？这个是剪羊毛的剪子不能用，剪麻布的剪子也不能用，是最快、最干净的剪子才能用。唱扎脐带的麻皮，哪一种才能用，就要唱到烧火山种麻杆，就唱得很长，就要唱一个小时左右。然后唱包婴儿的布，也要唱好几种。再唱烧水给婴儿洗澡，先唱柴：找到山坡脚下，看到麻栗树给能用？不能用，它是妇女煮麻线的柴；黄栗树不能用，它是煮肉吃的柴；青刚栗是敬神的树，松树是起房造屋和祭祖的树，都不能用，只能是"杜处"柴才能用，"杜处"树，天旱不死它，水涝不死它，山羊不吃它，绵羊不吃它，十样虫子不吃它。要唱九十九样树。然后去找水，找到上坡上的一塘水，是野猪喝的水，不能用；上顶山是老熊、老虎吃的水不能用，也是好几种水，只能用龙洞水。后面就唱我家这朵花在成长，死者是男的，就唱长得和他父亲一样高了，是女的就唱长得和她母亲一样漂亮了。是男的就唱，你的父亲教你犁田耙地、起房造屋等，一个犁架子的来历就要唱半天；是女的就唱，你的母亲教你如何织麻纺线、栽秧割草等，就把生产生活内容都包含进去了。后来唱到你成家立业了，儿孙满堂了，你老了，去看秧田水，口渴了，去喝龙洞水，被龙吓着了，病倒在炕床上，百样药也治疗不好了，该去你去的地方了。这时要安慰死者，这唱得很长，是他留人的生死观，就是"做人只是借来做"，"你该去的地方才是你的故乡"。就会唱到人人都会死，人如果不死的话，就会人满顶天，就会人吃人，那就会洪水淹天，洪水冲天后又是"造天造地""兄妹成亲"等，就把他留人的创世传说这些都唱进去了。还要唱到："你放放心心地去，儿女会为你修好千年的坟门，修一个木头搭的行不行？不行，会被风吹掉。修一个泥巴搭的行不行？不行，会被水冲掉。儿女卖牛卖马、卖田卖地也会为你用石头修坟立碑。"铎系唱腔（唱经）就是这样，是相当复杂的，大理的学者杨士杰来的时候，告诉我，它（铎系唱经）就是你们他留人活的历史、活的"百科全书"。他留的丧葬这一套现在也是保留得最好的。铎系图画、铎系符号，或是直接说是他留文字了，我理解它是高度概括的东西，虽然只有几十个、上百个、一百多个，但根据老一辈铎系的说法，这个只是"引子"，引路一样的东西，老一辈铎系应该是唱得出来就画得出来，像"剪羊毛的剪子"，画上一个剪子，旁边再画上个羊皮就行了，就像画那些"犁、耙、锄头、斧头"和"织布架、纺纱机"一样。而"天、地、日、月、星星"那些是天天见着的，当然"次尼格"那些个禁忌的东西，有些有迷信的成分。

第九章

清华学子走进他留山

一 他留山调查笔记（一）

李居政（清华大学软件学院0字班）

2011年9月3日 周六 他留山

为了等梁静远，快开学了，我们抓紧来到永胜调查铎系文化。

来到他留山已有几天，虽然身体上和心理上还没有完全进入工作状态，但工作已经全面展开了。我所面对的最大的困难就是缺乏实际的田野调查经验。虽然之前在课堂上有一些学习，也请教了富有经验的老师和学长们，进行了许多计划和假设；但一投入到实际工作中，就发现有很多想不到的问题。确实，各个地区的习俗、文化、语言等等都有很大差异，而且人与人的性格、思考方式等也有很大不同，所以想有一个统一的田野调查方法样板是不可能的，必须因地制宜，因人而异。好在实际工作的紧张感能使我抛却一切天真的想法，努力投入工作，尽量提高工作效率，不留遗憾。

2011年10月10日 周一 北京

从暑假回来至"十一"假期结束的这段时间，我们他留组的工作是整理暑假拿到的第一手资料。一开始是李居政和梁静远在整理。由于二人都不是本专业的学生，一些基本功还不扎实，所以整理起来没有太多章法，也没有明确分工，进度较慢。后来张雪梅加到组内后，人手充足了一些，所以才算是可以进行有效的分工。我们组这段时间的工作内容分两个方面：一方面是图符的整理，另一方面是音系的整理。下面就详细说一下这两方面的工作内容和工作进展情况。

图符整理方面，首先是记录每个图符的汉语解释。由于每个图符的内涵很深，所以即使是使用汉语，我们也很难将每个图符的含义完全解释清楚，所以我们只解释图符的直观意思和使用方法。比如，"㇀：犁，死者生前使用的农具"，"🐦：乌鸦，看到乌鸦在房子上叫是不吉利的"，这种格式。每个图符的国际音标在当地考察时已经记好，等待音系核对完成后即可对照完成。其次是对图符的归并，即将相同意思的图符放在一起。这样等当地铎系对图符进行定型后，我们便可以开展总结比较研究、设定字符集等工作。最后是图符的横向比较研究，但从体例看这属于很后期的工作，所以暂时我们还没有开展。

音系方面，由于实地考察的时间较为紧张，更重要的是没有工作经验，所以当时的录音遗留下了很多问题。很多地方现在听起来不是很清楚，且当时未能与发音人进行核对，于是产生很多麻烦。另外，由于我们组三人本身的国际音标水平不高，所以记录工作开展的难度很大。但是后来还是坚持做下来了。更重要的是，有了赖老师给我们进行的指导，我们工作的准确度总算是有了保证。目前整理音系的工作还在进行中，我们主要还在进行切音和听词。至于后期的整理，孙先生说过给他看他也看不出什么名堂，关键还是把音听准。我认为说得很对，因为后面只要按照他上课讲的做就没问题了。目前最重要的，还是把每个音的国际音标定好、定准。

接下来我们的工作，除了继续上面两项以外，还需要等待当地铎系发回的图符的定型。

下面我把这次工作的一些经验教训融合成几条收获写出来吧。

第一，在开展一个地方的工作时，最好是先整理音系。当然，客观情况是，我们的工作是"抢救"，没有那么多时间慢慢地等到把音系弄好后再记经书；有时音系整理得不到位，给后面工作带来误导；有时日常用语与经文有较大差别；也有时一个地方语言内部差异大，用一个人的音系解读另一个人有时不合适。尽管有以上几个问题，但是，如果客观条件允许的话，整理音系会给后面的工作带来很大便利，特别是会大大减少这种长篇经书的误记，同时也可以加快记录速度。

第二，在请发音人朗读词表时，最好是即时记录国际音标。可能对我们这种国际音标不太熟的人来说，这么做会大大延长记录词表的时间。但从准确性上看，这是十分值得的。因为这么做，可以使已经记录过的词发什么音一目了然。这样一来，横向比较就变得极为便利。比如当听到发音人念一个词时，我们马上可以问"和前一个某某词很像，有什么区别吗"之类的问题，给后期工作带来极大便利。在我们的工作中，有一些"位置"离得很近的词发音很相似，但当时在记后面词的时候我们已经不记得前面的词了，就没有问发音人——于是现在只有硬凭录音来听了。

第三，在没有发音人的情况下开展工作时，切音（指词表）是应该最先进行的。先切音可以大大节省后面的工作时间，同时也提高记音的准确度。

研讨整理他留文字

二 他留山调查笔记（二）

张雪梅（清华大学人文学院9字班）

2012年2月5日 周日 他留山

刚刚过了春节，还没在家和爸妈待够，就按计划和居政在成都聚会，经攀枝花赶往永胜。之前是听录音记词，这次要面对面现场核对。

经过两天多的车程，终于到了目的地。这个路途对于一个晕车的人来说着实让人厌烦，但是这个目的地却让人欣慰。天天都是晴天，天蓝得很干净。吃过晚饭出去逛了一圈，那些山和山边的红晕、蓝色天边白的有些残缺的月、安静的村子，都很美。

工作还比较顺利，铎系的人员来得挺齐的，每个铎系都把自己知道的图符都画出来了。很有开学术会议的感觉。和居政关于记音和一些具体的操作方法，总是会有一些分歧。不过最后也还能商量出个一致决定。希望越往下做，能够越熟练。

2012年2月6日 周一 正月十五 他留山

替昨天说一句："真累！"，倒不是抱怨，抱怨的反而是没有做更多的事。待做的任务还很多，比较杂，不禁忧从心生，但越过院墙看到的那总要带些光晕的连绵小小起伏的山顶，又让我似乎是得了安慰和鼓励。

早上听蓝老师讲述自己的一生，最后说他这一生也算过得充实，没什么遗憾了。再看看这一座打理得整齐干净的院子。我回想自己的过去，也能这样说没有遗憾吗？也许人生方面的选择没有价值大小的裁定，但是人生态度和方式却远非如此。尽管在变，却希望自己能守住原则和标杆。相信自己能找到一艘合适自己的帆船，能慢慢找准和坚持自己的方向。

记录他留文字

老铎系

2012年2月6日 周一 正月十五中午 他留山

刚刚的一场经历是来实践以来对我触动最大的一次，也强烈地感觉到自己在这儿存在的意义。

今天，赵老师和杨如刚老师去了很远的地方，参加一个他留人葬礼。这可是个难得的机会。因为铎系符号就是在葬礼上使用的。我和居政在家里继续工作。

和王俊国老师在核对词表，突然听到蓝老师大声地用他留话喊着："你怎样了？"抬头只见蓝老师跑过去扶住坐在地上的王云德老师，不停地叫他。但是王老师全身僵硬，直往下滑。大家赶紧把草席铺好，几个人抬着王老师躺下，他的身体硬得就像一块铁板一样。蓝老师扶住他的头不停地叫他，另外两个人在帮他弄脚，老人的全身和脸都在抽搐，看上去像是抽筋。没一会儿，老人便闭上了眼睛，身体软了下去，没了反应。大家都慌乱地大声叫他，摇他，都在说："完了，完了。"我在一边也慌了，马上跪下去，让其他人不要按老人的肚子，就用暑假里学的急救方法给老人做心肺复苏术，脑中也没想那么多，就知道能救人就救人。

让我感动的还是蓝老师，他紧张地迅速地帮王老师做人工呼吸，那种不怕脏，一心救人的心情是那么突出。大家都有些无力回天的感觉，我也觉得可能难以救活了。但是慢慢地随着我的按压，老人的嘴一张一合地动了起来，睁开了眼睛。

医生被请来，只带了个听诊器，他们说了些他留话，我没能听懂。我问医生，他说在慢慢恢复脉搏。最后老人恢复了知觉，喝了些白糖水，慢慢坐起来说了第一句话，意思就是身上没有不舒服的了。顿时大家都笑着松了口气。那一刻，我很感动，既为生命感动，也为乡亲们之间的真情感动。

想到蓝老师说他留男性很少有活到八十岁的。我似乎看到了他们如何逝去的缩影。没有医疗设备的抢救，就像小猫小狗一样说死就死了，觉得人作为一个机体，太脆弱了。今天的王老师如果没有及时地抢救就那么短短的时间说没就没了，特别是看到他躺在草席上，腿上苍蝇飞来飞去，一个活脱脱的人瞬间就可以变成尸体。有那么一刻，我觉得在山里当一名医生也未尝不可。当在这院子中拿着本子提笔时我似乎有种找到自己满意的生活方式的感觉：走南走北，在不同的地方，在人们的身边感受、书写。这些地方偏向于乡村、山野，这些人偏向于朴实、随性的"乡亲"。

2012年2月7日 周二 他留山

今天和前几天一样核对词表。只是觉得自己先前上过语音学的课，却多少有些丢失了。我想这不是天赋的问题，是兴趣和下的工夫的问题。我一是只把它当做"副业"，没去好好下功夫钻研，二是不动脑子，发一个音不对也不思考是为什么，是哪个部分出了问题，还是按照原来的发，结果又不对，没个套路。困难是有的，但也总会解决的。好好干吧！

2012年2月8日 周三 他留山

在他留山的最后一天。

杨如刚老师关于他留文化的保护和宣传以及在这一过程的上传下达的问题的话语让我深受触动。说实话，在这之前我会觉得他留文化和其他文化一样，没有什么特殊重要性，而现在才发现其实它很丰富而且多方面。有其他民族有的东西，也有很多壮观的其他民族没有的东西，如坟林、铎系。值得我们去保护和发扬。

2012年2月9日 周四 六德乡

越发觉得他留文化的可挖掘性和待挖掘性很大，而且这里的乡亲很热情，很耿直。特别是蓝金荣老师幽默、直白却又真挚的话语，让人听了心里暖洋洋的。他们希望我们多来。其实自己现在还不能肯定地说一定会再来。但是希望能有一次是来体验与他们共处，与他留文化轻松接触的机会，当然了，这有点带旅游的性质，不过很期待再回来。

昨晚赵老师在作总结时安排了后面的任务，很多，一想到还有一大堆事就不禁又有些担忧。其实也是有些不自信，觉得没有完全准确地了解他留语言，做出来的东西也不能保证完全正确。不过如果人人都抱这种态度，那应该是什么都做不出来了。总得有尝试，完全正确，应该也是难以办到的。周德才老师的书中一些总结在老乡那里不也有不准确的地方吗？好好做吧，要不然永远无进步。

在帮助我学习他留语言方面，发音人既耐心又仔细。还想各种办法给我打比方，作说明。特别是王俊国老师说了一句话，我如果确实发不好，就放着先不管它，等第二天一早起来就一定能发好了。这些帮助和鼓励让我有了继续学习和研究下去的动力。

最后有一个遗憾，王金山老师本来说要拿他媳妇的衣服给我穿拍张照留念一下的，最后由于工作时间太紧，没有实现。不过还是很肯定地说："不虚此行！"

记录他留文字

与铎系合影

2012年8月12日 周日 六德乡

又一次能见到尊敬又可爱的铎系老师傅们，心里有一种隐隐的激动。刚开始见到他们我还非常紧张，那时做工作我也常常手忙脚乱，不知从何处下手。而现在我和他们已经成为"老朋友"了，做起工作来也驾轻就熟。回顾这一段工作历程，有点感动与怀念。在工作中，铎系老师和杨如刚老师他们也都付出了非常多的劳动，我不能辜负他们的辛劳，一定把剩下的工作做好，为铎系文化、为他留文化、为我国少数民族文化事业发扬光大尽自己的一份力！

第十章　后记

一 从他留山到清华大学

值2011年清华百年校庆之际，清华大学隆重举办"清华百年——西南地区濒危文字文献展暨研讨会"，应清华大学中国语言文学系教授、语言教研室主任、中国女书研究的著名专家赵丽明及"清华百年——西南地区濒危文字文献展暨研讨会"筹办组及清华大学文科建设处、清华大学人文社会科学院、清华大学图书馆邀请，简良开、杨如刚、蓝绍增三位永胜的他留文化专家一行于5月6日乘飞机抵达北京清华大学，于7日参加"清华百年——西南地区濒危文字文献展暨研讨会"开幕式，并于8日、9日、10日分别参加展示会、研讨会、交流会。展示会在清华大学图书馆（老馆）举行，整个展示会到5月20日结束。6月10日前，简良开、杨如刚已将在清华参加学术活动的资料整理成文，提交清华大学结集论文出版，突出宣传了他留文化和永胜的特色亮点，圆满完成了此行任务。

正如在清华大学百年校庆"清华百年——西南地区濒危文字文献展暨研讨会"上，清华大学谢维和副校长所讲的：西南地区是著名的茶马古道、彝藏走廊、南方丝绸之路、多民族文化交汇地区，是原始象形文字的富矿。这些高山深谷的濒危文本文献文物，与当地群众生活息息相关，十分丰富顽强，并不仅仅有"唯一"的东巴文。清华大学文科处处长苏峻认为：文字是怎样形成的，人类是怎样走向文明的？西南地区濒危文字文献是亟待被关注、被挖掘、被抢救、被保护的文化遗产和非物质文化遗产。"清华百年——西南地区濒危文字文献展暨研讨会"是第一次展示世人未知、濒危独特的西南文献文物文字，将濒临消失的文化曝光于世；是第一次推出濒危文字传承人，现场演示；是第一次将田野调查引进高校，面对面调查、翻译、解读、研讨。赵丽明教授认为，他留的"铎系"文字和他留文化是西南地区不为人知的、濒危的、珍贵的文化遗产。因此，在百忙中，赵丽明教授特别邀请他留当地专家和他留铎系参加会议，并组织他留铎系文字、他留文化、永胜的特色展览。

其间，清华大学展出宣传推介他留文化、他留铎系文字、永胜的展板二块。简良开老师作了《他留文化简介》的报告，杨如刚作了《关于他留铎系文字的初步探讨》的报告，蓝绍增现场演示讲解了他留铎系文字，清华研究生梁静远做了铎系文字的翻译讲解，引起了与会专家学者的高度关注。

在清华期间，我们与各级领导及海内外专家学者会见，聆听了相关的学术报告，以及国家民族文化政策和国家文化旅游产业政策的报告。时任省委副秘书长白庚胜代表云南省委作了题为《滇云文化大突围》的报告。

清华大学举办这次活动得到了国家民族事务委员会、民政部、文化部、全国哲学社会科学规划办公室、中央电视台、国家博物馆等部门的支持和参加，国内外知名专家学者参加。参加此次活动,我们收获十分巨大。在具有巨大的世界影响力的全国最高的学术平台上,面对中外专家学者,尽力展示和宣传推介他留文化,宣传推介永胜,可以说取得了巨大的、积极良好的效果,也与清华大学搭建起了良好的交流沟通平台,将十分有益于他留文化的研究、保护、传承、发扬、开发,十分有益于对永胜的宣传。

杨如刚

(该文曾于2011年6月在当地报刊发表。)

二 编后语——对他留铎系文献精神价值认识的几点补充

文化是民族的血脉，是人民的精神家园。他留文化是他留人的血脉，是他留人的精神家园。正如他留坟林碑刻所铭的"水之有源，木之有根，人之有祖""木本水源"一样，以铎系唱经、铎系文字为核心的铎系文化及其原初文献是他留文化中的根源性、根本性和魂灵性的东西，是他留文化中最具精神价值的部分，是最可宝贵的非物质文化遗产，有极高的研究、发掘和利用价值。在这一文化的传承过程中，铎系师傅们起着无可替代的重要作用。他留地域狭小，人丁稀少，历经战火焚烧和历史波澜，历经周边各强大文化的冲击、同化和现代生产生活方式的冲击，铎系文化依然能基本保留下来，实属不易。这显现出铎系文化坚韧顽强的生存属性，以及彻底的地域性的这一面。

在这里，我们应该要特别感谢历朝历代以来，为我们不懈坚守和传承的铎系师傅们。铎系文化曾遭遇空前的生存危机，中断了20余年，几近消亡。现存老铎系陈金云的父亲陈维政，是当时最著名的铎系，原来是营山村"贫协"主席，后来反右派，1956年以"从事封建迷信"等罪名（实际是做他留人传统的铎系活动），被送去昆明劳改，1958年受迫害死于劳改农场。"文革"时，铎系蓝绍章担任生产队长，一头耕牛老死了，在那物质极度匮乏，民众饥不果腹、饥不择食的年代，大家煮它来吃，蓝绍章借用牛头祭祀了一次祖先，这是基于铎系传统与职业道德的自觉自发的行为，结果被以"封建反动"的罪名，捆绑到仁和镇去游街批斗。这类行为，深深打击了铎系师傅们，也深深刺伤了他留人的心，对于一直以来相对比较封闭保守的他留社会而言，有些负面阴影一直存留至今。但当改革开放的春风吹来，蓝绍吉（他留人公认的耆老，他虽不是法场上的铎系，却是最精通铎系的人，被称为"铎系中的铎系""他留人名副其实的大铎系"）、陈光明、蓝荣升等铎系师傅，以高度的民族责任感和自觉性，顶着残余的极左思想"搞地方民族主义""民族分裂主义"的压力，蓝绍吉、蓝金成甚至与当时的主要县领导争论，可谓是不惜一切地把铎系传承活动恢复起来，真正难能可贵。在本书的产生过程中，老铎系师傅蓝新荣、蓝绍吉、王云德相继离世，编著者将以本书的面世来对他们的平生的追求作出些许慰藉。

铎系文化及文献中无法回避的是鬼神问题，同其他民族地区文化一样，鬼神问题抑或鬼神文化本身就是他留文化不可割裂的组成部分，其来历极为久远。不可一刀切，一概摒弃，一概视为封建迷信。现在国家文化、法制等部门有明确的认知，即"以图谋钱财为目的的装神弄鬼、蛊惑人心、坑人害人活动才算封建迷信"。而居于传统的祭祀活动比如祭祖等活动，并不是什么封建迷信。他留人的铎系文化，其实质是对自然和人类社会的认知和总结，在与自然的抗争与和谐相处的漫长过程中，由于当时的科学的局限和缺乏，对于一些无法解释的现象他留人才用鬼神来解释。这些鬼神其实也反映了他留人对世界认知的独特视角及独特解释。他留话用"尼"这个词来指"鬼"和"神"，鬼神不分家，在具体表达的语境中才能理解这里或那里所说的到底是"鬼"还是"神"。

比如家中的"尼",祖先的神灵,当然要理解为"神"才好,不能理解为"鬼"了。不过,由于后人不敬不孝等原因,祖先的神灵有时也会出来或回来危害家人,这时的家中的"尼"就是家鬼了。他留话里没有汉语里"鬼神仙怪、魔妖精灵、魑魅魍魉"等的具体概念的表达,只有"尼",可见他留人的鬼神文化尚处于不发达的原始状态。

而且,他留人的"尼"体现出不少的人性、物质性、亲和性,人通过铎系、尼卜是可以战胜"尼"的。铎系文化实质是他留人的原始宗教信仰文化,是以祖先崇拜、自然崇拜为核心的。其思想当源自青藏高原古老的氐羌民族的原始苯教的萨满思想。铎系是他留人原始宗教信仰方面的专家。他留话"铎系"一词发音接近于大理白族地区的"多系",以往有人也将它译写为"多系",与白族的"多系"译写相同。考诸有关材料,"多系"是白族阿吒力教(佛教密宗的一支)信仰方面的专家的称呼,这似乎暗示他留铎系与阿吒力教有某种关联,但他留人又几乎没有信仰"大黑天神"这一阿吒力教最主要神祇的。关于他留铎系与阿吒力教的关系,只能等以后的专家学者去研究了。总体而言,铎系唱经、铎系文字,是比较讲科学和客观实践的,涉及的鬼神文化可谓是很有限的,不愧"他留人古代百科全书"的称号。对于涉及的鬼神,铎系自身的态度,借大圣人孔子的话来说是极恰当和妥帖的:就是"敬鬼神而远之""祭如在,祭神如神在"。这就是铎系师傅对于"尼"的态度,当然这一态度也是十分恭敬虔诚的。其虔敬之心如同殷商时期华夏族对鬼神的崇拜。对于"尼",古代他留民众还是有着三分与生俱来的无形的惧怕。近年以来,随着全球化的时代潮流浩浩汤汤,"鬼神们"也是日益离他留人远去了,是一代比一代更不怕"鬼"了。

铎系世家"阿擘果哩"(陈金云)家现知有6代铎系,他留坟林里又找到了他家刻有"止果哩"(意为果哩家的二儿子)的古墓,按照他留人古代的一个命名传统,孙子辈可用爷爷辈的名号来同名命名,那么找到的"止果哩"很大程度上是孙子的话,则其爷爷也叫"止果哩",加上其爷爷的父亲"果哩"和"止果哩泼"(止果哩的父亲)共是4代人(果哩是家族外号,按他留人传统,自外号得到起,每代都要有人继承,且多以男性继承为主)。又他留坟林管理站、他留大德寺残碑多有"陈朵係(铎系)"的落款题刻,也是他家的另一代著名铎系,这样总计起来,他家可知最少已有11代人当铎系,有近300年历史。改革开放后恢复他留文化以来,他留人公认的水平最高的铎系之一是陈光明(已过世)。我们曾有幸聆听陈光明大铎系吟唱《天地》一节:

理有理的源,理有理的根。

理有十个源,理有十个根。

理有十个根,理有十个属。

讲理理得清,讲理讲得清。

讲理自古有,讲理老人传。

手指有十节,指甲有十个。

指甲来算月,指节来算日。

算日日吉利,算月月安康。

算月算今天,算日是今天。

今天三十日，今天十一日。
今天是吉日，今天是吉时。
今天日子好，今天来讲理。
讲理找谁讲，铎系来讲理。
乌鸦呱呱叫，不能来讲理。
山雀嗓子亮，不能讲经理。
寒鸡爱自夸，不能当铎系。
山鸡音色好，由它来讲理。
山鸡当铎系，由它讲一切。
铎系学来说，铎系借来讲。
学着鹦鹉说，借着八哥讲。
讲理讲根源，不讲不合理。
讲理不找源，讲后不合理。
讲理讲哪方？讲理讲理根。
讲理有吉时，今日来讲理。
讲理要讲天，讲理要讲地。
讲理要讲人，讲理要讲理。
天是最大的，地是最大的，
人是最大的，理是最大的。
天有大天者，天作天换新。
人在天下生，人在地上活。
不讲天的理，天恩会薄掉；
不讲地的理，地德会斜掉；
不讲人的理，人世会臭掉；
不讲理的理，道理会瞎掉。
天从何处来，地从何处生。
三人来造天，二人来造地。
造天七十日，造地七十夜。
…………

铎系唱经文字、铎系文献乃至铎系文化的精神实质和核心之一是讲理，是"讲天的理，讲地的理，讲人的理，讲理的理"，也就是探索、思考、总结和实践包括宇宙在内的万事万物的规律和人生、人世、人类社会的规律。只有发现并遵循这些规律，人和他的家族才能生存发展。这些充分反映了铎系文献和铎系师傅们对于宇宙、自然、人类、家族、人生的在哲学和神学层面上作出的形而上的终极思索，这种思考固然还比较浅显质朴，多停留于象形、形象的表面推论推理，但也体现了他留人的宇宙观、世界观、人类观、人生观和道德价值观，突出了他留人原有的精神思想深度，突出了他留文化所具有的源远流长与深邃的底蕴，显出了他留文化具有特有的气质和内涵。"理有十个根，理有十个属"，他留人所讲的"理"，其根源似乎较宽泛，并不具体指向"唯一的理性"或是"理性的唯一"。这几乎就是他留铎系、尼卜敬奉"十位神祇"（多神祇）的哲学和思想根源。而铎系讲的"理"是从"山鸡""鹦鹉""八哥"那里借来讲的理，这显现出儿童般的"稚拙"，闻之不觉令人莞尔。这些理似乎并不是什么大道理。铎系唱经体裁多是韵文、古诗、古歌格式，广泛使用比喻、夸张、借代、指代、拟人、对仗、反问、反复、回环等修辞手法，语言精炼贴切，形象丰富，栩栩如生，往往押韵而朗朗上口。但有的内容涉及了他留人特有的哲学、伦理学思维和概念，我们水平十分有限，一时竟难以准确翻译。有时真感"只可意会，不可言传"，一些绕口的韵文描述的"理"的现象，隐约与《道德经》相似或有异曲同工之妙。盼望有志、有兴趣的学者来深入探究。

本书学术课题所涉及的反映铎系唱经、文字使用现场的他留老人主要有：

大海金华老母亲葬礼（2011年9月7日，营山庄上村）；

蓝兴强老爷葬礼（2011年12月16日至17日，双河二村）；

老铎系蓝新发葬礼（2011年12月22日，营山三板桥）；

老铎系蓝绍章葬礼（2012年10月7日至8日，双河二村）；

蓝云德老人葬礼（2014年2月13日至14日，营山庄上村）；

段金伟老母亲葬礼（2014年10月5日至6日，玉水杨家村）；

蓝绍开老母亲葬礼（2014年11月25日至27日，双河二村）；

他留耆老蓝绍吉葬礼（2016年3月17日至19日，双河二村）。

其余还有双河二村蓝金文老母亲葬礼（2005年11月）、双河榨叶桥陈以林葬礼（2012年2月）等。本书使用了这些丧葬仪式的视频、音频、图片等原始资料。在此，我们以深深的敬意谨对逝者表示深切的悼念，对逝者家属和亲人的大力支持表示衷心的感谢。

杨如刚

2016年9月25日